Jude Deveraux

Wilde Orchideen

Roman

Aus dem Amerikanischen
von Rainer Schmidt

Weltbild

Die amerikanische Originalausgabe erschien unter dem Titel *Wild Orchids* bei
Atria Books, New York

Besuchen Sie uns im Internet:
www.weltbild.de

Copyright der Originalausgabe © 2003 by Deveraux, Inc.
This edition published by arrangement with the original publisher,
Atria Books, an imprint of Simon & Schuster, Inc., New York
Copyright der deutschsprachigen Ausgabe © 2006 by
Weltbild GmbH & Co. KG, Steinerne Furt, 86167 Augsburg
Übersetzung: Rainer Schmidt
Projektleitung: Dr. Ulrike Strerath-Bolz
Redaktion: Wibke Weilacher
Umschlaggestaltung: Jarzina kommunikationsdesign, Holzkirchen
Umschlagmotiv: © Thomas Jarzina (Landschaft/Haus/Composing) &
mauritius images, Mittenwald (Frau)
Druck und Bindung: GGP Media GmbH, Pößneck
Printed in the EU
ISBN 978-3-95569-644-3

2019   2018   2017   2016
Die letzte Jahreszahl gibt die aktuelle Ausgabe an.

Wilde Orchideen

Die Autorin

Jude Deveraux wurde in Kentucky geboren, studierte Kunst und arbeitete als Lehrerin, bevor sie sich ganz dem Schreiben zuwandte. Sie ist die Autorin von 37 Romanen, die alle auf der *New-York-Times*-Bestsellerliste standen. Ihre Werke sind in zahlreiche Sprachen übersetzt und erreichen eine Gesamtauflage von über 50 Millionen Büchern. Mehr über die Autorin erfahren Sie unter www.jude-deveraux.com.

1 – Ford

Haben Sie je einen Menschen verloren, der Ihnen mehr bedeutete als Ihre eigene Seele?

Ich schon. Ich habe meine Frau Pat verloren.

Sie brauchte sechs lange, qualvolle Monate zum Sterben.

Ich musste dabeistehen und zusehen, wie meine schöne, vollkommene Frau verfiel, bis nichts mehr übrig war. Es war unwichtig, dass ich Geld und Erfolg habe. Es war unwichtig, dass man mich einen »bedeutenden« Schriftsteller nennt. Es war unwichtig, dass Pat und ich endlich angefangen hatten, unser Traumhaus zu bauen, ein architektonisches Wunderwerk, das an einer Steilwand hing, wo wir in aller Ruhe sitzen und auf den Pazifik hinausschauen wollten.

All das war von dem Augenblick an nicht mehr wichtig, als Pat nach Hause kam und mich beim Schreiben störte – was sie sonst nie tat –, um mir zu sagen, sie habe Krebs, und zwar in einem fortgeschrittenen Stadium. Ich hielt es zunächst für einen ihrer Scherze. Pat hatte einen verschrobenen Humor; sie meinte, ich sei zu ernst, zu verdrossen, zu dumpf-und-dunkel, und ich hätte zu viel Angst vor allem auf der Welt. Vom ersten Tag an brachte sie mich zum Lachen.

Wir haben uns auf dem College kennengelernt. Zwei unterschiedlichere Leute hätte man kaum finden können, und auch Pats Familie wirkte fremdartig auf mich. Ich hatte Familien wie ihre schon im Fernsehen gesehen, aber ich war nie auf die Idee gekommen, dass sie tatsächlich existieren könnten.

Sie wohnte in einem hübschen kleinen Haus mit einer Veranda und – ja, wirklich! – einem weißen Lattenzaun. An Sommerabenden saßen ihre Eltern, Martha und Edwin, vorn auf der Veranda und winkten den Nachbarn zu, wenn sie vorbeigingen. Ihre Mutter trug eine Schürze und schnippelte Bohnen oder palte Erbsen, und dabei schwatzte sie mit den Leuten. »Wie geht's Tommy?«, fragte sie vielleicht. »Ist seine Erkältung besser geworden?«

Pats Vater saß ein paar Schritte weiter an einem schmiedeeisernen Tisch, neben sich eine alte Stehlampe und einen Kasten mit blinkendem deutschem Werkzeug. Er war – ich schwöre, auch das ist wahr – in der ganzen Nachbarschaft als »Heilemacher« bekannt: Er reparierte alles, was kaputt war, für seine Familie und für die Nachbarn. Kostenlos. Er sagte, es mache ihm Freude, den Leuten zu helfen, und ein Lächeln sei Bezahlung genug.

Wenn ich Pat zu einer Verabredung zu Hause abholte, kam ich immer ein bisschen früher, damit ich bei ihren Eltern sitzen und ihnen zuschauen konnte. Für mich war es wie ein Science-Fiction-Film. Wenn ich kam, stand Pats Mutter – »nenn mich Martha, das tun alle« – auf und holte mir etwas zu essen und zu trinken. »Ich weiß doch, dass Jungs was Nahrhaftes brauchen, wenn sie wachsen«, sagte sie und verschwand in ihrem makellos sauberen Haus.

Dann saß ich stumm da und sah zu, wie Pats Vater einen Toaster oder ein kaputtes Spielzeug reparierte. Ich war fasziniert von dem großen Werkzeugkasten aus Eichenholz zu seinen Füßen. Alle Werkzeuge waren makellos sauber, und alle passten zusammen. Und ich wusste, sie mussten ein Vermögen gekostet haben. Einmal war ich in der Stadt – in der allgegenwärtigen »Stadt«, die im Umkreis von fünfzig Meilen jedes College-Städtchens liegt – und sah dort eine Eisenwarenhandlung auf der anderen Straßenseite. Weil sich mit Eisenwarenhandlungen für mich nur schlechte Erinnerungen verbanden, erforderte es Mut, die Straße zu überqueren, die Ladentür zu öffnen und einzutreten. Aber seit ich Pat kannte, war ich kühner geworden. Schon damals hallte ihr Lachen in meinen Ohren wider, ein Lachen, das mich ermutigte, Dinge zu tun, die ich noch nie zuvor versucht hatte, weil sie nur schmerzhafte Empfindungen in mir weckten.

Kaum hatte ich das Geschäft betreten, schien die Luft aus meiner Lunge durch meinen Hals in den Kopf hinaufzusteigen, und dort bildete sie eine breite, dicke Barriere zwischen meinen Ohren. Ein Mann stand vor mir, und er sagte etwas, aber dieser Luftblock in meinem Kopf verhinderte, dass ich ihn hörte.

Nach einer Weile hörte er auf zu reden und warf mir einen Blick zu, wie ich ihn schon oft bei Onkeln und Vettern erlebt hatte. Es war der Blick, der zwischen Männern und MÄNNERN unterschied, meistens gefolgt von einem Verdammungsurteil wie: »Er weiß nicht, welches Ende der Kettensäge man benutzt«. Aber ich war immer das Gehirn gewesen und meine Verwandten die Muskeln.

Nachdem der Verkäufer mich taxiert hatte, wandte er sich mit einem kleinen Lächeln ab, das nur die linke Hälfte seiner schmalen Lippen kräuselte. Genau wie meine Vettern und Onkel hatte er mich als das erkannt, was ich war: ein Mensch, der über die Dinge nachdachte, der Bücher ohne Bilder las und Filme mochte, in denen keine Verfolgungsjagden vorkamen.

Ich wollte den Eisenwarenladen wieder verlassen. Ich gehörte da nicht hin, und er barg zu viele alte Ängste für mich. Aber ich hörte Pats Lachen, und das gab mir Mut.

»Ich möchte ein Geschenk für jemanden kaufen«, sagte ich laut, und sofort war mir klar, dass ich einen Fehler gemacht hatte. »Geschenk« war nicht das Wort, das meine Onkel und Vettern benutzt hätten. Sie hätten gesagt: »Ich brauche einen Satz Steckschlüssel für meinen Schwager. Was habt ihr da?« Aber der Verkäufer drehte sich wieder um und lächelte mich an. »Geschenk« bedeutete schließlich »Geld«. »Was soll's denn für ein Geschenk sein?«, fragte er.

Auf dem Werkzeug, das Pats Vater in seinem Kasten hatte, stand ein deutscher Name, und den nannte ich dem Mann – selbstverständlich richtig ausgesprochen (Bildung hat ihre Vorteile). Ich sah befriedigt, wie er die Augenbrauen ein wenig hochzog, und selbstgefällig begriff ich: Ich hatte ihn beeindruckt.

Er ging hinter eine Theke, die zernarbt war von den unzähligen Hobelklingen und Bohrerbits, die im Laufe der Jahre daraufgefallen waren, und er zog einen Katalog darunter hervor. »Die haben wir nicht am Lager, aber wir können bestellen, was Sie haben wollen.« Ich nickte möglichst männlich und bemühte mich, den Eindruck zu erwecken, als wisse ich genau, was ich haben wollte. Ich blätterte in dem Katalog. Die Fotos waren allesamt farbig, das Papier war teuer. Und das war kein Wunder, denn die Preise waren astronomisch.

»Präzision«, sagte der Mann und fasste in diesem einen Wort alles zusammen. Ich drückte die Unterlippe gegen die oberen Zähne, wie ich es bei meinen Onkeln tausend Mal gesehen hatte, und nickte, als wüsste ich genau, was der Unterschied zwischen einem »Präzisionsschraubenzieher« und einem aus dem Kinderwerkzeugkasten war. »Was anderes kommt auch nicht in Frage«, sagte ich in dem schmallippigen Ton, in dem meine Onkel von technischen Dingen redeten. Bei dem glanzvollen Klang des Wortes »Zweitaktmotor« pressten sie die Backenzähne so fest zusammen, dass man fast nicht mehr verstehen konnte, was sie sagten.

»Sie können den Katalog mitnehmen«, sagte der Mann, und meine Backenmuskeln lockerten sich für einen Moment, und fast hätte ich beglückt geantwortet: »Wirklich? Das ist nett von Ihnen.« Aber ich erinnerte mich rechtzeitig an Unterlippe und Schneidezähne und murmelte hinten in der Kehle ein »Danke«. Ich wünschte mir, ich hätte eine schmutzige Baseballmütze mit dem Namen irgendeiner Sportmannschaft auf dem Kopf gehabt, denn dann hätte ich in einer MÄNNLICHEN Abschiedsgeste am Schirm zupfen können, als ich den Laden verließ.

Als ich am Abend in mein kleines, graues Apartment in der Nähe des Campus zurückkam, schlug ich ein paar der Werkzeuge, die Pats Vater in seinem Kasten hatte, in dem Katalog nach. Was er da hatte, war Tausende von Dollar wert. Nicht Hunderte. Tausende.

Und er ließ diesen Eichenholzkasten jeden Abend auf der Veranda stehen. Unverschlossen. Unbewacht.

Als ich Pat am nächsten Tag zwischen zwei Kursen traf – sie studierte Chemie, ich englische Literatur –, erwähnte ich das Werkzeug so beiläufig wie möglich. Sie ließ sich nichts vormachen; sie wusste, dass es mir wichtig war. »Warum befürchtest du immer das Schlimmste?«, fragte sie lächelnd. »Besitz ist nicht wichtig. Menschen sind es.«

Ich versuchte, scherzhaft zu reagieren. »Das solltest du mal meinem Onkel Reg sagen.«

Das Lächeln verschwand aus ihrem hübschen Gesicht. »Das würde ich gern«, sagte sie.

Pat hatte vor nichts Angst. Aber weil ich nicht wollte, dass sie mich mit anderen Augen sah, weigerte ich mich, sie mit meinen Verwandten bekanntzumachen. Lieber überließ ich mich der Vorstellung, ich gehörte zu ihrer Familie, wo man Thanksgiving mit einem großen Essen und Weihnachten mit Eierpunsch und Geschenken unter dem Baum feierte. »Liebst du eigentlich mich oder meine Familie?«, fragte Pat einmal; sie lächelte dabei, aber ihr Blick war ernst. »Liebst du mich oder meine miese Kindheit?«, gab ich zurück, und wir lächelten einander an. Dann wanderte mein großer Zeh in ihr Hosenbein, und im nächsten Augenblick lagen wir aufeinander.

Pat und ich waren Exoten füreinander. Ihre reizende, liebevolle, vertraute Familie faszinierte mich immer wieder. Eines Tages saß ich in ihrem Wohnzimmer und wartete auf Pat, als ihre Mutter mit vier schweren Einkaufstüten in den Armen hereinkam. Damals wusste ich nicht, dass ich hätte aufspringen und ihr helfen sollen. Stattdessen starrte ich sie nur an.

»Ford«, sagte sie (der älteste Bruder meines Vaters glaubte, er tue mir etwas Segensreiches an, indem er mir den Namen seines bevorzugten Pickups gab), »ich habe nicht gesehen, dass du da sitzt. Aber ich bin froh, dass du hier bist, denn du bist genau der, den ich sehen wollte.«

Was sie da sagte, war für sie etwas ganz Alltägliches. Pat und ihre Eltern sagten ganz mühelos und beiläufig Dinge, die anderen Leuten gut taten. »Das ist genau Ihre Farbe«, sagte Pats Mutter zum Beispiel zu einer hässlichen Frau. »Sie sollten diese Farbe jeden Tag tragen. Und wer macht Ihnen eigentlich die Haare?« Bei jemand anderem hätten diese Worte ironisch geklungen. Aber ein Kompliment von Pats Mutter – ich brachte es nie über mich, sie »Martha« oder »Mrs Prendergast« zu nennen – hörte sich aufrichtig an, weil es aufrichtig war.

Sie stellte ihre Einkaufstüten neben dem Couchtisch ab, nahm den hübschen Blumenstrauß herunter, den sie frisch im Garten geschnitten hatte, und fing an, kleine, viereckige Stoffstücke aus den Tüten zu ziehen. Ich hatte so etwas noch nie gesehen und wusste nicht, was es sein sollte. Aber bei Pats Eltern sah ich immer wieder neue und wundersame Dinge.

Als Pats Mutter alle ihre Stoffstücke auf der Glasplatte des Couchtischs ausgebreitet hatte (für meine Vettern wäre es eine Frage der Ehre gewesen, diese Glasplatte zu zerbrechen, und meine Onkel hätten mit boshaftem Lächeln ihre Arbeitsstiefel daraufgelegt), sah sie zu mir auf und fragte: »Welches gefällt dir?«

Ich wollte sie fragen, warum sie interessierte, was ich darüber dachte, aber damals war ich ständig bemüht, Pats Eltern glauben zu machen, ich sei in einer Welt wie der ihren aufgewachsen. Also betrachtete ich die Stoffstücke, und ich sah, dass jedes anders war. Auf manchen waren große Blumen, auf anderen kleine. Einige hatten Streifen, andere waren einfarbig, und auf manchen waren blaue Strichzeichnungen.

Als ich Pats Mutter anschaute, sah ich, dass sie eine Antwort von mir erwartete. Aber was sollte ich sagen? War das ein Trick? Wenn ich das falsche Stück aussuchte, würde sie mich dann hinauswerfen und mir verbieten, Pat je wiederzusehen? Genau das befürchtete ich jeden Augenblick, wenn ich bei ihnen war. Ich war fasziniert von ihrer puren Nettigkeit, aber zugleich machten sie mir Angst. Was würden sie tun, wenn sie herausbekämen, dass ich innerlich nicht mehr Ähnlichkeit mit ihrer Tochter hatte als ein Skorpion mit einem Marienkäfer?

Pat rettete mich. Sie kam ins Wohnzimmer und raffte ihr dichtes blondes Haar mit beiden Händen zu einem Pferdeschwanz zusammen, und sie sah, wie ich ihre Mutter mit angsterfülltem Blick anschaute. »Ach, Mutter«, sagte sie, »Ford hat keine Ahnung von Polsterstoffen. Er kann Chaucer im mittelenglischen Original rezitieren. Was muss er da über Chintz und Chenille wissen?«

»*Whan that Aprill with his shoures soote*«, murmelte ich und lächelte Pat an. Zwei Wochen zuvor hatte ich herausgefunden, dass sie wild auf Sex wurde, wenn ich ihr Chaucer ins Ohr flüsterte und sie dabei ins Ohrläppchen biss. Wie ihr Vater, der Buchhalter war, hatte sie einen mathematischen Verstand, und alles Lyrische fand sie erregend.

Ich schaute wieder die Stoffe an. Aha. Polsterstoff. Ich nahm mir vor, »Chintz« und »Chenille« im Lexikon nachzuschlagen. Und nachher würde ich Pat fragen müssen, wieso die Fähigkeit, mittelalterliche Dichtung aufzusagen, jedes Wissen über Polsterstoffe ausschloss. »Was wollen Sie denn beziehen?«, fragte ich Pats Mutter, und ich hoffte, dass es sich anhörte, als sei mir dieses Thema vertraut.

»Das ganze Zimmer«, sagte Pat genervt. »Sie erneuert alle vier Jahre das komplette Wohnzimmer. Neue Schonbezüge, neue Vorhänge, alles. Und sie näht alles selbst.«

»Aha.« Ich sah mich im Zimmer um. Jedes Möbel und alle Fenster waren in Pink- und Grünschattierungen gehalten – in »Rosé« und »Moos«, wie Pat mir später augenrollend erläuterte.

»Ich glaube, ich mach's mediterran«, erwog Pats Mutter. »Terracotta und Ziegelrot. Und ich habe überlegt, ob ich mich mal an Lederpolstern versuchen soll – mit lauter kleinen Nägeln ringsum am Rand. Was hältst du von dieser Idee, Ford? Würde das hübsch aussehen?«

Ich konnte nur mit den Lidern klappern. In den vielen Häusern, in denen ich gewohnt hatte, wurden neue Polstermöbel nur dann angeschafft, wenn die alten durchlöchert waren, und der Preis war das einzige Auswahlkriterium. Eine meiner Tanten hatte eine ganze Garnitur, die mit einen Fell aus fingerlangen lila Acrylfäden überzogen war. Alle fanden sie wunderbar, denn die drei Teile hatten zusammen nur fünfundzwanzig Dollar gekostet. Nur ich hatte etwas dagegen, lange lila Fussel aus meinem Essen zu pulen.

»Mediterran ist hübsch«, sagte ich und war stolz auf mich, als hätte ich soeben die Unabhängigkeitserklärung verfasst.

»Bitte sehr«, sagte Pats Mutter zu ihrer Tochter. »Er versteht sehr wohl etwas von Polsterstoffen.«

Pat nahm das kleine Haargummi aus dem Mund, schlang es geschickt um ihren Pferdeschwanz und verdrehte dabei die Augen. Drei Wochenenden zuvor hatten Pats Eltern eine kranke Verwandte besucht, und Pat und ich hatten zwei Nächte allein in ihrem Haus verbracht. Wir hatten so getan, als seien wir verheiratet, eine eigene kleine Familie, und das perfekte Haus gehöre uns. Wir hatten am Küchentisch gesessen und Mais gestrippt, und dann hatten wir am Mahagoni-Esstisch zu Abend gegessen – wie zwei Erwachsene. Ich hatte Pat eine Menge über meine Kindheit erzählt, aber nur das, was die tiefen Ängste betraf – den Teil also, der mir wahrscheinlich Mitgefühl und Sex einbringen würde. Von profanen Alltagsdingen hatte ich nicht gesprochen – nicht davon, dass ich meine Mahlzeiten nur selten nicht vor dem Fernseher einnahm, dass ich noch nie eine Stoffserviette benutzt hatte und Kerzen nur anzündete, wenn die Stromrechnung nicht bezahlt war. Es war merkwürdig, aber indem ich ihr erzählte, dass mein Vater im Gefängnis saß und meine Mutter mich benutzt hatte, um die Brüder meines Vaters zu bestrafen, setzte ich mich in ein heldenhaftes Licht, aber wenn ich sie fragte, was zum Teufel eine Artischocke sei, kam ich mir vor wie der Dorftrottel.

Am zweiten Abend, den wir im Haus ihrer Eltern verbrachten, zündete ich ein Feuer im Kamin an, Pat setzte sich zwischen meinen Beinen auf den Boden, und ich bürstete ihr schönes Haar.

Als sie mich jetzt über den Kopf ihrer Mutter hinweg anschaute, wusste ich, dass sie daran dachte, wie wir an jenem Abend auf dem Teppich vor dem Kamin miteinander geschlafen hatten. Und als ich ihren Blick sah, wusste ich, wenn wir nicht bald von hier verschwänden, würde ich sie quer über die Stoffmuster ihrer Mutter werfen. »Du bist so *lebendig*«, hatte Pat gesagt. »So primitiv. So *real*.« Das »primitiv« hatte mir nicht gepasst, aber wenn es sie antörnte ...

»Geht nur, ihr zwei«, sagte Pats Mutter lächelnd; anscheinend wusste sie intuitiv, was in uns vorging. Und wie immer war sie selbstlos und dachte an die andern zuerst. Als der betrunkene Teenager, der sie ein paar Jahre später umbrachte, aus seinem Wagen gezogen wurde, sagte er: »Na und? Sie war doch bloß 'ne alte Frau.«

Pat und ich waren einundzwanzig Jahre verheiratet, als sie mir weggenommen wurde. Einundzwanzig Jahre, das klingt wie eine lange Zeit, aber es waren nur Minuten. Gleich nach dem College bekam sie eine außergewöhnlich gut bezahlte Lehrerstelle angeboten, aber die Schule lag mitten in der Großstadt. »Das ist eine Gefahrenzulage«, sagte der Mann, der sie am Telefon anflehte, die Stelle anzunehmen. »Ist eine wüste Schule – letztes Jahr wurde eine unserer Lehrerinnen niedergestochen. Sie hat's überlebt, aber jetzt hat sie einen künstlichen Darmausgang.« Er wartete darauf, dass ihr klar wurde, was er da erzählte, und dass sie den Hörer auf die Gabel warf.

Aber er kannte meine Frau nicht, er wusste nicht, wozu sie mit ihrem grenzenlosen Optimismus fähig war. Ich wollte mich an einem Roman versuchen, sie wollte mir Gelegenheit zum Schreiben geben, das Gehalt war ausgezeichnet, und so nahm sie den Job an.

Mir fiel es schwer, eine so selbstlose Liebe zu verstehen, und ich suchte immer nach dem Grund dahinter. Manchmal ging mir durch den Kopf, dass Pat mich wegen, nicht trotz meiner Kindheit liebte. Wäre ich derselbe, der ich war, aber in einem geordneten Haus wie ihrem aufgewachsen, hätte sie sich nicht für mich interessiert. Als ich ihr das sagte, lachte sie. »Kann sein. Wenn ich einen Klon meiner selbst gewollt hätte, dann hätte ich wohl Jimmie Wilkins geheiratet und mir für den Rest meines Lebens angehört, ich sei nur eine halbe Frau, weil ich keine Kinder bekommen kann.«

Obwohl es aussah, als führten Pat und ihre Familie ein ideales Leben, hatte es in Wahrheit mehrere Tragödien bei ihnen gegeben. In der Familie meines Vaters – meine Mutter war Waise, und darüber war ich froh, denn die elf Brüder meines Vaters langten mir vollauf als Verwandtschaft – war eine Tragödie ein Grund, mit dem Leben aufzuhören. Einer der Söhne meines Onkels Clyde ertrank mit zwölf Jahren. Danach fing Onkel Clyde an zu saufen und gab seinen Job als Nachtwächter auf. Er und seine Frau und ihre sechs übrigen Kinder lebten von dem, was sie bei McDonald's verdiente, und ihre Kinder stiegen nacheinander aus der Schule aus, landeten im Knast oder bei der Fürsorge, oder sie verschwanden einfach. Anscheinend fanden alle in meiner Familie, dass es sich nach Ronnies Tod auch so gehörte. Danach sprachen sie von Onkel Clydes großem Schmerz über den tragischen Tod seines Sohnes nur in kummervollem Flüsterton.

Ich war sieben, als mein Cousin Ronny ertrank, und ich war nicht traurig, denn ich wusste, dass Cousin Ronny ein Scheusal gewesen war. Er war ertrunken, als er ein vierjähriges Mädchen terrorisierte. Er hatte sich ihre Puppe geschnappt, war damit in den Teich gesprungen und hatte angefangen, ihr Arme und Beine auszureißen und in das trübe Wasser zu werfen, und das kleine Mädchen hatte weinend und flehend am Ufer gestanden. Aber dann geriet Cousin Ronny in tiefes Wasser und störte eine Schnappschildkröte auf, sie biss ihn in den großen Zeh, und er und das, was von der Puppe noch übrig war, gingen unter. Er schlug mit dem Kopf auf einen Stein und wurde bewusstlos. Als irgendjemand begriff, dass er sich nicht tot stellte (Cousin Ronny erschreckte die Leute gern auf diese Weise), war er tatsächlich tot.

Als ich erfuhr, dass Cousin Ronny gestorben war – was bedeutete, dass er mich und die anderen kleinen Kinder nie mehr drangsalieren würde –, empfand ich nichts als Erleichterung. Und ich war sicher, dass auch Onkel Clyde froh sein würde, denn er brüllte Ronny immer nur an, er sei der übelste Bengel auf der Welt, und er, Onkel Clyde, hätte sich lieber »das Ding abschneiden sollen«, bevor er einen so bösartigen Sohn in die Welt setzte.

Aber als Ronny tot war, verfiel Onkel Clyde in einen Zustand der Trauer, der für den Rest seines Lebens anhielt. Und er war nicht der einzige Vollzeit-Trauernde in meiner Familie. Ich hatte drei Tanten, zwei Onkel und vier Vettern, die gleichfalls lebenslang trauerten. Eine Fehlgeburt, ein abgehackter Finger, eine geplatzte Verlobung, was auch immer – alles war Grund genug, das Leben fortan zu suspendieren.

Als Heranwachsender betete ich inständig zum Himmel, dass mir niemals etwas wirklich Schlimmes zustoßen möge. Ich hatte keine Lust, jahrzehntelang zu saufen und die Tragödie zu beweinen, die mein Dasein so grausam zunichte gemacht hatte.

Als ich Pats Eltern und ihre Verwandtschaft kennenlernte und sah, dass sie alle glücklich waren und lachten, schüttelte ich den Kopf über diese Ironie des Schicksals. So viele Tragödien waren über meine Familie hereingebrochen, und hier sah ich Menschen, die über Generationen hinweg gesegnet –

und frei von Tragödien – waren. Lag es daran, dass sie treue Kirchgänger waren? Nein – mein Onkel Horace war auch jahrelang zur Kirche gegangen, aber nachdem seine zweite Frau mit einem Diakon durchgebrannt war, hatte er nie wieder eine Kirche betreten.

Als Pat und ich ungefähr zum dritten Mal miteinander im Bett waren – damals, als ich mich noch überlegen fühlte, als hätte ich durch meine harte Kindheit mehr über das Leben gelernt als sie durch ihre sanfte –, erwähnte ich dieses Phänomen, dass es in ihrer Familie keine Tragödien gebe.

»Wie meinst du das?«, fragte sie, und ich erzählte ihr von Onkel Clyde und Cousin Ronny, der ertrunken war. Das mit der Puppe, der Schnappschildkröte und Onkel Clydes Trinkerei ließ ich aus. Stattdessen nutzte ich mein angeborenes Talent als Geschichtenerzähler, um ihn als einen zutiefst liebevollen Mann darzustellen.

Aber Pat fragte: »Was war denn mit seinen anderen Kindern? Hat er die nicht ›zutiefst‹ geliebt?«

Ich seufzte. »Doch, natürlich, aber seine Liebe zu Cousin Ronny übertraf alles andere.« Diese Behauptung ging mir nicht leicht über die Lippen. Ich bin mit einem glasklaren Gedächtnis gestraft, und fast war es, als hörte ich die hässlichen Streitereien, die zwischen Onkel Clyde und seinem niederträchtigen Sohn getobt hatten. Die Wahrheit ist: Bevor der Junge ertrank, hatte ich nie so etwas wie Liebe zwischen Onkel Clyde und Cousin Ronny gesehen.

Aber Pat gegenüber setzte ich meinen überlegenen Blick auf, der ihr sagen sollte: »Ich bin älter als du« (drei Monate älter), »und ich habe schon mehr von der Welt gesehen als du.« (Als Pat achtzehn war, hatte sie auf ausgedehnten Autoferien mit ihren Eltern zweiundvierzig Staaten besucht, während ich meinen Heimatstaat nur zwei Mal verlassen hatte). Sie und ihre Familie, erklärte ich, könnten die Gefühle meines Onkels Clyde nicht verstehen, weil sie nie eine echte Tragödie erlebt hätten.

Da erzählte sie mir, dass sie keine Kinder bekommen konnte. Im Alter von acht Jahren war sie mit dem Fahrrad an einem Bauplatz vorbeigefahren und gestürzt. Ein Stück Armierstahl, das aus dem Beton ragte, hatte ihren Unterleib durchbohrt und den winzigen, präpubertären Uterus zerrissen.

Und dann erzählte sie, dass ihre Mutter ihren ersten Mann und ihren kleinen Sohn bei einem Eisenbahnunfall verloren hatte. »Sie und ihr Mann saßen zusammen, und sie hatte ihm gerade das Baby gereicht, als ein Waggon, der sich selbstständig gemacht hatte, die beiden überfuhr«, sagte sie. »Meiner Mutter wurde kein Haar gekrümmt, aber ihr Mann und ihr Sohn waren auf der Stelle tot. Ihr Mann wurde enthauptet.« Sie sah mich an. »Sein Kopf fiel ihr in den Schoß.«

Wir lagen im Bett, beide nackt, und sahen einander an. Ich war jung und im Bett mit einem Mädchen, das ich liebte, aber ich sah weder ihre schönen, entblößten Brüste noch die sanfte, makellose Kurve ihrer Hüfte. Ihre Worte hatten mich bis ins Mark erschüttert. Ich fühlte mich wie ein Mensch aus dem Mittelalter, der zum ersten Mal hörte, dass die Erde keine Scheibe war.

Ich konnte die reizende Frau, die Pats Mutter war, nicht in Einklang mit der Frau bringen, der ein abgetrennter Kopf in den Schoß gefallen war. Und dann Pat ... wenn einer meiner Cousinen im Alter von acht Jahren die Gebärmutter entfernt worden wäre, hätte ihr Leben in diesem Augenblick geendet. Bei jedem Familientreffen hätten alle nur mitfühlend geschnalzt. »Aaaarme Pat«, hätte man sie genannt.

Ich kannte Pat und ihre Familie da schon seit Monaten, ich hatte drei Großeltern, vier Tanten, zwei Onkel und ungezählte Cousins und Cousinen kennengelernt. Niemand hatte jemals Pats Tragödie oder die ihrer Mutter erwähnt.

»Meine Mutter hatte fünf Fehlgeburten, bevor sie mich bekam, und eine Stunde nach meiner Geburt haben sie ihr die Gebärmutter herausgenommen«, sagte Pat.

»Wieso?« Ich riss die Augen auf, immer noch schockiert.

»Ich war eine Steißgeburt, und deshalb musste ein Kaiserschnitt gemacht werden. Der Arzt war von einer Party gerufen worden, und deshalb ... deshalb war seine Hand nicht sicher. Er schnitt versehentlich in den Uterus, und sie konnten die Blutung nicht zum Stillstand bringen.« Pat stand auf, hob mein T-Shirt vom Boden auf und zog es an. Es reichte ihr bis an die Knie.

Die Ironie dieser Geschichte über Gebärmütter und Familien überschwemmte mein Hirn. In meiner Familie wurden die Mädchen früh und oft schwanger. Wieso konnten meine Onkel sich überreichlich fortpflanzen, während Pats Eltern nur ein Kind hatten und nicht auf Enkelkinder hoffen konnten?

Ich sah zu, wie Pat sich anzog, und plötzlich erkannte ich, dass sich hinter dem, was sie mir über ihre Geburt erzählt hatte, noch etwas anderes verbarg. »Eine Party? Soll das heißen, der Arzt der dich entbunden hat, war *betrunken?*« Leute wie Pats Familie hatten keinen betrunkenen Arzt, der »versehentlich« die Gebärmutter einer Frau zerstörte.

Pat nickte nur.

»Und dein Vater?«, flüsterte ich. Damit meinte ich: Gibt es auch bei ihm eine Tragödie?

»Macula-Degeneration. In ein paar Jahren wird er blind sein.«

Jetzt kamen ihr die Tränen. Um es zu verbergen, verschwand sie im Bad und schloss die Tür.

Das war der Wendepunkt. Nach diesem Tag veränderte sich meine Einstellung zum Leben. Ich war nicht mehr so selbstgefällig. Ich bildete mir nicht mehr ein, nur meine Familie kenne das »wahre Leben«. Und ich verlor meine größte Angst: dass ich, wenn mir etwas wirklich Schlimmes zustieße, das Leben einstellen und mich in mich selbst zurückziehen müsste. Du wirst weiterleben, sagte ich mir. Was auch passiert, du wirst weiterleben.

Und ich dachte, das hätte ich geschafft. Als dieser Junge Pats Mutter mit seinem Auto umbrachte, bemühte ich mich, erwachsen zu sein. Gleich nachdem es passiert war, dachte ich mir, wenn ich die Einzelheiten des tödlichen Unfalls erfahren könnte, ginge es mir vielleicht besser. Also ging ich zu einem jungen Polizisten, der neben dem Unfallwagen stand, und fragte ihn, was passiert sei. Vielleicht wusste er nicht, dass das Opfer eine angeheiratete Verwandte von mir war, vielleicht war er auch nur gefühllos. Er sagte jedenfalls das, was auch der Junge gesagt hatte, der sie totgefahren hatte: »Nur eine alte Frau« – als wäre Pats Mutter unwichtig gewesen.

Dann kam die Beerdigung, eine hübsche presbyterianische Beerdigung. Die Leute weinten höflich, Pat stützte sich auf mich, und ihr Vater alterte mit jeder Minute.

Drei Wochen danach schien bei uns alles wieder normal zu sein. Pat nahm ihren Unterricht wieder auf, ich ging wieder in die Abendschule, wo ich Leuten, die sich um die Green Card beworben hatten, Englisch beibrachte, und tagsüber schrieb ich an dem, was hoffentlich ein großes literarisches Werk werden und mir Unsterblichkeit verschaffen würde – und vielleicht noch einen Spitzenplatz auf der Bestsellerliste der *New York Times*. Pats Vater stellte eine ganztägige Haushälterin ein und verbrachte seine Abende auf der Veranda, wo er die Haushaltsgeräte der Nachbarn reparierte; das wollte er weiter tun, solange sein Augenlicht es ihm erlaubte. Ein Jahr nach der Beerdigung schien es, als hätten alle akzeptiert, dass Pats Mutter durch »Gottes Willen« gestorben sei. Natürlich hinterließ sie eine Lücke, und man sprach oft von ihr, aber man hatte sich mit ihrem Tod abgefunden.

Das dachte ich. Aber ich dachte auch, ich sei der Einzige, der angesichts des Todes eines so guten Menschen altmodische, weißglühende Wut empfand. Anscheinend sah ich Dinge, die niemand sonst sah. Auf der Armlehne des Sofas war ein kleines Loch, weil eine Naht aufgegangen war. Das Loch war nicht mehr als einen Zentimeter lang, aber ich sah es trotzdem und stellte mir vor, wie sehr Pats Mutter sich darüber geärgert hätte.

Weihnachten waren alle außer mir munter und vergnügt und freuten sich lautstark über ihre Geschenke. Der sinnlose Tod lag mehr als ein Jahr zurück, und ich spürte meinen Zorn immer noch. Ich hatte Pat nichts davon erzählt, aber in diesem Jahr hatte ich kein Wort geschrieben. Nicht, dass das, was ich in dem Jahr zuvor geschrieben hatte, irgendetwas taugte, aber zumindest hatte ich mich bemüht. Ich hatte drei Agenten gehabt, aber keiner von ihnen hatte für das, was ich zuwege gebracht hatte, einen Verlag finden können. »Wunderbar geschrieben«, hörte ich immer wieder. »Aber nichts für uns.«

»Wunderbar« oder nicht – was ich schrieb, war in den Augen der New Yorker Verlage nicht gut genug für eine Veröffentlichung. Und es war nicht gut genug in den Augen meiner Frau. »Nicht schlecht«, sagte sie manchmal. »Wirklich, gar nicht so schlecht.« Und dann fragte sie, was ich zum Abendessen haben wollte. Sie äußerte kein Wort der Kritik, aber ich wusste, ich drang nicht zu ihr durch.

An jenem Weihnachtsfest, dem zweiten nach dem Tod von Pats Mutter, saß ich auf dem Sofa vor dem Kamin und strich mit den Fingerspitzen über den kleinen Riss in der Naht. Zur Linken hörte ich die Frauen in der Küche lachen und leise plaudern. Im kleinen Wohnzimmer hinter mir plärrte der Fernseher; die Männer sahen sich eine Sportsendung an. Die Kinder waren auf der Glasveranda an der Rückseite des Hauses, sie zählten ihre Geschenke und aßen zu viele Süßigkeiten.

Ich fragte mich besorgt, ob ich allmählich wurde wie die Familie meines Vaters. Was stimmte nicht mit mir, dass ich über den Tod meiner Schwiegermutter nicht hinwegkam? Über die Sinnlosigkeit? Die Ungerechtigkeit? Der Junge, der sie umgebracht hatte, war der Sohn eines reichen Vaters gewesen, und ein Bataillon von Anwälten hatte ihn mit Hilfe einer Formsache herausgepaukt.

Ich stand auf und legte ein Holzscheit auf das Feuer, und als ich noch dahockte, kam Pats Vater herein. Er sah mich nicht, denn sein Augenlicht war inzwischen so schlecht, dass er nur noch erkannte, was geradewegs vor ihm war.

Er trug einen kleinen rosaroten Korb mit einem Klappdeckel, und er setzte sich damit ans Ende der Couch, wo ich eben noch gesessen hatte, und klappte ihn auf. Es war ein Nähkorb, und die Unterseite des Deckels hatte ein Polster, in dem mehrere bereits eingefädelte Nadeln steckten. Ich sah zu, wie er eine davon herauszog und wie seine alten Finger an dem Faden entlangstrichen, um den Knoten am Ende zu finden. Seine Hände zitterten ein bisschen.

Er stellte den Nähkorb neben sich und suchte mit seinen schwachen Augen, unterstützt von den Fingern der linken Hand, die Armlehne ab.

Ich wusste, was er suchte: den kleinen Riss in dem Sofabezug, den Pats Mutter genäht hatte. Aber er konnte ihn nicht finden. Tränen verschleierten seinen getrübten Blick, und seine Hand zitterte so sehr, dass er nichts fühlen konnte. Auf den Knien rutschte ich zum Sofa und legte meine Hand auf seine. Er zeigte keinerlei Überraschung, als ich ihn berührte, und gab keine Erklärung für das, was er tat.

Zusammen und sehr langsam – denn auch meine Hände zitterten, und ich hatte Tränen in den Augen – nähten wir das Loch zu. Für diesen Zwei-Minuten-Job brauchten wir eine Viertelstunde, und die ganze Zeit über sprach keiner von uns beiden ein Wort. Wir hörten die anderen Leute in den Nachbarzimmern, aber es war, als seien sie sehr weit weg.

Als der Riss geflickt war, legte ich den Finger auf den Faden, und Pats Vater beugte sich herunter und biss das Ende ab. Einen Augenblick lang berührten seine Lippen meine Fingerspitze.

Vielleicht war es diese Berührung. Vielleicht auch nur das, was wir soeben zusammen getan hatten. Oder es war meine verzweifelte Sehnsucht nach einem Mann in meinem Leben, der seinen Pickup nicht inniger liebte als jeden Menschen. Immer noch kniend ließ ich den Kopf auf den Schoß meines Schwiegervaters sinken und fing an zu weinen. Er strich mir übers Haar, und seine stummen Tränen fielen auf meine Wange.

Ich weiß nicht, wie lange wir so blieben. Wenn irgendjemand uns so gesehen hatte, hat er es nachher nie erwähnt, auch Pat nicht. Aber die Prendergasts waren auch eine sehr höfliche Familie.

Nach einer Weile flossen meine Tränen langsamer, und ich fühlte mich, wie es in den Frauenzeitschriften heißt, »besser«. Nicht gut – aber ein Knoten in meiner Brust hatte sich gelockert. Vielleicht würde er sich jetzt auflösen, dachte ich.

»Am liebsten würde ich diesen Drecksbengel umbringen«, sagte Pats Vater.

Ich weiß nicht, wie ich es erklären soll, aber es brachte mich zum Lachen. Mehr als ein Jahr lang war ich von sehr höflicher, gewaltfreier Trauer umgeben gewesen, wie ich sie nicht empfinden konnte. Zwei Mal war ich nah daran gewesen, einen meiner Onkel anzurufen. Er würde jemanden kennen, der den Jungen gegen ein gewisses Honorar »erledigen« würde. Die Versuchung war groß, aber mir war klar, dass ein Rachemord Pats Mutter nicht zurückbringen würde.

»Ich auch«, flüsterte ich, und ich stand auf und wischte mir mit dem Ärmel meines neuen Weihnachtshemdes das

Gesicht ab. Er und ich waren allein im Zimmer. Als ein durchgeglühter Holzscheit im Feuer herunterbrach, sah ich mich danach um. Aber dann legte ich meinem Schwiegervater impulsiv eine Hand auf die Schulter, beugte mich zu ihm hinab und gab ihm einen Kuss auf die Stirn. Einen Moment lang hielt er mein Handgelenk mit beiden Händen fest, und ich dachte, er werde wieder anfangen zu weinen, aber das tat er nicht. Er lächelte. »Ich bin froh, dass meine Tochter dich geheiratet hat«, sagte er, und weder vorher noch nachher hat irgendein Lob mir so viel bedeutet wie diese Worte. Sie brachen etwas in mir auf, etwas Hartes und Erstickendes, das sich in meiner Brust festgesetzt hatte.

Eine Stunde später war ich die Seele der Party. Ich war Mr Entertainment. Ich lachte und scherzte und erzählte Geschichten, über die alle andern Tränen lachten. Niemand, nicht einmal Pat, hatte mich je so erlebt. Ich hatte ihr erzählt, dass ich als Kind gelernt hatte, »für mein Essen zu singen«, aber das hatte ich nie weiter ausgeführt. Die ganze Geschichte war die: Meine Mutter meinte, nachdem die elf Brüder meines Vaters dafür gesorgt hätten, dass ihr Mann ins Gefängnis kam, könnten sie jetzt auch abwechselnd den Vater für mich ersetzen. Meine gesamte Kindheit hindurch wurde ich alle drei Monate von einem Onkel zum nächsten verschoben. »Da kommt die Strafe«, schrien meine Vettern, wenn meine Mutter mich von einem Haus oder Trailer zum nächsten fuhr. Sie schob mich auf die Tür zu, stellte den Koffer mit meiner weltlichen Habe zu meinen Füßen ab und drückte mir die Schulter – das einzige Zeichen der Zuneigung, das ich je von ihr bekam. Ich sah sie dann erst wieder, wenn die drei Monate vorbei waren und sie mich beim nächsten Onkel ablieferte. Selbst wenn sie nebeneinander wohnten, bestand meine Mutter darauf, mich zu fahren.

Im Laufe der Jahre hatte ich gelernt, dass ich mit meinen Vettern nicht konkurrieren konnte, wenn es um Prügeleien oder um ihre angeborene Fähigkeit ging, große Maschinen zu bedienen, die alle grün oder gelb lackiert waren. Aber ich besaß ein Talent, das sie nicht hatten: Ich konnte Geschichten erzählen. Der Himmel weiß, woher ich es hatte; eine uralte Großtante hat mir erzählt, dass mein Großvater der beste Lügner war, den sie je gesehen hatte – also kam es vielleicht von ihm. Tatsächlich unterschied ich mich so sehr von allen andern, dass einer meiner Onkel erklärte, wenn ich nicht aussähe wie ein Newcombe, würde er schwören, dass ich überhaupt nicht mit ihnen verwandt sei.

Notgedrungen hatte ich gelernt, die andern zu unterhalten. Wenn die Stimmung allzu angespannt wurde, gab mir einer einen Rippenstoß und forderte mich auf: »Erzähl uns eine Geschichte, Ford.«

Also lernte ich, Geschichten zu erzählen, die die Leute zum Lachen brachten, ihnen Angst einjagten oder sie einfach nur fesselten. Und an dem Abend, nachdem ich mit dem Kopf auf dem Schoß meines Schwiegervaters geweint hatte, drehte ich auf, wie ich es noch nie getan hatte, seit ich das Haus meines Onkels verlassen hatte, um mit einem Teilstipendium und einem Studiendarlehen zum College zu gehen.

Als wir am nächsten Tag im Wagen saßen und die lange Fahrt vom Haus ihres Vaters nach Hause antraten, sagte Pat: »Wow! Was ist denn gestern Abend in dich gefahren?«

Darauf wusste ich nicht viel zu sagen. Genau genommen

sagte ich während der ganzen Fahrt nicht viel, denn ich dachte an das, was Pats Vater gesagt hatte: dass er den Jungen am liebsten umbringen würde. Wie konnte ein Mann, der so schlecht sah, dass er nicht einmal eine Nadel einfädeln konnte, jemanden umbringen? Eins stand fest: Wenn er es schaffte, würde niemand ihn verdächtigen.

Und welche Strafe hatte ein solcher Junge verdient? Es genügte nicht, sich einfach von hinten heranzuschleichen und ihn zu erschießen. Er musste leiden, wie die Leute gelitten hatten, die Pats Mutter geliebt hatten. Man musste ihm wegnehmen, was er auf Erden am meisten liebte. Aber was liebte ein solcher Bengel? Alkohol? Seinen Dad, der ihn da herausgeholt hatte?

Und was war mit Pats Mutter, dachte ich. Was war mit ihrem Geist? Musste ihr Geist, ihr innerstes Wesen, von der Erde verschwinden, nur weil ihr Körper nicht mehr da war? Was wäre, wenn ihr Mann oder ihre Tochter Hilfe brauchten? Würde sie dann da sein? Und wie sah die Geisterwelt überhaupt aus? War ihr enthaupteter erster Mann auch da? Und ihr kleiner Sohn? Und was war mit den Geistern der Babys, die sie bei ihren Fehlgeburten verloren hatte?

Hey! Was war mit dem betrunkenen Arzt, der versehentlich ihre Gebärmutter zerschnitten hatte? Konnte ihr körperloser Geist ihn zur Rechenschaft ziehen?

Als wir an diesem Abend schließlich zu Hause ankamen, sah Pat mich merkwürdig an. Aber sie hatte schon oft festgestellt, dass ich immer stiller wurde, je angestrengter ich nachdachte. Nachdem ich ein Sandwich gegessen und mir die Zähne geputzt hatte, dachte ich mir, ich könnte mich vielleicht noch an die Schreibmaschine setzen und ein paar Ideen zu Papier bringen.

Nicht, dass ich – ein *richtiger* Schriftsteller – jemals einen Kriminal-, Gespenster- oder Rache-Roman schreiben würde. Nicht in einer Million Jahren. Aber vielleicht würde ich meine Ideen eines Tages für eine meiner guten Geschichten verwenden können. Sie wissen schon – für das große literarische Meisterwerk, mit dem ich den National Book Award und den Pulitzerpreis gewinnen würde. Und das wochenlang auf sämtlichen Bestsellerlisten stehen würde.

Als ich zu meiner Schreibmaschine kam, die in einer Nische des Wohnzimmers stand, sah ich verblüfft, dass ich sie eingeschaltet gelassen hatte. Auf der Tastatur lag ein Zettel. »Ich habe drei Sandwiches in den Kühlschrank gelegt. Trink das Bier nicht; es macht dich schläfrig. Wenn du morgen Nachmittag um vier immer noch arbeitest, rufe ich an und melde dich krank.«

Normalerweise hätte ich geweint vor lauter Dankbarkeit für eine Frau, die mich so gut verstand. Aber ich hatte schon genug geweint. Sie hatte mir ein weißes Blatt in die Maschine gespannt, und ich brauchte nur noch mit dem Schreiben anzufangen.

Na und? Sie war doch bloß 'ne alte Frau – das waren die ersten Worte, die ich tippte, und danach strömten sie einfach aus mir heraus. Als ich den Geist der ermordeten Frau zum ersten Mal auftreten ließ, dachte ich: Das kann ich nicht. Das ist keine Literatur. Aber dann fiel mir ein, was ein Bestseller-Autor einmal in einem Vortrag gesagt hatte: »Man kann sich nicht aussuchen, was man schreibt. Niemand kommt auf einer rosaroten Wolke zu dir heruntergefahren und sagt: ›Ich schenke dir die Fähigkeit des Schreibens. Welches Talent möchtest du haben? Das Modell Jane Austen, das ewig lebt? Oder das, mit dem du eine Menge Geld verdienst, solange du lebst, das aber stirbt, wenn du stirbst?‹ Vor diese Wahl stellt dich niemand. Du nimmst das Talent, das du hast, und dankst Gott vier Mal am Tag dafür, dass er dir überhaupt eins gegeben hat.«

Diese Worte musste ich mir in den nächsten paar Monaten immer wieder in Erinnerung rufen. Ich schrieb sie sogar auf ein Blatt Papier und hängte sie über der Schreibmaschine an die Wand. Irgendwann schrieb Pat »Amen!« darunter.

In mein Klassenzimmer voller Schüler, die kein Englisch sprachen, kehrte ich nicht mehr zurück. Anfangs meldete Pat mich krank, und dann übernahm sie eine Woche lang meinen Unterricht, aber als der dritte Schüler ihr einen Heiratsantrag machte, damit er in den USA bleiben könnte, hörte sie auf. Und für mich kündigte sie ebenfalls.

Ich brauchte sechs Monate, um das Buch zu schreiben, und in dieser Zeit tauchte ich nicht ein einziges Mal auf, um Luft zu holen. Ich sah Pat, ohne sie zu sehen. So weit ich mich erinnere, sprachen wir nicht miteinander. Ich fragte mich nicht, wie sie es schaffte, ohne mein Einkommen die Rechnungen zu bezahlen, aber ich nehme an, ihr Vater hat geholfen.

Ich weiß es wirklich nicht.

Mein Buch füllte mein Leben vollständig aus.

Als es fertig war, ging ich zu Pat, die es sich lesend in der Sofaecke bequem gemacht hatte, und sagte: »Ich bin fertig.« Während des Schreibens hatte sie nie gefragt, ob sie ein Wort davon lesen könne, und ich hatte es ihr nie angeboten. Jetzt fragte ich schüchtern und ein bisschen betreten: »Möchtest du es gern lesen?«

Sofort sagte sie: »Nein«, und ich wäre beinahe zusammengebrochen. Was hatte ich getan? Hasste sie mich? In den paar Augenblicken, bevor sie weiterredete, fiel mir mindestens ein halbes Dutzend Gründe ein, warum sie mein Buch nicht lesen wollte – und alle waren schlimm.

»Morgen früh fahren wir zu Dad, und dann wirst du uns beiden das ganze Buch vorlesen«, sagte sie.

Ich starrte sie sprachlos an. Meine Seele vor ihr zu entblößen war eine Sache, aber vor ihrem Vater? Ich versuchte, mich herauszureden. »Aber was ist mit deiner Arbeit? Du kannst doch die Schule nicht schwänzen. Die Kids brauchen dich.«

»Es ist Sommer. Wir haben Ferien«, sagte sie ohne eine Spur von Humor.

Die Fahrt zum Haus ihres Vaters dauerte sechs Stunden, und ich war so nervös, dass Pat das Fahren übernahm, nachdem ich zweimal auf die Gegenfahrbahn geraten war. Als wir ankamen, war alles Blut aus meinem Gesicht, meinen Händen und meinen Füßen gewichen.

Pats Vater erwartete uns mit dicken Truthahnsandwiches, aber ich wusste, wenn ich nur einen Bissen nähme, würde ich ersticken. Pat schien es zu verstehen. Sie setzte ihren Vater auf das Sofa und mich in einen Sessel, und dann warf sie mir die erste Hälfte des Manuskripts auf den Schoß. Ohne ein Wort ließ sie sich neben ihrem Vater auf dem Sofa nieder. Beide hatten einen vollen Teller auf den Knien.

»Lesen«, befahl sie und biss in ihr Sandwich.

Das Manuskript musste noch gründlich überarbeitet werden. Es war voll von eingeschobenen Partizipialkonstruktionen und unklaren Bezugswörtern. Ich hatte so schnell gearbeitet, dass ich oft vergessen hatte, »sagte sie« und »sagte er« zu schreiben, sodass es manchmal schwierig war, zu verfolgen, wer gerade sprach. Und die chronologischen Daten waren durcheinander – Personen wurden geboren, nachdem sie geheiratet hatten. Eine Figur hieß John, und zwanzig Seiten später nannte ich sie George. Und an die orthographischen Patzer und Tippfehler will ich gar nicht denken.

Aber trotz aller Fehler hatte dieses Buch etwas, was meine bisherigen Arbeiten nicht hatten. Nach dem sechsten Kapitel blickte ich auf und sah, dass Pats Vater die Tränen über die Wangen liefen. Das Buch hatte ein Herz. Mein Herz. Und indem ich über das geschrieben hatte, was in mir war, hatte ich diesen riesigen, harten Komplex aufgebrochen, der in meiner Brust wohnte. Ich hatte das hässliche Ding Molekül für Molekül zu Papier gebracht.

Es wurde Abend. Pat brachte mir ein Glas Eistee, und ich las weiter. Als meine Stimme nicht mehr mitmachte, nahm sie mir die Blätter aus der Hand und las selbst weiter. Als die Sonne aufging, machte ich wieder weiter, während Pat Rührei zubereitete und ein halbes Brot toastete. Wenn jemand zur Toilette musste, gingen wir alle mit in die Diele und blieben vor der Badezimmertür stehen, um den Rhythmus des Lesens nicht zu unterbrechen.

Die Haushälterin kam um neun, aber Pats Vater schickte sie wieder nach Hause, und wir lasen weiter. Am Nachmittag, kurz nach vier, las Pat den letzten Satz, und dann lehnte sie sich zurück und wartete auf unser Urteil, als wäre sie die Autorin und wir die Jury.

»Brillant«, flüsterte Pats Vater. »Marthas Tod ist gesühnt.«

Seine Meinung war mir wichtig, doch was ich eigentlich

hören wollte, war die Meinung Pats, der Liebe meines Lebens. Aber sie sagte kein Wort. Sie legte das Manuskript auf den Boden, stand auf und nahm Autoschlüssel und ihre Handtasche vom Tisch in der Diele. Dann ging sie aus dem Haus.

Ihr Benehmen war so sonderbar, dass ich nicht einmal gekränkt war. Das Buch hatte von ihrer Mutter gehandelt; also war sie deshalb vielleicht aufgewühlt, dachte ich. Oder vielleicht …

»Frauen!«, sagte Pats Vater, und das schien alles zu erklären.

»Ja. Frauen«, sagte ich.

»Was meinst du – wollen wir uns betrinken?«, fragte mein Schwiegervater, und einen erfreulicheren Vorschlag hatte ich in meinem ganzen Leben noch nicht gehört.

Als Pat ungefähr anderthalb Stunden später zurückkam, saßen er und ich da und kippten in beunruhigendem Tempo einen Bourbon nach dem andern, und er behauptete soeben, seiner Meinung nach sei es das beste Buch, das je geschrieben worden sei.

»Gleich nach der Bibel«, fügte er hinzu.

»Meinst du das ernst?« Ich legte ihm den Arm um die Schultern. »Meinst du das wirklich, wirklich *ernst*?«

Pat kam mit zwei großen Tüten mit der Aufschrift »Office Max« in die Küche. Sie warf nur einen Blick auf uns beide und sagte: »Pfui Teufel.«

»Aber dir hat mein Buch ja nicht gefallen«, heulte ich. Der Alkohol hatte meine mannhafte Fassade zerbröseln lassen.

»Quatsch!« Pat nahm die Flasche und die Gläser vom Tisch und legte uns eine große Pizza-Schachtel hin. Sie klappte den

Deckel auf, und darin lag eine gewaltige Pizza, bedeckt mit scharfer Wurst und Pepperoni in drei verschiedenen Farben – meine Lieblingspizza.

Erst später, nachdem ich mich übergeben und dann die Pizza zusammen mit Pats Vater aufgegessen hatte, der danach geradewegs zu Bett gegangen war, um seinen Rausch auszuschlafen – erst später merkte ich, dass Pat ihre anderen Tüten genommen hatte und damit verschwunden war. Ich fand sie im Esszimmer. Der Tisch war übersät von Papier und Stiften und meinem Manuskript.

Ich hatte Kopfschmerzen und ein flaues Gefühl im Magen, und allmählich war ich beunruhigt, denn noch immer hatte sie keinen einzigen Kommentar zu meinem Buch abgegeben. »Was machst du da?«, fragte ich, und es sollte wie eine alltägliche Frage klingen und nicht so, als wollte ich auf und ab springen und schreien: »Sag's mir! Sag's mir! Sag's mir!«

Sie blickte auf. »Ich lektoriere«, sagte sie. »Ford, es ist das beste Buch, das ich je gelesen habe, aber sogar ich konnte die Fehler darin hören. Du und ich, wird werden es Satz für Satz durchgehen und korrigieren, und wenn es fertig ist, schicken wir es an einen Verlag.«

»An meinen Agenten«, murmelte ich. Das beste Buch, hatte sie gesagt. *Das beste Buch.*

»An diesen aufgeblasenen kleinen Windbeutel?«

Ich hatte nicht gewusst, dass sie den Mann nicht leiden konnte.

»Nein«, sagte Pat. »Ich werde deine Agentin sein.«

»Du?« Unglücklicherweise hörte es sich an, als könne ich nicht glauben, dass sie, eine Chemielehrerin, über Nacht zu einer Literaturagentin werden könne.

Sie sah mich mit schmalen Augen an. »Wenn du Schriftsteller werden kannst, kann ich auch Agentin werden.«

»Natürlich, Schatz«, sagte ich und nahm ihre Hand. Gleich am nächsten Morgen würde ich meinen Agenten anrufen.

Sie zog ihre Hand weg und schaute wieder in das Manuskript. »Du kannst so herablassend tun, wie du willst. Aber während du geschrieben hast, habe ich nachgedacht, und ich weiß, dass ich es kann. Ich verlange nur, dass du mir die Chance gibst.« Als sie wieder zu mir aufsah, war ihr Blick wild, entschlossen, beinahe furchterregend. »Ich habe kein Talent«, sagte sie in einem hartem Ton, den ich bei ihr noch nie gehört hatte. »Und ich werde niemals Kinder bekommen. Ich habe nichts außer dir und deinem Talent, wofür ich Gott vier Mal am Tag danken könnte.« Sie legte die Hand auf den dicken Stapel beschriebener Seiten. »Du weißt es noch nicht, aber das hier ist genial. Und ich weiß eins: Jetzt, in diesem Augenblick, habe ich die Chance meines Lebens. Ich kann in den Hintergrund treten und die Gattin des Autors werden und am unteren Ende des Tisches bei den anderen Star-Ehefrauen festsitzen – oder ich kann deine Partnerin werden. Ich kann vielleicht nicht schreiben, aber mit Zahlen und mit Geld kann ich besser umgehen als du, und ich kann organisieren. Du schreibst, und ich kümmere mich um den Rest. Ich kümmere mich um Verträge und Promotion, um Honorare und Tantiemen und ...«

Sie brach ab und sah mich an. »Abgemacht?«, fragte sie leise, aber mit stahlharter Stimme. Sie wollte es ebenso sehr, wie ich schreiben wollte.

»Ja«, sagte ich, aber als sie meine Hand ergriff und sie

schütteln wollte, küsste ich ihre Handfläche, dann ihr Handgelenk, und dann wanderten meine Lippen an ihrem Arm hinauf. Am Ende liebten wir uns auf dem Esstisch ihrer Mutter, auf meinem Manuskript, dessen Seite verrutschten und sich unter uns ausbreiteten. Wenn wir in den sechs Wochen, die wir brauchten, um das Buch zu redigieren und zu überarbeiten, auf zusammengeklebte Seiten stießen, sahen wir einander an und lächelten liebevoll.

Die zwölf Jahre zwischen dem Erscheinen meines ersten Buches und Pats Tod kann ich nicht beschreiben.

Wir redigierten das Buch, ließen es professionell tippen und machten sechs Kopien davon. Dann vereinbarte Pat Termine mit Verlagen in New York, und wir fuhren für zwei Tage hin. Zu den Meetings mit den Lektoren ging sie allein; sie behauptete, ich quengelte wie ein Baby, sobald jemand mein »Herzblut auf dem Papier« mit einem Dollarbetrag bezifferte. Ich quengelte niemals, protestierte ich, aber ich wusste, sie hatte Recht. Dieses Buch handelte von Pats Mutter und ihrem Leben. Wie konnte es da weniger als eine Milliarde wert sein?

Und so verbrachte ich diese Tage mit Spaziergängen im Central Park und nahm vor lauter Sorge und Aufregung vier Pfund ab. »Du isst ja nicht mal, wenn ich nicht da bin«, stellte Pat empört fest, aber ich wusste, sie war genauso nervös wie ich. Wir sprachen nie über das »Was, wenn?«, aber es schwebte über uns. Was, wenn sie sich als Agentin nicht eignete? Was, wenn sie es nicht schaffte, das Buch zu verkaufen? Und das Schlimmste: Was, wenn niemandem das Buch gut genug gefiel, um es zu kaufen?

Als die zwei Tage vorbei waren, fuhren wir wieder nach Hause und warteten. Die Leute, denen sie das Buch gegeben hatte, brauchten ja Zeit, um es zu lesen. Sie mussten mit ihren Chefs über Geld reden, und sie mussten – ja, wer weiß, was sie noch alles tun mussten?

Ich versuchte, mir einzureden, es sei ein Geschäft, aber ein Teil meiner selbst beharrte darauf, dass sie Pats Mutter ablehnten, wenn sie das Buch ablehnten – denn so hatte ich es genannt: Pats Mutter.

Pat tat kühl und gelassen und lachte blasiert, wenn ich bei irgendeinem Geräusch zusammenzuckte und zum Telefon schaute. Aber ich zahlte es ihr heim. Ich verabredete mit einem ehemaligen Kollegen, er solle uns anrufen, und dann versteckte ich die beiden Telefone, die wir im Haus hatten. Pat hatte mir verboten, Anrufe entgegenzunehmen, und als es jetzt klingelte, blieb ich am Tisch sitzen und versteckte mich hinter der Zeitung. Pat rannte los, und als sie kein Telefon fand, fing sie an, Dinge durch die Gegend zu werfen, bis das ganze Haus durcheinander war.

Als sie schließlich eins gefunden hatte und sich atemlos meldete, legte der Anrufer auf.

Ich hielt mir weiter die Zeitung vor das Gesicht, damit sie nicht sah, wie sehr ich lachen musste. Ich dachte, ich hätte sie hereingelegt, bis sie mir gleich darauf Kaffee nachschenkte. Ich nahm einen Schluck und prustete. Sie hatte Spülmittel hineingetan. Ich hing über dem Becken und spülte mir den Mund aus. Pat sah mir zu, und ihr Lächeln warnte mich davor, mich je wieder mit ihr anzulegen.

Als das Telefon wieder klingelte, stand ich immer noch am Spülbecken. Pat wühlte im Kühlschrank, und ich sah, dass sie nicht die Absicht hatte, noch einmal abzunehmen. Ich zog eine Grimasse. Wahrscheinlich war es Charley, der wissen wollte, ob er alles richtig gemacht habe.

Langsam ging ich zum Telefon, das jetzt unübersehbar dastand, und als ich den Hörer abnahm, erfuhr ich, dass man mich mit jemandem im Verlag Simon & Schuster verbinden werde.

Ich brachte kein Wort hervor. Ich hielt den Hörer ein Stück weit von meinem Ohr weg und starrte Pats Rücken an. Ihr sechster Sinn veranlasste sie, sich umzudrehen. Sie sah mein bleiches Gesicht und wäre fast über die Couch gesprungen, um mir das Telefon abzunehmen. Ich setzte mich an den Tisch, nahm einen großen Schluck Kaffee und hörte zu.

Pat sagte nicht viel mehr als »Ja. Ja. Ich verstehe.« Dann legte sie auf und sah mich an.

Als Erstes nahm sie mir die Tasse weg und schüttete den Seifenkaffee in die Spüle. Ich hatte fast die halbe Tasse ausgetrunken, ohne es zu merken. Sie reichte mir ein Stück Küchenkrepp, damit ich mir den Mund auswischen konnte, und sagte: »Sie werden das Buch versteigern.«

Ich hatte keine Ahnung, was das bedeuten sollte, aber es klang schlecht. Alte Möbel wurden versteigert. Wenn jemand gestorben war.

Pat sah, dass ich nichts kapierte. Sie setzte sich zu mir an den Tisch und nahm meine Hand. »Drei Verlage möchten das Buch kaufen. Also werden sie dafür bieten. Der Meistbietende bekommt es. Die Versteigerung wird den ganzen Tag dauern.«

Erst später begriff ich, dass Pat und ich alles falsch gemacht hatten. Wir hätten das Buch einem Verlag nach dem andern anbieten sollen. Aber sie hatte es gleich dreien gegeben und überall erzählt, wer es sonst noch hatte. Weil es allen drei Verlagen gefiel und sie die Frau des Autors nicht verärgern wollten, hatten sie der Agentin die Arbeit abgenommen und die Auktion selbst organisiert.

Aber an jenem längst vergangenen Tag ahnten Pat und ich in unserer Unschuld nichts von diesem Patzer. Wir setzten uns einfach hin und taten das, was wir tun konnten: Wir warteten. Stündlich klingelte das Telefon, die Verlage nannten uns ihre Angebote und fragten, was die andern geboten hätten.

Nach jedem Anruf riefen wir Pats Vater an, um ihn über die wachsenden Gebote und alle anderen Entwicklungen auf dem Laufenden zu halten.

Es war ein aufregender, beängstigender, anstrengender Tag. Pat und ich aßen keinen Bissen, und ich vermute, ihr Vater auch nicht. Wir wichen nicht vom Telefon, um nur ja nichts zu versäumen.

Nachmittags um fünf war es vorbei, und ich erfuhr, dass ich eine coole Million von Simon & Schuster bekommen würde.

Wie feiert man so etwas? Die Summe überstieg unser Fassungsvermögen. Champagner war nicht genug. Unser Leben würde sich verändern, und zwar mehr, als wir begreifen konnten.

Wir saßen schweigend am Frühstückstisch; wir wussten nicht, was wir tun sollten, und hatten nichts zu sagen. Pat verschränkte die Hände vor sich auf dem Tisch, und dann betrachtete sie ihre Fingernägel. Ich nahm einen Stift und fing an, die *Os* auf der Titelseite der Zeitung auszumalen.

Nachdem wir eine Weile geschwiegen hatten, sah ich Pat an, und sie sah mich an. Ich hörte ihre Gedanken so deutlich, als spräche sie. »Ruf du deinen Dad an«, sagte ich, »und ich werde ... äh ...« Mein Kopf war leer, und ich hatte keine Ahnung, was ich tun sollte.

»Warte im Auto«, sagte Pat. Sie rief ihren Vater an, erzählte ihm von dem Deal und sagte, dass wir jetzt zu ihm kämen, um zu feiern. Der Gedanke, den Pat und ich gemeinsam hatten, war der, dass diese Sache uns alle drei anging, nicht bloß sie und mich. Deshalb war es nur recht und billig, mit ihm zusammen zu feiern.

Als wir bei ihm ankamen, war es fast Mitternacht, und wir mussten drei Straßen weiter parken, weil vor seinem Haus kein Platz mehr war.

»Welcher Idiot gibt denn dienstags abends eine Party?« Pat war wütend, weil wir so weit zu Fuß gehen mussten.

Wir waren fast da, als uns klar wurde, dass die Party im Haus ihres Vaters stattfand, und dass sie für uns veranstaltet wurde. Wir hatten beide keine Ahnung, wie er das geschafft hatte, aber in nur sechs Stunden hatte Edwin Prendergast eine Party auf die Beine gestellt, die in die Geschichte eingehen würde. Alle seine Haustüren standen offen, aber auch die Türen der beiden Nachbarhäuser, und auf den drei Grundstücken und in den Häusern wimmelte es von Gästen, Kellnern und Caterern.

Und was war das für eine Party! Auf der breiten Rasenfläche der drei Vorgärten spielte eine Livekapelle Musik aus der Big-Band-Ära – die Musik, die Pats Eltern am liebsten gehört hatten.

Vor der Band wirbelte ein halbes Dutzend professionelle

Tänzer im Kostüm der vierziger Jahre zu den swingenden Klängen eines Trompeters, der mit Harry James verwandt sein musste. Nachbarn und Leute, die ich noch nie gesehen hatte, Leute im Alter von acht bis achtzig Jahren, tanzten zusammen mit den Profis. Alle riefen Hallo und gratulierten, als sie uns kommen sahen, aber sie amüsierten sich so gut, dass sie nicht mal mit dem Tanzen aufhörten.

Als wir uns der Haustür näherten, hörten wir, dass hinter dem Haus noch andere Musik gespielt wurde. Wir liefen seitlich um das Haus herum, und hinter dem Rosengarten von Pats Mutter spielte eine zweite Band modernen Rock'n'Roll, und auch hier tanzten Leute.

Der Garten des Hauses zur Linken war von einem hohen Zaun umgeben. Dahinter lag ein Pool, und von dort kam lautes Lachen. Pat schrie: »Hilf mir hoch.« Ich verschränkte die Hände ineinander, sie stellte den Fuß hinein und spähte über den Zaun.

»Was ist da los?«, rief ich durch die Musik. Ich sah, dass sie erschrocken die Augen aufriss, aber sie sagte erst etwas, als sie wieder unten stand.

»Poolparty«, schrie sie mir ins Ohr.

Ich sah sie fragend an. Was war an einer Poolparty so schockierend?

»Keine Badeanzüge«, rief sie. Ich sah mich nach irgendetwas um, auf das ich klettern könnte, um über den Zaun zu schauen, aber sie nahm meine Hand und zog mich ins Haus ihres Vaters.

Drinnen herrschte das Chaos. Draußen spielten die beiden Livebands, eine vorn und eine hinten, die Fenster standen in der warmen Sommernacht offen, und der Lärm war schrill und ohrenbetäubend.

Aber es passte. Tatsächlich spiegelte die Musik der unterschiedlichen Bands meine Empfindungen genau wider. So lange, wie ich mich erinnern konnte, sehnte ich mich danach, veröffentlicht zu werden. Als Kind hatte ich Comics verfasst, und einmal, als ich bei einem frommen Onkel wohnte, hatte ich die Bibel um ein neues Buch ergänzt. Mein Leben lang hatte ich nichts anderes gewollt, als Geschichten zu schreiben, die verlegt wurden – und jetzt würde es passieren. Die Menschen würden lesen, was ich geschrieben hatte – viele Menschen.

Aber zugleich hatte ich furchtbare Angst. Vielleicht war dieses Buch ein Glückstreffer. Eine einmalige Leistung. Es beruhte auf dem sinnlosen Tod einer Frau, die ich lieb gewonnen hatte. Worüber wollte ich in meinem zweiten Buch schreiben?

Meine Frau gab mir einen Rippenstoß.

»Was macht dir denn jetzt wieder Sorgen?«, schrie sie, sichtlich empört darüber, dass ich nicht einmal an diesem Abend damit aufhören konnte.

»Buch zwei«, brüllte ich zurück. »Was soll ich als Nächstes schreiben?«

Sie wusste, was ich meinte. Mein Erfolg war zustandegekommen, weil ich über persönliche Erfahrungen geschrieben hatte. Nein, ich hatte persönliche Erfahrungen *offenbart*. Was hatte ich jetzt noch zu offenbaren?

Kopfschüttelnd nahm Pat mich bei der Hand, führte mich ins Bad und schloss die Tür. Hier war es ruhiger, sodass ich sie verstehen konnte. »Ford Newcombe, du bist ein Idiot«, sagte sie. »Du hattest eine Mutter, die dich als Werkzeug ihrer Strafe benutzt hat. Du hattest einen Vater, der im Gefängnis saß, und du hattest elf Onkel, die allesamt abscheulich und verachtenswert waren. Du hast in deinem Leben so viel Schlechtes gesehen, dass du Stoff für tausend Bücher hast.«

»Ja.« Ich fing an zu lächeln. Vielleicht könnte ich über Onkel Simon und seine sieben Töchter schreiben, dachte ich. Oder über meine süße Cousine Miranda, die jung gestorben war und um die niemand getrauert hatte. Warum wurden immer nur die Schlechten vermisst? War hier vielleicht auch Stoff für ein Sachbuch?

Ich wurde aus meinen Gedanken gerissen, als Pat den Reißverschluss meiner Hose öffnete. »Und was hast du vor?«, fragte ich lächelnd.

»Ich werde jetzt einem Millionär was Gutes tun«, sagte sie.

»Oh.« Mehr fiel mir nicht ein; ich schloss die Augen.

Eine ganze Weile später verließen wir das Badezimmer, und ich war bereit für die Party. Sorgen machte ich mir nicht mehr – mir war ein halbes Dutzend persönlicher Erfahrungen eingefallen, über die ich schreiben könnte.

Pats Vater fanden wir im Schlafzimmer des Nachbarhauses mit dem Swimmingpool. Er tanzte dermaßen verrucht, dass ich mit offenem Mund in der Tür stehen blieb.

»Du hättest ihn mit Mum sehen sollen«, schrie Pat. Sie duckte sich unter meinem Arm hindurch und lief zu ihrem Vater. Er hörte auf zu tanzen, rief seiner Tochter ein paar Sätze ins Ohr, winkte mir zu und tanzte dann weiter. Sie kam lächelnd zu mir zurück. »Wir bleiben über Nacht hier.«

Da es fast zwei Uhr morgens war, schien das eine eher überflüssige Information zu sein, aber ich nickte und ließ mich von Pat zur Tür hinaus und die Treppe hinunter ins Wohnzimmer der Nachbarn schleifen. Die Küchen der drei Häuser waren voller Leute vom Partyservice, die riesige Tabletts mit Essen in die Esszimmer und Gärten schleppten. Pat und ich hatten tagelang kaum etwas gegessen, und wir hatten eine Menge nachzuholen. Ich war bei meinem zweiten Teller, als sie sagte, sie wolle ein paar Leuten Hallo sagen. Ich nickte und gab ihr mit einer Handbewegung zu verstehen, dass ich mich mit Vergnügen still in eine Ecke setzen und essen und trinken würde.

Kaum war ihr Rock um die Ecke verschwunden, stürmte ich wie der Blitz die Treppe hinauf. Eine Poolparty ohne Badeanzüge! Ich war ziemlich sicher, dass es oben ein Gästezimmer gab, wo ich auf den Pool hinunterschauen konnte. Und richtig – unten im Garten waren ungefähr ein Dutzend junge Erwachsene, die wunderschön nackt vom Sprungbrett sprangen und im klaren blauen Wasser schwammen.

»Unglaublich, was?«, sagte eine Stimme hinter mir. Ich hatte einen Fuß auf die Fensterbank gestellt, hielt meinen Teller in der Hand und spähte durch das breite Fenster hinunter auf den Pool.

Es war Pats Vater. Er schloss die Schlafzimmertür hinter sich, sodass es relativ ruhig war.

»Was ist unglaublich?«

»Die Teenager heutzutage. Siehst du die auf dem Sprungbrett? Das ist die kleine Janie Hughes. Sie ist erst vierzehn.«

Ich zog die Brauen hoch. »Habe ich sie nicht letzte Woche auf ihrem Dreirad gesehen?«

Er gluckste. »Wenn ich sie sehe, verstehe ich, warum alte Männer junge Mädchen heiraten. Und wenn ich die Jungs in ihrem Alter sehe, verstehe ich, warum die Mädchen sich zu älteren Männern hingezogen fühlen.«

Er hatte nicht Unrecht. Mehrere Mädchen hatten sich ausgezogen, aber nur ein einziger Junge. Die Jungen waren größtenteils spindeldürr und hatten schlechte Haut; sie schienen eine Todesangst vor den Mädchen zu haben, und deshalb behielten sie ihre großen, schlabbrigen Badehosen an. Der einzige Junge, der nackt war, hatte einen so fabelhaften Körper, dass ich annahm, er sei wohl der Kapitän irgendeiner Sportmannschaft an der High School. Er erinnerte mich an einen meiner Cousins, der in der Nacht nach dem Abschlussball der High School bei einem Autounfall ums Leben gekommen war. Nachher hatte ich gedacht, es war fast, als habe mein Cousin gewusst, dass er früh sterben würde, denn er war mit siebzehn ein Mann gewesen – kein schlaksiger Junge, sondern ein ausgewachsener Mann.

»Wahrscheinlich wird er sterben, bevor das Jahr um ist«, sagte ich und deutete mit dem Kopf auf den nackten Adonis, der am Beckenrand stand. Ich sah meinen Schwiegervater an. »Ich dachte du bist blind – oder doch fast.«

Er lächelte. »Aber ich habe ein ausgezeichnetes Gedächtnis.«

Seit dem Tag, als ich auf seinem Schoß geweint hatte, standen wir einander sehr nahe. Bis dahin hatte ich mich keinem Mann je nah gefühlt, und was ich für meinen Schwiegervater empfand, ließ mich verstehen, was mit »Männerfreundschaft« gemeint war.

»Ich hinterlasse Pat das Haus«, sagte er.

Ich stellte meinen Teller weg und wandte mich ab. Bitte sprich heute nicht vom Sterben, dachte ich. Nicht heute. Wenn ich nicht antwortete, würde er vielleicht aufhören.

Aber er hörte nicht auf. »Ich habe Pat nichts gesagt, und ich hab's auch nicht vor, aber ich weiß, dass ich hier auf Erden fertig bin. Wusstest du, dass ich einen Monat nach ihrem Tod versucht habe, mir das Leben zu nehmen?«

»Nein«, sagte ich mit abgewandtem Kopf und fest geschlossenen Augen. Und in meiner Eitelkeit hatte ich gedacht, ich sei der Einzige, der wirklich zutiefst um Pats Mutter getrauert hatte.

»Aber Martha wollte mich nicht sterben lassen. Ich glaube, sie wusste, dass du dein Buch über sie schreiben würdest, und das wollte sie. Sie wollte es für dich und für Pat, und sie wollte es auch für sich selbst. Ich glaube, sie wollte, dass ihr Leben etwas bedeutete.«

Ich wollte die übliche Antwort geben: Ihr Leben *habe* etwas bedeutet. Aber hatte ich nicht eine Viertelmillion Wörter geschrieben, um genau das zu sagen? Ich nickte nur und konnte ihm immer noch nicht in die Augen sehen.

»Ich weiß, ich brauche es dir nicht zu sagen, aber ich möchte, dass du auf Pat achtgibst. Sie tut so, als sei es ihr nicht wichtig, dass sie keine Kinder bekommen kann, aber das stimmt nicht. Als sie mit acht Jahren aus dem Krankenhaus kam, verschenkte sie alle ihre Puppen – und sie hatte ein ganzes Zimmer voll. Und noch heute fasst sie keine mehr an.«

Ein Kloß stieg mir in die Kehle. Schuldbewusst begriff ich, dass ich über meine Frau nicht gewusst hatte, was ich da hörte. In Wahrheit hatte ich überhaupt nicht viel über den

Unfall nachgedacht, der Pat unfruchtbar gemacht hatte. Ich hatte Pat, und deshalb war es mir nie wichtig gewesen, ob wir Kinder hatten oder nicht. Und ich war nie auf die Idee gekommen, sie zu fragen, wie es ihr damit ging.

»Lass dir bei deiner Schreiberei von ihr helfen«, sagte er. »Schließ sie nicht aus. Lass dir niemals einfallen, dass du plötzlich einen schicken Agenten mit einem großen Namen brauchst, weil du so erfolgreich bist. Hast du verstanden?«

Ich konnte ihn immer noch nicht ansehen. Pat und ich waren seit Jahren verheiratet. Warum war mir die Sache mit den Puppen nie aufgefallen? War ich so unaufmerksam? Oder hatte sie es vor mir verborgen? Hatte sie noch andere Geheimnisse?

Pats Vater sagte nichts weiter; er legte mir nur kurz die Hand auf die Schulter, ging dann leise hinaus und schloss die Tür. Kurze Zeit später kam unten eine Frau aus dem Haus und ging zum Pool. Ich erkannte Janie Hughes' Mutter. Sie rief ihre Tochter so laut, dass ich es durch das Getöse von zwei Livebands und schätzungsweise fünfhundert Partygästen hören konnte.

Gehorsam wickelte Janie sich ein Handtuch um den schönen jungen Körper, aber ich sah, dass sie noch einmal über die Schulter einen Blick zu dem nackten Athleten warf, bevor er seine Badehose anzog.

Als die Aufregung vorbei war, setzte ich mich auf die Fensterbank. Der Teller neben mir war immer noch voll, aber ich konnte nichts mehr essen.

Im Grunde hatte ein Mann, den ich liebte, mir soeben eröffnet, dass er sterben werde.

In der Fensterecke klemmte eine Stoffpuppe. Ich nahm sie

in die Hand und betrachtete das lächerliche Gesicht. Ich mochte noch so viel Geld verdienen, noch so viel Erfolg haben, es gab immer ein paar Dinge – Dinge, die ich mir wirklich wünschte –, die ich niemals bekommen würde. Nie wieder würde ich mit Pat und ihren Eltern an einem Tisch sitzen. Kopfschüttelnd dachte ich daran, wie ich früher geglaubt hatte, sie gehörten zu einem »auserwählten Volk«, dem niemals etwas Schlimmes zustoßen konnte.

Die Zimmertür öffnete sich, und ich blickte auf. »Da bist du ja«, sagte Pat. »Ich habe dich überall gesucht. Diese Party ist für dich, weißt du.«

»Kann ich die kleine Janie Hughes als Geschenk mit nach Hause nehmen?«

»Ich werde ihrer Mutter erzählen, dass du das gesagt hast.«

Schützend hielt ich mir die Stoffpuppe vor das Gesicht. »Nein, nein, nur das nicht.«

Sie kam zu mir. »Komm mit runter. Die Leute wollen dein Autogramm.«

»Wirklich?« Ich war erfreut und verblüfft zugleich. Ich wollte die Puppe wieder da hinsetzen, wo ich sie gefunden hatte, aber unversehens drückte ich sie Pat an die Brust, damit sie sie nahm.

Pat sprang zurück, bevor die Puppe sie berühren konnte, und sie sah aus, als werde ihr schlecht.

Gern hätte ich ihr Fragen gestellt, ihr ein Geständnis abgerungen. Aber was sollte sie gestehen? Was ich schon wusste? Sie ging zur Tür und blieb dort stehen; sie wandte mir den Rücken zu, und ihre Schultern hoben und senkten sich, als sei sie gerannt.

Ich hob die Puppe vom Boden auf, setzte das arme Ding in seine Ecke und legte ihr den Arm um die Schultern. »Was wir jetzt brauchen, ist ein Glas Champagner. Und außerdem hast du mir noch nicht gesagt, was du mit all dem Geld, dass wir jetzt kriegen, kaufen möchtest.« Ich legte leichte Betonung auf das Wörtchen »wir«.

»Ein Haus«, sagte sie, ohne zu zögern. »An der Küste. Hochgelegen, mit einer Wand aus Glas, damit ich auf die Wellen hinausschauen und den Stürmen auf dem Meer zusehen kann.«

Ich holte tief Luft. Jahrelang verheiratet – und an einem Abend erfuhr ich gleich zwei Geheimnisse über meine Frau.

»Stürme auf dem Meer – okay.« Ich öffnete die Tür, ohne den Arm von ihrer Schulter zu nehmen.

»Und was möchtest du?«, fragte sie. »Außer wegen der minderjährigen Janie in den Knast gehen, meine ich?«

»Wenn ich in den Knast komme, sehe ich vielleicht meinen Dad.« Ich umschlang sie fester. »Ich möchte Buch zwei schreiben«, gestand ich ehrlich.

»Keine Sorge. Ich werde dir helfen, und Dad auch. Jetzt, da Mom nicht mehr da ist, werden deine Bücher ihm etwas geben, wofür er leben kann.«

Ich war froh, dass die Musik uns entgegenbrandete und ich darauf nicht mehr antworten konnte, denn mir war jetzt, als sei diese riesige, lärmende Party keine Feier für mich, sondern ein Abschiedsfest für meinen Schwiegervater.

Und ich hatte Recht, denn sieben Wochen später starb Pats Vater im Schlaf. Als ich im Bestattungsinstitut vor seinem leise lächelnden Leichnam stand, dachte ich, dass er genau das getan hatte, was meine melodramatische Verwandt-

schaft immer tat: Er hatte in seiner Trauer sein Leben wegge-
geben.

Als Pats Mutter starb, war ich derjenige gewesen, der voller Zorn reagiert hatte, und Pat hatte mich zusammengehalten. Nach dem Tod ihres Vaters war sie so sehr erfüllt von
Trauer und Wut, dass unser Hausarzt sie in eine Klinik ein-
weisen wollte. Für meine eigene Verzweiflung war kein Platz
mehr, und so hielt ich uns beide zusammen. Nur einmal
wurde ich schwach: als ich erfuhr, dass Pats Vater mir sein
deutsches Werkzeug hinterlassen hatte.

Pat verkaufte das Haus ihrer Eltern mit allem, was darin
war. Wäre es meine Entscheidung gewesen, ich wäre dort
eingezogen, denn in diesem Haus hatte ich ein paar der besten Zeiten meines Lebens verbracht. Aber Pat behielt nur die
Fotos – die sie in ein Schließfach legte und niemals anschaute –, und sie verkaufte alles andere. Das Einzige, was
übrig blieb, war der Werkzeugkasten.

In den nächsten zwölf Jahren schrieb ich, und Pat wurde zur
umtriebigen Geschäftsfrau. Wir waren Partner, wie sie es gesagt hatte. Ich schrieb, wir redigierten, und sie verkaufte.
Und sie war meine erste Leserin. Sie sagte mir immer, was sie
von meinen Büchern hielt, und manchmal war sie fast bru-
tal. Es war nicht leicht, mein Ego im Zaum zu halten, und
manchmal kam es zu wütenden Streitigkeiten. »Versuch's auf
meine Art, und dann sehen wir, was besser ist«, schrie sie einmal. Wütend, und um ihr zu beweisen, dass sie sich irrte,
schrieb ich das Ende eines Buches nach ihren Wünschen um.
Und sie hatte Recht. Ihr Schluss war besser. Danach hörte
ich aufmerksamer zu.

Ihr Haus am Meer kauften wir nicht. Zum einen konnte Pat sich nicht entscheiden, an welchem Meer sie wohnen wollte. Außerdem war auch sie fasziniert von dem Gedanken, dass ich als Schriftsteller überall auf der Welt leben konnte. Also beschlossen »wir«, ein paar Häuser auszuprobieren. Wir zogen oft um.

In den ganzen zwölf Jahren besuchten wir nur ein einziges Mal meine Onkel und den Ort, wo ich aufgewachsen war. Am Tag vor unserer Ankunft war ich krank vor Nervosität. Pat versuchte, mir lachend darüber hinwegzuhelfen, aber sie konnte es nicht. Ich war zerfressen von der Frage, wie es sein würde, sie alle wiederzusehen.

»Hast du Angst, dableiben zu müssen?«, fragte Pat am Abend zuvor, und ich brachte nur keuchend hervor: »Ja!«

Aber ich hätte mir keine Sorgen zu machen brauchen. Alle meine Verwandten behandelten mich wie eine Berühmtheit. Sie kamen mit eselsohrigen Exemplaren meiner Bücher an und baten mich um ein Autogramm. Und das wirklich Merkwürdige war: Offenbar waren sie von dem kollektiven Glauben erfüllt, in dem Augenblick, als mein erstes Buch von einem Verlag angenommen worden war, habe sich eine Wolke der Amnesie auf mich herabgesenkt. Sie schienen ausnahmslos davon überzeugt zu sein, dass ich keinerlei Erinnerung an meine Kindheit hatte.

Jahre zuvor hatte ich sie einmal besucht. Es war nach dem College-Examen, aber bevor ich einen Verlag gefunden hatte, und damals hatte niemand so getan, als könne ich mich an nichts erinnern. Sie beschrieben mir keine Orte, an denen ich hundert Mal gewesen war, und keiner von ihnen sagte: »Du wirst dich nicht daran erinnern, aber …«

Jetzt, da meine Bücher publiziert wurden, taten sie es. Mein Cousin Noble redete mit mir, als hätte er mich erst an diesem Morgen kennengelernt, und nach zwei Stunden wünschte ich, er wollte mich »Buick« nennen, wie er es früher immer getan hatte.

Er machte mich mit Onkel Clyde bekannt, als hätte ich den Mann noch nie gesehen. Ich warf Noble einen Blick zu, den er ignorierte, und dann hielt ich einen übertriebenen kleinen Vortrag darüber, dass ich mich durchaus an Onkel Clyde erinnern könne. »Nicht zu glauben«, sagte der alte Mann. »Nicht zu glauben, dass ein so berühmter Mann wie du sich an mich erinnert.« Ich lächelte, und am liebsten hätte ich gesagt: »Ich habe eine Narbe an der Wade, wo du mich mit deiner Gürtelschnalle geschlagen hast. Da werde ich mich wohl an dich erinnern.« Aber das sagte ich nicht.

Noble legte mir den Arm um die Schultern und führte mich davon. »Du darfst es Onkel Clyde nicht übel nehmen«, sagte er leise. »Er hat vor ein paar Jahren einen seiner Söhne verloren, und seitdem ist er einfach nicht mehr derselbe.«

Wieder sah ich Noble an, als sei er verrückt. Nachdem Cousin Ronny ertrunken war, hatten Noble und ich und vier andere Vettern ein Freudenfeuer angezündet. Noble sagte, er sei, seit er vier Jahre alt war, immer wieder mit einem blauen Auge herumgelaufen, und jedes Mal habe Cousin Ronny es ihm verpasst. Ich – der Kreative – hatte aus Steinen, Lehm und Stöcken eine große Schildkröte gebaut, und dann hatten wir uns ehrfürchtig davor verneigt und ihr gedankt, dass sie unser Leben von Cousin Ronny befreit hatte.

Und als Noble mir jetzt von Onkel Clydes tiefer Trauer erzählte, als wäre das eine Neuigkeit, war ich sicher, dass er einen Scherz machen wollte. »Und dafür haben wir dem Schildkrötengott zu danken«, sagte ich leise.

Noble starrte mich an, als wisse er nicht, wovon ich da redete.

»Der Schildkrötengott«, sagte ich. »Weißt du noch? Wir haben ihm für die Schildkröte gedankt, die Cousin Ronny gebissen hatte, und ...«

Noble nahm den Arm von meinen Schultern und richtete sich auf. »Davon weiß ich nichts.«

So ging es den ganzen Tag. Als ich den Satz »Du wirst dich nicht daran erinnern, aber ...« am Spätnachmittag zum tausendsten Mal gehört hatte, reichte es mir. »Wieso zum Teufel soll ich mich nicht daran erinnern?«, fuhr ich Onkel Reg an. »Es ist *mir* passiert. Ich habe hier *gelebt*, weißt du noch? Ich war ›die Strafe‹. Ich, Ford. Oder Chrysler. Oder John Deere. *Ich!*«

Pat nahm mich beim Arm und zog mich weg, und eine Zeitlang standen wir beide im Schatten eines Baumes, damit ich mich wieder beruhigte. Ich war dankbar, dass sie nicht versuchte, mir zu erzählen, sie seien eben nur einfache Leute vom Lande, die nichts verstanden. In Wahrheit hatte ich das Gefühl, dass sie schon wieder versuchten, mich auszuschließen und mich spüren zu lassen, dass ich nicht hierher gehörte. Ich war als Kind anders gewesen als sie, und jetzt war ich mehr denn je ein Außenseiter.

Aber mehr noch: Ich fühlte mich in eine Rolle gedrängt, die sie für mich geschrieben hatten. »Er ist hier aufgewachsen, aber er erinnert sich nicht an uns«, würden sie den Leuten erzählen. »Er ist ein großer Star geworden und hat uns glatt vergessen.« Ich wollte, dass die Leute sagten: »Obwohl er es bis an die Spitze geschafft hat, hat er die kleinen Leute doch nie vergessen.« Oder so ähnlich. Aber allen Tatsachen zum Trotz gab man mir zu verstehen, ich sei als »Prominenter« zum Snob geworden.

Pat blieb bei mir stehen, während ich mich bemühte, meinen Zorn zu überwinden, und dann sagte sie: »Schade. Du warst ein solcher Tugendbold, dass du nie gelernt hast, ihnen etwas heimzuzahlen.«

»Ich war kein ...«, begann ich. »Und ich habe auch nie ...« Ich stammelte eine ganze Weile herum, bis ich begriff, was sie sagen wollte. Ich küsste sie auf die Stirn, und wir kehrten zurück zu den andern, die mit besorgten Mienen wegen meines unerklärlichen Wutausbruchs auf uns warteten. Vermutlich sind Promis eben so, schienen ihre Blicke zu sagen.

Nach dem Gespräch mit Pat war ich so guter Laune, dass ich drei Prügeleien anzettelte. Ich wusste ja, wo die wunden Punkte meiner Verwandten waren, und so nahm ich sie aufs Korn. Ich fragte Noble, was eigentlich aus dem alten Pontiac geworden sei, den er mal gehabt habe, und zehn Minuten später schlugen er und ein anderer Cousin (der den Wagen geklaut und es dann stets geleugnet hatte) aufeinander ein.

Ich fragte Onkel Clyde nach seinem geliebten Sohn, der ertrunken war, und bat ihn, mir ein paar wunderbare Geschichten über den Jungen und seine guten Taten zu erzählen. Und übrigens – was hatte Cousin Ronny eigentlich an dem Tag in dem Teich getan?

Irgendwann sah Pat mich mit schmalen Augen an und gab mir zu verstehen, dass ich zu weit ginge. Aber ich amüsierte mich viel zu gut, um aufzuhören.

Als Pat laut verkündete, es sei Zeit zum Abfahren, sagte niemand, wir sollten »mal wiederkommen«. Noble ging mit hinaus zum Auto. »Du hast dich kein bisschen verändert, was?«, sagte er mit wütendem Blick und spuckte einen Rotzfladen aus, der einen Zentimeter weit links neben meinem Schuh landete.

»Du aber auch nicht«, sagte ich mit breitem Grinsen. Am Tag vor meiner Abreise zum College hatten Noble und drei seiner Saufkumpane mich verspottet, bis ich nicht mehr gewusst hatte, ob ich einen mörderischen Tobsuchtsanfall bekommen oder weinen sollte. Ich war in den Wald gelaufen, um ihnen zu entkommen. Als ich kurz vor Einbruch der Dunkelheit zurückkam, stellte ich fest, dass sie mit dem Traktor über den Koffer mit meinen sauberen, (von mir selbst) gebügelten neuen Sachen gefahren waren, die ich von dem Geld gekauft hatte, das ich mit Tütenpacken im Supermarkt verdient hatte.

Onkel Cal hatte Noble für diesen »Streich« einen Klaps auf den Hinterkopf gegeben, aber er ließ keinen Zweifel daran, dass er nicht so schlimm fand, was sein Sohn da getan hatte. »Ein kleines Abschiedsgeschenk«, sagte er lächelnd. Niemand hatte mir angeboten, mir beim Waschen und Bügeln meiner Kleider zu helfen, und so hatte ich die ganze Nacht aufbleiben müssen und war gerade noch rechtzeitig fertig geworden, um am nächsten Morgen den Bus zu erwischen – den Bus, der mich von der ganzen Bande wegbringen sollte.

»Es war nett, euch alle wiederzusehen«, sagte ich zu Noble, und ich meinte es wirklich ernst. Ich weiß nicht, ob der Verkauf meines ersten Buches mich so sehr befriedigt hatte wie die zweite Hälfte dieses Tages. »Hör zu, Noble«, sagte ich freundlich, »wenn eins der Kids aufs College gehen möchte, dann lasst es mich wissen, und ich helfe euch bei den Kosten.«

Damit stieg ich in den Wagen, und Pat raste los wie eine Teilnehmerin beim lokalen Sandbahn-Speedway-Rennen. Als ich einen Blick zurückwarf, sah ich, dass Noble von meinem Angebot verblüfft war. Wollte ich ihm unter die Nase reiben, dass er damals gesagt hatte, nur Schwuchteln gingen aufs College? Oder wollte ich damit sagen, dass ich als Einziger gescheit genug gewesen war, um dort anzukommen?

Drei Stunden lang lachte ich immer wieder vor mich hin, wenn ich an sein verdattertes Gesicht dachte. Aber irgendwann muss er begriffen haben, dass ich es aufrichtig gemeint hatte, denn im Laufe der Jahre bezahlte ich mehreren Angehörigen der nächsten Generation meiner Verwandten das College. Dazu gehörte auch Nobles älteste Tochter Vanessa, die schließlich selbst Lehrerin am College wurde.

»Einer deiner Vorfahren muss ein Gehirn gehabt haben«, sagte Pat. »Deshalb taucht ab und zu so was wie Intelligenz in eurer Familie auf.«

»Rezessive Gene.«

»Aber *wirklich* rezessiv«, sagte sie, und wir lachten beide.

All das war zu Ende, all die guten Zeiten, als Pat starb. Ich war ohne eine Familie aufgewachsen, ich hatte eine gefunden und sie wieder verloren.

Und wieder war ich allein auf der Welt.

2 – Jackie

Ich glaube, er wollte mich, weil ich ihn zum Lachen brachte.

Nein, er *wollte* mich nicht. Nicht so. Er wollte, dass ich für ihn arbeite.

Natürlich sagte ich nein. Schließlich hatten schon viele Frauen in der Stadt versucht, für ihn zu arbeiten, aber sie waren entweder bald gefeuert worden oder hatten unter Tränen gekündigt. Oder stinkwütend.

Man hatte mir erzählt, wie gut er es verstand, Leute wütend zu machen. »Rasend, weißglühend«, sagte eine Freundin zu mir, als wir zu viert zum Lunch in unserem Bratlokal saßen – gebratenes Fleisch, gebratene Zwiebeln, gebratene Kartoffeln. Die Kellnerin hatte keinen Sinn für meinen Humor, als ich sie darauf zu achten bat, dass der Koch mir meinen Salat nicht auch noch briet. Empört marschierte sie davon, und ihre Laune besserte sich während des ganzen Essens nicht mehr.

Aber ich war es gewohnt, dass mein Humor mich in Schwierigkeiten brachte. Mein Vater sagte immer, ich sei so, damit niemand mich weinen sähe. Ich verstand es nicht, denn ich weine nie, und das sagte ich ihm. »Eben«, sagte er und ging weg.

Jedenfalls fragte dieser hochkarätige Bestsellerautor mich, ob ich für ihn arbeiten wollte, weil ich ihn zum Lachen brachte. Und weil ich ihm meine Geistergeschichte erzählt hatte. Na ja, genau gesagt, ich habe sie eher halbwegs erzählt. Wie Heather bemerkte: Ich hatte es schon sehr viel besser gemacht. Aber du meine Güte, man braucht ein größeres Ego, als ich es habe, um sich einzubilden, man könnte einem meisterhaften Geschichtenerzähler eine Geschichte erzählen. Ich hatte Albträume, in denen er mir sagte, meine »Syntax« sei falsch.

Aber vor der Geistergeschichte – oder Teufelsgeschichte, wie Autumn sie nennt – brachte ich ihn zum Lachen, und zwar über den Pulitzerpreis.

Ich war auf einer Party, und Autumn – das arme Schätzchen, jede Menge Haar, aber kein Verstand – war in Tränen aufgelöst, weil ihre künftige Schwiegermutter wieder hochnäsig zu ihr gewesen war. Wir alle wussten, warum Cord Handley das Mädchen heiratete: jedenfalls nicht wegen ihrer intellektuellen Fähigkeiten. Sie hatte Unmassen von dichtem, braunem Haar und ein Paar Titten, die ihr den Blick auf ihre Füße versperrten. Autumn beschwerte sich immer darüber, dass sie keinen Spitzen-BH in ihrer Größe finden konnte. »Ich brauche nur Spitze«, sagte ich, und darüber lachten alle.

Wir wussten, dass Autumn und Cord im Grunde keine Zukunft hatten; irgendwann würde seine Mutter sie auseinander bringen. Cords Familie war in unserer Stadt das Nächstbeste nach »altem Geld«. Cord selbst war auch nicht gerade besonders gescheit, aber seine Mutter war es, und sie führte das Kommando. Leider hatten ihre drei Kinder von ihrem Mann den Verstand und von ihr das Aussehen geerbt. Da leuchtete es ein, dass sie versuchte, die Nachkommenschaft zu verbessern, indem sie ihre drei Kinder mit intelligenten Partnern verheiratete, aber ihre Kinder waren erwachsen und wollten nichts davon wissen. Ihr jüngster Sohn wollte die schöne, liebe, aber dumme Autumn heiraten.

Die arme Autumn verließ das Haus ihrer künftigen Schwiegermutter jeden Donnerstagnachmittag unter Tränen, denn jedes Mal, wenn sie dort war, wurde sie einer Befragung unterzogen. Einer Art Zulassungsprüfung. Ich nannte diese Veranstaltung »Tee und harte Nüsse«.

Eines Tages beim Lunch mit ein paar Freundinnen beging ich den Fehler, Autumn zu fragen, was sie *nach* der Hochzeit machen wolle. Da sie und Cord nach der Heirat in die Villa der Familie ziehen würden, müsste Autumn den alten Drachen praktisch jeden Tag sehen.

Vielleicht liegt es daran, dass ich ohne Mutter aufgewachsen bin; jedenfalls scheine ich in Punkto »Erziehung als Mädchen« einiges versäumt zu haben. Ich hatte lediglich auf etwas hingewiesen, was ich für ein offensichtliches Problem hielt – und schon war die Hölle los. Autumn brach in Tränen aus, und Heather und Ashley nahmen sie gemeinsam in den Arm und starrten mich fassungslos an.

Mein »Was hab ich getan?«-Blick war ihnen vertraut.

»Jackie, wie kannst du nur?«, sagte Jennifer.

Ich fragte nicht, was ich denn so Schreckliches gesagt hätte. Schon seit Jahren suchte ich keine Antwort mehr auf die Frage: »Was habe ich *diesmal* getan?«

So weit ich weiß, verbuchen Frauen die meisten Dinge unter der Rubrik »Ermutigung«. Der Hinweis darauf, dass Autumn wahrscheinlich täglich statt einmal wöchentlich weinen würde, wenn sie erst bei ihrer Schwiegermutter wohnte, galt wahrscheinlich nicht als »Ermutigung«.

In diesem Fall war ich überdies anscheinend unsensibel für die Tatsache, dass meine Freundin »verliebt« war. Konkret: Autumn konnte ihre zukünftige Schwiegermutter nicht einfach auf den Mond schießen, weil sie und Cord »verliebt« waren.

»Das kennst du doch, Jackie, oder? Du bist doch auch verliebt.« Schön, ich war verlobt und würde demnächst heiraten, aber ich glaubte, dafür gab es handfeste Gründe. Kirk und ich hatten die gleichen Ziele und die gleichen Wünsche. Und okay – ich hatte es satt, allein zu leben, seit Dad tot war. Leere Häuser hatte ich nie besonders gern, vielleicht weil ich mit nur einem Elternteil aufgewachsen war. Ich hatte immer Angst, mein geliebter Vater könnte verschwinden und ich wäre mutterseelenallein.

Jedenfalls, wir waren auf der Party, und Autumn vergoss sanfte, hübsche Tränen über die neueste Abscheulichkeit, die ihre zukünftige Schwiegermutter ihr gesagt hatte. Da es an Autumns Aussehen nichts zu mäkeln gab, hatte sie sich ihre Lektüre vorgenommen. »Mein Liebes«, hatte die alte Frau gesagt, »ein Roman lohnt sich nur zu lesen, wenn er den Pulitzerpreis gewonnen hat.« Ich hatte meine Lektion gelernt und gab mir Mühe, »ermutigend« zu sein, und deshalb riet ich Autumn nicht, der alten Fledermaus zu sagen, sie solle sich zum Teufel scheren.

»Ich weiß nicht mal, was ein Pulitzerpreis ist«, schluchzte Autumn in ihr Spitzentaschentüchlein. Bei Autumn gab es schließlich keine gebrauchten, zerfransten Papiertaschentücher!

Ich wusste – Gott segne ihr hübsches Köpfchen –, dass Autumn *Teen People* für eine ausgesprochen intellektuelle Zeitschrift hielt.

»Hör zu.« Ich trat einen Schritt näher, um ihre Aufmerksamkeit auf mich zu lenken. »Du solltest lernen, dich gegen sie zu wehren. Sag ihr, du kaufst jeden Pulitzer-Preisträger, aber wie alle andern auf Erden kommst du nie dazu, sie zu Ende zu lesen.«

»Ich weiß, dass ich nicht besonders gut lesen kann, Jackie. Ich bin nicht so gescheit wie du«, heulte Autumn.

Wieder warfen mir alle diesen Blick zu. Ich war nicht »ermutigend«.

Ich hockte mich vor Autumn hin und nahm ihre feuchten Hände. So wahr mir Gott helfe – wenn sie weinte, war sie noch hübscher. »Autumn, deine zukünftige Schwiegermutter ist ein Snob. Sie glaubt, wenn sie ein Buch liest, auf dessen Cover ›Pulitzerpreis‹ steht, ist sie eine Intellektuelle. Aber das ist sie nicht.«

Ich wollte sie aufmuntern, aber ich wusste, das würde mir nicht gelingen, wenn ich ihr sagte, dass ich den preisgekrönten Roman jedes Jahr las. Also ließ ich mich stattdessen über eine meiner Lieblingstheorien aus. »Soll ich dir sagen, wie man ein Buch schreibt, das den Pulitzerpreis gewinnt?«, fragte ich, aber ich ließ ihr keine Zeit zum Antworten. »Als Erstes denkst du dir eine Liebesgeschichte aus. Ganz recht – genau wie all die bunten Liebesromane im Supermarkt sind Romane mit dem Pulitzerpreis im Grunde genommen Liebesgeschichten, aber das wissen sie zu verbergen. Ungefähr so, wie man einen Schatz vergräbt. Und genau wie bei der Suche nach einem vergrabenen Schatz muss man sich durch eine Menge Zeug wühlen, das überhaupt nicht kostbar ist, bis man ihn schließlich findet. Verstehst du, was ich meine?«

»Einigermaßen«, sagte sie, und ihre Tränen flossen langsamer. Sie war nicht gescheit, aber sie war einer der liebsten Menschen, die ich je kennengelernt habe.

»Okay. Also, der Autor lässt sich eine klitzekleine Liebesgeschichte einfallen. Zwei Leute begegnen sich und verlieben sich. Ganz simpel.«

»Davon handeln die Bücher, die *ich* lese«, sagte Autumn.

»Ja, aber hier geht's jetzt um die preisgekrönten Bücher, und die sind anders. Zunächst mal dürfen die Hauptfiguren nicht schön sein. Sie *müssen* sogar unscheinbar sein. Nichts mit glutvollen Augen und rabenschwarzen Locken, denn damit würde das Buch sich disqualifizieren.«

Damit lockte ich ein winziges Lächeln bei ihr hervor. »Ich verstehe. Hässliche Leute.«

»Nicht hässlich, und nicht grotesk. Aber vielleicht haben sie so was wie große Ohren. Und als Nächstes musst du anfangen, den Schatz zu verstecken. Du musst ihn vergraben, damit der Leser ihn nicht so leicht findet. Das bedeutet, die Liebenden dürfen nicht so oft zusammen sein. Nicht wie in einem Liebesroman, wo der Held und die Heldin fast auf jeder Seite zusammen sind. Übrigens darfst du sie auch nicht Helden nennen. ›Protagonisten‹ klingt besser.«

»Warum?«

»Das ist eins der kleinen Gesetze im literarischen Leben. Leute, die sich für gescheit halten, benutzen gern Wörter, die andere nicht benutzen.«

»Aber Jackie ...«, fing sie an. Dann brach sie ab und wartete, dass ich weitererzählte.

Ich nahm nicht an, dass sie irgendetwas von all dem behalten würde, aber es munterte sie tatsächlich auf. Außerdem merkte ich, obwohl ich nicht aufblickte, dass ich ein Publikum angelockt hatte, und ich kann eine furchtbare Rampensau sein.

Autumn nickte; sie hielt immer noch meine Hand fest und wartete, dass ich fortfuhr.

»Okay«, sagte ich. »Du fängst also an, den Schatz deiner Liebesgeschichte unter einer Unmenge von schrulligen Figuren mit komischen Namen zu vergraben. Du nennst sie Sunshine oder Schnullermund oder Schraubenschlüssel – egal, solange es merkwürdige Namen sind.«

»Warum tut man das? Wer heißt denn Schraubenschlüssel?«

»Niemand, aber das ist der springende Punkt. Die Juroren haben wahrscheinlich Namen wie John oder Catherine, und deshalb träumen sie davon, Drehstromgenerator zu heißen.«

Autumn lächelte.

»Ich verstehe. Wie Emerald.«

Ich hatte keine Ahnung, wer Emerald war, aber dann kam ich drauf und lächelte. »Genau – nur andersherum. In Liebesromanen haben der Held und die Heldin ...«

»Die Protaga...«, sagte Autumn, und ich lächelte.

»Genau. In Liebesromanen haben die Protagonisten schöne Namen wie Cameo und Briony, und die Männer heißen Wolf und Falk, aber mit solchen Namen gewinnt man keinen Preis. Protagonisten, die Preise gewinnen, haben merkwürdige Namen, aber niemals schöne. Nachdem du also die Namen für deine Figuren gefunden hast, denkst du dir schrullige Persönlichkeiten für sie aus. Absolut schrullig müssen sie sein.«

»Zum Beispiel?«

»Na ja ...« Ich dachte kurz nach. »Miss Havisham zum Beispiel. Schon mal von ihr gehört?«

Autumn schüttelte den Kopf. Ihre Tränen hatten nicht einmal das Make-up verschmiert.

»Miss Havisham war dabei, sich für ihre Hochzeit anzuziehen, als sie die Mitteilung bekam, dass der Bräutigam nicht zur Trauung kommen würde. Da beschloss sie, für den Rest ihres Lebens so zu bleiben, wie sie in diesem Augenblick war: im Hochzeitskleid und mit nur einem Schuh an den Füßen. Der Autor beschreibt, wie sie Jahre später als alte Frau immer noch ihr vergammeltes Hochzeitskleid trägt und wie die Tafel mit dem Hochzeitsmahl mit Spinnweben überzogen ist. Miss Havisham ist eine berühmte schrullige Figur in der Literatur, und die Leute, die Preise zu verleihen haben, lieben schrullige Figuren. Und sie wollen, dass der Schatz – die Geschichte – sehr tief vergraben wird, unter Scharen von Leuten mit komischen Namen, die lauter sonderbare Dinge tun.«

Ich wusste, dass sie wahrscheinlich gar nichts verstand, aber ich spürte, dass mein Publikum kollektiv den Atem anhielt, und deshalb dachte ich gar nicht daran, aufzuhören. »Und dann musst du in deiner Geschichte einen Schocker unterbringen, etwas, das geradewegs aus einem Horrorroman stammt.«

»Aber ich dachte, es ist eine Liebesgeschichte.«

»O nein! So darfst du es niemals nennen. Für die Leute, die diese Bücher schreiben, ist es wichtig, dass du glaubst, sie ständen hoch über den Autoren von Liebes- und Horror- und Kriminalromanen. Deshalb vergraben sie ja all diese Geschichten tief in ihren Büchern. Sie dürfen nicht riskieren, dass man sie mit Genre-Autoren in Verbindung bringt. Tatsächlich müssen preisgekrönte Autoren ihre Geschichte so tief vergraben, dass die Juroren sie kaum noch entdecken können.«

Autumn machte ein ratloses Gesicht. Sie verstand wirklich kein Wort.

»Okay, ich sage dir ein Beispiel. In einem Liebesroman treffen sich zwei hinreißende Leute, und sie denken sofort an Sex. Stimmt's?«

»Ja ...«

»So ist es auch im wirklichen Leben. Aber wenn du einen Preis gewinnen willst, dürfen deine Figuren niemals an Sex denken – oder höchstens auf selbstverleugnerische Art. Die Juroren lieben Figuren, die sich selbst unattraktiv finden und die bei dem, was sie im Leben versucht haben, meistens gescheitert sind. Und übrigens mögen die Juroren auch unvollständige Sätze.«

»Aber ich dachte ...«

»Dass ein Satz ein Subjekt und ein Prädikat braucht? Das stimmt. Nur nicht in preisgekrönten Romanen. In einem normalen Roman – das heißt, in einem, der keinen Preis gewinnen wird – schreibt der Autor zum Beispiel: ›Sie sagte auf Wiedersehen, wandte sich ab und ging die Treppe hinauf.‹ Ein Preisträger hätte geschrieben: ›Auf Wiedersehen gesagt. Die Treppe hinauf. Dann Reue – besser *au revoir*?‹ Verstehst du? Das ist anders. Und ein paar französische Wörter helfen auch.«

»Das erste gefällt mir besser. Es liest sich leichter.«

»Aber es soll nicht ›leicht zu lesen‹ sein. ›Leicht zu lesen‹ ist nicht intellektuell. Es geht darum, einen Krimi, einen Horrorroman, eine Liebesgeschichte zu lesen und dich zugleich für überlegen zu halten, weil du ›diese Sorte Bücher‹ nicht liest. Ach ja, und es hilft auch, wenn der Autor eine Frau ist, deren Vorname eine Variante von Ann ist. Wer Blanche

L'Amour heißt, wird niemals einen Literaturpreis bekommen.«

Als Autumn begriff, dass ich fertig war, beugte sie sich vor und gab mir einen Kuss auf die Wange. »Du bist ulkig«, sagte sie. »*Du* solltest Cords Bruder heiraten.«

Ich musste aufstehen, damit niemand sah, dass mir ein kalter Schauer über den Rücken lief. Nur in meinen schlimmste Albträumen würde ich in diese Familie einheiraten. Nur wenn ...

Meine Gedanken brachen jäh ab, denn vor mir, dicht hinter Autumns Stuhl, stand Ford Newcombe, einer der erfolgreichsten Bestseller-Autoren der Welt. Die Leute, die sich über Autumn gebeugt hatten, als sie weinte, waren zurückgewichen und drängten sich rechts und links neben dem Stuhl. Sie hatten Mr Newcombe ehrfürchtig Platz gemacht – wie es sich für jemanden seines Kalibers natürlich gehörte.

Er lächelte leise und sah mich mit seinen blauen Augen an, als habe ihm meine alberne Geschichte gefallen. Sein Gesicht sah eher interessant als gut aus, und seine körperliche Erscheinung wirkte weich und untrainiert. Er schrieb schon, so lange ich zurückdenken konnte; also musste er ziemlich alt sein – mindestens ein gutes Stück über sechzig, dachte ich.

Natürlich hatte ich gewusst, dass er seit zwei Jahren bei uns in der Stadt wohnte. Den Grund dafür kannte niemand. Nachdem er die Freundin einer Freundin von mir gefeuert hatte, vermutete ich, dass jede andere Stadt in Amerika ihn inzwischen verjagt hatte.

Von jedem in unserer Stadt, der sprechen konnte – sogar von Mr Wallace, der mit einem Apparat in der Kehle sprach –

hatte ich gehört, dass es unmöglich sei, für Ford Newcombe zu arbeiten. Er sei ständig schlecht gelaunt, immer mürrisch und nie zufriedenzustellen. Mindestens drei Mitarbeiterinnen hatte er schon nach vierundzwanzig Stunden wieder entlassen. Eine von ihnen, eine Frau im Alter meines Vaters, hatte es Heathers Tante erzählt, und die hatte es Heathers Mutter erzählt, und die hatte es Heather erzählt, und die hatte es uns allen erzählt: Sein Problem sei, dass er nicht mehr schreiben könne. Ihre Theorie (die sie aus dem Internet hatte) besagte, in Wirklichkeit habe seine verstorbene Frau alle seine Bücher geschrieben, und da sie tot sei, könne es kein neues Ford-Newcombe-Buch mehr geben.

Ich verkniff es mir, diese Theorie laut zu hinterfragen. Wenn seine Frau die Bücher geschrieben hatte, warum waren sie dann nicht unter ihrem Namen erschienen? Wir lebten nicht mehr im achtzehnten Jahrhundert, wo ein Buch unter einem männlichen Autorennamen erscheinen musste, damit es sich verkaufte. Weshalb also sollte jemand ein solches Theater aufziehen? Aber als meine Freundinnen immer weiter darüber tratschten, musste ich schließlich doch fragen, warum. Jennifer sah mich durchdringend an und sagte: »Wegen der Steuer«, und dann warf sie mir einen warnenden Blick zu, der mir zu verstehen gab, ich sei nicht »ermutigend«.

Und jetzt hatte ich mich hier mit einem überlangen und lächerlichen Vortrag über preisgekrönte Bücher zum Narren gemacht, und er stand da und starrte mich an. O mein Gott. Hatte er für eins seiner Bücher den Pulitzerpreis gekriegt?

Ich schluckte und verzog mich durch das Gedränge um Autumn, bei der sich die Leute immer drängten, zur Bar, um mir etwas zu trinken zu holen. Sich vor Freunden lächerlich zu machen war eine Sache, aber vor einem Prominenten war es etwas ganz anderes. Ein Star. Megareich. Megaberühmt. Ich hatte ein Foto gesehen, auf dem dieser Mann mit dem Präsidenten im Weißen Haus abgebildet war.

Weshalb war er dann hier in unserer unbedeutenden kleinen Stadt? Und wieso an einem Samstagabend in Jennifers Elternhaus? Hatte er keine Präsidenten zu besuchen? Oder Kaiser?

»Das war ... unterhaltsam«, sagte eine Stimme links über meinem Kopf.

Ich wusste, wem sie gehörte. Also atmete ich einmal tief durch, bevor ich zu ihm aufsah. »Danke ... nehme ich an«, sagte ich und gab ihm damit zu verstehen, dass mir das kurze Zögern in seinem Lob nicht entgangen war. Er hatte Falten um die Augen, aber ich hätte nicht sagen könne, ob sie vom Alter oder von seiner Weltmüdigkeit herrührten. Sein Mund hätte nett aussehen können, aber er war zu einem harten Strich zusammengepresst. Ich hatte gehört, dass er die ersten vier Frauen gefeuert hatte, weil sie versucht hatten, sich an ihn heranzumachen. Aber was hatte er erwartet? Er war ein reicher Witwer. Ich meine – hey.

»Möchten Sie für mich arbeiten?«, fragte er.

Ich konnte nicht anders. Ich fing an zu lachen. Kein höfliches, kultiviertes Lachen, sondern ein echtes Bruu-haha. »Nur wenn ich zwei Köpfe hätte«, sagte ich, ehe ich mich wieder im Griff hatte.

Einen Moment lang war er verdutzt, aber dann lächelte er selbst ein bisschen, und ich wusste, er hatte kapiert. Damals, im sechzehnten Jahrhundert, als man die Herzogin von Mailand fragte, ob sie Heinrich den Achten heiraten wolle, hatte sie geantwortet: »Nur, wenn ich zwei Köpfe hätte.«

»Okay. Ich wollte nur mal fragen«, sagte er und ging einfach davon.

Das ernüchterte mich. Mein Vater hat gesagt: »Verglichen mit deiner spitzen Zunge ist eine Spicknadel harmlos.« Jetzt, nachdem ich den einen, den einzigen Star, dem ich je begegnen würde, beleidigt hatte, wusste ich, dass er Recht gehabt hatte.

Ich drehte mich zu dem Kellner hinter dem Getränketisch um, der das alles gesehen und gehört hatte. Er war nicht aus der Stadt, und deshalb konnte er nicht wissen, dass ich den Ruf hatte, mich um Kopf und Kragen zu reden. Also sah er mich nur staunend an. »Rum und Coke«, sagte ich zu ihm und setzte meinen finstersten Blick auf.

»Nicht doch lieber einen Block und 'ne Axt?« Er gab mir zu verstehen, dass er meine neunmalkluge Bemerkung ebenfalls verstanden hatte.

Ich warf ihm einen vernichtenden Blick zu, aber er gluckste bloß.

Ungefähr zehn Minuten später kreuzte Kirk auf, und ich atmete erleichtert auf. Kirk war mein Verlobter und ein großartiger Kerl. Er war gescheit und ein guter Geschäftsmann, er war stabil (hatte sein ganzes Leben in derselben Stadt und im selben Haus verbracht) und sah gut aus. Nicht Autumns Kaliber, aber gut. Und das Beste war: Er hatte kein Gramm Kreativität im Leib. Mit anderen Worten, Kirk war all das, was ich nicht war, was mein Vater nicht gewesen war und wonach ich mich sehnte.

Als er mich sah, lächelte er und hielt einen Zeigefinger hoch, um mir zu sagen, er werde in einer Minute bei mir sein. Kirk hatte ständig etwas zu kaufen oder zu verkaufen. Er kaufte irgendein mickriges kleines Geschäft, einen Postkartenladen von einer kleinen alten Lady zum Beispiel, und gab ungefähr zwanzig Riesen aus, um daraus ein Geschäft zu machen, wo man Musik und Videos bekam. Dann verkaufte er den Laden für das Doppelte dessen, was er bezahlt hatte, und kaufte etwas anderes.

Um die Wahrheit zu sagen, ich fand Kirk faszinierend. Ich las gern, und ich machte mit leidenschaftlicher Begeisterung Fotos mit meiner kostbaren Nikon, für die ich einen Kredit hatte aufnehmen müssen, aber Geschäfte und Zahlen langweilten mich so sehr, wie sie Kirk fesselten. »Deshalb passen wir so gut zusammen«, meinte er. »Gegensätze ziehen sich an.«

Weil man seine Miete nicht zahlen kann, indem man durch den Wald läuft und Sachen zum Fotografieren sucht, hatte ich einen Job, bei dem ich den ganzen Tag mit Büchern zu tun hatte. Ich bibliographierte und katalogisierte für einen Professor an der örtlichen Universität. An dieser Universität gab es die ungeschriebene Vorschrift, dass ihre Professoren alle paar Jahre etwas publizieren mussten, und so hatte der alte Professor Hartshorn jahrelang so getan, als schreibe er an einem Buch. In Wirklichkeit hatte er junge Frauen engagiert, die zu irgendeinem Thema für ihn recherchierten, und dann hatte er sie kritisiert, bis sie kündigten. Auf diese Weise konnte er der Sekretärin die Schuld daran geben, dass die Arbeit nicht vorankam.

Das wusste ich, als er mich einstellte (jeder in der Stadt wusste es), aber ich hatte einen Plan. Aus den Erzählungen seiner früheren Sekretärinnen wusste ich, dass er ungefähr einen Monat abwartete, bevor er ihnen das Leben zu Hölle machte, und so schrieb ich in diesem Monat ein Kapitel zu einem Buch über Präsident James Buchanan. Mein Vater hatte alles gelesen, was über diesen Mann je geschrieben worden war, und mir davon erzählt. Infolgedessen war ich selbst so etwas wie eine Expertin. Buchanan war sein Leben lang Junggeselle gewesen, und schon zu seinen Lebzeiten hatte man vermutet, er sei schwul. In Wahrheit hatte mein Vater nur so getan, als interessiere er sich für diesen längst verstorbenen Präsidenten. Tatsächlich war er ein bisschen verliebt in Buchanans Nichte, die im Weißen Haus als seine Hausdame gearbeitet hatte: die sechsundzwanzigjährige, großbusige Harriet Lane. Kein Dad außer meinem hatte in seiner Brieftasche das Foto einer Frau, die 1830 geboren war.

Ein paar Abende lang notierte ich die Titel, Verfasser und Erscheinungsdaten der Sekundärliteratur, die immer noch im Regal im Schlafzimmer meines Vaters stand, machte ein paar Farbkopien von Fotos mit Miss Lane (sie heiratete erst, als ihr Onkel nicht mehr im Amt war) und schrieb dann ein Mordskapitel über das, was ich aus den Erzählungen meines Vaters noch in Erinnerung hatte.

Statt dieses Kapitel dem alten Professor Hartshorn zu zeigen, damit er es in der Luft zerriss, schrieb ich seinen Namen darüber und mailte es an den Präsidenten der Universität mit dem Hinweis, er (Professor Hartshorn) wolle ihm (dem Präses) zeigen, woran er arbeitete.

Auf das, was nun kam, war ich nicht vorbereitet. Ich hatte gehört, Hartshorn sei ein guter Geschichtslehrer und deshalb lasse man ihn an der Universität bleiben. Aber so gut er auch sein mochte, der Mann hatte nichts publiziert, und man munkelte, er werde jetzt endlich doch gefeuert werden.

Als der Präsident das Kapitel gelesen hatte, war er völlig aus dem Häuschen. Er kam mit dem Text in der Hand in Professor Hartshorns Büro gerannt und schrie: »Das ist brillant. Absolut brillant. Sie müssen es auf der nächsten Fakultätssitzung vorlesen. Und da behaupten die Leute hier, Sie schreiben gar nichts.«

Ich arbeitete im Nebenzimmer, aber eins muss ich ihm lassen: Professor Hartshorn spielte sofort mit. Er sagte: »Miss Maxwell, mir scheint, ich habe *meine* Kopie des Kapitels zu *meinem* Buch, an dem *ich* arbeite, verlegt.«

Wenn dem Präsidenten an der merkwürdigen Betonung dieses Satzes irgendetwas auffiel, ließ er es sich jedenfalls nicht anmerken. Ich warf eine Kopie des fünfundzwanzigseitigen Kapitels auf den Tisch des Professors, ohne einen der beiden Männer anzusehen, und kehrte in mein Zimmer zurück.

Ein paar Minuten später rief Professor Hartshorn mich zu sich. »Sagen Sie, Miss Maxwell, wann will mein Verlag das fertige Manuskript vorliegen haben?«

»In drei Jahren«, sagte ich. Ich brauchte den Job, und länger als drei Jahre war ich noch nirgends geblieben. Das war natürlich, bevor ich Kirk kennenlernte und beschloss, für den Rest meines Lebens am selben Ort zu bleiben.

»Ist das nicht eine lange Zeit?«, fragte der Präsident. Er sah Hartshorn an und ignorierte die Tatsache, dass ich, eine einfache studentische Hilfskraft, im Zimmer stand.

»Ein obskures Thema«, sagte Hartshorn und runzelte die Stirn, um zu zeigen, dass ihn solche belanglosen Fragen nicht interessierten. »Die Recherche ist schwierig. Jetzt gehen Sie, Henry, und lassen Sie mich arbeiten.«

Froh darüber, dass er eine Institution wie Professor Hartshorn nun nicht zu entlassen brauchte, ging der Präsident hinaus. Ich wartete auf das Donnerwetter, das jetzt kommen würde. Aber es kam nicht. Ohne mich anzusehen, gab Professor Hartshorn mir mein Kapitel zurück und sagte: »Ein Kapitel alle drei Monate. Und schreiben Sie viel über Harriet Lanes Busen.«

»Ja, Sir«, sagte ich und ging wieder an die Arbeit. Und in den nächsten zwei Jahren arbeitete ich die Bücher meines Vaters durch und schrieb alle drei Monate fünfundzwanzig Seiten über die goldenen Haare, die veilchenblauen Augen und die üppige Figur der Miss Harriet Lane.

Am Ende des zweiten Jahres leistete ich mir einen Scherz: Mit Hilfe von Jennifers Mutter schneiderte ich ein zeitgenössisches Kleid aus veilchenblauer Seide mit rosa Paspeln nach Miss Lanes Maßen (bitte fragen Sie mich nicht, woher mein Vater alle diese persönlichen Daten hatte – Fanatiker finden immer einen Weg). Auf dem Flohmarkt hatte ich eine Schneiderpuppe erstanden, und mit Watte (einer *Menge* Watte) brachten Jennifers Mum und ich eine Nachbildung von Miss Lanes berühmtem Busen zustande. Jennifer, Harriet und ich schleppten die angezogene Puppe eines Montagmorgens um sechs Uhr in Professor Hartshorns Büro, und als er kam, stand sie da.

Aber er sagte kein Wort über die kopflose Gestalt, die eine ganze Ecke seines kleinen Zimmers in Anspruch nahm. Eine Woche verging, und noch immer sagte er nichts. Ich war ziemlich enttäuscht – bis Samstagmorgen. Ich war am Drive-in-Schalter meiner Bank, um meinen Gehaltsscheck einzureichen, und die Kassiererin – eine Freundin von mir – sagte: »Herzlichen Glückwunsch.«

»Wozu?«

»Zur Gehaltserhöhung. Und du hast dich auf dem Einzahlungsbeleg verschrieben. Ich kann das für dich korrigieren, aber du musst es abzeichnen.«

Erst jetzt sah ich, dass der süße alte Knacker mir eine fünfundzwanzigprozentige Gehaltserhöhung spendiert hatte. Nur für Harriet Lanes prachtvollen Busen.

Aber jetzt würde ich in drei Wochen heiraten und nicht weiterarbeiten. Ich hatte vor, eine Zeit lang zu lesen, zu fotografieren und mit den Mädels zu lunchen. Seit ich vierzehn war, hatte ich für meinen Lebensunterhalt gearbeitet, und jetzt, mit sechsundzwanzig, freute ich mich darauf, ein bisschen Freizeit zu haben.

Aber das war, bevor ich zu der Party bei Jennifer ging und Ford Newcombe kennenlernte.

Kirk brauchte mehr als eine Minute. Genau gesagt, er brauchte mehr als dreißig Minuten. Er war in eine Besprechung mit dem ältesten Sohn der Handleys vertieft, der für die Investitionen der Familie zuständig war, damit der Vater Golf spielen konnte. Natürlich wusste jeder in der Stadt, dass in Wirklichkeit Mrs Handley diejenige war, die das Geld verwaltete, aber die Söhne zogen die Show ab.

Ich stand allein da, trank meine Coke mit Rum und dachte daran, wie sehr ich mich auf mein neues Leben freute. Der Job bei Professor Hartshorn langweilte mich inzwischen. Er war nicht so kreativ, wie ich es erhofft hatte, und es gab keine Aufstiegsmöglichkeit. Kirk hatte ich noch nichts davon erzählt, aber ich hatte die Hoffnung, irgendwann ein eigenes kleines Geschäft zu eröffnen. Ich träumte von einem Porträtstudio daheim, wo ich Leute bei natürlichem Licht fotografieren wollte, um aus diesen Bildern irgendwann ein Buch zu machen. Dazu brauchte ich nur ein bisschen Zeit für mich; mit meinen Ersparnissen und dem, was mein Vater mir hinterlassen hatte, würde ich das Geschäft einrichten können. Und ich wollte zu Hause arbeiten, damit ich, wenn ich Kinder bekäme ...

»Er fragt nach dir«, flüsterte Heather mir ins Ohr.

Ich schaute zu Kirk hinüber, aber der konferierte immer noch mit dem ältesten Handley.

»Nein, nicht er«, sagte Heather. »*Er.*«

Sie deutete mit dem Kopf zu Ford Newcombe, der mit einem Glas in der Hand am Fenster stand und Miss Donnelly zuhörte. Sofort hatte ich Mitleid mit ihm. Miss Donnelly schrieb den Rundbrief der örtlichen Methodistengemeinde und erzählte deshalb überall, sie sei »Autorin«. Zweifellos glaubte sie, sie sei Ford Newcombe ebenbürtig.

»Na los.« Heather gab mir einen Stoß ins Kreuz.

Aber ich rührte mich nicht von der Stelle. Viel bringe ich nicht auf die Waage, aber das, was da ist, besteht aus Muskeln. »Heather«, sagte ich leise, »du hast sie nicht alle. Dieser Mann ›fragt‹ nicht nach mir.«

»Doch, das tut er. Er hat Jennifers Mum ungefähr fünfzig Fragen über dich gestellt: Wer du bist, wo du arbeitest, alles. Ich glaube, er ist scharf auf dich.«

»Das sagst du besser nicht Kirk, sonst gibt's ein Duell.«

Heather lachte nicht. »Sieh es positiv. Wenn er dich erst kennt, schmeißt er dich raus.«

Auch Heather hatte eine spitze Zunge.

»Los«, sagte sie und schubste mich kräftiger. »Stell fest, was der Mann will.«

Tatsächlich hatte ich das Gefühl, mich bei ihm entschuldigen zu müssen. Außerdem, wer hatte schon Gelegenheit, ein bisschen Zeit mit einer Berühmtheit zu verbringen? Ich könnte meinen Enkelkindern dereinst davon erzählen, und so weiter.

Als Ford Newcombe mich kommen sah, machte er ein Gesicht, als sei ich ein Rettungsboot. »Da sind Sie ja«, sagte er laut über Miss Donnellys Kopf hinweg. »Ich habe die Unterlagen hier, die Sie sehen wollten, aber die müssen wir uns draußen anschauen.«

Das ergab überhaupt keinen Sinn, weil es draußen stockdunkel war. »Gern«, sagte ich. »Gehen wir.« Ich ging mit ihm hinaus – gefolgt von Jennifer, Autumn, Heather und Ashley.

Er ging bis zu dem kleinen hüfthohen Zaun, der die große Terrasse hinter Jennifers Elternhaus umgibt, bevor er sich zu mir umdrehte. Dann machte er große Augen.

Ich wusste, was er sah, ehe ich mich umschaute. Man hatte mich benutzt. Alle vier lechzten danach, ihn kennenzulernen und ihm Fragen zu stellen, die er wahrscheinlich schon eine Million mal beantwortet hatte.

Ich trat zurück und überließ ihn meinen Freundinnen. Nach allem, was ich wusste, ließ der Mann sich gern von vier hübschen, schüchtern lächelnden jungen Frauen mit Fragen bombardieren. Ich spähte durch die Glastüren ins Haus, um zu sehen, ob Kirk inzwischen fertig war, aber er schwatzte immer noch. Also blieb ich ein Stück weit abseits stehen und spielte mit dem Strohhalm in meinem verwässerten Drink.

Erst als Ashley fragte: »Woran schreiben Sie gerade?«, hörte ich zu. Die Antwort auf die Frage: »Schreiben Sie mit einer Schreibmaschine, mit einem Computer oder mit der Hand?«, interessierte mich nicht.

»An einer wahren Geschichte«, sagte er.

Ich sah ihn scharf an. Okay, ich geb's zu, ich habe jedes Wort gelesen, das Ford Newcombe je geschrieben hat, und eine Menge von dem, was über ihn geschrieben wurde, und deshalb wusste ich, dass mehr oder weniger alles, was er je verfasst hatte, »wahre Geschichten« waren. Wenn er jetzt etwas so Selbstverständliches sagte, wollte er doch nur mit echten Informationen hinter dem Berg halten, oder?

»Eine wahre Geschichte über was?«, fragte Autumn, und ich sah, wie Newcombes Miene sanft wurde. Manchmal fragte ich mich, wie es wohl wäre, hinter Autumns Gesicht zu leben und die Leute dahinschmelzen zu lassen, wenn sie mich nur anschauten.

»Eine Art Geister-Hexen-Geschichte.« Er verriet immer noch nichts.

»Ach, wie die Blair-Witch-Geschichte«, sagte Heather.

»Nein, eigentlich nicht.« Ich sah, dass Heathers Bemerkung Anstoß erregt hatte. Es klang, als sei er ein Trittbrettfahrer – oder, schlimmer noch, als wolle er ein Plagiat schreiben.

»Du solltest ihm deine Teufelsgeschichte erzählen«, sagte Autumn zu mir, aber bevor ich antworten konnte, ergänzte Jennifer: »Jackie hat uns immer schreckliche Angst damit eingejagt. Es ist eine Geschichte über etwas, das vor ungefähr hundert Jahren in North Carolina passiert ist.«

Newcombe lächelte – herablassend, wie ich fand. »Alle guten Geschichten sind dort passiert«, sagte er und sah mich an. »Na los, erzählen Sie.«

Seine selbstgefällige Attitüde gefiel mir nicht. Es war, als gebe er mir die Erlaubnis zum Erzählen. »Es ist nur ein Stückchen Folklore, das ich als Kind gehört habe«, sagte ich und lächelte über mein Glas hinweg.

Aber meine Freundinnen ließen nicht locker.

»Los, Jackie, erzähl schon«, sagte Ashley.

Heather gab mir einen Rippenstoß.

»Erzählen!«

Jennifer gab mir mit schmalen Augen zu verstehen, dass ich es wirklich tun *sollte*. Für meine Freundinnen. Als »Ermutigung«.

»Bitte«, bat Autumn leise. »Bitte.«

Ich sah Newcombe an. Er beobachtete mich interessiert, aber ich konnte nicht erkennen, was er dachte. Ich wusste nicht, ob er bloß höflich war oder ob er meine Geschichte wirklich hören wollte.

Egal – ich hatte keine Lust, mich schon wieder lächerlich zu machen. »Es ist wirklich nichts weiter. Nur eine Geschichte, die ich vor langer Zeit gehört habe.«

»Sie ist wirklich passiert«, erklärte Heather.

»Vielleicht«, sagte ich hastig. »Ich glaube es. Vielleicht.«

»Also, wie geht die Geschichte?« Newcombe starrte mich an.

Ich holte tief Luft. »Eigentlich ganz einfach. Eine Frau liebte einen Mann, aber die Leute in der Stadt sagten, er sei der Teufel, und deshalb brachten sie sie um. Sie häuften Steine auf ihre Brust, bis sie tot war.« Als ich fertig war, sah ich, dass meine Freundinnen enttäuscht waren.

Heather sprach als Erste. »Normalerweise erzählt Jackie die Geschichte so gut, dass wir Gänsehaut kriegen.«

Und Autumn sagte: »Ich finde, Jackie sollte Schriftstellerin werden.«

Ich ließ mein Glas fallen. Die Scherben flogen allen gegen die bestrumpften Beine, und wir liefen ins Haus, um das Ausmaß des Schadens festzustellen.

Ich kam als Erste wieder aus dem Bad, und Kirk erschien, um mir zu sagen, es tue ihm leid, aber er müsse schon wieder gehen. »Geschäfte. Das verstehst du doch, oder, Schneckchen?«

»Na klar«, sagte ich. »Fährst du mich nach Hause?«

»Geht nicht«, sagte er und verließ mit dem ältesten Handley-Sohn das Haus. Ich blieb eine Weile stehen. Die andern waren noch im Bad, und ich wollte ihnen jetzt nicht unter die Augen kommen.

»Und warum wollten Sie nicht, dass ich die komplette Version Ihrer Geschichte höre?«, fragte eine Stimme hinter mir. Er schon wieder.

Ich hatte nicht vor, zu lügen. »Sie müssen doch eine Menge Leute treffen, die Ihnen erzählen, sie hätten eine Story, aus der sich ein großartiges Buch machen ließe – und könnten Sie ihnen da nicht helfen, einen Verlag zu finden?«

»Einen Agenten.«

Ich wusste im ersten Augenblick nicht, was er meinte. »Die Leute wollen zuerst einen Agenten. Sie glauben, ein Agent kann für einen Schriftsteller mehr Geld herausschlagen. Und das ist gar nicht so falsch.«

»Oh«, sagte ich. »Das wusste ich nicht. Ich will nämlich

nicht Schriftstellerin werden, und selbst wenn ich es wollte, wäre es nicht meine Art, mich Ihnen aufzudrängen.«

Er schaute in sein Glas. Die Eiswürfel darin waren geschmolzen, wie sie es auch in meinem gewesen waren. »Aber diese Teufelsgeschichte klingt interessant. Haben Sie sie wirklich als Kind gehört? Oder haben Sie sich das ausgedacht?«

»Wahrscheinlich beides ein bisschen«, sagte ich. »Die Wahrheit ist, ich war so klein, als meine Mutter mir die Geschichte erzählt hat, dass ich mir im Laufe der Jahre wahrscheinlich ein paar dichterische Freiheiten herausgenommen habe. Ich weiß nicht mehr, was aus meiner Erinnerung stammt und was ich selbst hinzugefügt habe.«

»Ihre Mutter hat Ihnen die Geschichte nur einmal erzählt?«

»Meine Eltern haben sich getrennt, als ich noch sehr klein war, und ich bin bei meinem Vater aufgewachsen. Meine Mutter kam ungefähr ein Jahr nach der Trennung bei einem Autounfall ums Leben.« Ich schaute weg; ich hatte keine Lust, ihm noch mehr aus meinem Privatleben zu erzählen.

Er sah mich einen Moment lang an und trank sein Glas aus. »Ehrlich, ich suche eine Assistentin. Sind Sie sicher, dass Sie kein Interesse haben?«

Diesmal lächelte ich freundlich. »Danke für das Angebot, aber ich möchte nicht. Ich heirate in drei Wochen, und dann werde ich ...« Aber ich konnte diesem Fremden nicht gut von meinen Plänen erzählen, wenn ich sie meinem Verlobten noch nicht offenbart hatte. Also zuckte ich nur die Schultern.

Er lächelte kurz. »Okay. Aber wenn Sie es sich anders überlegen sollten ...«

»Dann folge ich einfach dem Pfad der Tränen.« O Gott.
Jetzt hatte ich es schon wieder getan. Ich schlug die Hand
vor meinen großen Mund und starrte ihn entsetzt an. Nicht
mal ein »Sorry« brachte ich über die Lippen.

Er setzte zweimal zu einer Antwort an, aber dann ließ er es
bleiben. Wortlos stellte er sein Glas auf einen Tisch und verließ das Haus.

Ich war sicher, dass er in unserer kleinen Stadt keine Party
mehr besuchen würde. Und meine Freundinnen würden
mich erschlagen.

3 – Ford

Ich kann nicht behaupten, dass ich sie besonders *mochte*, aber sie war die interessanteste Person, die ich seit Jahren kennengelernt hatte. Und vor allem war ich sicher, dass sie für den Job geeignet war und dass sie keine emotionalen Forderungen an mich stellen würde. Ich musste einen Weg finden, wieder zum Schreiben zu kommen, aber ich hatte ihn noch nicht gefunden, und deshalb dachte ich, Jackie Maxwell und ihre Teufelsgeschichte könnten mir vielleicht die Richtung zeigen.

Ich hatte in den Klatschzeitschriften und im Internet gelesen, dass man behauptete, Pat habe meine Bücher geschrieben. Wie hätte sie darüber gelacht! Ich hatte auch gehört, dass mein Schreiben von ihr abhängig gewesen sei und dass ich es deshalb nach ihrem Tod nicht mehr könne.

Das kam der Wahrheit schon näher, denn keins meiner Bücher war reine Fiktion. Es war genug Erfundenes dabei, sodass meine Onkel und Vettern mich nicht verklagen konnten, aber im Grunde beruhten sie allesamt auf Wahrheit. »Eine verzerrte Wahrheit« hatte Pat es genannt. Wie sie an jenem längst vergangenen glücklichen Tag bemerkt hatte: Ich hatte in meinem Leben genug Schlimmes für viele Bücher erlebt. Ich hatte über jede Sauerei geschrieben, die mir je widerfahren war.

Aber die Wahrheit, die niemand kannte – niemand in meinem Verlag und keiner meiner Freunde –, war die, dass ich mich schon lange vor Pats Tod leergeschrieben hatte. Das einzige Buch, das ich noch in mir hatte, war das Buch über Pat, und es würde noch viele, viele Jahre dauern, bis ich dazu fähig wäre, es zu schreiben.

In den sechs Jahren nach ihrem Tod war ich im Land umhergezogen und hatte das Wenige, was ich noch besaß, von einem Haus ins andere transportiert. Ich ließ mich in irgendeiner Gemeinde nieder, sah und hörte mich um, ob irgendetwas dort meinen Appetit anregte, und hoffte auf einen Grund, wieder mit dem Schreiben anzufangen.

Aber nichts interessierte mich. Ab und zu machte mein Verlag eine Neuausgabe irgendeines alten Titels von mir, oder sie fassten meine paar Novellen zu einer Anthologie zusammen, damit es aussah, als publizierte ich immer noch, aber die meisten Leute wussten, dass ich es nicht tat. Wenn ich meinen Namen im Internet eingab, fand ich drei Diskussionsgruppen, in denen über meinen Tod spekuliert wurde. Die Leute listeten »Tatsachen« auf, die angeblich bewiesen, dass ich mir am Todestag meiner Frau das Leben genommen hatte.

In der Stadt, in die ich zuletzt gezogen war, sollte das Wetter angeblich wunderbar sein, aber davon hatte ich noch nichts gesehen. Außerdem sollte es ein »bezaubernder« Ort sein, aber auch das konnte ich nicht feststellen. Ich weiß nicht, warum ich nicht am nächsten Tag wieder wegzog, aber ich weiß, dass ich müde war. Ich war müde … nicht lebensmüde, aber ich war es müde, hirntot zu sein. Ich fühlte mich wie die Frauen, die vom College weg heirateten und sofort drei Kinder in die Welt setzten. Von der Überbeanspruchung des Hirns zu seiner totalen Stilllegung. Ich glaube, ich war in der gleichen Lage. Im Laufe der sechs Jahre hatte ich ein paar kurze Affären gehabt, aber da ich jede Frau mit Pat verglich, fand ich an jeder etwas auszusetzen.

Vor ungefähr einem Jahr – ich war in diesen sechs Jahren ein unersättlicher und eklektischer Leser – hatte ich etwas über eine Hexe gelesen, die irgendwo in einem alten Haus spukte, und das hatte einen winzigen Funken Interesse in mir geweckt. Ich begann an eine Sammlung von wahren Geschichten über Geister und Hexen in Amerika zu denken. In jedem Staat gibt es diese schlecht geschriebenen, lokal publizierten Bücher über regionale Geistererscheinungen, und ich erwog, diese Bücher zu sammeln, umfangreiche Recherchen anzustellen und eine Anthologie zu publizieren. *Geister in den USA* oder so etwas.

Diese Recherchen reizten mich. Ich brauchte nur eine Assistentin. Aber wie sich zeigte, war es nahezu unmöglich, eine wirklich brauchbare Person zu finden.

Hatte *ich* ein besonderes Talent, Nieten herauszupicken? Hatte ich etwas an mir, das sie anzog? Mehrere dieser Frauen schienen in einem seltsamen Kitschroman zu leben. Offenbar glaubten sie, ich hätte sie eingestellt, weil ich sie heiraten und meinen weltlichen Besitz mit ihnen teilen wollte. Diese Frauen wurde ich schleunigst wieder los.

Dann folgten die, die alles haarklein buchstabiert haben wollten. Sie verlangten eine so genannte »Stellenbeschreibung«. Bei einer gab ich nach und verbrachte anderthalb Stunden damit, so ein Ding zu schreiben. Als ich sie zwei Stunden später bat, für mich in den Supermarkt zu gehen, antwortete sie: »Das ist nicht mein Job.« Da entließ ich sie.

Manche entließ ich, andere kündigten selbst. In Wahrheit,

glaube ich, hatten sie alle eine Idealvorstellung davon, wie es sein würde, für einen Bestsellerautor zu arbeiten, und ich entsprach nicht ihren Erwartungen.

Wie ich es sah, konnte keine von ihnen einer eigenen Idee folgen. Sie waren wie Roboter und taten, was ich ihnen sagte – solange es ihrer »Stellenbeschreibung« entsprach –, aber sie ergriffen niemals die Initiative. Und zu viele von ihnen benutzten ihren Verstand nur dazu, mich zum Traualtar zu locken. Unverbindlichen Sex hätte ich akzeptiert, aber in ihren Augen sah ich das Wort »Gütergemeinschaft«.

Kurz bevor ich wieder einmal umziehen wollte – wohin, wusste ich nicht –, aß ich mit dem Präsidenten der örtlichen Universität zu Mittag, und er sagte: »Sie sollten sich eine Assistentin besorgen, wie der alte Professor Hartshorn sie hat. Sie schreibt ein Buch für ihn.«

Ich interessierte mich wenig für das, was er sagte, denn ich hatte bereits für die folgende Woche die Möbelpacker bestellt. Aber aus Höflichkeit sagte ich: »Was ist das für ein Buch?«

Er lachte. »Ein Buch über Harriet Lane, mit ausführlichen Passagen über ihre veilchenblauen Augen und ihren prachtvollen Busen.«

Ich hatte noch nie von dieser Frau gehört, und er erläuterte, es handele sich um Präsident James Buchanans Nichte. »Ich weiß nicht, woher Hartshorns Assistentin ihre Informationen bezieht, aber ich bin sicher, dass sie korrekt sind. Miss Lane war eine ebenbürtige politische Partnerin ihres Onkels – den man übrigens insgeheim ›altes Mädel‹ nannte. Wenn Sie wissen, was ich meine«, fügte er hinzu und wackelte mit den Augenbrauen.

Interessant, dachte ich. Ich brauchte eine Assistentin, die selbstständig denken konnte. »Schreibt sie das Buch *mit* dem Professor?«

Der Präsident verzog das Gesicht. »Ach was, nein. Als ich ihn einmal zur Rede stellte, sagte er, es werde ohnehin schon viel zu viel Mist über alles Mögliche geschrieben, und da werde er nicht auch noch zu dieser Umweltverschmutzung beitragen. Aber das Kuratorium saß mir im Nacken; ich sollte ihn entlassen, weil er nichts publizierte. Deshalb fing Hartshorn an, mit Hilfe seiner Studenten so zu tun, als schreibe er.« Der Präsident winkte ab: Er hatte nicht vor, auf diesen speziellen Teil der Geschichte weiter einzugehen. »Jedenfalls bekam ich vor zwei Jahren ein höchst unterhaltsames Kapitel über die Nichte eines obskuren Präsidenten der Vereinigten Staaten, und der Name des Autors war Professor Hartshorn. Aber ich wusste sofort, dass er es nicht geschrieben hatte. Also gab ich das Kapitel meiner Sekretärin – die alles weiß, was in dieser Stadt vorgeht – und fragte sie, wer in der Lage sei, einen solchen Text zu schreiben. Sie erzählte mir von einem Mann, der für eine viktorianische Frau namens Harriet Lane geschwärmt habe. Hatte sein ganzes Büro mit Bildern von ihr tapeziert und trug nur veilchenblaue Kleidung, weil Miss Lane veilchenblaue Augen hatte.«

Ich war verwirrt. »Hartshorns Assistentin ist ein Mann?«

Der Präsident sah mich stirnrunzelnd an. Ich kannte diesen Blick: Für einen Schriftsteller sind Sie nicht besonders helle. Von einem Schriftsteller erwarten die Leute, dass er von allem etwas versteht; das hatte ich schon vor langer Zeit begriffen.

»Nein«, sagte er langsam, als rede er mit einem Idioten. »Dieser Mann war der Vater von Hartshorns Assistentin. Er lebt nicht mehr. Ihr Vater, meine ich – nicht Hartshorn. Jedenfalls – Hartshorns junge, weibliche Assistentin schickt mir seitdem alle drei Monate ein extrem unterhaltsames Kapitel. Für eine Veröffentlichung ist das alles zu unanständig, aber das Kuratorium und ich, wir sind hingerissen. *Die denkwürdigen Abenteuer der Miss Harriet Lane* nennen wir es.«

Er lächelte im Gedenken an Miss Lanes Busen, und ich überlegte. »Wenn sie so engagiert für Professor Hartshorn arbeitet, wird sie keine neue Stellung haben wollen.«

»Hartshorn ist das« – er senkte die Stimme – »was man umgangssprachlich als A-Loch bezeichnet. Ich bezweifle, dass er sich je auch nur bei ihr dafür bedankt hat, dass sie seinen Job gerettet hat. Allerdings habe ich gehört, dass er ihr eine Gehaltserhöhung spendiert hat, weil sie sein Büro mit einer lebensgroßen Miss-Lane-Puppe dekoriert hat.«

Das hörte sich immer besser an. Sie war kreativ. Und clever. Ergriff die Initiative. So etwas brauchte ich. Erst nach Pats Tod hatte ich erkannt, dass ich ein »kooperierender« Autor bin. Ich brauche jede Menge Feedback. Ich habe nie verstanden, wie andere Schriftsteller mit den zwei, drei Worten, die sie von ihrem Lektor bekommen, überleben können. Man schreibt ein Jahr lang an einem Buch, und alles, was man am Ende hört, ist: »Sehr gut.«

Wenn ich ehrlich gegen mich selbst war – und ich bemühte mich, es nicht zu sein –, suchte ich einen Partner, jemanden, an dem ich meine Ideen erproben konnte. Ich brauchte keinen Koautor, der mit mir konkurrieren würde, sondern ich brauchte ... Pat. Ich wollte Pat.

Aber ich musste nehmen, was ich bekommen konnte. »Wie kann ich sie kennenlernen?«, fragte ich. »Über Hartshorn?«

Der Präsident schnaubte. »Der würde lügen. Wenn er wüsste, dass Sie sie haben wollen, würde er sie unter Drogen setzen, bevor er Sie mit ihr zusammenbrächte.«

»Aber wie ...?«

»Lassen Sie mich nachdenken. Vielleicht fällt mir etwas ein. Ein gesellschaftlicher Anlass wäre vielleicht das Beste. Ich bin sicher, ich kenne jemanden, der sie kennt. Nehmen Sie in den nächsten zwei Wochen alle Einladungen an, die Sie bekommen.« Er sah auf die Uhr. »O je. Ich muss zum Flughafen.«

Er stand auf. Ich stand auf. Wir gaben uns die Hand. Erst als er gegangen war, fiel mir ein, dass ich ihn nicht gefragt hatte, wie die Assistentin hieß. Etwas später rief ich in Hartshorns Büro an und erkundigte mich nach dem Namen seiner Assistentin. »Welche meinen Sie?«, fragte die junge Frau am Telefon. »Er hat fünf.« Ich konnte nicht gut sagen: »Die, die das Buch für ihn schreibt.« Also bedankte ich mich und legte auf. Als Nächstes rief ich im Büro des Präsidenten an, aber der war verreist.

»Zwei Wochen«, hatte er gesagt. In den nächsten zwei Wochen sollte ich jede Einladung annehmen. Niemand kann sich vorstellen, wie viele Einladungen ein Prominenter in einer Kleinstadt in zwei Wochen bekommt.

Ich las im Kindergarten aus »Bob der Baumeister« – und ließ mich lautstark informieren, dass ich Pilchards Namen falsch ausgesprochen hatte.

Ich hielt einen Vortrag bei einem Damenlunch (Hühnchensalat, *immer* Hühnchensalat) und musste mir von einer hemdblusenbekleideten kleinen alten Lady nach der andern sagen lassen, ich benutzte zu viele »schmutzige Ausdrücke« in meinen Büchern.

Ich hielt einen Vortrag in einer Traktorenhandlung und redete am Ende über Verbrennungsmotoren, um die Aufmerksamkeit meines Publikums nicht vollends zu verlieren.

Und ich nahm die Einladung zu irgendeiner Party an – und dort endlich begegnete ich Professor Hartshorns Assistentin.

Auf der Party beobachtete ich die Leute und versuchte zu erraten, wer von ihnen Professor Hartshorns Assistentin sein könnte.

Ich bemerkte eine Gruppe von Mädchen, die anscheinend Freundinnen waren. Eine war so schön, dass mir schwindlig wurde. Gesicht, Haar, Figur. Wenn sie in ein Zimmer kam, folgten ihr alle Blicke – auch meiner. Aber nachdem ich sie eine Weile beobachtet hatte, bemerkte ich eine gewisse Leere in ihrem Gesichtsausdruck. Das sprichwörtliche dumme Blondchen. Nur, dass sie in diesem Fall tizianrot war. Und sie hieß Autumn. Ich fühlte mich alt. Ihre Eltern waren zweifellos ehemalige Hippies – und in meinem Alter.

Dann war da eine Jennifer, die über irgendetwas wütend zu sein schien und sich den anderen gegenüber als Boss aufspielte. Ich wusste, dass das Haus ihren Eltern gehörte, aber ich hätte wetten mögen, dass sie die Leute auch anderswo herumkommandierte.

Heather und Ashley machten einen ganz normalen Eindruck, aber Heather war nicht sehr hübsch, und das kompensierte sie mit zu viel Make-up.

Die fünfte war Jackie Maxwell, und ich wusste sofort: Sie war es. Sie war klein und hatte sanft gelocktes, kurzes dunkles Haar, und sie sah aus wie eine Frau aus der »Fitness«-Werbung. Wenn ich sie nur ansah, drückte ich die Schultern nach hinten und zog den Bauch ein.

Sie hatte ein niedliches Gesicht und dunkelgrüne Augen, die alles zu sehen schienen, was um sie herum vorging. Ein paar Mal musste ich wegschauen, damit sie nicht merkte, dass ich sie beobachtete.

Nach einer Weile geschah etwas Merkwürdiges. Mitten im Partytrubel setzte sich die süße kleine Autumn auf einen Stuhl und fing an zu weinen. Und zwar sehr hübsch zu weinen, wie ich hinzufügen sollte. Wenn Pat da gewesen wäre, hätte sie eine gehässige Bemerkung darüber gemacht, wie elegant dieses Mädchen weinen konnte.

Aber dass das Mädchen innerhalb einer Sekunde vom Lachen zum Weinen übergehen konnte – und das mitten im Zimmer –, war nicht das Merkwürdige. Merkwürdig war etwas anderes: Als diese hinreißende Schönheit in Tränen ausbrach, richteten sich aller Augen auf Jackie.

Sogar die Frau, die unablässig auf mich einschwatzte und mir erzählte, sie schreibe auch ein Buch, »aber nicht wie Ihre, sondern tiefgründig, wenn Sie wissen, was ich meine«, drehte sich um und sah Jackie an.

War mir etwas entgangen? Interessiert sah ich zu, wie Jackie zu dieser Autumn ging, sich vor sie hinhockte wie eine afrikanische Eingeborene und anfing, in mütterlichem Ton auf sie einzureden. Beim Klang ihrer Stimme hätte ich mich am liebsten in meine Schmusedecke gekuschelt und mich von ihr einlullen lassen. Ich wandte mich dem Mann neben mir zu und wollte eine Bemerkung machen, aber er sagte nur: »Pst, Jackie erzählt eine Geschichte.«

Die ganze Stadt – irgendwann sogar die Barkeeper – kam auf Zehenspitzen heran und umringte den Stuhl, um zuzuhören, wie dieses Mädchen eine Geschichte erzählte.

Okay, ich war eifersüchtig. Noch nie hatte *mir* jemand so spontan zugehört. Nur, wenn es vorher eine Menge Publicity gegeben hatte und ich mit einer Stretch-Limousine vorfuhr, lauschten die Leute mir so hingerissen.

Und was würde sie erzählen? Wir alle warteten gespannt, und dann begann sie, diese hirnlose kleine Beauty-Queen aufzuheitern, indem sie ihr erzählte, wie man einen Roman schrieb, der den Pulitzerpreis gewann.

Da meine Auflagen mich wirkungsvoll aus den Preisträgerkreisen ausschlossen (»Geld oder Preise«, sagte meine Lektorin. »Nicht beides.«), hörte ich zu. Und während sie redete, wünschte ich mir unversehens, sie wäre noch kritischer, als sie schon war. Was war mit dem übermäßigen Gebrauch von Metaphern und Vergleichen? Und mit Emotionen? Meine Lektorin nannte so etwas »Connecticut-Bücher«. Kühl. Würdevoll. Verkopft.

Wir alle wollen immer noch mehr, nicht wahr? Literaturpreisträger wollen Auflagen, Bestseller-Autoren wollen Literaturpreise.

Als Jackie mit ihrer Geschichte fertig war, erwartete ich, dass alle applaudieren würden. Aber stattdessen taten sie, als hätten sie überhaupt nicht zugehört. Merkwürdig, dachte ich.

Sie stand auf (selbst in ihrem Alter hätten meine Knie mich längst umgebracht), sah mich an, ignorierte mein Lächeln und ging schnurstracks zur Bar, um sich etwas zu trinken zu holen.

Ich folgte ihr und verknotete mir beinahe die Zunge, als ich ihr ein Kompliment machen wollte. Da die Leute, die sie kannten, nichts gesagt hatten, nahm ich an, sie wussten, dass sie Lob nicht ausstehen konnte.

Und dann vermasselte ich es vollends, indem ich damit herausplatzte, dass ich sie als Assistentin haben wollte.

Junge! Wie hat sie da gelacht! Als sie sagte, sie werde erst für mich arbeiten, wenn sie zwei Köpfe hätte, brauchte ich eine volle Minute, um zu kapieren, was sie damit meinte. Ich wusste immer noch nicht genau, woher das Zitat stammte, aber ich konnte es mir denken.

Okay, ich hatte verstanden. Ich drehte mich um und ging davon.

Ich wäre wahrscheinlich nach Hause gegangen und hätte die ganze Sache vergessen (und ich hätte große Mühe gehabt, den Vortrag über »Wie man einen Roman schreibt, der den Pulitzerpreis bekommt« nicht in meinem nächsten Buch zu verwenden – falls ich es je schreiben sollte), aber in diesem Moment nahm die Dame des Hauses mich beim Arm und schleifte mich von einem Zimmer ins andere, um mich vorzustellen.

Und nach einer Weile sagte sie, ich müsse Jackie verzeihen, sie sei mitunter, na ja ...

»Ziemlich ätzend?«, schlug ich vor.

Die Dame des Hauses sah mich durchdringend an. »Meine Cousine hat viereinhalb Wochen bei Ihnen gearbeitet und mich jeden Tag angerufen, um mir zu erzählen, was sie bei Ihnen durchzumachen hatte. Sagen wir einfach, Jackie hat kein Monopol auf ätzendes Benehmen, und lassen wir's dabei, ja? Mr Newcombe, ich glaube, wenn Sie eine Assistentin suchen, ist Jackie Maxwell vielleicht die *einzige* Frau, die für Sie arbeiten könnte.«

Sie wandte sich ab und ließ mich einfach stehen, und wenn es nicht mitten in der Nacht gewesen wäre, hätte ich auf der Stelle den Spediteur angerufen und gesagt: »Holt mich *sofort* hier ab!«

Ein paar Sekunden später überfiel mich eine grässliche kleine Frau und verlangte, dass ich persönlich ihre 481 Gemeinderundbriefe veröffentlichte, von denen die meisten niemand – das heißt, kein Gemeindemitglied – je gelesen hatte.

»Originaltexte«, sagte sie immer wieder, als hätte sie Washingtons unveröffentlichte Tagebücher entdeckt.

Jackie rettete mich. Ich wollte mit ihr allein nach draußen gehen, um mich bei ihr zu entschuldigen und vielleicht noch einmal von vorn anzufangen, aber als ich mich umdrehte, sah ich, dass ihr ein Schwarm von gaffenden Mädchen gefolgt war. Sekunden später bombardierten sie mich mit Fragen. Ich sah, dass Jackie sich behutsam zurückzog, als die Mädchen mich mit Beschlag belegten. Ich fing an, mich meinem Kismet zu fügen, als eins der Mädchen eine Bombe platzen ließ. Sie sagte, Jackie kenne eine wahre Teufelsgeschichte.

Aus meinen beschränkten (überwiegend assistentinnenlosen) Recherchen wusste ich, dass Teufelsgeschichten selten waren. Geschichten über Geister und Hexen gab es im Überfluss, aber über den Teufel …

Nach einigem Überreden erzählte Jackie ihre Geschichte in zwei Sätzen, aber in diesen beiden Sätzen erzählte sie *alles*. Irgendjemand hat einmal behauptet, ein wirklich guter Erzähler könne eine Geschichte in einem Wort erzählen, und dieses Wort sei der Titel des Buches. *Der Exorzist* ist ein gutes Beispiel. Das sagt alles.

Ihre Geschichte faszinierte mich so sehr, dass ich befürchtete, meine Ohren könnten anfangen, zu flattern und mich in die Luft tragen. Wow! Eine Frau liebte einen Mann, von dem die Bürger der Stadt glaubten, er sei der Teufel. Warum glaubten sie das? Und sie brachten sie um. Nicht ihn. Sie. Warum nicht den Mann? Aus Angst? Weil sie ihn nicht finden konnten? Weil er in die Hölle zurückgekehrt war? Und was geschah nach ihrem Tod? Gab es einen Prozess?

Aber bevor ich irgendeine Frage stellen konnte, ließ Jackie ihr Glas fallen – absichtlich, aber ich wusste nicht, warum –, und die Mädchen verwandelten sich in gackernde Hühner und flüchteten ins nächstbeste Badezimmer.

Ich brauchte ein paar Augenblicke, um mich in ihr Idealbild von einem kühlen, gelassenen, kultivierten Bestseller-Autor zu verwandeln, und dann wetzte ich hinter Jackie her. Als sie aus dem Bad kam, sprach ein Mann sie an und sagte, er müsse gehen, und er nannte sie »Schneckchen«. Niemand auf der Welt hatte so wenig Ähnlichkeit mit einem »Schneckchen« wie dieses stramme kleine Geschöpf.

Ich mochte ihn nicht. Er sah mir zu geleckt aus. Ein Gebrauchtwagenhändler, der aussehen wollte wie ein Börsenmakler. Und er war mit einem großen jungen Mann zusammen, der aussah, als habe in seinem Kopf jemand das Licht ausgemacht. Ich hätte eine sechsstellige Summe gewettet, dass die beiden nichts Gutes im Schilde führten.

Aber vielleicht lag es auch daran, dass ich diese junge Frau allmählich unbedingt als Assistentin haben wollte und deshalb Besitzansprüche entwickelte.

Ich versuchte noch einmal, mit ihr ins Gespräch zu kommen und mehr über ihre Teufelsgeschichte zu erfahren, aber sie schien verlegen zu sein, weil ihre Freundinnen gesagt hatten, sie solle ein Buch schreiben. Aber erstens konnte ich mich nicht erinnern, davon etwas gehört zu haben; wahrscheinlich war der Satz gefallen, als meine Ohren flatterten und ich über dem Boden schwebte. Und zweitens hätte ich am liebsten geantwortet: »Mein Kind, *jeder* möchte gern Schriftsteller werden.«

Aber ich plauderte mit ihr darüber, dass sie keine Schriftstellerin werden wollte, und ich erfuhr dabei, dass sie in drei Wochen heiraten würde (vermutlich den Autohändler). Und dann gab sie mir mehr oder weniger wörtlich zu verstehen, dass sie auch dann nicht für mich arbeiten würde, wenn ich der letzte Mann ... und so weiter.

Ich ging nach Hause.

Gleich am nächsten Morgen rief ich die Möbelspedition an und verschob meinen Umzug auf unbestimmte Zeit. Ich musste erst einmal entscheiden, wohin es gehen sollte, bevor ich anfing zu packen.

Weil ich weder eine Assistentin noch eine Haushälterin hatte, lebte ich mit schmutziger Wäsche und Fertiggerichten – und beides erinnerte mich an meine Kindheit. Ein paar

Wochen lang benutzte ich sämtliche verfügbaren Quellen, um mehr über Jackies Geschichte in Erfahrung zu bringen. Ich rief die Buchhandlung Malaprop in Asheville an und bestellte ein Exemplar von jedem Buch über Legenden aus North Carolina, das sie auftreiben konnten. Ich rief meinen Verlag an, ließ mir die Telefonnummern von einigen Autoren aus North Carolina geben und rief sie an.

Niemand hatte je von der Teufelsgeschichte gehört.

Ich rief die Gastgeberin der Party an (dazu musste ich die Einladung aus dem Mülleimer fischen, wo sie natürlich an etwas Nassem, Übelriechendem klebte) und bat sie – bitte, bitte – herauszufinden, in welcher Stadt in North Carolina die Geschichte sich zugetragen hatte, ohne aber Jackie oder einer ihrer Freundinnen zu erzählen, dass ich danach gefragt hatte.

Als ich auflegte, war ich kurz davor, die Frau zu fragen, ob sie nicht meinen nächsten Verlagsvertrag aushandeln wolle – im Falle eines Falles, natürlich. Sie war bereit, sich nach dem Namen der Stadt zu erkundigen, aber erst, als ich ihr versprochen hatte, bei einem Lunch ihres Damenclubs zu erscheinen (»eine Lesung wäre nett, und danach vielleicht ein Signierstündchen«). Am Ende nagelte sie mich auf drei volle Stunden fest, und ich musste meinen Verlag veranlassen, fünfunddreißig Hardcover-Exemplare zu »spenden«. Das alles für den Namen einer Stadt in North Carolina. Natürlich war ich einverstanden.

Zehn Minuten später rief sie mich zurück und sagte in ihrem schönsten »Ich Dummerchen«-Ton: »Ach, Mr Newcombe, Sie werden's nicht glauben, aber ich brauche überhaupt niemanden zu fragen. Mir ist eben eingefallen, dass ich schon weiß, wie die Stadt heißt, in der Jackies Geschichte sich abgespielt hat.«

Ich wartete. Mit dem Bleistift in der Hand. Mit angehaltenem Atem.

Schweigen.

Ich wartete weiter.

»Passt Ihnen der Siebenundzwanzigste dieses Monats?«, wollte sie wissen.

Ich knirschte mit den Zähnen und umklammerte meinen Stift. »Ja«, sagte ich, »der Siebenundzwanzigste ist prima.«

»Und könnten Sie möglicherweise auch *vierzig* Bücher spenden?«

Jetzt war ich es, der schwieg, aber ich brach die Spitze meines Bleistifts ab und musste mir einen neuen aus dem Behälter angeln.

Vermutlich wusste sie, dass sie mich jetzt bis an meine Grenze getrieben hatte, denn sie sagte in normalem Ton ganz ohne Gurren: »Cole Creek. Das liegt in den Bergen. Sehr abgelegen.« Im nächsten Moment zwitscherte sie wieder wie ein kleines Mädchen. »Dann sehen wir uns am Siebenundzwanzigsten, Punkt elf Uhr dreißig.« Sie legte auf, und ich gab die schmutzigsten Wörter von mir, die ich kannte – ein paar davon altenglisch –, bevor ich ebenfalls auflegte.

Drei Minuten später hatte ich die Nummer der Stadtbücherei von Cole Creek, North Carolina und rief dort an.

Um die Bibliothekarin zu beeindrucken, nannte ich zuerst meinen Namen. Sie war tatsächlich gebührend beeindruckt und geriet entsprechend aus dem Häuschen.

Mit all der Höflichkeit, die ich von Pats Familie gelernt hatte, fragte ich sie nach der Teufelsgeschichte und dem Lynchmord.

»Das ist alles gelogen«, sagte die Bibliothekarin und knallte den Hörer auf die Gabel.

Einen Moment lang war ich wie vom Donner gerührt. Ich saß da, hielt den Hörer in der Hand und klapperte mit den Lidern. Bibliothekarinnen und Buchhändler legen nicht einfach auf, wenn Bestseller-Autoren anrufen. Das ist noch nie passiert und wird auch nie passieren.

Langsam legte ich den Hörer hin. Ich hatte Herzklopfen. Zum ersten Mal seit Jahren war ich aufgeregt. Ich hatte bei dieser Frau einen Nerv berührt. Meine Lektorin sagte einmal, wenn ich keine eigenen Probleme mehr hätte, über die ich schreiben könnte, sollte ich über die eines anderen schreiben. Und endlich, endlich hatte ich das »Problem eines anderen« gefunden, das mich interessierte.

Fünf Minuten später rief ich meine Verlegerin an und bat sie um einen Gefallen. »Was Sie wollen«, sagte sie. Was Sie wollen, wenn ich nur ein neues Ford-Newcombe-Buch kriege, sollte das heißen.

Als Nächstes suchte ich im Internet einen Immobilienmakler, der in Cole Creek tätig war, und fragte nach einem Haus, das ich dort den Sommer über mieten könnte.

»Sind Sie schon mal in Cole Creek *gewesen*?«, fragte eine Frau mit einem starken Südstaatenakzent.

»Nein.«

»Da gibt's nichts zu tun. Eher eine Geisterstadt.«

»Es gibt eine Bibliothek.«

Die Maklerin schnaubte. »Ein paar hundert Bücher in einem verfallenen alten Haus. Wenn Sie vielleicht lieber ...«

»Haben Sie in Cole Creek etwas zu vermieten oder nicht?«, fuhr ich sie an.

Sie wurde kühl. »Es gibt einen Agenten am Ort. Vielleicht sollten Sie den anrufen.«

Wie ich Kleinstädte kannte, wusste in Cole Creek inzwischen vermutlich schon jedermann, dass Ford Newcombe in der Bibliothek angerufen hatte. Also würde der örtliche Agent wachsam sein. Ich sprach das Zauberwort aus. »Geld ist kein Problem.«

Sie zögerte. »Sie könnten das alte Belcher-Haus kaufen. Unter Denkmalschutz. Knapp ein Hektar. Bewohnbar. Einigermaßen bewohnbar jedenfalls.«

»Wie weit ist das vom Zentrum von Cole Creek entfernt?«

»Spucken Sie aus dem Fenster, und Sie treffen das Gerichtsgebäude.«

»Wie teuer?«

»Zweihundertfünfzig für den historischen Wert. Hübscher Stuck.«

»Wenn ich Ihnen morgen einen garantierten Scheck schicke, wie schnell können wir dann abschließen?«

Ich hörte ihr Herzklopfen durch die Telefonleitung. »Manchmal *mag* ich die Yankees beinahe«, sagte sie. »Herzchen, schicken Sie mir morgen einen Scheck, und ich besorge Ihnen das Haus in achtundvierzig Stunden, selbst wenn ich den alten Mr Belcher mitsamt seinem Sauerstoffgerät auf die Straße werfen muss.«

Ich lächelte. »Ich schicke Ihnen den Scheck und alle nötigen Details.«

Ich notierte ihren Namen und ihre Adresse und legte auf.

Dann rief ich meine Verlegerin an. Ich würde das Haus unter ihrem Namen kaufen, damit niemand in Cole Creek wusste, dass ich es war.

Mir war klar, dass ich die Stadt erst nach dem 27. April verlassen könnte, wenn ich die Lesung im Damenclub dieser Erpresserin gehalten hätte. Also beschäftigte ich mich mit Lektüre über North Carolina. Die Maklerin rief mich zurück und teilte mir mit, der alte Mr Belcher werde mir das Haus für einen Dollar mehr möbliert überlassen.

Ich war verblüfft. Warum tat er das? »Hat wohl keine Lust, seinen ganzen Müll hinauszuschaffen, ja?«

»Sie haben's erfasst. Ich rate Ihnen, nehmen Sie das Angebot nicht an. In diesem Haus befindet sich Gerümpel aus hundertfünfzig Jahren.«

»Alte Zeitungen? Morsche Bücher? Alte Truhen auf dem Dachboden?«

Sie seufzte dramatisch. »So einer sind Sie. Okay. Sie haben ein Haus voll Gerümpel. Ich sag Ihnen was. Den Dollar bezahle ich. Mein Geschenk an Sie.«

»Danke«, sagte ich.

Der Siebenundzwanzigste war ein Samstag, und bei Mrs Attilas Damenclub-Lunch (Hühnchensalat) beantwortete ich drei Stunden lang die gleichen Fragen wie überall. Ich hatte mir vorgenommen, früh am Montagmorgen nach Cole Creek abzureisen. Meine Möbel würde ich einlagern lassen und nur zwei Koffer mit Kleidern, zwei Laptops und zwölf Dutzend meiner bevorzugten Stifte mitnehmen (ich hatte immer Angst, dass die Firma Pilot sie plötzlich nicht mehr herstellen würde). Die Bücher für meine Recherchen hatte ich schon an die Maklerin geschickt, die sie für mich aufbewahrte. Und auf dem Boden vor dem Rücksitz meines Wagens stand der Werkzeugkasten, den ich von Pats Vater geerbt hatte.

Beim Lunch erzählte Mrs Caligula mir, dass Jackie Maxwell am nächsten Tag heiraten werde. Lächelnd – und in dem Bemühen, freundlich und amüsant zu sein – bat ich sie, Jackie auszurichten, ich hätte ein Haus in Cole Creek gekauft und würde den Sommer dort verbringen, um für mein neues Buch zu recherchieren, und falls Jackie die Stellung doch haben wolle – sie sei noch frei. Ich fügte sogar hinzu, sie könne mit mir fahren, wenn ich am Montagmorgen abreiste.

Mrs Bücherschnorrer lächelte auf eine Weise, die mir zeigen sollte, dass ich meine Chance verpasst hätte, aber sie versprach, meine Nachricht an Jackie weiterzugeben.

Am Sonntagnachmittag, als ich gerade meine Socken in eine Reisetasche stopfte, klopfte es laut und schnell hintereinander an der Haustür. Es klang so dringend, dass ich im Laufschritt hinrannte.

Was ich sah, als ich öffnete, ließ mich sprachlos erstarren.

Jackie Maxwell stand im Hochzeitskleid draußen. Ein Schleier bedeckte schätzungsweise anderthalb Hektar langes dunkles Haar. Bei unserer letzten Begegnung hatte ihr Haar gerade ihre Ohren bedeckt. War es so schnell gewachsen? Irgend ein genetischer Trick? Und das Mieder ihres Kleides war … na, sie war auch dort gewachsen.

»Ist der Recherche-Job in Cole Creek noch zu haben?«, fragte sie, und ihr Ton gab mir zu verstehen, dass ich es nicht wagen sollte, auch nur eine einzige Frage zu stellen.

Ich sagte ja, aber es klang wie ein Krächzen.

Als sie sich bewegte, blieb sie mit dem Kleid irgendwo an der Veranda hängen. Wütend zerrte sie daran, und ich hörte, wie der Stoff riss. Bei dem Geräusch trat ein böses kleines Lächeln auf ihre Lippen.

Ich sage Ihnen: *Niemals* möchte ich eine Frau so wütend machen, dass sie lächelt, wenn sie hört, wie ihr Hochzeitskleid zerreißt. Lieber würde ich ... Nein, *alles* auf der Welt ist mir lieber als die Vorstellung, Gegenstand eines Zorns zu sein, wie ich ihn jetzt in Miss Maxwells Augen sah.

Oder war die Trauung schon vorbei, und sie hieß jetzt Mrs Jemand Anders?

Da ich noch ein bisschen weiterleben wollte, stellte ich keine Fragen.

»Wann soll ich morgen hier sein?«

»Ist Ihnen acht Uhr zu früh?«

Sie öffnete den Mund, um zu antworten, aber wieder blieb ihr Kleid hängen. Diesmal riss sie nicht daran. Diesmal verzog sich ihr Gesicht zu einem Furcht erregenden kleinen Hohnlächeln, und langsam, ganz *ganz* langsam zog sie an dem Rock. Das reißende Geräusch dauerte ein paar Sekunden.

Am liebsten hätte ich mich umgedreht und die Tür zugemacht, aber ich hatte zu viel Angst.

»Ich werde da sein.« Sie wandte sich ab und ging zur Straße hinunter. Ich sah nirgends ein Auto, das auf sie wartete, und da ich meilenweit von jeder Kirche entfernt wohnte, weiß ich nicht, wie sie zu meinem Haus gekommen war. Unten auf dem Gehweg wandte sie sich nach links und ging weiter. Niemand war auf der Straße, kein Erwachsener und kein Kind. Niemand war herausgekommen, um zu sehen, wie die Frau im Hochzeitskleid vorüberging. Vermutlich hatten sie alle genauso viel Angst wie ich.

Ich sah ihr nach, bis sie außer Sicht war. Dann ging ich ins Haus und goss mir einen doppelten Bourbon ein.

Ich kann nur sagen, ich war wirklich froh, dass ich nicht der Mann war, der diesen Zorn auf sich gezogen hatte.

4 – Jackie

Niemals würde ich irgendjemandem erzählen, was kurz vor der Trauung zwischen mir und Kirk vorgefallen war. Der Organist spielte den Marsch, der für mich das Zeichen war, den Mittelgang hinunterzuschreiten, und Jennifer stand hinter der Tür, zerrte an der Klinke und zischte mir zu, aber ich rührte mich nicht. Ich saß da, mein Brautkleid blähte sich um mich herum, als hätte es ein eigenes Leben (ich drückte es platt, und wie ein durchgegangener Brotteig wölbte es sich sofort wieder hoch), und ich hörte mir Kirks zu Tränen rührende Geschichte an.

Zu Tränen gerührt war er, nicht ich. Ich weiß nicht, was er von mir erwartete. Bildete er sich wirklich ein, ich würde tun, worum er mich bat, und ihm »vergeben«? Glaubte er, ich würde seine mannhaften Tränen wegküssen, ihm sagen, dass ich ihn trotzdem ganz doll liebte, und dann mit ihm zum Altar schreiten und ihn *heiraten?*

Ja, richtig. Als seine Ehefrau wäre ich gesetzlich verantwortlich für die Hälfte der Schulden, die er gemacht hatte.

Nein danke. Die Tatsache, dass er meine ganzen Ersparnisse durchgebracht hatte, das winzige Erbe, das mein Vater mir hinterlassen hatte, und dass ich jetzt nichts mehr besaß außer meinen Kleidern, meiner Kameraausrüstung und den Büchern, die meinem Dad gehört hatten, schien ihm nichts auszumachen. Schluchzend hielt er meine Hände umfasst und versprach, er werde alles zurückholen. Er schwor es mir. Beim Grab seiner Mutter. Bei seiner tiefen Liebe zu mir schwor er, mir alles zurückzuzahlen.

Liebe ist etwas Merkwürdiges. Wenn jemand weint, den du liebst, schmilzt dir das Herz. Aber wenn jemand weint, den du nicht liebst, siehst du ihn an und denkst: Warum erzählt er mir das?

Und das fühlte ich, als ich Kirk weinen sah: Nichts. Ich fühlte nichts als Wut über seine Anmaßung. Und Wut darüber, wie er den Filialleiter der örtlichen Bank (seinen Cousin) dazu gebracht hatte, ihm zu helfen, mich auszuplündern. »Es war doch für *dich*, Schneckchen«, sagte er. »Ich habe das alles nur für dich getan. Für uns.«

Wann er wohl vorgehabt hatte, es mir zu sagen? Wenn nicht ein Zufall nach dem andern passiert wäre, hätte ich mein leeres Bankkonto erst entdeckt, wenn ich seine Frau gewesen wäre. Und was hätte ich dann noch tun können?

Aber selbst solange ich nicht mit ihm verheiratet war – was konnte ich tun? Ihn verklagen? Ausgezeichnete Idee. Kirks Vater war Richter. Vielleicht würde mein Beinahe-Schwiegervater die Verhandlung leiten. Oder einer seiner Golf-Kumpane.

Nein, mir blieb nichts anderes übrig, als meine Verluste zu minimieren und ihn und seine Verwandtschaft so schnell wie möglich hinter mir zu lassen. Einen Tag vor der Hochzeit hatte Jennifers Mutter mir lachend erzählt, Ford Newcombe habe gesagt, die Stelle sei noch zu haben, er fahre am Montag nach Cole Creek, und ich könne mitkommen. Ich hatte gelächelt und den Kopf geschüttelt. Als ich Kirk jetzt zusah, wie er mich weinend anflehte, ihm zu verzeihen, beschloss ich, den Job anzunehmen.

Der kleine Vorraum – der Raum, in dem Bräute und Brautjungfern in glücklicher Erwartung miteinander kichern sollen – hatte eine Hintertür, und die benutzte ich. Draußen riss ich einen der großen stählernen Sprinkler aus dem Rasen und klemmte ihn hinter die Türgriffe, damit ich ein bisschen Vorsprung hätte, ehe Kirk mir nachkäme.

Als ich bei Newcombes Haus ankam (ein so normales und billiges Haus, dass die Leute in der Stadt sagten: »Soll das aussehen, als wäre er arm? Als wäre er einer von uns?«), verfluchte ich mein großes, dickes weißes Kleid. Und ich verfluchte die Haarverlängerung, zu der Ashley und Autumn mich überredet hatten. Und ganz besonders verfluchte ich den Push-up-BH, den sie mir verpasst hatten.

Als er mir die Tür öffnete, sah ich, dass er tausend persönliche Fragen auf der Zunge hatte, aber ich erklärte ihm nichts, und ich hatte auch nicht vor, es irgendwann zu tun. Das Verhältnis zwischen ihm und mir würde auf der beruflichen Ebene bleiben. Und ich war froh, dass er nicht gut aussah, denn angesichts dessen, was ich derzeit für sexuell attraktive Männer empfand, war Lorena Bobbitt meine persönliche Heldin.

Als ich bei Newcombe gewesen war, ging ich zu dem kleinen gemieteten Haus, das ich mit meinem Dad zusammen bewohnt hatte. Das Haus gehörte Kirks Vater, und so hatte ich Kirk kennengelernt. Ich riss mir das verhasste Kleid vom Leib, zog Jeans und ein T-Shirt an, stopfte meine paar Kleider und anderen Habseligkeiten in Reisetaschen und zwei Plastiktüten und packte meine kostbare Fotoausrüstung ein. Ich wusste, ich befand mich in einem Wettlauf gegen die Uhr. Es würde nicht lange dauern, bis meine Freundinnen mich gefunden hätten, und dann würden sie dermaßen »ermutigend« auf mich einwirken, dass ich mich vielleicht überreden ließe, wieder mit Kirk zu sprechen.

Als Erstes würden sie mit der Oper »Männer sind Schweine« kommen, aber dann, nach und nach, wie kalter Schokoladensirup durch einen Flaschenhals quillt, würden sie mir erzählen, wie schade es doch um die Hochzeit sei. Heather, die unzählige Benimmbücher hatte und sie studierte, als wären sie eine Anleitung zum Leben, würde anfangen, mir die Enttäuschung der Gäste zu schildern und sich fragen, ob ich verpflichtet sei, handschriftliche Dankeskärtchen für die Geschenke zu verschicken, die ich aufgeben müsste, wenn ich Kirk wirklich »verließe«.

Ich kannte mich selbst gut genug, um zu wissen, dass ich ein Wort mit S benutzen würde, um zusammenzufassen, was mir zu meinen Geschenken einfiel – und das würde mir Blicke einbringen, die mir sagten, dass ich gegen ein ungeschriebenes Mädelsgesetz verstoßen hatte. Autumn würde selbstverständlich anfangen zu weinen. Und selbstverständlich würde sie erwarten, dass Mama Jackie ihr Händchen hielt und alles wieder in Ordnung brachte.

Ich wusste, dass keine von ihnen mir zuhören würde. Ich meine, wirklich und wahrhaftig *zuhören*, wenn ich ihnen von Kirks illegalen – um nicht zu sagen, miesen – Machenschaften erzählte.

Ich hörte Ashley schon. »Ach, na ja. Männer sind Schweine. Das wissen wir doch alle.« Aber was Kirk getan hatte, würde sie nicht weiter schlimm finden.

Also beeilte ich mich. Ich wollte sie alle nicht sehen. Ich raffte meine Filme aus dem Kühlschrank und schrieb einen Zettel für Jennifer: Sie sollte bitte die Bücher meines Vaters und meine übrigen Sachen in Kartons verpacken; ich würde sie später anrufen und ihr sagen, wohin sie das alles schicken sollte. Nachträglich fügte ich noch einen Absatz mit Mädchenstuss an – ich müsse jetzt allein sein, um meinen inneren Frieden wieder zu finden.

Ich warf mein Gepäck in den Kofferraum meines alten Wagens, klemmte den Brief an Jennifer in den Türrahmen und fuhr los. Als ich um die Ecke bog, sah ich noch, wie Kirks Wagen auf mein Haus zugerast kam, und ich schwöre, alle meine Freundinnen saßen auch drin. Das Auto war immer noch mit weißen Bändern geschmückt, und auf einer Tafel am Heck stand »Just Married«.

Unter einem falschen Namen mietete ich ein Zimmer in einem billigen Motel draußen am Highway, wo ich die Nacht verbrachte. Mein Auto parkte ich so, dass man es von der Straße aus nicht sehen konnte.

Am nächsten Morgen um acht stand ich reisefertig vor Ford Newcombes Haustür. Am Tag vor meiner Hochzeit war ich zu beschäftigt gewesen, um überrascht zu sein, dass er nach Cole Creek wollte – in die Stadt meiner Teufelsgeschichte. Zu jeder anderen Zeit hätte ich tausend Fragen gehabt, erst recht, nachdem ich gehört hatte, dass er dort ein Haus *gekauft* hatte. Aber als ich ihn am Montag sah, war ich immer noch so aufgebracht wegen Kirk, dass ich überhaupt nicht viel sagte.

Als ich auf dem Beifahrersitz in Ford Newcombes schrecklich teurem BMW saß – einem Siebener –, fragte er, ob alles okay sei. »Natürlich«, sagte ich, »warum denn nicht?« Dann entschuldigte ich mich, weil ich ihn angefaucht hatte, aber er sagte kein Wort, sondern setzte rückwärts aus der Einfahrt.

Er warf einen Blick auf mein altes Auto, das am Straßenrand parkte, machte den Mund auf und klappte ihn wieder zu. Der Wagen war nicht mehr viel wert; ich hatte den Schlüssel stecken lassen, und wenn ich mit Jennifer telefonierte, würde ich ihr sagen, wo er stand. Wenn ich es ihr in dem Brief gesagt hätte, den ich ihr am Tag zuvor geschrieben hatte, wäre sie ganz sicher an diesem Morgen hier aufgekreuzt, um mich »zur Vernunft« zu bringen. Dass meine Freundinnen nicht hier waren, konnte nur bedeuten, dass Jennifers Mutter ihnen nicht erzählt hatte, was Newcombe mir hatte ausrichten lassen. Ich war der Frau etwas schuldig.

Ich wartete, bis wir auf dem Highway waren, ehe ich sprach. Ich wollte den vergangenen Tag so schnell wie möglich vergessen. »Interessieren Sie sich wirklich so sehr für diese Teufelsgeschichte, dass Sie ein Haus in Cole Creek gekauft haben?«

Er wandte den Blick nicht von der Straße, als er antwortete, und das gefiel mir. Er saß so entspannt auf dem blauen Ledersitz, als sei er damit verwachsen, und seine rechte Hand lag auf dem Lenkrad, als habe er schon eins als Beißring gehabt.

Natürlich hatte ich sein Buch *Onkel* gelesen, dessen Held – oder Protagonist – Onkel gehabt hatte, die jede Maschine geliebt hatten, die eigens dafür gebaut war, etwas zu zerstören. Der Held selbst war ein Außenseiter gewesen. Ich hatte den Eindruck, Newcombe habe seine Kindheit unter einem Baum verbracht und Balzac gelesen. Oder seine Kleider gebügelt. Er hatte großes Aufheben darum gemacht, dass er bügeln musste. Meine Güte. Vielleicht könnte ich auch einen Bestseller schreiben. Ich hatte meine Sachen und die meines Dads gebügelt, seit ich acht Jahre alt war. Jedenfalls – hätte mich jemand gefragt, ich hätte nach der Lektüre seiner Bücher vermutet, Ford Newcombe könne einen Schalthebel nicht von einem Scheibenwischer unterscheiden.

»Ja, ich habe ein Haus gekauft«, antwortete Newcombe auf meine Frage und machte den Mund wieder zu.

Fast hätte ich gesagt, bei seinem Schweigen würde es eine *laaaaannngge* Reise werden, aber ich tat es nicht. Ich lehnte einfach den Kopf zurück und schloss die Augen.

Ich wachte auf, als er an einer Tankstelle anhielt. Ich stieg aus, um das Tanken zu übernehmen – schließlich war ich seine Assistentin –, aber er war vor mir an der Zapfsäule.

»Besorgen Sie uns was zu essen und zu trinken«, sagte er und behielt die Zahlen auf dem Display im Auge.

So war er, das hatten alle seine früheren Sekretärinnen gesagt: mürrisch und unkommunikativ. Und so viel sie auch für ihn gearbeitet hatten, es war ihm nie genug gewesen.

»Ich habe auch ein Leben, Jackie«, sagte eine Frau, die ich kannte. »Ich sollte die ganze Nacht dableiben und abtippen, was er mit seiner winzigen Handschrift geschrieben hatte. Und dann hat er mich angebrüllt, weil ich sagte, ich nimm die Sachen mit nach Hause.« Sie putzte sich die Nase mit einem gebrauchten Kleenex. »Weißt du, was daran falsch war, Jackie?«

Ich wollte es nicht sagen. Ich wollte »ermutigend« sein, aber dazu hätte ich mich dumm stellen müssen. »Ich nehme die Sachen mit nach Hause«, hörte ich mich selbst flüstern. »Nicht ›nimm‹. ›Nehme‹.«

Als die arme Frau daraufhin noch heftiger weinte, schaute ich mich im Restaurant um. Die anderen Gäste sahen mich stirnrunzelnd an. Was soll ich sagen? Anscheinend dachten sie, ich brächte sie zum Heulen. »Männer!«, erklärte ich laut. Kollektiv wandten sie sich wieder ab und nickten verständnisvoll.

Ich ging in den kleinen Tankstellenladen und sah mich um, aber ich hatte keine Ahnung, was er gern aß und trank. Wie er aussah, liebte er wahrscheinlich frittiertes Zeug aus Plastikpackungen und trank dazu aus Flaschen, auf denen nirgends das Wort »light« zu finden war.

Ich kaufte ihm drei Tüten Käseknusperchips und zwei Flaschen Cola mit Zucker und Koffein. Für mich holte ich eine Flasche stilles Wasser und zwei Bananen.

Als er zum Bezahlen hereinkam, legte ich die Sachen auf die Theke. Er warf einen Blick darauf und beschwerte sich nicht; also hatte ich wohl alles richtig gemacht. Er legte noch einen Schokoriegel dazu und bezahlte.

Draußen fragte ich ihn, ob er wollte, dass ich fuhr. Ich sah, dass er ablehnen wollte, aber dann sagte er: »Ja, warum nicht?« Ich hatte das Gefühl, er wollte sehen, wie ich fuhr, und als ich sah, wie er mich in der ersten halben Stunde beobachtete, wusste ich, dass ich richtig gelegen hatte. Aber wahrscheinlich bestand ich die Prüfung, denn irgendwann lehnte er sich zurück und fing an, seine Tüten und Flaschen aufzumachen.

»Erzählen Sie mir von Ihrer Teufelsgeschichte«, sagte er. »Die ungekürzte Fassung. Alles, was Sie in Erinnerung haben.«

»Mit oder ohne Soundeffekte?«, fragte ich.

»Ohne«, sagte er. »Auf jeden Fall ohne. Nur die Fakten.«

Und so erzählte ich wieder einmal meine Teufelsgeschichte, aber diesmal nicht um der dramatischen Wirkung willen, sondern um die Fakten zu präsentieren. In Wahrheit wusste ich eigentlich gar nicht, was Fakt und was Fiktion war. Die traumatische Erzählung meiner Mutter hatte mein Leben so sehr verändert, dass ich nicht mehr genau wusste, wo das eine begann und das andere endete.

Anfangs war ich ein bisschen unbeholfen, weil noch niemand mich je gebeten hatte, die Fakten zu erzählen. Alle andern hatten kribbelnde Dramatik gewollt. Zuerst erzählte ich ihm, dass meine Mutter mir, als ich klein war, eine Geschichte aus der Bibel erzählt hatte, in der vom Teufel die Rede war, und dass ich angefangen hatte, Fragen zu stellen. Ich glaube, ich wollte wissen, ob es den Teufel wirklich gab oder nicht. Meine Mutter sagte, der Teufel existiere leibhaftig, und man habe ihn in Cole Creek gesehen. Diese Antwort weckte mein Interesse, und ich stellte noch mehr Fragen. Ich wollte wissen, wie der Teufel aussah, und sie sagte: »Er ist ein sehr gut aussehender Mann. Das heißt, bevor er rot anläuft und in Rauch aufgeht.« Ich hatte noch mehr Fragen – nach der Farbe des Rauchs und wer ihn denn gesehen habe? Sie sagte, der Rauch sei grau, und eine Frau aus Cole Creek, wo wir damals wohnten, habe den Teufel geliebt. »Und jeder weiß: Wer den Teufel liebt, muss sterben«, sagte sie.

Ich sah Newcombe an und holte tief Luft. Wenn ich die Geschichte bisher erzählt hatte, war es mir immer darauf angekommen, dass es die Leute dabei gruselte. Im Sommercamp hatte ich einmal die schwarze Schleife für die beste Horrorgeschichte gewonnen. Aber Newcombe würde ich die Wahrheit erzählen. »Sie brachten sie um. In der Geschichte heißt es, mehrere Leute hatten gesehen, wie die Frau mit dem Teufel redete, und als sie vor ihnen zurückwich, stolperte sie und fiel hin. Sie ließen sie nicht mehr aufstehen.« Es war nur eine Geschichte, aber das Bild stand lebhaft vor meinem geistigen Auge. »Sie legten Steine auf sie, bis sie tot war.«

»Und Ihre Mutter hat Ihnen die Einzelheiten dieser Geschichte erzählt?«

Ich sah ihn kurz an.

»Das ist auch nicht schlimmer als *Hänsel und Gretel*«, sagte ich abwehrend und beruhigte mich wieder. »Ich glaube, tatsächlich habe ich die Erzählung meiner Mutter mit all dem ausgeschmückt, was ich aus Fernsehserien und Büchern kannte. Ich sage ja, ich weiß nicht mehr, was sie mir erzählt hat und was ich im Laufe der Jahre dazuerfunden habe.«

Newcombe sah mich seltsam von der Seite an, und ich beschloss, diese Sache im Keim zu ersticken. »Sehen Sie mich nicht so an. Ich war nicht Mitglied in irgendeinem ruchlosen Hexenzirkel – und meine Mutter auch nicht. Die Wahrheit ist: An dem Abend, als ich meinem Vater erzählte, was meine Mutter gesagt hatte, trennten meine Eltern sich. Es gab einen schrecklichen Streit, und danach wickelte mein Vater mich in eine Wolldecke, setzte mich ins Auto und brachte mich weg. Ich habe meine Mutter nie wieder gesehen. Ich glaube, als meine Mutter mir eine verbotene Geschichte erzählt hatte, eine Geschichte, die für ein kleines Kind viel zu blutrünstig war, hat das für meinen Vater das Fass zum Überlaufen gebracht, und er hat sie verlassen. Und ich glaube, das Trauma ihrer Trennung hat dafür gesorgt, dass mir die Geschichte im Gedächtnis geblieben ist. Tatsächlich kann ich mich kaum an meine Mutter erinnern, aber die Teufelsgeschichte habe ich behalten.«

Im Laufe der Jahre hatte ich gelernt, über meine Eltern zu schweigen, aber jetzt war mein Vater tot, und ich war unterwegs zur Stadt meiner Kindheit. Als ich jetzt ohne Ausschmückungen erzählte, was ich von meiner Mutter gehört hatte, erwachten die Erinnerungen. Und vielleicht lag es daran, dass Newcombe ein so guter Zuhörer war – jedenfalls erzählte ich ihm Dinge, die ich noch niemandem erzählt hatte. Wie meine Eltern immer gestritten hatten, im Flüsterton, damit ich es nicht hörte. Ein paar Tage, nachdem meine Mutter mir die Teufelsgeschichte erzählt hatte, waren mein Vater und ich draußen unterwegs, und ich fragte ihn, wo die Frau den Teufel gesehen habe. Er wollte wissen, was ich damit meinte. Als ich ihm die Geschichte meiner Mutter erzählt hatte, nahm er mich auf den Arm, trug mich nach Hause, brachte mich in mein Zimmer und schloss die Tür. Aber noch als Erwachsene konnte ich mich an den Streit erinnern, den sie an diesem Abend hatten. Meine Mutter weinte und sagte, sie würden sowieso alle sterben, und deshalb komme es doch gar nicht darauf an. »Und man muss ihr die *Wahrheit* sagen.« An diesen Satz erinnerte ich mich lebhaft.

Ich atmete noch einmal tief durch, um den Aufruhr der Gefühle zu beruhigen, den diese Erinnerungen geweckt hatten, und sah Newcombe an. Er runzelte die Stirn und schien über das nachzudenken, was ich ihm erzählt hatte. Ich hielt es nicht für nötig, ihm zu erzählen, dass mein Vater im Laufe der Jahre mehrmals mit mir umgezogen war. Manchmal bekam er einen Brief oder einen Anruf; dann wurde er kreideweiß, und ich wusste, dass wir innerhalb der nächsten achtundvierzig Stunden wieder unterwegs sein würden. Immer wieder musste ich deshalb Freunde und Orte aufgeben, die mir lieb geworden waren.

Ich schaute gedankenverloren auf die Straße vor uns und befürchtete plötzlich, Newcombe werde mich dazu bringen, mehr zu offenbaren als das, was ich ihm bereits erzählt hatte – was für mich schon ungeheuer viel gewesen war. Er schrieb schließlich Bücher über sein eigenes Leben; also würde er meins vielleicht auch auseinander nehmen wollen. Aber das versuchte er nicht. Er grinste und sagte: »Okay, jetzt erzählen Sie mir die Geschichte, mit Drama und Feuerwerk.«

Wenige Wochen zuvor war es mir peinlich gewesen, dass er mich eine Geschichte hatte erzählen hören. Aber inzwischen war unser Verhältnis ein wenig entspannter. Also tat ich ihm den Gefallen. Ich vergaß die Realität und erzählte ihm meine Teufelsgeschichte auf die grausigste Weise.

Noch nie hatte ich einen so aufmerksamen Zuhörer gehabt. Als ich den Blick von der Straße wandte, um zu sehen, ob ich ihn langweilte, saß er mit großen Augen da wie ein Dreijähriger zu Füßen eines Märchenerzählers. Ich brauchte fast eine Dreiviertelstunde, und als ich fertig war, schwiegen wir eine Zeit lang. Newcombe schien über alles nachzudenken, und schließlich sagte er: »Teufelsgeschichten sind selten. Ich habe Trillionen Hexen- und Geistergeschichten gelesen, aber ich glaube nicht, dass ich jemals gehört habe, wie jemand den Teufel liebte. Ihn nicht nur gesehen hatte, sondern *liebte*. Und dazu ein Pressen.« Er erklärte mir, dass »Pressen« die Bezeichnung für eine alte Form der Bestrafung sei, bei der man eine mutmaßliche Hexe mit Steinen bedeckte, bis sie tot war.

Einen Augenblick später lockerte er die Atmosphäre, indem er mir erzählte, was er bisher unternommen hatte, um die Herkunft der Teufelsgeschichte zu ermitteln. Von dem Augenblick an, als er mir erzählte, wie eine Bibliothekarin den Hörer auf die Gabel geworfen hatte, als er – er, Ford Newcombe! – angerufen hatte, stand mein Mund offen. Ich muss sagen, ich war beeindruckt, als ich hörte, dass er per Telefon ein Haus gekauft hatte.

Träumt nicht jeder Mindestlohnempfänger in den Vereinigten Staaten davon, einfach so ein Haus für eine Viertelmillion Dollar zu kaufen? Ich hatte noch nie in einem »eigenen« Haus gewohnt. Mein Dad und ich waren von einem gemieteten Haus ins andere, von einem Job zum nächsten gezogen. Er war Geschäftsführer einer Bowlingbahn gewesen, hatte Autoreifen verkauft und in mindestens einem Dutzend Supermärkten die Nachtschicht geleitet. Erst mit neun begriff ich, dass mein Vater so oft mit mir umzog, weil er nicht gefunden werden wollte.

Ich muss sagen, es war ein gutes Gefühl, aus zweiter Hand an Ford Newcombes Chuzpe und seinem Geld teilzuhaben. »Sie haben das Haus *mitsamt* Inhalt gekauft?«, fragte ich.

»Fahren Sie an der nächsten Abfahrt in Richtung Süden«, sagte er und trank eine halbe Flasche Cola aus. »Ja, und es ist Ihre Aufgabe, den ganzen Plunder im Haus zu sichten.«

Ich wusste, er wollte mich auf die Probe stellen, und deshalb lächelte ich nur und sagte: »Mit Vergnügen.«

»Es sei denn, Ihr Mann ...«

Als er nicht weitersprach, war mir klar, dass er wissen wollte, ob ich vor oder nach dem Jawort abgereist war. »Ich bin immer noch Miss Maxwell«, sagte ich. »Möchten Sie mir jetzt vielleicht etwas über Gehalt, Zusatzleistungen und Arbeitszeiten erzählen?«

Ich weiß nicht, was ihn daran so wütend machte, aber ich sah, dass er rot anlief.

»Stellenbeschreibung«, knurrte er, als hätte ich etwas Abscheuliches gesagt.

Ich hatte seit ein paar Tagen die Nase voll von Männern, und von mir aus konnte er mich und mein Gepäck jederzeit am Straßenrand absetzen. Ich wusste aus Erfahrung, dass es immer irgendwo einen Job für mich gab. »Ja, genau«, sagte ich streitlustig und bog nach Süden ab. »Eine Stellenbeschreibung.«

Er blickte kurz aus dem Fenster. Ich sah sein Spiegelbild in der Scheibe, und ich fresse einen Besen, wenn er nicht lächelte. Vielleicht war er daran gewöhnt, dass die Leute sein großes, erfolgreiches Ego umschmeichelten, und es gefiel ihm, wenn jemand nicht vor ihm dienerte.

»Ich weiß es nicht«, sagte er schließlich. »Ich habe kein Buch mehr geschrieben, seit« – er brach ab und holte tief Luft – »seit langer Zeit, und deshalb weiß ich nicht, was meine Assistentin tun muss.«

»Es gibt eine Menge Frauen, die Ihnen da zustimmen würden«, sagte ich, ohne nachzudenken, und dann starrte ich ihn entsetzt an.

Aber zu meiner Erleichterung legten sich seine Augenwinkel in Fältchen, und wir lachten beide.

»Ich bin nicht das Monstrum, von dem Sie wahrscheinlich gehört haben«, sagte er und fügte hinzu, die meisten Frauen, die für ihn gearbeitet hätten, seien eher aufs Heiraten und nicht aufs Tippen aus gewesen.

Es war leicht, daraufhin flapsig zu denken, es sei nur natürlich, dass einem reichen, unverheirateten Mann nachgestellt wurde. Aber ich erinnerte mich zu gut an meinen Vater, der in der gleichen Situation gewesen war. Nicht reich, aber ungebunden. Vielleicht hatten einige der Frauen, die Newcombe gefeuert hatte, nichts anderes verdient. Vielleicht ...

Eine Zeit lang mampfte er schweigend seine Käsechips. Dann sagte ich: »Wollen Sie mir eine Stellenbeschreibung geben?« Das brachte ihn wieder zum Lachen. »Und wo soll *ich* wohnen?«

Wie sich herausstellte – darf ich wagen, das Klischee »typisch Mann« zu benutzen? –, hatte er überhaupt noch nicht darüber nachgedacht, wo seine Assistentin in Cole Creek wohnen sollte. Als er antwortete: »Ich würde sagen, bei mir«, warf ich ihm einen Blick zu, der ihm verriet, was ich von dieser Idee hielt.

Er versuchte es mir heimzuzahlen, indem er mich von oben bis unten musterte und offensichtlich für unzureichend befand. »Sie brauchen wirklich keine Angst zu haben«, sagte er.

Ich bin sicher, er wollte mir einen Dämpfer verpassen, aber ich musste darüber lachen. Er mochte reich und berühmt sein, aber ich war diejenige von uns beiden, die noch in Form war.

Er wandte sich ab und schüttelte kurz den Kopf, als wolle er sagen, jemand wie ich sei ihm noch nie begegnet. Dann knüllte er seine leere Käsegift-Tüte zusammen und erklärte, das Haus sei wohl so groß, dass wir beide darin wohnen könnten, ohne uns in die Quere zu kommen.

»Ich mache keine Hausarbeit«, sagte ich. »Ich koche nicht, ich putze nicht. Und ich wasche auch nicht.« Beinahe hätte ich hinzugefügt, dass ich auch keine Hemden bügelte, selbst wenn sie von einem Traktor überfahren worden wären, aber das wäre vielleicht doch ein bisschen zu viel gewesen.

Er zuckte die Achseln. »Wenn es dort eine Pizzeria oder ein Burgerlokal gibt, genügt mir das. Sie sehen sowieso nicht aus, als ob Sie viel essen.«

»Mmmmmm.« Mehr sagte ich nicht. Meine Essgewohnheiten gingen ihn nichts an. Ich hatte die Erfahrung gemacht, dass Männer glaubten, man wolle sich an sie heranmachen, wenn man von Essen sprach. Bei ihnen ging es anscheinend umstandslos vom Essen zum Körper und weiter zum »Du willst mich, das weiß ich«.

»Und was genau soll ich recherchieren?«, fragte ich.

»Ich weiß es nicht.« Es klang ehrlich. »Ich habe so etwas noch nie getan. In den letzten zwei Jahren habe ich lokal verbreitete Geistergeschichten gelesen und versucht, ein paar davon in Zusammenhang zu bringen. Und es war schwierig, an die Originalquellen heranzukommen, zumal ich nicht viel Hilfe hatte.«

Bei diesen letzten wehleidigen Worten biss ich mir auf die Zunge. »Und jetzt wollen Sie mehr über dieses Pressen erfahren? Herausfinden, wann genau es stattgefunden hat?«

Er sah mich an.

»Okay«, sagte ich, »*ich* bin Ihre Originalquelle. Aber ich habe keine Ahnung, wann es passiert ist. Oder *ob* es wirklich passiert ist.«

»Nach dem Benehmen der Bibliothekarin zu urteilen, ist es passiert.«

»Vielleicht hatte sie es auch nur satt, dauernd danach gefragt zu werden. Vielleicht ist es wie in Amityville, wo die Einwohner die Nase voll von den Fragen nach diesem Haus haben. Vielleicht hat sie auch nur Angst, ihr entzückendes kleines Bergstädtchen könnte überschwemmt werden von Leuten, die sich Hakenkreuze in die Stirn geritzt haben und den Teufel suchen.«

»Mmmmmm.« Er gab mir die gleiche Null-Antwort wie ich ihm. Er rutschte auf dem Sitz herunter, und es sah aus, als verschwänden seine langen Beine im Motor. Er legte den Kopf zurück. »Wenn der Tank noch viertelvoll ist, halten Sie an. Dann fahre ich weiter.« Er schloss die Augen.

Lange Zeit fuhr ich schweigend, und ich genoss es. Ich dachte ein bisschen an Kirk und an das, was er mir angetan hatte. Vielleicht, dachte ich, würde ich eines Tages mein Schweigegelübde brechen und Newcombe fragen, ob er eine Ahnung hatte, wie ich mir das Geld zurückholen könnte, das Kirk mir gestohlen hatte. Aber hauptsächlich dachte ich darüber nach, wie man eine Geschichte recherchierte, über die niemand sprechen wollte.

Der breite Interstate Highway dehnte sich vor mir in die Ferne, und ich versuchte, mich zu erinnern, was meine Mutter mir über das Pressen erzählt hatte. Vieles aus meiner frühen Kindheit war mir nur noch verschwommen im Gedächtnis, aber wenn ich mich konzentrierte, erinnerte ich mich an die beiden Ereignisse, die alles verändert hatten. Meine Mutter hatte mir eine Gutenachtgeschichte erzählt und mir dann erklärt, dass Menschen, die den Teufel liebten, sterben mussten, und weil sie mir diese Geschichte erzählt hatte, war mein Vater mit mir weggegangen.

Im Laufe der Jahre hatte ich mich oft gefragt, was wohl passiert wäre, wenn ich den Mund gehalten und meinem Vater nie etwas davon gesagt hätte. Aber inzwischen war ich erwachsen und wusste es besser. Weder mein Mundwerk noch die Geschichte meiner Mutter war der Grund für die Trennung meiner Eltern gewesen. In Wahrheit hatten sie einander nicht ausstehen können.

Ich sah auf den Tacho und merkte, dass ich zu schnell fuhr. Ich ging vom Gas.

Newcombe döste, und ich versuchte, mich an den furchtbaren Abend zu erinnern, als mein Vater mich fortgebracht hatte. Solange er lebte, hatte ich mir verboten, an diesen Abend zu denken, weil ich befürchtete, ich könnte dann zu wütend auf ihn werden, und ich wusste, dass Wut uns beiden nicht gut getan hätte. Wir hatten ja nur einander.

Als ich meinem Vater von der Geschichte meiner Mutter erzählt hatte, hatte er das Licht in meinem Zimmer ausgemacht und die Tür geschlossen, statt sie einen Spalt breit offen zu lassen, wie er es sonst tat. Aber er hätte mich auch in einen Banktresor einschließen können, und ich hätte den Streit zwischen ihm und meiner Mutter trotzdem gehört. Obwohl sie leise und verstohlen miteinander sprachen, hörte ich sie so deutlich, als säße ich unter dem Küchentisch.

Mein Vater sagte, meine Mutter hätte mir die Teufelsgeschichte nicht erzählen dürfen. Und plötzlich erinnerte ich mich, was meine Mutter daraufhin tatsächlich geantwortet hatte. Nicht das, was ich Newcombe erzählt hatte: dass wir alle eines Tages sterben müssten. Meine Mutter hatte gesagt: »Und wie willst du ihr erklären, *warum* ich gestorben bin?«

Ich warf einen Blick zu Newcombe hinüber und wollte es ihm erzählen, aber er schlief. Sein Mund stand ein bisschen offen, und seine Lippen waren weich. Die Anspannung in seinem Gesicht war verschwunden, und er sah viel jünger aus. Jedenfalls nicht wie ein Mann von mehr als sechzig Jahren, wie ich gedacht hatte. Und eigentlich gar nicht so übel.

Ich schaute wieder nach vorn. Die Worte meiner Mutter hatten mich so sehr erschreckt, dass ich beide Hände an die Ohren gepresst und laut gesummt hatte. Irgendwann schlief ich ein, aber mitten in der Nacht kam mein Vater herein und weckte mich. »Wir verreisen, Jackie«, sagte er, und er hob mich aus dem warmen Bett und nahm mich auf den Arm. Mich fröstelte, und er nahm eine Decke und hüllte mich hinein. Kurz darauf waren wir im Wagen; auf dem Boden vor dem Rücksitz standen Koffer, und mein Vater sagte, ich solle mich hinten ausstrecken und weiterschlafen. Als ich nach meiner Mutter fragte, sagte er: »Sie kommt später nach.«

Aber ich sah meine Mutter nie wieder, und einige Zeit später sagte mein Vater, sie sei gestorben.

Im Laufe der Jahre begriff ich, dass mein Vater mich entführt hatte. Manchmal malte ich mir aus, dass meine Mutter noch irgendwo lebte und ohne mich an Einsamkeit starb. Eines Tages sagte ich etwas darüber zu meinem Vater. Er erklärte, er habe mich weggebracht, weil meine Mutter sehr krank sei und nicht wolle, dass ihre kleine Tochter sie sterben sah. Er habe mich fortgebracht, damit ich meine Mutter als gesunde, lachende Frau in Erinnerung behielte, die mich sehr geliebt habe. Aber ein andermal sagte er mir, meine

Mutter sei bei einem Autounfall ums Leben gekommen, und das erzählte ich auch, wenn mich jemand nach ihr fragte.

Meine Erinnerungen an meine Mutter waren verschwommen und wirr. Manchmal sah ich sie als große Frau mit langen dunklen Haaren, die lächelte und sang und in deren Anwesenheit ich mich wohlfühlte. Dann wieder war sie klein, hellhaarig und immer schlecht gelaunt.

Ich erwähnte diesen Widerspruch einmal, und mein Vater sagte, ich erinnerte mich an meine Mutter und an seine Schwester. Ich sprang innerlich an die Decke. Ich hatte eine Tante?!

Sofort sagte mein Vater, meine Tante sei mit dem Auto verunglückt, als ich sehr klein war. Schon damals lag mir die sarkastische Bemerkung auf der Zunge, dass in unserer Familie erstaunlich viele Leute tödlich verunglückten. Aber ich hielt den Mund.

Als der Tank nur noch viertelvoll war, fuhr ich weisungsgemäß an eine Tankstelle. Diesmal tankte ich, während Newcombe sich etwas zu essen holte. Höflich fragte er, ob ich auch etwas wollte, aber ich hatte meine Bananen noch nicht gegessen. Er kam mit einer Armladung Fett und Cholesterin zurück, lehnte sich an die Wagentür und sah zu, wie ich meine Stretching-Übungen machte.

Okay, ich bin gelenkig, aber es gefiel mir nicht, mich so anstarren zu lassen, schon gar nicht, wenn er dabei ein Sandwich aß, das mir bis ans Knie gereicht hätte. Die Art, wie er mir zuschaute, gab mir das Gefühl, ich sollte Popcorn verteilen und Eintrittsgeld verlangen.

Wir stiegen wieder ein. Er saß am Steuer, und eine Zeit lang sprachen wir nicht. Wir hatten ein bisschen zusammen gelacht, und jetzt hatten wir anscheinend den gemeinsamen Wunsch, die Wahrheit hinter einer Geschichte herauszufinden, und so waren wir zufrieden. Ich jedenfalls war es.

Nach und nach verwandelte sich die Landschaft in die zum Sterben schöne Szenerie des westlichen North Carolina mit üppig grünen Bäumen und welligen Hügeln.

Anscheinend hatte er die Landkarte auswendig gelernt, denn er forderte mich nie auf, im Atlas nach dem Weg zu sehen. Irgendwann verließen wir den Highway und fuhren über Straßen, die mit jeder Biegung kleiner wurden. Die Abstände zwischen den Häusern wurden immer größer, und anstelle der Backsteinhäuser mit eleganten Schleifglastüren und Veranden, die zu klein waren, um sie zu benutzen, sahen wir immer mehr die traditionellen Holzhäuser North Carolinas mit Veranden, die so groß waren, dass man im Sommer darauf wohnen konnte.

Die hübschen grünen Hügel und Täler waren gesprenkelt mit Scheunen und Häusern, die so malerisch verfallen waren, dass es meinen rechten Zeigefinger danach juckte, auf einen Kameraauslöser zu drücken. Newcombe sah mich an. »Was machen Sie für ein Gesicht?«

»Es ist schön hier«, sagte ich, »und ich würde gern Fotos machen ...«

Mit einer umfassenden Handbewegung deutete ich an, dass ich einfach alles fotografieren wollte.

»Haben Sie in der großen schwarzen Tasche eine Fotoausrüstung?«

»Ja«, sagte ich, aber er stellte keine weiteren Fragen. Schade. Ich hätte zu gern über meine Fotografiererei gesprochen. Nach einer Weile hatte ich plötzlich ein Déjà-vu-Gefühl. »Sind wir bald da? Ich glaube, ich habe diese Gegend schon mal gesehen. Da!«, sagte ich. »Die Brücke da. Ich glaube, die kenne ich.« Es war eine alte Stahlkonstruktion mit hölzernen Bohlen, zwischen denen große Löcher klafften.

»Ja«, sagte er. »Noch ein paar Meilen, und wir sind in Cole Creek.«

»Sie können sich gut den Weg merken«, sagte ich zurückhaltend.

Er lächelte über das Kompliment. »Ja. Pat hat immer gesagt ...« Er brach ab und presste die Lippen zusammen.

Er brauchte mir nicht zu erzählen, wer Pat war. Wer seine Bücher gelesen hatte, kannte auch die langen, schwärmerischen Danksagungen an sie, die er jedes Mal hineingeschrieben hatte. Ihr Tod war landesweit in den Nachrichten gewesen, und ich erinnerte mich an ein Foto, das ihn auf ihrer Beerdigung zeigte. Darauf hatte er ausgesehen wie ein Mann, der nicht mehr weiterleben will.

»Links«, sagte ich plötzlich. »Fahren Sie hier nach links.«

»Aber das ist nicht ...«, fing er an, aber er bog scharf ab, und wir nahmen die Kurve auf zwei Rädern.

Es tat mir gut, dass er auf mich hörte, statt sich auf seine auswendig gelernte Straßenkarte zu verlassen. Die Straße, auf der wir jetzt waren, folgte einem Bach und war so schmal, dass er in der Mitte fuhr, damit die überhängenden Äste nicht den Lack seines Autos zerkratzten. Vielleicht hätte ich mir Sorgen wegen des Gegenverkehrs machen sollen, aber das tat ich nicht.

Über uns auf den Böschungen sahen wir Häuser, an denen anscheinend nichts mehr verändert worden war, seit sie zu

Beginn des 20. Jahrhunderts gebaut worden waren. Nicht selten sah man ganz in ihrer Nähe ein Stückchen Land, das vollgestellt war mit verrosteten Autos und alten Kühlschränken und Waschmaschinen. Auf den Veranden standen bunt zusammengewürfelt verzinkte Badewannen und große Kinderautos aus buntem Plastik, ein greller Kontrast zu dem verwitterten Holz und dem üppig grünen Wald.

Der Baumbestand endete jäh, und vor uns lag eine Stadt, die aussah wie aus einem Fotobuch mit dem Titel »Unser vergessenes Erbe«. Wenn das Cole Creek war – und ich war sicher, dass es das war –, dann gab es hier nichts Modernes. Die wenigen Gebäude zu beiden Seiten der Straße waren alt und verfielen zusehends. In den paar Schaufenstern lagen Dinge, die das Herz eines Filmausstatters mit Entzücken erfüllt hätten.

In der Mitte der Stadt lag ein hübscher, quadratischer kleiner Park mit einem großen weißen Orchesterpavillon, die perfekte Kulisse für einen Sonntagnachmittagsspaziergang und ein Konzert des örtlichen Barbershop-Quartetts. Fast sah ich sie vor mir, die Frauen in ihren langen Röcken mit breiten Gürteln und hochgeschlossenen, langärmeligen Plissee-Blusen.

»Wow«, flüsterte ich. »Wow.«

Newcombe war anscheinend genauso ergriffen. Er bremste ab, fuhr im Schritttempo an den alten Häusern vorbei und betrachtete sie ebenso fasziniert wie ich. »Glauben Sie, das ist das Gericht?«, sagte er.

Dem perfekten kleinen Park gegenüber stand ein großes Klinkergebäude mit massigen, zwei Stockwerke hohen Säulen vor dem Eingang.

»Cole Creek Courthouse«, las ich auf dem fleckenlosen kleinen Messingschild neben der Tür. »1866. Gleich nach dem Krieg.«

Newcombe ließ den Wagen langsam rollen. Sein Blick ging suchend über beide Seiten der Straße vor dem Gerichtsgebäude. Zur Linken war eine Durchfahrt zwischen zwei Grundstücken, und dann kam ein niedliches kleines viktorianisches Haus mit einer geschwungenen Veranda. War es das Haus, das er gekauft hatte?

Auf der rechten Seite, dem Gericht gegenüber, sah ich eine undurchdringliche Masse von hohen Bäumen, vermutlich eine Brachfläche. Auf der linken stand ein weiteres viktorianisches Haus neben dem ersten. Es war in weniger guter Verfassung, aber es hatte einen entzückenden kleinen Balkon im ersten Stock.

»Da«, sagte Newcombe und hielt an.

Yippiie! hätte ich fast gerufen und schmiedete schon Pläne, wie ich das Schlafzimmer im ersten Stock ergattern könnte, das mit dem Balkon. Ich öffnete den Mund, um meinen Eroberungsfeldzug einzuleiten, aber dann sah ich, dass Newcombe gar nicht zu dem viktorianischen Häuschen hinüberschaute. Er war so weit gefahren, dass wir in das Grundstück auf der anderen Straßenseite hineinsehen konnten, das ich für eine Brachfläche gehalten hatte.

Ich folgte seinem Blick.

Dicht gepflanzte Bäume umgaben einen knappen Hektar Land und schirmten es vor neugierigen Blicken ab. In der Mitte stand ein majestätisches, vornehm aussehendes Queen-Anne-Haus, das mit seinen Balkonen, Veranden und Türmchen aussah wie eine Hochzeitstorte. Das Erdgeschoss war zu drei Seiten umgeben von einer Veranda mit – Hilfe, ich werde ohnmächtig! – großen Bugholzrahmen, die wie Klammern vom Geländer bis zum Dach reichten. Der erste Stock bestand aus einem Türmchen und einer Veranda mit geschwungenen Pfosten unter einem spitzen Dach, und oben drauf saß eine süße kleine Wetterfahne.

Manche Fenster hatten Buntglasscheiben, andere waren aus geschliffenem Glas. Auf mindestens vier kleinen schrägen Vordächern saßen winzige Veranden, auf die große Glastüren herausführten.

Das ganze Haus war einmal bunt angestrichen gewesen, aber jetzt waren die Farben zu blassem Grau und Lavendelblau verblichen, und die vereinzelt herausragenden Kragsteine leuchteten dazwischen in staubigem Pfirsichton.

Es war ohne jeden Zweifel das schönste Haus, das ich in meinem ganzen langen Leben jemals gesehen hatte.

5 – Ford

Es war das abscheulichste Haus, das ich in meinem Leben je gesehen hatte. Es sah aus wie eine riesige hölzerne Hochzeitstorte aus Balkonen, Veranden und Türmchen. Wohin man auch schaute, sah man noch ein kleines Dach und noch eine winzige, unbrauchbare Veranda. Dünne, geschnitzte Balken säumten jede Kante, umgaben jedes Fenster. Fenster schienen überhaupt nur den Zweck zu haben, das ganze gespenstische Bauwerk mit weiteren Ornamenten zu versehen. Das Licht der Spätnachmittagssonne blitzte auf den geschliffenen Fensterscheiben und beleuchtete die Buntglasfenster, in denen diverse Tiere und Vögel abgebildet waren.

Selbst in gutem Zustand wäre ein solches Haus eine Monstrosität gewesen, aber dieses hier fiel auseinander. Drei Fallrohre hingen an Befestigungen aus verzwirbeltem Draht. Zwei Fensterscheiben waren durch Hartfaserplatten ersetzt. Ich sah zerbrochene Geländer, gesplitterte Fensterrahmen und rissige Verandadielen, die wahrscheinlich verrottet waren.

Dann die Farbe – beziehungsweise ihre Abwesenheit. Was immer das Haus ursprünglich für eine Farbe gehabt haben mochte, war im Laufe der letzten hundert oder mehr Jahre der Sonne und dem Regen zum Opfer gefallen. Alles war zu einem stumpfen Graublau verblichen, und überall blätterte der Anstrich ab.

Ich bog in die unkrautüberwucherte Zufahrt ein und war fassungslos. Der Rasen rings um das Haus war gemäht, aber die alten Blumenbeete verschwanden unter kniehohem Gestrüpp. Ein Vogelbad war zerbrochen, und aus dem gepflasterten Boden einer alten Laube wuchsen Ranken. Hinten vor den Bäumen sah ich zwei Bänke, die schief standen, weil ihnen die Hälfte der Beine fehlte.

Eigentlich interessiert mich keine Story so sehr, dass ich in diesem Haus wohnen möchte, dachte ich. Ich sah Jackie an, um mich zu entschuldigen und vorzuschlagen, uns irgendwo ein Hotel zu suchen, aber sie war schon beim Aussteigen, und ihr Gesichtsausdruck war undeutbar. Wahrscheinlich Schock, dachte ich. Oder Entsetzen. Ich wusste, was sie empfand. Ein Blick auf dieses Haus genügte, und auch ich wollte weglaufen.

Aber Jackie lief nicht weg. Sie war schon auf der Veranda und an der Tür. Ich sprang fast aus dem Wagen, um ihr nachzulaufen und sie zu warnen. Das Haus sah nicht sicher aus.

Sie stand da und sah sich mit großen Augen um. Auf der Veranda standen mindestens fünfzig alte Möbelstücke. Ramponierte Korbsessel mit schmutzigen, verschlissenen Kissen und ein halbes Dutzend mickrige Drahttische, die gerade groß genug für eine Teetasse waren – oder für ein Schnapsglas, dachte ich.

Jackie war offenbar genauso sprachlos wie ich. Sie legte die Hand auf eine alte Eichenholztruhe. »Das ist ein Eisschrank«, sagte sie, und ihr seltsamer Tonfall veranlasste mich, sie scharf anzusehen.

»Was halten Sie von diesem Haus?«, fragte ich sie.

»Es ist das schönste Haus, das ich je gesehen habe«, sagte sie leise, und in ihrer Stimme lag so viel ungezügelte Leidenschaft, dass ich aufstöhnte.

Ich hatte ein bisschen Erfahrung mit Frauen und Häusern und wusste, dass eine Frau ein Haus lieben kann wie ein Mann sein Auto. Ich persönlich konnte das nicht nachvollziehen. Häuser machten zu viel Arbeit.

Ich folgte Jackie hinein. Ich hatte die Maklerin gefragt, woher ich die Schlüssel zu meinem »neuen« Haus bekommen würde, und sie hatte nur gelacht. Jetzt wusste ich, warum. Kein achtbarer Einbrecher würde seine Zeit an diese Bude verschwenden.

Ich sah, dass es drinnen noch viel schlimmer aussah als draußen. Durch die unverschlossene Tür gelangten wir in eine große Diele. Unmittelbar vor uns führte eine Wendeltreppe nach oben. Sie hätte eindrucksvoll ausgesehen, wenn die Stufen nicht zu beiden Seiten mit hohen Stapeln alter Zeitschriften bedeckt gewesen wären. Der Weg nach oben war höchstens einen halben Meter breit.

In der Diele stand ein Garderobenständer aus Eichenholz: groß, hässlich und mit sechs mottenzerfressenen Hüten behängt. Zu beiden Seiten der Diele lagerten meterhohe Stapel von vergilbten Zeitungen. Auf dem Boden lag ein Teppich, der so verschlissen war, dass vom Flor nichts mehr übrig war.

»Darunter sind Fliesen mit Perserteppichmuster«, sagte Jackie und verschwand durch die Flügeltür in einem Zimmer zur Linken.

Ich kniete nieder, hob eine Ecke des verstaubten Teppichs hoch und sah, dass darunter tatsächlich ein Perser»teppich« aus Mosaikfliesen verborgen war. Er war das Werk eines meisterlichen Handwerkers, und wenn er nicht so schmutzig gewesen wäre, wäre er wirklich schön gewesen.

Ich folgte Jackie nach nebenan. »Woher wussten Sie von

dem ...«, begann ich, aber ich brache meine Frage nicht zu Ende. Sie stand mitten im Salon – besser gesagt, im Wohnzimmer. Man hatte mir gesagt, das Haus sei über hundert Jahre lang ununterbrochen bewohnt gewesen. Als ich mich in diesem Zimmer umsah, war ich bereit zu glauben, dass jeder Bewohner mindestens sechs Möbelstücke gekauft hatte, und sie waren alle noch da. Um zwischen den Möbeln hindurchzugehen, musste selbst die dürre Jackie sich seitwärts wenden. In der hinteren Ecke standen drei furchterregend hässliche viktorianische Sessel aus Walnussholz, bezogen mit abgenutztem rotem Samt. Daneben stand ein signalgrünes Sofa aus den sechziger Jahren, und die Kissen darauf waren mit großen Lippen bedruckt. In der Ecke gegenüber sah ich eine kantige Couch, die nach Art Déco aussah. An den Wänden standen alte Eichenholzregale, neue weiße Regale und ein billiger Kiefernholzschrank, dessen Türen nur noch an einer Angel hingen. Und jedes Souvenir, das im Laufe von hundert Jahren gekauft worden war, befand sich in diesem Zimmer. Über den Bücherregalen hingen gerahmte Drucke, verschmutzte Ölschinken und schätzungsweise mindestens hundert alte Fotos, deren Rahmen sich in verschiedenen Stadien des Verfalls befanden.

»Sie haben sämtliche Möbel hier hereingestellt«, sagte Jackie. »Warum wohl?« Sie ging hinaus und quer durch die Diele in das gegenüberliegende Zimmer.

Ich wollte ihr folgen, aber ich stolperte über eine ausgestopfte Ente. Keine Spielzeugente, sondern ein echter Vogel, der einmal durch die Luft geflogen war und jetzt mit allem Drum und Dran vor mir auf dem Boden hockte.

Als ich mich von der Ente befreite, fielen drei weitere von

einem Regal herunter und mir auf den Kopf. Es war eine Entenmutter mit ihren Küken, für alle Zeit in Leblosigkeit gebannt. Ich unterdrückte den Drang, zu schreien, und stürzte aus dem Zimmer.

Der Raum, in dem Jackie stand, war vermutlich die Bibliothek. Drei Wände waren mit imposanten alten Regalen bedeckt, und die Decke war prachtvoll kassettiert. Die Regale waren voll gestopft mit alten Lederbänden, deren Anblick mich mit größter Neugier erfüllte. Aber man würde einen Gabelstapler brauchen, um sich den Weg zu diesen Büchern freizuräumen, denn davor standen Regale aus Spanplatten – beklebt mit einer Holzmusterfolie (als ob das irgendjemanden hätte täuschen können) – mit den Bestsellern der letzten dreißig Jahre. Alles, was Harold Robbins und Louis L'Amour je geschrieben hatten, stand in diesen Regalen.

» Alles noch wie früher«, sagte Jackie mit glasigem Blick wie in Trance.

Als sie hinausging, wollte ich sie am Arm festhalten, aber ich verfehlte sie, weil ich mit dem Fuß an einem alten Kohleeimer voller Paperbacks hängen blieb. Vier Frank-Yerby-Bücher fielen mir auf den Fuß. Ich stieg aus dem Bücherhaufen und wollte weitergehen, aber da sah ich *Fanny Hill*. Ich hob es auf, steckte es in meine Gesäßtasche und ging Jackie nach.

Ich fand sie in dem Zimmer hinter der Bibliothek. Es war das Esszimmer. Hohe Fenster beanspruchten eine ganze Wand und hätten Licht hereingelassen, wenn sie nicht mit dunkelvioletten Samtvorhängen verhüllt gewesen wären. Ich wollte etwas sagen, aber dann war ich abgelenkt, denn mein

Blick fiel auf etwas, das aussah wie ein Vogelnest hoch oben in einem der Vorhänge.

»Das ist nicht echt«, sagte Jackie, als sie sah, wohin ich schaute. »Da liegen kleine Porzellaneier drin.« Und damit ging sie hinaus.

Ich wollte ihr nachlaufen, aber drei der rund achtzehn zusammengewürfelten Stühle streckten ihre Beine aus, um mich zu Fall zu bringen.

Das war zu viel! Ich warf die Stühle um – schließlich waren es meine – und rannte in die Diele. Aber keine Jackie. Ich blieb kurz stehen und stieß dann ein Brüllen aus, das sich anhörte, als käme es von dem Elchkopf, den ich irgendwo gesehen hätte.

Jackie erschien augenblicklich. »Was fehlt Ihnen denn, um alles in der Welt?«

Wo soll ich anfangen?, dachte ich, aber dann nahm ich mich zusammen. »Woher wissen Sie so viel über dieses Haus?«, fragte ich.

»Keine Ahnung«, sagte sie. »Mein Vater hat gesagt, wir haben nur ein paar Monate in Cole Creek gewohnt, als ich noch ganz klein war. Aber nach allem, was ich weiß, haben wir in diesem Haus gewohnt. Vielleicht waren meine Eltern hier Haushälterin und Hausmeister oder so was.«

»Wenn Sie sich an so viel erinnern, können Sie nicht mehr ›ganz klein‹ gewesen sein.«

»Ich glaube, Sie haben Recht.« Sie ging in den Raum, der dem Speiseraum gegenüber lag. Ich folgte ihr und blieb wie angewurzelt stehen. Das Zimmer war kleiner als die andern, und es war sauber und aufgeräumt. Sogar die Fenster waren geputzt. Die Decke war zierlich bemalt mit Ranken und

Blüten, und der Fußboden war aus hellem Eichenholz und hatte eine Bordüre aus Walnuss-Intarsien. Und das wirklich Gute war: Es stand kein einziges Möbelstück in diesem Zimmer.

Jackie blieb in der Tür stehen und sah sich um, aber ich ging hinein und setzte mich auf eine ungepolsterte Fensterbank.

»Ich glaube, Mr Belcher hat hier alles hinausgeschafft und in die anderen Zimmer gestellt«, sagte sie. Sie kam herein, ging in eine Ecke des Zimmers und nahm ein Medizinfläschchen aus braunem Glas in die Hand. »Ich nehme an, es war sein Krankenzimmer, und er hat hier gewohnt.«

»Hey!«, sagte ich. »Ist das ein Anschluss für einen Kabelfernseher?«

Sie sah mich an und schüttelte empört den Kopf. »Sie sind kein großer Intellektueller, nicht wahr?«, sagte sie über die Schulter hinweg und ging hinaus.

Das war es, was mir an Jackie Maxwell am besten gefiel: Sie behandelte mich wie einen *Mann*. Nicht wie einen Bestseller-Autoren, sondern wie einen Mann. Und was ich an Jackie Maxwell am wenigsten mochte, war, dass sie mich wie einen gewöhnlichen Menschen behandelte und nicht mit der Ehrfurcht, die mein Erfolg verdiente.

Ich fand sie in der Küche. Es war ein großer Raum mit Metallschränken über abgenutzten, verbeulten Arbeitsplatten aus Edelstahl. Der Gipfel der Eleganz um 1930. Um ehrlich zu sein, ich war überrascht, dass man seit der Erbauung im Jahre 1896 noch etwas an dem Haus verändert hatte. In der Mitte der Küche stand ein Eichenholztisch mit Tausenden und Abertausenden von Messerschnittspuren.

Jackie warf einen Blick in die Schränke, und ich öffnete die Türen auf der linken Seite. Hinter der ersten verbarg sich eine geräumige, begehbare Speisekammer. Jeder Zoll der Regale war vollgestellt mit Lebensmittelkartons und Konservendosen. Ich streckte mich nach dem höchsten Regal und zog von ganz hinten eine Cornflakes-Schachtel herunter. Darauf war das Foto eines Mannes in einem Football-Trikot aus der Zeit um 1915. Ich fühlte mich versucht, in die Schachtel hineinzuschauen, aber dann ließ ich es lieber bleiben und stellte sie zurück.

Hinter zwei anderen Türen entdeckte ich ein Wasserklosett mit einer Abzugskette und eine Dienstmädchenkammer mit einem schmalen Messingbettgestell.

Als ich in die Küche zurückkam, schlug mir ein so furchtbarer Gestank entgegen, dass ich mir die Nase zuhielt. Jackie hatte den bauchig geformten Kühlschrank geöffnet.

Sie nieste zwei Mal. »Ich habe den Inhalt des Kühlschranks mitgekauft?«, fragte ich.

»Sieht so aus. Wollen Sie sich jetzt das Obergeschoss ansehen?«

»Nur wenn es sein muss«, knurrte ich, und wir gingen zurück zu der Treppe. Ich hatte nur die endlose Spirale aus alten Zeitschriften gesehen und den kleinen Messingdrachen nicht bemerkt, der auf dem Geländerpfosten saß.

»Ob der noch funktioniert?«, flüsterte Jackie und drehte das spitze Ende des Drachenschwanzes einmal kurz um.

Ich machte einen Satz rückwärts, als eine zehn Zentimeter lange blaue Flamme aus dem Maul des Drachen schoss.

Sie drehte noch einmal an der Schwanzspitze, und die Flamme erlosch.

»Cool«, sagte ich. Es war das Erste in diesem Haus, was mir wirklich gefiel.

Jackie stürmte die Wendeltreppe hinauf. Mühelos trat sie zwischen die Zeitschriftenstapel. Ich blieb unten und sah mir den Drachen näher an. Erstaunlich, dass das Ding nach all den Jahren immer noch an eine Gasleitung angeschlossen war, und noch erstaunlicher, dass es noch funktionierte. Obwohl die Schwanzspitze einen Tropfen Öl gebrauchen konnte, dachte ich, als ich daran drehte.

»Kann ich das Hausherrinnenzimmer bekommen?«, rief Jackie von oben.

Ich spähte dem Drachen ins Maul und versuchte die Gasdüse zu entdecken. »Na klar«, sagte ich. »Aber wer kriegt dann die Mätressenkammer?«

»Sehr witzig«, sagte sie. »Können Sie vielleicht aufhören, mit dem Ding zu spielen, und zu mir herauf schauen?«

Sie stand ganz oben an der Wendeltreppe, im zweiten Stock. In der Decke über ihrem Kopf war ein großes, rundes Buntglasfenster.

»Solche Treppen waren hier die Klimaanlage«, sagte sie. »Die warme Luft steigt nach oben.«

»Bis hinauf in die Dienstbotenzimmer?« Ich kniete mich hin, um zu sehen, wo die Gasleitung in den Geländerpfosten mündete.

»Die Hitze hier oben sorgte dafür, dass sie unten blieben und arbeiteten«, rief Jackie herunter, und dann senkte sie die Stimme. »Meine Güte, das alte Kinderzimmer ist jetzt ein Arbeitszimmer. Ich wette, sie haben die große Eisenbahn auf dem Dachboden verstaut.«

Eine Eisenbahn?

Ich ließ den Drachen Drachen sein und spazierte die Treppe hinauf.

Jackie kam mir auf dem Absatz im ersten Stock entgegen, und gehorsam betrachtete ich vier Schlafzimmer und drei Bäder, die geradewegs aus einer BBC-Serie über das edwardianische England stammten, sowie einen Abstellraum, der so vollgestopft mit Kartons war, dass wir die Tür nicht ganz aufbekamen.

An der Vorderseite des Hauses lag die Suite für den Herrn und die Dame des Hauses: Zwei große Schlafzimmer, jedes mit einem eigenen Bad, waren durch ein Wohnzimmer verbunden, das man von der Wendeltreppe aus betrat. Das Zimmer, das Jackie so gern haben wollte, dass ich ihren Herzschlag am Hals pulsieren sehen konnte, hatte eine Flügeltür, die auf eine tiefe, runde Veranda mit zierlichen weißen Möbeln hinausführte. Mir fiel es nicht weiter schwer, ihr das Zimmer zu überlassen.

Die Zimmer im ersten Stock waren genau wie die im Parterre voll mit Möbeln und halb antikem Trödel. Die Tapeten genügten schon, um Albträume hervorzurufen. Auf der in Jackies Zimmer waren Rosen mit spitzen, gesägten Blättern und Stielen mit zentimeterlangen Dornen. Gruselig.

Das einzige Zimmer, das mir wirklich gefiel, war mein Bad. Das Tapetenmuster bestand aus dunkelgrünen Blättern und vereinzelten kleinen Orangen (»William Morris«, sagte Jackie). Die ursprünglichen, mahagonigetäfelten Bademöbel waren noch da, und alles funktionierte. Es gab keine Dusche, aber eine Badewanne.

»William Taft hätte in diese Wanne gepasst«, stellte Jackie fest.

»Zusammen mit der First Lady.« Ich sah sie an und wartete darauf, dass sie mir vorwarf, einen Sexwitz gemacht zu haben. Als sie lachte, war ich froh. Keine meiner anderen Assistentinnen hatte bisher über meine Witze gelacht.

Ich bekam Hunger und schlug vor, einen Supermarkt suchen zu gehen, bevor es zu spät wäre. Jackie warf einen sehnsüchtigen Blick nach oben, und ich wusste, sie hätte zu gern noch in den Räumen im Dachgeschoss herumgestöbert. Fast hätte ich gesagt, sie solle nur hier bleiben und ich würde allein einkaufen gehen, aber das wollte ich nicht.

Die Wahrheit war: Die lange Fahrt mit ihr hatte Spaß gemacht. Ich war froh, dass sie nicht eine von den Frauen war, die ununterbrochen redeten. Und sie schien schon ein bisschen über mich zu wissen, denn an der ersten Tankstelle hatte sie instinktiv meine bevorzugten Snacks für mich ausgesucht.

Ich empfand nichts als Erleichterung, als wir wieder draußen waren. In ungefähr einer Stunde würde es dunkel sein, also sollten wir uns beeilen. Aber Jackie war noch einen Meter von der Beifahrertür entfernt, als sie schon wieder in Richtung Vogelbad davonflatterte. Ich ging zu ihr, umfasste ihre Ellenbogen mit beiden Händen und bugsierte sie zum Wagen. Dann fuhr ich los. Wir waren von Osten her in die kleine Stadt gekommen; also fuhr ich nach Westen weiter, und jetzt blieb ich auf einem nummerierten Highway.

Als die Stadt hinter uns lag, kam Jackie wieder zu sich. »Ich weiß, Sie haben ein möbliertes Haus gekauft, aber ...«

»Was?«

»Tatsächlich fehlen ein paar Sachen.«

»Abgesehen von Teilen des Daches, der Geländer und der Fenster?«

Jackie winkte ab. »Sie haben nicht zufällig Töpfe und Pfannen in der Küche gesehen? Oder die Steppdecken auf den Betten hochgehoben? Oder die Kissen befühlt?«

Die Antwort auf alle diese Fragen lautete Nein; also klärte sie mich auf. Anscheinend hätte das Haus, was seine Bewohnbarkeit anging, ebenso gut leer sein können. Im Wohnzimmer standen wahrscheinlich einundsechzig Souvenirnachbildungen der Freiheitsstatue, aber es gab keine Bettwäsche, und den Zustand der Kopfkissen konnte ich mir vorstellen: hart, klamm und muffig.

Ungefähr zwanzig Meilen hinter der Stadt, an einer gewundenen Bergstraße, stießen wir auf einen Wal-Mart. Ohne ein Wort zu Jackie bog ich auf den Parkplatz ein. Ich muss sagen, sie war wirklich effizient. Sie schnappte sich einen Einkaufswagen, ich mir einen zweiten, und eine halbe Stunde später waren sie so hoch bepackt, dass sie über ihren nicht mehr hinwegsehen konnte; ich musste ihn vorn festhalten und zur Kasse steuern.

»Gut, dass Sie reich sind«, sagte sie mit einem Blick auf unseren Berg von lauter sauberen, neuen Küchengeräten, Handtüchern, Papiererzeugnissen und Bettwäsche.

Bei den ersten paar beiläufigen Bemerkungen dieser Art hatte ich ihr sagen wollen, sie könne gleich wieder aussteigen, aber allmählich gewöhnte ich mich daran. Diesmal lächelte ich. »Ja, stimmt. Es ist wirklich gut, dass ich reich bin. Wer ein solches Haus kauft, könnte genauso gut seine Wände mit Zwanzigern tapezieren. Wie um alles in der Welt werde ich es wieder verkaufen?«

»Verkaufen?« Jackie starrte mich fassungslos an. Sie sah aus wie ein Kind, dessen Eltern ihm eröffnet hatten, dass man das Hauskaninchen braten werde. »Wie können Sie ein solches Haus *verkaufen?*«

»Ich bezweifle, dass ich es kann. Wahrscheinlich werde ich die Bude bis an mein Lebensende am Bein haben.«

Sie wollte etwas sagen, aber dann waren wir an der Kasse, und sie fing an, unsere Sachen auf das Band zu packen.

Vom Wal-Mart fuhren wir weiter zu einem Lebensmittelgeschäft, und wieder füllten wir zwei Einkaufswagen. Vor der Kasse suchte ich mir Schokoriegel aus, als sie fragte: »Werden Sie sich vor oder nach dem Essen mit diesem Zeug voll stopfen?« Ihr Ton veranlasste mich, die Hälfte der Riegel zurückzulegen.

Als wir wieder im Haus waren, verkündete Jackie, sie werde »ausnahmsweise« kochen, wenn ich die Sachen ins Haus trüge. Ich war sofort einverstanden. Kochen war nicht meine Stärke. Als die Lebensmittel im Haus und verstaut waren (ich machte ein Regal in der Speisekammer dafür frei und packte die Tiefkühlkost in die Eisbox, die wir gekauft hatten), hatte sie den Tisch mit Kerzen und Tellern gedeckt, die sogar für mein ungeschultes Auge teuer aussahen.

Sie sah meinen Blick. »Limoges«, erklärte sie. »Im Schrank im Wohnzimmer sind drei Mal zwölf Gedecke.«

»Warum hat Belcher es wohl nicht mitgenommen?«

»Was hätte er damit anfangen sollen?« Jackie stand vor dem alten Gasherd und rührte in einem Topf. Über der Kochfläche brannte eine einzelne nackte Glühbirne, und sie war so schwach, dass sie nur einen kleinen Lichtkreis um Jackie herum warf, ein Spotlight, das sie und ihren Topf in der dunklen Küche beleuchtete. »Sie haben erzählt, nach Auskunft der Maklerin ist er über neunzig, ohne Erben und Invalide. Wahrscheinlich isst er von einem Plastikteller für Babys. Und wenn er das Geschirr verkauft hätte, wem hätte er das Geld hinterlassen sollen? Aber ...« Ich aß einen Cracker, den sie mit Käse bestrichen und mit einer halben Olive belegt hatte, und wartete, dass sie zu Ende sprach. »Das Silber hat er mitgenommen.«

Wir lachten beide. Hochbetagt und erbenlos, aha. Ich aß noch vier von diesen Crackern. »Sieht ja fast so aus, als kennen Sie den Mann persönlich.«

»Stimmt«, sagte sie, und ihr Kochlöffel verharrte über dem Topf. »Ich habe beinahe das Gefühl, ich weiß, wie er aussieht. Und anscheinend weiß ich eine Menge über dieses Haus. Allmählich glaube ich, mein Vater hat mir ein paar kleine Notlügen erzählt.« Sie schwieg einen Moment lang. »Und vielleicht einen oder zwei Riesenklopse.«

Ich dachte darüber nach. Ihr Vater hatte behauptet, sie hätten nur kurze Zeit in Cole Creek gewohnt, als Jackie »ganz klein« war, aber sie hatte wirklich so viele Erinnerungen, dass das nicht stimmen konnte. Und was meinte sie mit »Riesenklopsen«? Halt! Ihre Mutter? »Glauben Sie, Ihre Mutter könnte noch leben?« Ich bemühte mich um einen beiläufigen Ton.

Sie nahm sich Zeit mit der Antwort, aber ich sah, dass sie Mühe hatte, ihre Emotionen unter Kontrolle zu bringen. »Ich weiß es nicht. Ich erinnere mich allerdings, dass sie viel gestritten haben. Vielleicht hat er mich entführt, und vielleicht sind wir deshalb von einer Stadt zur andern gezogen, damit sie und die Polizei uns nicht finden konnten. Er hatte keine Kopie meiner Geburtsurkunde, und wenn ich ihn nach harten Fakten fragte, antwortete er immer nur unbestimmt.«

»Interessant«, sagte ich möglichst munter. Ich hatte das Gefühl, dass sie mir soeben mehr erzählt hatte als jemals irgendwem sonst. »Vielleicht handelt mein nächstes Buch von einer jungen Frau, die ihre Herkunft entdeckt.«

»Das ist mein Buch«, sagte sie sofort. »Sie sind hier, um den Teufel zu finden, damit Sie mit ihm über Ihre Frau sprechen können.«

Verdammt! Das hatte gesessen! Ich hatte einen Cracker an den Lippen, als sie es sagte, und mir war, als wollte mein Herz stillstehen. Nicht einmal in meinem tiefsten Innern hatte ich mir eingestanden, wie wahr es war, was sie soeben gesagt hatte.

Sie stand absolut regungslos am Herd, mit dem Rücken zu mir, den Kochlöffel in der Hand. Ich konnte ihr Gesicht nicht sehen, aber ihr Nacken war um drei Schattierungen dunkler als sonst.

Ich wusste, dass meine Antwort die Tonlage für unsere zukünftige Beziehung bestimmen würde. Zwei Drittel meiner selbst wollten ihr sagen, sie sei entlassen und solle schleunigst aus meinem Leben verschwinden. Aber dann fiel mein Blick auf den gedeckten Tisch mit den Kerzen, und das Letzte, was ich jetzt haben wollte, war ein weiterer einsamer Abend.

»Nur Gott würde irgendetwas über Pat wissen«, sagte ich schließlich. »Der Teufel würde sagen: ›Nie von ihr gehört.‹«

Langsam drehte sie sich um und sah mich an, und in ihrem Gesicht war so viel Dankbarkeit, dass ich wegschauen musste. »Es tut mir leid«, gestand sie. »Manchmal sage ich Dinge, die ...«

»Die die Wahrheit sind, wie Sie sie sehen?« Ich wollte ihre Entschuldigung nicht hören. Tatsächlich war es mir bei meinen ersten Überlegungen zu diesem Projekt um Pat gegangen. Vielleicht hatte ich geglaubt, wenn ich herausfinden könnte, wie man zu einem Geist wurde, könnte ich auch einen Weg finden, Pat in ihrer Geistgestalt zurückzuholen. Oder vielleicht könnte eine Hexe einen Zauber sprechen, der sie zurückbrächte.

Aber als ich mit dem Lesen anfing, war das Projekt an sich immer interessanter geworden. Zum einen, weil ich dieselbe Geschichten in mehreren Staaten gefunden hatte. Waren sie damit Folklore statt Wahrheit?

Wir schwiegen eine ganze Weile. Jackie servierte eine Art Hühnerragout, das ziemlich gut schmeckte. Anscheinend war sie ein Gemüsefan, denn sie stellte drei verschiedene Sorten Gemüse auf den Tisch, dazu Kartoffeln, und dazu kam das Gemüse, das in dem Ragout war.

Beim Essen sprachen wir zuerst nicht. Dann erzählte ich ihr, dass sie mit ihrer Einschätzung der Gründe für meine Geister- und Hexen-Recherchen ziemlich nah an der Wahrheit gewesen sei. Aber das habe sich geändert.

»Vielleicht bin ich ein Romantiker, aber ich würde gern herausfinden, ob an diesen alten Geschichten etwas Wahres ist. Vielleicht möchte ich den Leuten auch nur etwas verdammt Gutes zu lesen geben.«

»Eine gute Geschichte zu schreiben ist besser, als den Teufel um irgendetwas zu bitten«, sagte sie und fing an, den Tisch abzuräumen.

Da es keine Spülmaschine gab, wusch ich das Geschirr ab, und sie übernahm das Abtrocknen. Als die Küche wieder sauber war (abgesehen von den Schimmelflecken auf den meisten Oberflächen), gingen wir nach oben und nahmen uns die Schlafzimmer vor. Sie lachte, als ich mich über die abscheuliche Tapete in meinem Zimmer beschwerte. Sie war dunkelgrün, magenta und schwarz gemustert. Das Bett war aus dunklem Walnussholz, genau wie die anderen schätzungsweise dreißig Möbelstücke im Zimmer. Mit der Tapete und der Einrichtung war der Raum ungefähr so dunkel wie ein Tunnel bei Nacht.

»Wie wär's, wenn ich morgen ein Auktionshaus anrufe, um die überflüssigen Möbel loszuwerden?«, schlug sie vor. »Eigentlich könnten Sie alles abstoßen und neue kaufen.«

Ich sah das hässliche alte Bett an, und bei dem Gedanken an ein neues musste ich lächeln. Ein weißes vielleicht.

Aber dann bremste ich mich. Ich würde *nicht* in diesem winzigen Hinterwaldkaff wohnen. Ich würde hier ein paar Recherchen betreiben, und dann würde ich nach ... Na ja, wohin ich dann ziehen würde, wusste ich noch nicht, aber jedenfalls weit weg von diesem Horrorfilm-Haus.

Jackie und ich bezogen mein Bett mit neuer, aber ungewaschener Wäsche (in der Speisekammer standen eine antike Waschmaschine und ein Trockner in Weizengold im Sechziger-Jahre-Design), und dann taten wir in ihrem Zimmer das Gleiche.

»Wissen Sie«, sagte sie langsam, »ich habe gleich unterhalb des Lebensmittel-Supermarkts eine Lowe's-Filiale gesehen.« Sie hörte auf, das Laken auf ihrer Seite unter die Matratze zu stopfen, und sah mich an, als sollte ich jetzt ihre Gedanken lesen. Als ich nichts sagte, fuhr sie fort und erklärte mir, dass Lowe's die alten Elektrogeräte mitnahm, wenn man neue kaufte.

Als mir klar wurde, was sie da sagte, schauten wir einander an und lachten. Irgendwelche bedauernswerten, ahnungslosen Gerätespediteure würden diesen Kühlschrank abholen, der mit seinem Gestank das Weltall kontaminieren konnte.

»Wann öffnen sie?«, fragte ich, und wir lachten noch einmal herzhaft.

Als ich mich eine Stunde später in mein Bett kuschelte (und mir vornahm, eine neue Matratze zu kaufen), fühlte ich mich so gut wie schon lange nicht mehr, und endlich erlaubte ich mir, über die Teufelsgeschichte nachzudenken, die Jackie mir im Auto erzählt hatte. Ich glaube nicht, dass sie ahnte, wie ungewöhnlich diese Geschichte war. In den letzten zwei Jahren hatte ich regional verbreitete Geistergeschichten gelesen, und die meisten davon waren ziemlich zahm gewesen – so zahm, dass ich mich schon eine Stunde später kaum noch daran erinnern konnte. Diese Geschichten hatten so wenig Fleisch, dass die Autoren sie mit langen Passagen über die Schönheit der Personen ausschmücken oder irgendwelche unheimlichen Elemente hinzufügen mussten, die nichts mit der eigentlichen Story zu tun hatten. Man spürte, dass sie sich nur bemühten, die Seiten zu füllen.

Aber mit Jackies Geschichte war es anders. Die erste Version – die so genannten »Fakten«, die sie angeblich von ihrer Mutter gehört hatte – war interessant, aber sie klang genau wie etliche andere Kleinstadtlegenden, die ich gelesen hatte.

Jackie brauchte es nicht zu wissen, aber was mich interessierte, war ihre zweite Geschichte. Dass sie eine gute Erzählerin war, hatte ich schon gesehen, aber bei ihrem dramatischen Vortrag der Teufelsgeschichte hatte ich Gänsehaut bekommen.

Als Erstes hatte sie die Frau beschrieben, die da ermordet worden war. Eine Frau, die gut zu allen war. Die Kinder liebte und immer lächelte.

Die Frau habe ausgedehnte Wanderungen durch den Wald unternommen, und eines Tages sei sie zu einem Steinhaus gekommen, und dort sei ein Mann gewesen. Jackie beschrieb ihn als »lieb aussehend, wie der Weihnachtsmann, bloß ohne Bart«. Ich wollte sie fragen, woher sie das wusste, aber daran, wie sie diese Geschichte erzählte, war etwas so Merkwürdiges, dass ich sie nicht unterbrechen wollte.

Die Frau, sagte sie, sei dann oft zu dem Haus gegangen, und sie erzählte, was der nette Mann und die nette Frau zusammen gegessen hatten und wie sie miteinander geplaudert und gelacht hatten. Sie erzählte von den Blumen, die rings um das Haus wuchsen, und dass es drinnen nach Lebkuchen geduftet habe.

Nach einer Weile erkannte ich, was an ihrem Erzählen so merkwürdig war. Zweierlei. Das eine war, dass Jackie das alles erzählte, als habe sie es selbst gesehen, und zweitens hörte es sich an, als erzähle ein kleines Kind. Als sie zu der Stelle kam, wo die Leute aus der Stadt das Paar sahen, sagte sie: »Man sah all die Leute hinter den Büschen ...«

»Wie viele Leute?«, wollte ich fragen, aber ich tat es nicht, und als sie weiterredete, kam ich auf den Gedanken, das Kind, das all das gesehen hatte, sei vielleicht zum Zählen zu klein gewesen. Hätte ich Jackie gefragt, wie viele Leute da waren, wäre ich nicht überrascht gewesen, wenn sie geantwortet hätte: »Elfundsiebzig.«

Sie sagte, die »Erwachsenen« hätten die Frau gesehen, aber den Mann konnten sie nicht sehen, weil er unsichtbar war. Die Leute hatten die Frau angeschrien, aber anscheinend wusste sie nicht, was sie sagten – nur, dass sie »schrien«. Die Frau war zurückgewichen und gefallen, und sie war mit dem Fuß zwischen zwei Steinen hängen geblieben. »Sie konnte nicht aufstehen.« Jackies Stimme klang wie eine Kinderstimme. »Und da legten sie immer noch mehr Steine auf sie.«

Beim Rest der Geschichte sträubten sich mir die Nackenhaare. Als die Leute aus der Stadt wieder gegangen waren, war die Frau anscheinend noch nicht tot gewesen. Jackie sagte, sie »weinte noch lange«. Aber was mir wirklich unter die Haut ging, war dies: Jackie erzählte, dass »jemand versuchte, sie herauszuholen«, aber »sie« konnte die Steine nicht hochheben.

In jenem Augenblick sagte ich nichts dazu, und ich versuchte, auch nicht darüber nachzudenken, aber unwillkürlich spekulierte ich doch. Von Anfang an hatte ich gehört, dass dieses Pressen vor vielen hundert Jahren stattgefunden hatte. Aber nachdem ich die Geschichte gehört hatte, die Jackie als »erfunden« bezeichnete, fragte ich mich, ob sie sich nicht in jüngerer Zeit zugetragen hatte. War es möglich, dass Jackie dieses Geschehnis mitangesehen hatte? Hatte sie als Kind erlebt, wie Erwachsene eine Frau mit Steinen bedeckt hatten, um sie dann langsam und qualvoll sterben zu lassen? War das Kind Jackie aus seinem Versteck gekrochen, und hatte es versucht, die Steine von der Frau herunterzuheben – und sie waren zu schwer gewesen?

Jackie hatte mir erzählt, nachdem ihr Vater erfahren habe, dass seine Frau ihr die Teufelsgeschichte erzählt hatte, habe er sie noch in derselben Nacht von ihrer Mutter fortgebracht. Vom Standpunkt eines Erwachsenen aus fragte ich mich, ob ihr Vater vielleicht gewusst hatte, dass seine kleine Tochter den Mord mitangesehen hatte. War es der letzte Tropfen gewesen, der das Fass zum Überlaufen brachte, als seine Frau ihrer Tochter davon erzählte und das für »richtig« hielt?

Als Jackie ihre Erzählung beendet hatte, hatte ich geschwiegen und über all das nachgedacht. Ich hatte viele Fragen, aber ich wollte sie nicht stellen. Ich vermutete, dass Jackie sehr viel tiefer in diese Sache verstrickt war, als sie wusste – oder wissen wollte.

Ich machte es mir unter meiner Decke noch ein bisschen bequemer und fragte mich, ob ich über diese Geschichte wirklich schreiben wollte. Wenn meine Theorie zutraf, sollte ich mir vielleicht lieber etwas anderes suchen. Etwas, das weiter zurücklag und keine Lebenden mehr betraf.

Als ich einschlief, wusste ich, dass ich mich in einem Zwiespalt befand. Ich wollte niemandem wehtun, aber zugleich war ich seit Jahren zum ersten Mal von einer Story fasziniert. Von einer wahren Geschichte. Und auf wahre Geschichten verstand ich mich.

Am nächsten Morgen weckten mich Geräusche über mir. Als ich die Augen öffnete und die Tapete sah, erschrak ich, aber dann fiel mir ein, wo ich war, und ich seufzte. Das Haus des Grauens. Eine Weile lag ich nur da und lauschte. Meine Uhr auf der schweren Marmorplatte des Nachttischs sagte mir, dass es noch nicht einmal sechs war, und draußen war es kaum hell. Vielleicht waren es Einbrecher, die ich da oben hörte, dachte ich hoffnungsvoll. Vielleicht suchten sie auf dem Dachboden nach versteckten Juwelen. Vielleicht würden sie bei ihrer Suche ein wenig von dem Plunder mitnehmen, der das Haus verstopfte.

Ich hörte lautes Niesen.

Pech gehabt. Little Miss High Energy war schon dort oben und schob Kisten umher.

Widerstrebend stand ich auf. Mich fröstelte. In den Bergen des westlichen North Carolina war es morgens ziemlich kühl. In aller Ruhe nahm ich ein Bad (zumindest der Heißwassertank funktionierte bestens) und zog mich an, bevor ich die Treppe hinaufstieg, um nachzusehen, was da los war.

Ich öffnete ein paar Türen und sah mich um, ehe ich in den Raum ging, aus dem die Geräusche kamen. Ich sah zwei Schlafzimmer und ein Bad; sicher war hier einmal das Dienstbotenquartier gewesen. Die Tristesse dieser Zimmer war deprimierend. Sie waren lichtlos, luftlos, farblos.

An der Vorderseite des Hauses befand sich ein ziemlich geräumiges Zimmer mit einem großen Fenster. Hier kann ich schreiben, dachte ich, als ich aus dem Fenster schaute. Ich konnte über die niedrigeren Häuser auf der anderen Straßenseite hinweg bis zu den Bergen sehen. Blau und dunstig ragten sie in der Ferne empor, und sie waren so schön, dass ich den Atem anhielt.

Erst nach einer Weile betrachtete ich den riesigen Eichenholzschreibtisch, der rechtwinklig zum Fenster stand. Ich konnte hier sitzen und schreiben, und wenn ich nachdenken musste, konnte ich mich umdrehen und zu den Bergen hinausschauen. In der hinteren Ecke des Zimmers, wo jetzt ein hartes kleines Sofa stand, das aussah, als sei es mit Rosshaar gepolstert, könnte ich eine richtige Couch aufstellen, weich und mit breiten Armlehnen, auf denen man Papiere ablegen konnte.

Ein lautes Geräusch aus dem Korridor riss mich aus meinen Gedanken. Ich ging hinaus, um nachzusehen, was meine emsige kleine Assistentin da trieb.

Ich fand sie in einem großen Raum, der aussah wie der Inbegriff des Dachbodens, der in jedem alten Film vorkam. Ich sah mich nach der ausrangierten Schneiderpuppe um. Es gab immer eine ausrangierte Schneiderpuppe.

»Jetzt kommen Sie helfen«, sagte Jackie. Sie klang wütend.

Ich wollte sie anblaffen, aber dann sah ich ihr Gesicht. Sie sah furchtbar aus. Ihre Augen lagen tief in den Höhlen und hatten dunkle Ringe. In meinem Alter sah ich jeden Morgen so aus, aber in ihrem Alter hatte sie taufrisch zu sein. »Und was fehlt Ihnen?«, fragte ich in dem gleichen Ton, den sie angeschlagen hatte. »War ein Gespenst in Ihrem Zimmer?«

Zu meinem Entsetzen ließ sie sich auf eine alte Truhe sinken, schlug die Hände vor das Gesicht und brach in Tränen aus.

Mein erster Gedanke war, zu flüchten. Mein zweiter, ein Apartment in New York zu mieten und mich für alle Zeit von weiblichen Wesen fern zu halten.

Aber stattdessen setzte ich mich neben sie auf die Truhe und fragte: »Was ist denn?«

Sie brauchte ein Weilchen, um ihre Fassung wieder zu finden. Ich hatte keine Papiertaschentücher bei mir, und sie auch nicht, und jedes Stück Stoff in diesem Raum war vermutlich so staubig, dass sie daran erstickt wäre. Also schniefte sie ausgiebig.

»Es tut mir leid«, brachte sie schließlich hervor. »Sie werden's nicht glauben, aber mein Dad hat gesagt, ich weine nie. Nicht mal als Kind. Wir haben Witze darüber gemacht. Er hat immer gesagt: ›Was für eine Tragödie wäre nötig, damit du weinst?‹ Natürlich habe ich bei seiner Beerdigung geheult wie ein Schlosshund, aber ...«

Sie sah mich an und erkannte, dass ich so viel gar nicht wissen wollte. Ich hatte genug eigenen Schmerz in mir. Ich brauchte den von anderen Leuten nicht.

»Ich hatte einen Traum«, sagte sie.

Ich schaute zur Tür. War ich von Sinnen gewesen, dass ich diese Fremde eingeladen hatte, bei mir zu wohnen? War ich jetzt dazu verdammt, mir täglich ihre Träume anzuhören? Neigte sie zu Albträumen? Würde sie mich mitten in der Nacht mit ihrem Schreien wecken?

Dann würde ich sie trösten und beruhigen müssen, und ... ich sah sie an. Sie war eher niedlich als hübsch, und anscheinend konnte sie in einem unberechenbaren Rhythmus abwechselnd nett sein und eine Zunge wie eine Rasierklinge haben. Aber sie hatte auch eine schöne Stimme und einen runden kleinen Po, der ziemlich hübsch war. Und gestern an der Tankstelle hatte sie Verrenkungen vorgeführt, mit denen sie im Cirque du Soleil hätte auftreten können.

»Was haben Sie geträumt?«, hörte ich mich fragen, und ich ärgerte mich, denn ich hasste Träume so sehr, dass ich in Romanen, in denen von den Träumen des Helden – äh, Protagonisten erzählt wurde, diese Passagen überschlug.

»Es war ...« Sie brach ab, stand auf und öffnete einen alten Kasten, der mit antikem, vertrocknetem Klebstreifen bedeckt war.

Vermutlich wollte sie es mir nicht erzählen, aber sie konnte nicht anders. Sie drehte sich um, setzte sich auf den Kasten, und ich hörte etwas darin rascheln, wie wenn man altes Laub zerdrückte.

»Es war einfach so real«, sagte sie leise, »und ich war so hilflos.« Hohläugig sah sie zu mir auf, und ich schwieg. Ich hatte noch nie einen Traum gehabt, an den ich mich nach dem Frühstück noch erinnern konnte, und schon gar keinen, der mich so sehr durcheinander brachte.

»Sie und ich fuhren mit Ihrem Auto auf einer Bergstraße«, sagte sie, »und hinter einer scharfen Kurve sahen wir einen Wagen, der sich überschlagen hatte. Vier Teenager standen dabei, und sie lachten. Ich verstand, dass sie glücklich waren, denn sie hatten soeben einen Unfall gehabt, aber sie waren wohlbehalten und unversehrt. Aber im nächsten Augenblick explodierte der Wagen, und die Trümmer flogen überall umher.«

Jackie legte die Hände vor das Gesicht und sah mich dann wieder an. »Sie und ich waren in Ihrem Auto geschützt, aber diese Kids ... Sie wurden von den fliegenden Stahlfetzen in Stücke gerissen. Arme, Beine, ein ... ein Kopf flog durch die Luft.« Sie holte tief Luft. »Das Schreckliche war, wir konnten nichts tun, um sie zu retten. Absolut nichts.«

Das war tatsächlich ein seltsamer Traum. Handelten die Albträume der meisten Leute nicht davon, dass ihnen etwas drohte? Aber Jackie war in ihrem Traum völlig sicher gewesen. Natürlich, fliegende Körperteile waren etwas Furchtbares, aber sie war verstört, weil wir nichts tun konnten, um diesen armen, verstümmelten Kids zu helfen.

Ich weiß nicht, warum, aber es freute mich, dass sie »wir« gesagt hatte. Es war, als glaubte sie, ich hätte geholfen, wenn ich gekonnt hätte. In ihrem Traum hatte sie mich nicht für einen Menschen gehalten, der ein explodierendes Auto sah und nur an seine eigene Sicherheit dachte.

Es war sicher schrecklich von mir, aber ihr Traum tat mir gut.

Ich lächelte sie an. »Wie wär's, wenn wir jetzt frühstücken und dann ein paar Elektrogeräte kaufen? Kühlschrank, Waschmaschine, Trockner, Mikrowelle. Wollen Sie einen neuen Herd? Hey! Wie wär's mit Klimaanlagen?«

Schniefend sah sie mich an, als hätte ich etwas Falsches gesagt. »Klimageräte für die Fenster?«

Ich stellte mich dumm. »Na klar. Wir hängen sie unter die Fenster und streichen sie lila, damit sie farblich zum Haus passen.«

Einen Moment lang riss sie die Augen auf, als ob sie mir glaubte, aber dann entspannte sie sich. »Warum reißen wir nicht das große Buntglasfenster in der Decke über der Treppe heraus und hängen eine Klimaanlage hinein?«

»Großartige Idee«, sagte ich begeistert. »Glauben Sie, in dieser Größe kriegt man hier so was?«

»Reden Sie mit der Victorian Historical Society.« Sie lächelte. »Erzählen Sie denen, was Sie vorhaben. Die werden sich schon um Sie kümmern.« Sie zielte mit dem Zeigefinger auf mich und drückte ab wie ein fanatischer Architekturdenkmalschützer, der mich erschoss.

Wir lachten zusammen, und ich war froh, dass ich sie von ihrem bösen Traum hatte ablenken können.

»Kommen Sie«, sagte ich, »ich mache Ihnen ein Omelett.«

Das tat ich dann nicht, aber ich deckte den Tisch und schnitt nach Jackies Anweisungen ein bisschen Obst auf, während sie mir berichtete, was sie auf dem Dachboden gefunden hatte: alte Kleider und Kisten mit zerbrochenem Spielzeug, Modeschmuck aus dem fünfziger Jahren und eine Menge alte Schallplatten.

»Da sind ein paar hübsche Sachen dabei«, sagte sie, »und irgendjemand, irgendwo, würde sie sicher gern haben. Sogar die alten Zeitschriften in der Diele sind sicher für irgendjemanden interessant.«

»EBay«, sagte ich mit vollem Mund und kaute mein Omelett mit roter und grüner Paprika. Und ohne Speck. Im Supermarkt hatte Jackie so viel Wind um den hohen Fettgehalt von Speck gemacht – und dabei immer wieder Blicke auf meinen Bauch geworfen –, dass ich keinen gekauft hatte. »Hey!«, sagte ich. »Sie machen doch Fotos. Warum fotografieren Sie nicht den ganzen Kram« – ich wedelte mit der Hand – »und versteigern ihn bei eBay?«

»Bevor oder nachdem ich für Ihr Buch recherchiert habe?« Sie legte mir zwei Kartoffelpfannkuchen (gebraten in irgendeinem kalorienfreien Spray) auf den Teller. »Bevor oder nachdem ich einen Auktionator aufgetrieben habe, der die überschüssigen Möbel abgeholt hat? Bevor oder nachdem ich täglich drei Mahlzeiten für Sie gekocht habe?«

»Darauf komme ich noch zurück«, sagte ich, und ich beugte mich über den Teller und stopfte mir den Mund voll.

Nach dem Frühstück schlug ich vor, auch noch eine Geschirrspülmaschine anzuschaffen und jemanden zu engagieren, der sie anschloss.

»Gute Idee.« Jackie trocknete sich die Hände an einem Papierhandtuch ab. »Und wann fangen wir an, uns um die Teufelsgeschichte zu kümmern?«

»Darüber reden wir im Auto«, sagte ich, und wenige Minuten später waren wir unterwegs.

Ich muss sagen, das Einkaufen mit Jackie erinnerte mich an meine Kindheit. Sie hatte die gleiche Scheu vor dem Geldausgeben wie ich als Junge – oder als ich in ihrem Alter war, bevor mein erstes Buch erschienen war.

Ihr Entzücken darüber, gleich mehrere große Elektrogeräte auf einmal kaufen zu können, war ansteckend. Jetzt verstand ich, wie gut es schmutzigen alten Männern ging, wenn sie ihren jungen Geliebten säckeweise Schmuck kauften. Wir kauften Staubsauger (einen für jedes Stockwerk), massenweise Knöpfe für die Küchenschränke und genug Putzmaterial für ein ganzes Krankenhaus. Ich fing an, mich zu langweilen, bis wir in die Abteilung für Gartengeräte und Werkzeug kamen. Dort fühlte ich mich wohler.

»Ich dachte, Sie können Maschinen nicht ausstehen.« Sie lehnte an einem Regal und blätterte in einem Buch über Landschaftsgestaltung.

Ich antwortete nicht, aber ich lächelte.

»Was?!«, sagte sie.

»Das habe ich nie gesagt. Also müssen Sie meine Bücher gelesen haben.«

»Hab nie was anderes behauptet.« Sie stopfte das Buch in den ohnehin vollen Einkaufswagen. »Wer wird denn die Putz- und Gartenarbeit übernehmen? Und sehen Sie mich nicht so an. Übrigens haben Sie mir immer noch nicht gesagt, wie viel Sie mir zahlen und wie lange ich arbeiten muss.«

»Sieben Tage die Woche, vierundzwanzig Stunden täglich. Und wie hoch ist der gesetzliche Mindestlohn?«, sagte ich, um sie schnauben zu sehen.

Aber sie schnaubte nicht. Sie wandte sich ab und marschierte zum Ausgang. Sie ging so schnell, dass die großen Glastüren aufgeglitten waren, bevor ich ihren Arm zu fassen bekam. »Okay. Was verlangen Sie?«

»Von neun bis fünf. Zwanzig Dollar die Stunde.«

»Okay«, sagte ich. »Aber gelten Frühstück und Abendessen als Arbeits- oder als Freizeit?«

Sie sah mich angewidert an und zuckte dann die Achseln. »Wer weiß das schon? Ich habe von diesem Job überhaupt noch nichts begriffen.«

»Verzeihung«, sagte eine Frau mit lauter Stimme.

Jackie und ich versperrten ihr den Ausgang. Wir traten zur Seite.

»Okay«, sagte ich leise. »Wir wär's mit tausend pro Woche und flexibler Arbeitszeit? Wenn Sie frei haben wollen, bleibe ich zu Hause und kümmere mich um die Möbel.«

Dieser Scherz brachte mir ein winziges Lächeln ein, und wir kehrten zu unserem überladenen Einkaufswagen zurück.

Ich konnte mir beim besten Willen nicht erklären, wieso ich ihr streitsüchtiges Gebaren hinnahm. Bei den Frauen, die bisher für mich gearbeitet hatten, hatte ich *nichts* hingenommen. Eine Sekunde lang schlechte Laune, und sie waren draußen gewesen.

Aber jedes Mal, wenn Jackie mir den Kopf abriss, dachte ich an ihre Geschichte über den Pulitzerpreis. Sie war einsichtsvoll und kreativ gewesen. Und ich dachte daran, wie die entzückende kleine Autumn sich mitten im Zimmer hingesetzt und geweint hatte – und ich fragte mich, ob sie es getan hatte, nur damit Jackie ihr eine Geschichte erzählte.

Wenn das so war, was für Geschichten mochte Jackie ihr dann sonst schon erzählt haben?

Ich sah mir Unkrautjäter an und dachte: Jackie kann die Geschichte recherchieren, und ich werde in der Zwischenzeit Jackie recherchieren.

Zu Mittag aßen wir in einem Fastfood-Lokal; Jackie nahm einen Salat und ich ein Vier-Pfund-Sandwich mit Fritten. Während der gesamten Mahlzeit sah ich ihr an, dass sie danach lechzte, mir einen Vortrag über Fett und Cholesterin zu halten.

Gegen zwei – wir waren unterwegs zu diesem Monstrum von Haus, der Wagen war bis unter das Dach vollgeladen, und die Großgeräte würden am nächsten Tag geliefert werden – konnte ich mir plötzlich nicht verkneifen, ihr zu sagen, sie müsse mehr essen. Es war, als hätte ich an der Kurbel gedreht, und der Springteufel schoss aus dem Kasten. Sie schwadronierte über Arterien und gesättigte Fettsäuren, bis ich gähnte und wünschte, ich hätte den Mund gehalten.

Aber wir beide schraken auf, als wir um eine Haarnadelkurve bogen und ein Auto vor uns sahen, das sich überschlagen hatte. Davor standen vier lachende Teenager, offenbar froh und erleichtert darüber, dass ihnen nichts passiert war.

Eine Sekunde lang blieben Jackie und ich wie erstarrt sitzen. Ihr Traum war Wirklichkeit geworden. Einen Augenblick später hatten wir unsere Türen aufgestoßen und schrien: »Weg von dem Wagen!«

Die vier Teenager drehten sich zu uns um; sie wirkten noch ein wenig benommen, nachdem sie eben aus dem Wagen gepurzelt waren, aber sie rührten sich nicht.

Jackie rannte auf die Kids zu, und ich lief ihr nach. Was

zum Teufel hatte sie vor? Wollte sie etwa *mit* ihnen zerfetzt werden?

Ich glaube, ich kam überhaupt nicht auf den Gedanken, daran zu zweifeln, dass der Wagen jeden Augenblick explodieren und dass alles in seinem Umkreis zerfetzt werden würde. Als ich Jackie eingeholt hatte, umschlang ich ihre Taille und packte sie auf meine Hüfte wie einen Mehlsack. Auch in dieser Position hörte sie nicht auf, die Kids anzuschreien. Ich tat es auch nicht, aber ich würde sie nicht einen Schritt näher an das umgekippte Fahrzeug heranlassen. Auf keinen Fall!

Vielleicht lag es daran, dass ich nicht näher kam und dass ich Jackie festhielt – jedenfalls ging einem der Vier plötzlich ein Licht auf. Ein großer, gut aussehender Junge mit langem schwarzen Haar schien endlich zu kapieren, was Jackie und ich meinten, und er handelte sofort. Er packte eins der Mädchen und schleuderte es quer über die Straße. Sie rollte den steilen Hang hinunter. Der andere Junge ergriff die Hand des Mädchens neben ihm und fing sofort an zu rennen.

Wie im Film hechteten die drei Kids auf die andere Straßenseite, als der Wagen explodierte.

Ich sprang hinter einen großen Felsen, drückte Jackies schlanke Gestalt an mich und bedeckte ihren Kopf mit beiden Armen. Ich zog den Kopf ein und duckte mich unter ein paar überhängende Baumwurzeln an der Böschung.

Der Knall der Explosion war furchterregend, und bei dem grellen Licht presste ich die Augen so fest zu, dass es wehtat.

Innerhalb weniger Sekunden war es vorbei. Wir hörten stählerne Trümmer auf die Straße fallen, und dann brannte der Wagen. Ich hielt Jackie fest und wartete, bis ich sicher war, dass es wirklich vorüber war.

»Ich kriege keine Luft«, sagte sie und versuchte, den Kopf freizubekommen.

Jetzt erst begriff ich endlich, dass sie das alles gesehen hatte. Und ihr prophetischer Traum hatte soeben vier jungen Leuten das Leben gerettet.

Anscheinend wusste sie, was ich dachte, denn sie stemmte sich gegen mich und sah mich flehentlich an. »Ich wusste nicht, dass der Traum Wirklichkeit war. So etwas ist mir noch nie passiert. Ich ...«

Sie brach ab, als einer der Jungen auf uns zukam, um sich zu bedanken. Es war der Junge, der sie mit seinem schnellen Handeln alle gerettet hatte. »Woher wussten Sie das?«, fragte er.

Ich spürte, dass Jackie mich ansah. Dachte sie, ich würde sie verraten? »Ich habe einen Funken gesehen«, sagte ich. »Am Benzintank.«

»Ich bin Ihnen wirklich dankbar.« Er streckte uns die Hand entgegen und stellte sich als Nathaniel Weaver vor.

»Lassen Sie uns mit Ihrem Handy die Polizei rufen«, sagte Jackie. In ihrer Stimme lag so viel Dankbarkeit, dass ich nicht wagte, sie anzusehen, weil ich sonst rot vor Verlegenheit geworden wäre.

Es dauerte schließlich noch den ganzen restlichen Tag, bis alles geregelt war. Das Mädchen, das Nate über die Straße geworfen hatte – »wie einen Football«, sagte sie und schaute den Jungen mit einem Blick voller Heldenverehrung an –, hatte sich den Arm gebrochen. Ich fuhr sie ins Krankenhaus, und Jackie blieb bei den drei andern, bis die Polizei kam. Die Polizisten brachten sie und die Kids dann nach Hause.

Als die Eltern des Mädchens im Krankenhaus angekommen waren, fuhr ich zurück zum Unfallort und sah mich um. Der Schrottwagen war abtransportiert worden, aber am Straßenrand fand ich ein Stück Blech. Ich hob es auf und setzte mich neben den Felsen, der Jackie und mich vor den fliegenden Trümmern geschützt hatte

In den letzten zwei Jahren hatte ich Geister- und Hexengeschichten gelesen, in denen es von Wahrsagern und Hellsehern gewimmelt hatte. An diesem Morgen hatte Jackie mir einen Traum erzählt, der Wirklichkeit geworden war. Aber sie hatte gesagt, sie habe noch nie zuvor in die Zukunft blicken können.

War es meine schriftstellerische Fantasie, oder gab es einen Zusammenhang zwischen der Tatsache, dass Jackie an einen Ort zurückgekehrt war, an den sie sich zu erinnern schien, und ihrem hellsichtigen Traum?

Ein Pickup fuhr vorüber und riss mich aus meinen Gedanken. Mein Auto war immer noch beladen mit Wischmopps und Besen und einer Mikrowelle, und morgen würde ein Lastwagen mit Haushaltsgeräten kommen. Ich musste fahren.

6 – Jackie

Ich war entschlossen, die ganze Traumgeschichte zu vergessen. Ich habe nie viel für das Okkulte übrig gehabt, und schon gar nicht wollte ich etwas damit zu tun haben. Ja, ich hatte den Leuten mit meiner prachtvoll ausgeschmückten Teufelsgeschichte immer eine Heidenangst eingejagt, aber für das Okkulte hatte ich trotzdem nichts übrig. Einmal, auf einem Jahrmarkt, gingen meine Freundinnen zu einer Kartenlegerin, aber ich kam nicht mit. Ich wollte nicht meine Zukunft kennen, sondern meine Vergangenheit.

Natürlich sagte ich meinen Freundinnen nicht die Wahrheit. Ich sagte ihnen, ich glaubte nicht an Wahrsagerei und wollte deshalb mein Geld nicht verschwenden. Nur Jennifer sah mich durchdringend an und schien zu wissen, dass ich log.

Als ich heranwuchs, wurde es mir zur zweiten Natur, den Leuten so wenig wie möglich über mich selbst zu erzählen. Ich konnte mich eigentlich nur an einen einzigen Menschen erinnern, mit dem ich zusammengelebt hatte, nämlich an meinen Vater, und da er sich so große Mühe gegeben hatte, seine Geheimnisse zu bewahren, respektierte er auch die meinen. Wenn ich spät nach Hause kam, fragte er mich nie, wo ich gewesen war oder was ich getrieben hatte. Hätte er mich angeschrien, hätte ich rebellieren können wie ein normaler Teenager, aber mein Vater verstand es, mir ohne Worte zu sagen, dass ich nur ein einziges Leben hätte und dass es an mir liege, ob ich es vermasselte oder nicht.

Vermutlich war ich deshalb so »erwachsen«. Die anderen Kids in meiner Klasse wurden dauernd bestraft – weil sie zu viel Geld ausgegeben hatten, weil sie den Wagen »ausgeborgt« hatten, weil sie so spät nach Hause gekommen waren oder irgendwelche anderen Kindereien begangen hatten. Aber ich bekam niemals Ärger. Ich gab nie zu viel Geld aus, weil ich unser Bankkonto führte, seit ich zehn Jahre alt war. Meine Kinderschrift stand auf allen Schecks, und mein Vater unterschrieb sie nur. Ich wusste immer, wie wenig wir auf der Bank hatten und wie hoch die Rechnungen waren, die wir bezahlen mussten. Ich war immer verblüfft, wenn ich meine Klassenkameraden über Geld reden hörte, als wachse es auf Bäumen. Sie hatten tatsächlich keine Ahnung, wie hoch die Wasserrechnung ihrer Familie war. Sie führten zwei Stunden lange Ferngespräche, und dann wurden sie von ihren Eltern angebrüllt und bekamen Hausarrest. Sie lachten darüber und planten schon das nächste Telefonat. Ich dachte oft, ihre Eltern sollten ihnen das Bankkonto für ein paar Monate überlassen. Dann würden sie schon sehen, was das Leben kostete.

Wie dem auch sei, vielleicht lernte ich, meinen Mund zu halten, weil meine Situation zu Hause anders war als bei allen andern. Und weil mein Vater so viel vor mir verbarg, lernte ich, wenige Fragen zu stellen und noch weniger zu beantworten.

Als ich Teenager wurde, hatte ich begriffen, dass es keinen Sinn hatte, meinen Vater nach meiner Mutter oder nach dem Grund für sein Fortgehen zu fragen. Wenn er solche Fragen beantwortete, widersprach er sich dauernd. Jahrelang lebte ich in dem romantischen Traum, er und ich gehörten zu einem Zeugenschutzprogramm der Regierung. Ich erfand eine lange, verwickelte Geschichte, in der meine Mutter von den Bösewichten umgebracht worden war; mein Vater hatte es mitangesehen, und zu unserem Schutz zogen wir jetzt von einem Staat in den anderen.

Aber nach und nach wurde mir klar, dass allein mein Vater die Wahrheit kannte und dass niemand außer uns im Spiel war. Irgendwann kam ich zu dem Schluss, dass es vermutlich besser war, wenn ich die Wahrheit über meine Mutter nicht kannte, wie auch immer sie aussehen mochte. Deshalb mied ich Hellseher, die mir vielleicht etwas über meine Vergangenheit hätten sagen können.

Aber Geheimnisse kommen immer irgendwie ans Licht, ob man will oder nicht. Als wir noch ungefähr zwanzig Meilen weit von der Kleinstadt Cole Creek entfernt waren, begann ich, die Gegend wiederzuerkennen. Zunächst sagte ich Newcombe nichts davon, aber dann fing ich an, ihn auf Dinge hinzuweisen, die mir vage bekannt vorkamen. Als ich es das erste Mal aussprach, hielt ich den Atem an. Wenn ich so etwas zu meinen Freundinnen gesagt hätte, hätten sie angefangen zu quieken und mich zu löchern. (Kirk hätte mich ignoriert, weil ihn überhaupt nichts neugierig machen konnte.)

Newcombe schien interessiert zu sein, aber er tat nicht so, als sei er Psychoanalytiker, und versuchte nicht, mehr aus mir herauszuholen. Er hörte zu und machte seine Bemerkungen, aber er benahm sich nicht wie jemand, der darauf brannte, alles über mein Leben in Erfahrung zu bringen – und gerade deshalb erzählte ich ihm am Ende mehr, als ich jemals einem Menschen erzählt hatte.

Und dabei konnte er in Sekundenschnelle zum Kern der Sache kommen! An unserem ersten Abend in dem Haus wäre ich fast in Ohnmacht gefallen, als er wissen wollte, ob ich vielleicht glaubte, meine Mutter sei noch am Leben. Denn daran hatte ich gedacht, seit ich ein paar Meilen vor der Stadt die alte Brücke gesehen hatte. Fast sah ich mich selbst als kleines Mädchen auf dieser Brücke, an der Hand einer großen, dunkelhaarigen Frau. War das meine Mutter? Mein Vater hatte mir zwei Geschichten über ihren Tod erzählt, und vielleicht waren sie beide gelogen.

Das Gute an Newcombe war, dass er nicht urteilte. Jennifer hätte erklärt, mein Vater sei ein schlechter Mensch gewesen, weil er mich entführt und von meiner Mutter weggebracht hatte. Aber Jennifers Mutter war liebevoll und gutherzig, und deshalb konnte Jennifer sich nicht vorstellen, dass nicht alle Mütter waren wie ihre.

Mit Sicherheit wusste ich nur eins: Was immer mein Vater getan hatte, er hatte gute Gründe dafür gehabt. Und er hatte es für mich getan. Er war intelligent und gebildet, und deshalb hätte er bessere Jobs finden können, statt als Schuhverkäufer in einem Discountladen zu arbeiten. Aber wie hätte er das tun sollen, wenn er keine Referenzen und Zeugnisse vorlegen konnte? Damit hätte er eine Spur aus Papier hinterlassen, mit deren Hilfe man ihn – und mich – hätte finden können.

Nach meinem Traum von den Kids und dem Auto begann ich mich zu fragen, ob mein Vater vielleicht vor etwas Bösem davongelaufen war. Und ob Cole Creek nicht vielleicht ein Ort war, an den ich lieber nicht hätte zurückkehren sollen.

Aber vierundzwanzig Stunden nach diesem Zwischenfall hatte ich mich wieder genügend beruhigt, um zu dem

Schluss zu kommen, dass ich offensichtlich länger in Cole Creek gelebt hatte, als mein Vater behauptet hatte, und dass ich mich deshalb an vieles erinnerte. Und was den Traum anging – viele Leute träumten von der Zukunft, oder? Das war nichts Besonderes. Irgendwann wäre es eine tolle Partygeschichte.

Statt mir den Kopf zu zerbrechen, stürzte ich mich darauf, das wunderbare alte Haus bewohnbar zu machen. Ich weiß nicht, warum ich mir so viel Mühe gab, denn Newcombe fand das Haus abscheulich. Jeder zweite Satz aus seinem Munde war eine Klage darüber oder über das, was darin war. Er hasste die Tapeten und die Möbel und all den kleinen Nippeskram, den die Belchers in hundert Jahren zusammengetragen hatten. Sogar die Veranden fand er scheußlich! Das Einzige, was ihm wirklich gefiel, waren seine riesige Badewanne und der kleine, Feuer speiende Drache auf dem Pfosten des Treppengeländers. Ich glaube, der Drache hätte mir auch gefallen, aber die Tatsache, dass ich ihn so gut in Erinnerung hatte, bereitete mir Unbehagen.

Ich sagte es Newcombe nicht, aber ich erinnerte mich an jeden Zollbreit des Hauses. Und mehr noch – ich wusste, wie es früher ausgesehen hatte. Ich sprach nicht darüber, aber ich wusste, dass alle guten Möbel hinausgeschafft worden waren. Im Wohnzimmer waren ein paar Schränke nicht mehr da, und im »kleinen Salon« – ich wusste, dass er so geheißen hatte – fehlten etliche sehr elegante Stücke.

Newcombe hatte mir lachend berichtet, dass Mr Belcher ihm die gesamte Einrichtung für einen Dollar angeboten und dass die Maklerin diesen Dollar bezahlt hatte. Als ich gesehen hatte, was noch übrig war, hätte ich am liebsten gesagt: »Sie hätten sich noch Wechselgeld geben lassen sollen.« Aber Newcombe hatte so viel zu meckern, dass ich ein fröhliches Gesicht aufsetzte und ihm sagte, es sei alles ganz wunderbar. Außerdem spielte er an diesem ersten Tag mit ein paar ausgestopften Enten herum und drehte den Drachen an und aus, bis ich hätte schreien können, und auch deshalb sagte ich nichts von den fehlenden Möbeln. Und ich wusste, wenn ich seine Erlaubnis bekäme, ein paar Reparaturen vornehmen zu lassen, könnte ich dem Haus seine alte Schönheit wiedergeben.

Ich war immer »fleißig gewesen«, wie meine Lehrer mir in die Zeugnisse schrieben, aber ich muss sagen, dass ich nach dem Tag, als Newcombe den vier Kids das Leben rettete, in den Overdrive schaltete.

Vielleicht rührte diese Arbeitswut aus meiner abgrundtiefen Verlegenheit. Ich war verlegen wegen meiner Vision und verlegen, weil ich an diesem Morgen heulend vor meinem Arbeitgeber gesessen hatte. Aber besonders verlegen war ich wegen meiner Reaktion, als ich sah, dass mein Traum Wirklichkeit war. Als ich den Wagen und die Kids sah, konnte ich mich nicht bewegen.

Es war Newcombe, der etwas unternahm. Er sprang aus dem Wagen und fing an zu schreien. Erst da begriff ich, dass ich nicht noch einmal träumte. Dass dies die Realität war und dass die vier Kids gleich in Stücke gerissen werden würden. Einen Sekundenbruchteil nach ihm sprang ich blindlings aus dem Auto und rannte schreiend auf die Kids zu. Dem Himmel sei Dank, dass Newcombe mich festhielt, bevor ich den umgestürzten Wagen erreichen konnte.

Er war ein Held. Nur so kann ich es beschreiben. Er benahm sich heldenhaft und rettete uns alle. Und danach verriet er mich nicht. Er erzählte nicht, dass ich einen Traum gehabt und die Zukunft »gesehen« hatte.

Als er am Abend aus dem Krankenhaus zurückkam, wo er das Mädchen hingebracht hatte, stellte er mir nicht eine einzige Frage über meinen Traum. Bis an mein Grab werde ich ihm dafür dankbar sein, dass er es nicht getan hat, denn ich wäre mir unter Garantie wie eine Missgeburt vorgekommen.

Am nächsten Morgen wachte ich in aller Frühe auf und nahm mir vor, das Haus so schnell wie menschenmöglich bewohnbar zu machen. Beim Frühstück hatte ich eine kurze Diskussion mit Newcombe über Geld – bei der er mich aus unerfindlichen Gründen mit kopfschüttelndem Staunen anstarrte –, und dann machte ich mich an die Arbeit.

Die alten schwarzen Telefone im Haus waren abgeklemmt, aber ich fand ein Telefonbuch, das erst zwei Jahre alt war, und so konnte ich mit Newcombes Handy herumtelefonieren und Termine vereinbaren. Wenn ein Handwerker nicht noch in derselben Woche kommen konnte, rief ich einen anderen an. Ich wusste, dass es riskant war, Leute zu beauftragen, die ich nicht kannte, und dass ich mir wahrscheinlich ein paar Taugenichtse einhandeln würde, aber ich hatte keine Zeit, mich mit Einheimischen zu unterhalten und sie zu fragen, wer die besten Handwerker in der Umgebung waren.

Als ich das erledigt hatte, musste ich dafür sorgen, dass Newcombe mir nicht im Weg war; also gab ich ihm die Adresse eines Elektronikgeschäfts in der Nähe, und er schwirrte ab wie der Blitz. Er hatte ein bisschen nachgeforscht, und jawohl – das kleine runde silberne Ding in der Wand im kleinen Salon war der Anschluss einer Satellitenantenne (kein Kabel in dieser Stadt).

Newcombe kam erst am Abend gegen acht wieder zurück, und bei einem sehr angenehmen Essen wetteiferten wir miteinander, wer mehr zustandegebracht hatte.

Während ich veranlasst hatte, dass ein nahe gelegenes Auktionshaus mit einem Lastwagen vorbeikam und drei Ladungen hässlicher moderner Möbel abtransportierte, hatte Newcombe zwei Computer, eine Stereoanlage, einen Fernseher und ein Videogerät gekauft – und einen Pickup, um alles nach Hause zu schaffen.

Wir tranken eine Flasche Wein zusammen und lachten über das alles, während er auf einem neuen Edelstahl-Gasgrill mit Drehspieß Steaks briet. Und die ganze Zeit spielten wir unser »Wer war besser?«-Spiel. Ich persönlich finde, ich hatte gewonnen, denn ich hatte kein Geld ausgegeben, sondern würde mit dem Verkauf der Möbel welches verdienen. Und ich hatte – nur auf der Grundlage von Fotos – einen Handel mit dem Auktionator vereinbart, auf den ich ziemlich stolz war. Aber davon erzählte ich Newcombe nichts. Lieber wollte ich ihn am Freitagmorgen überraschen.

Der nächste Tag war ein einziges Chaos. Ich habe sie nicht gezählt, aber ich glaube, an diesem Tag gingen mindestens fünfzig Männer ein und aus. Ich hatte drei starke Möbelpacker, die die Einrichtungsgegenstände umräumten, die noch da waren, nachdem der Lastwagen des Auktionshauses abgefahren war, ich hatte Klempner und Schreiner, und ich hatte einen Tapezierer für Newcombes Schlafzimmer. Bei Lowe's hatte ich mir Bezeichnung und Nummer einer schlichten

Tapete notiert, blau in Blau, mit großen Vasen und Blumen-girlanden. Sie wirkte maskulin und schlicht, wenn auch für meinen Geschmack ein bisschen beerdigungsmäßig, aber ich dachte mir, Newcombe würde sie gefallen. Der Tapezierer nahm Maß, besorgte die Rollen, die sie auf Lager hatten, und klebte sie auf die alte Tapete. Ich wusste, dass es nicht die ordentliche Methode war – eigentlich hätte die alte Ta-pete zuerst abgerissen werden müssen –, aber dies war ein Notfall. Ich musste befürchten, dass Newcombe in diesem Schlafzimmer einen Herzanfall bekam. Oder ich – von sei-nem dauernden Gemaule.

Während diese Arbeiten im Gange waren, ließ ich von drei Teams mit Dampfreinigern die Vorhänge, Teppiche und Polstermöbel säubern und die Schimmelflecken in der Kü-che beseitigen.

Newcombe schloss sich unterdessen mit seinen neuen elektronischen Geräten in der Bibliothek ein und wollte alles zusammenbauen. Zwei Mal schaute ich zu ihm hinein, und da saß er inmitten eines Kreises von Bücherstapeln und las. Er sah selig aus.

Gegen drei erschien ein außergewöhnlich gut aussehender junger Mann an der Hintertür und wollte mit mir reden, aber ich war so sehr damit beschäftigt, die Handwerker zu dirigieren, dass ich ihn zunächst gar nicht erkannte. Es war Nathaniel Weaver, der Junge aus dem verunglückten Auto.

Ich holte einen Krug Limonade und ein paar Kekse aus dem neuen Kühlschrank, und wir unterhielten uns draußen.

Er sei gekommen, um sich bei Newcombe zu bedanken, aber ich sagte, der Mann sei beschäftigt. In Wahrheit wollte ich nicht, dass die beiden über das, was passiert war, miteinander redeten, denn ich hatte Angst, dass dann meine Vorahnung zur Sprache kommen könnte.

Nate sah sich immer wieder nervös in dem unkrautüberwucherten Garten mit dem zerbrochenen Zierrat um. Ich nahm an, die Nähe eines Prominenten wie Newcombe mache ihn so unruhig, und ich wollte ihm gerade sagen, dass Newcombe auch nur ein ganz normaler, alltäglicher Mensch sei, als Nate herausplatzte: »Brauchen Sie jemanden, der das hier für Sie in Ordnung bringt?«

Ich ergriff und küsste seine Hände nicht – und ich umfasste auch nicht sein Gesicht und küsste ihn auf die wunderschönen, vollen Lippen –, aber in meiner Dankbarkeit hätte ich es am liebsten getan. Dieses einen Meter achtzig große Kind suchte einen Wochenendjob. Anscheinend glaubte er, einen knappen Hektar Gartenland vom Unkraut zu befreien sei etwas, das er könne.

Ich weiß nicht, was mich dazu brachte – ich hoffe inständig, es hatte nichts mit »hellsichtigem« Wahnsinn zu tun –, aber ich riss einen meiner lahmen Witze. Ich sagte, alles, was ich jetzt brauchte, sei jemand, der die über hundert (ich hatte angefangen, sie zu zählen, aber bei hundertfünfzig hatte ich aufgehört) Freiheitsstatuen in diesem Hause verkaufte, dann wäre ich im Nirwana.

Und dieser liebe, wunderschöne Junge erzählte mir, er lebe bei seiner Großmutter (die Eltern waren verstorben), und Granny gehe auf jeden Flohmarkt in der Umgebung und verkaufe alles Mögliche im Internet über eBay.

Da küsste ich ihn doch. Es war ein schwesterlicher Kuss –

okay, auf den Mund, aber es war ein schneller, leichter Kuss der Dankbarkeit –, und nach seinem Gesichtsausdruck zu urteilen, war er vermutlich daran gewöhnt, von weiblichen Wesen aller Altersklassen geküsst zu werden. Gegen sechs hatten er und ich Newcombes neuen Pickup mit Kisten voller Kram beladen, der sich in hundert Jahren Souvenirjagd angesammelt hatte, und Nate und ich besiegelten unseren Deal per Handschlag (keine Küsserei mehr).

Aber an diesem Abend bekam ich beinahe Krach mit Newcombe, weil ich jemandem erlaubt hatte, seinen nagelneuen 4×4 zu fahren. »Ich dachte, Sie wären Schriftsteller«, sagte ich. »Ich dachte, in allen Ihren Büchern hätten Sie etwas gegen Männer, die Trucks lieben.«

»Es geht um Kontrolle, nicht um Trucks«, sagte er, und ich tat, als wüsste ich nicht, was er meinte. Natürlich wusste ich es, aber ich wollte keinen Streit verlieren.

Männer sind so seltsame Wesen. Er hatte nichts dagegen, dass ich Tausende von Dollar von seinem Geld ausgab, um ein Haus instandzusetzen, das er verabscheute, aber wenn ich *seinen* neuen Pickup an einen Jungen verlieh, dem er das Leben gerettet hatte, wurde er wütend.

Aber ich nehme an, Männer verstehen einander, denn am Abend um halb elf brachte Nate den Pickup zurück, und die beiden verschwanden in der Bibliothek. Ich ging ins Bett, aber ungefähr vier Mal fuhr ich hoch, weil plötzlich dröhnende Musik die Wände beben ließ. Offensichtlich bauten sie die neue Stereoanlage auf.

Gegen zwei Uhr nachts hörte ich draußen ein Auto, und nach dem tuckernden Motorengeräusch zu urteilen war ich sicher, dass es Nates verrosteter alter Chevy Impala war. Kurz darauf hörte ich, wie Newcombe die knarrende Treppe heraufkam und in sein Schlafzimmer ging. Ich war schon seit Stunden im Bett, aber erst, als ich wusste, dass er ein Zimmer weiter wohlbehalten in seinem lag, erlaubte ich mir, in einen tiefen Schlaf zu versinken.

Am Donnerstagmorgen klopfte ein Junge an der Tür und reichte mir einen schweren Umschlag. Er war an Newcombe adressiert, in einer wunderschönen, altmodischen Handschrift, die aussah, als sei sie mit einem Federkiel geschrieben. Ich trug ihn in die Küche, wo er sein übliches Holzfällerfrühstück zu sich nahm und einen Stapel Betriebsanleitungen las, und reichte ihm den Umschlag. Ich tat, als achtete ich nicht weiter auf den Brief, aber in Wirklichkeit beobachtete ich ihn aufmerksam.

Er wischte sich die Hände ab, bevor er den Umschlag berührte. »Solches Papier habe ich bis jetzt nur im Museum gesehen.«

Ich hörte mit dem Tellerabspülen auf und setzte mich wieder zu ihm. Die Neugier fraß mich auf. »Sehen Sie sich die Handschrift an. Glauben Sie, Sie sind zu einem Cotillon eingeladen?«

»Hmmm.«

Er schob den Finger seitlich unter die Klappe und wollte den Umschlag aufreißen.

Solches Papier verdiente, geschlitzt, nicht gerissen zu werden. Ich gab ihm ein Messer.

Er schnitt den Umschlag auf und wollte ihn öffnen, aber dann legte er ihn auf den Tisch und griff nach seiner Gabel.

»Wollen Sie nicht sehen, wer Ihnen da was geschickt hat?«, fragte ich.

»Möglich«, sagte er und schob sich ein Stück Waffel in den Mund. »Vielleicht möchte ich Sie an dieser Information sogar teilhaben lassen – aber nur unter einer Bedingung.«

Da hätten wir's, dachte ich. Sex. Ich warf ihm einen schmutzigen Blick zu und wollte zum Spülbecken zurückkehren.

»Hören Sie auf, mich Mr Newcombe zu nennen«, sagte er. »Nennen Sie mich Ford, und wir machen das Ding zusammen auf.«

»Abgemacht«, sagte ich und setzte mich wieder an den Tisch.

Der cremefarbene Umschlag war mit hellblauem Seidenpapier gefüttert, und er enthielt eine gestochene Einladung. Gestochen, nicht thermographiert – kein imitierter Stich. Jemand hatte eins dieser winzigen Gravierwerkzeuge benutzt und in Messing geschrieben, dass am Freitagnachmittag auf dem Rasen des Town Square eine Party stattfinden werde.

»Morgen?« Ich sah ihn an. Was um alles in der Welt hatte ich anzuziehen, wenn ich die handgestochene Einladung zu einer Party befolgte? Andererseits – auf dem Umschlag stand nur Fords Name. »Hübsch.« Ich stand auf und kehrte zur Spüle zurück. »Sie müssen mir nachher alles erzählen«, sagte ich in meinem absolut besten »Ich-wollte-so-wieso-nicht-mitkommen«-Ton.

Als Ford nicht antwortete, drehte ich mich um und sah, dass er mich anstarrte, als versuche er, einem Rätsel auf die Spur zu kommen. Aber er sagte nichts. Als er zu Ende gegessen hatte, stellte er seinen Teller in die Spülmaschine und ging nach oben in das Zimmer, das er als Arbeitszimmer hatte haben wollen.

Da er die Einladung auf dem Tisch hatte liegen lassen, sah ich sie mir an. »Zur alljährlichen Tea Party von Cole Creek«, stand da, und ich sah Ladys in hübschen Sommerkleidern und Bilderbuchhüten vor mir – genau das, was ich mir vorgestellt hatte, als ich den hübschen kleinen Platz mit dem Orchesterpavillon gesehen hatte.

Als ich die Einladung aufhob, fiel ein Blatt Papier heraus. Es war das gleiche schwere, cremefarbene Papier wie alles andere, und es trug die gleiche wunderschöne, ebenmäßige Handschrift wie der Umschlag. »Bitte bringen Sie Ihren Hausgast mit«, stand da.

Unterschrift: Miss Essie Lee Shaver.

Innerhalb eines Sekundenbruchteils hatte ich die Spülmaschine beladen und die Tür geschlossen, und obwohl ich überall Handwerker herumlaufen hatte, stürmte ich hinauf in mein Zimmer und schaute in meinen Schrank. Ich hatte nie viele Kleider besessen, aber solange ich mit meinen Freundinnen zusammen war, brauchte ich auch keine: Autumn liebte es, mich anzuziehen, als wäre ich eine der ungefähr fünfzig Puppen, die auf ihrem Bett saßen. Ich besaß nur ein einziges Kleid, ein altes, geblümtes Baumwollfähnchen mit einem Riss im Rock.

Ich nahm das Kleid aus dem Schrank und setzte mich auf das Bett. Ob ich den Riss reparieren konnte?

»Haben Sie mir nicht erzählt, auf dem Dachboden stehen Truhen mit alten Kleidern?«

Ich hob den Kopf und sah Newcombe – Ford – in der Tür.

Ich begriff nicht gleich, wovon er redete. Als ich kapierte, ließ ich das alte Kleid auf den Boden fallen und rannte unter seinem Arm hindurch und die Treppe hinauf zum Dachboden. Er hatte Recht. In irgendeiner Truhe hatte ich alte Spitzenblusen gesehen. Ich hatte drei Truhen aufgeklappt, als Ford fragte: »Suchen Sie das hier?«

Er hielt eine exquisite Kreation aus weißem Leinen hoch. Weiße Spitzeneinsätze reichten von den Schultern bis zur Taille. Auch die langen Ärmel hatten solche Spitzeneinsätze, und der hohe, fischbeinverstärkte Stehkragen bestand ganz aus Spitze.

»Ooooh«, sagte ich und ging mit ausgestreckten Armen auf ihn zu.

»Glauben Sie, das passt?«, fragte er.

Ich hörte an seinem Ton, dass er sich über mich lustig machte, aber das war mir egal. Ich hielt die Bluse bei den Schultern. Natürlich konnte ich so etwas nicht *anziehen*, dachte ich. Es gehörte in ein Museum.

»Probieren Sie die Bluse an«, sagte er lächelnd.

Manchmal, bei schlechtem Licht, dachte ich, sah er gar nicht übel aus.

»Hier.« Er raffte zwei alte Vorhänge zusammen, hängte sie an ein paar Nägel in den Dachbalken, und ich hatte einen Wandschirm.

Ich verschwand dahinter, streifte hastig mein T-Shirt ab und zog die wunderschöne Leinenbluse an. Sie passte wie angegossen. Ich war froh, dass die ursprüngliche Besitzerin nicht die dralle Bertha gewesen war, die Autumn zu meiner Beinahe-Hochzeit aus mir hatte machen wollen.

Auf dem Rücken waren mindestens vierzig Knöpfe, und

ich konnte genug davon zumachen, um die Bluse zusammenzuhalten, aber nicht alle. Ein bisschen nervös trat ich hinter dem Vorhang hervor. »Ist es okay?«

Als Ford mich nur anstarrte, dachte ich: Wenn er jetzt einen Aufreißerspruch loslässt, kündige ich auf der Stelle.

»Wer hätte gedacht«, sagte er schließlich, »dass es auf dieser Welt zwei so dürre, flachbrüstige Mädels geben könnte?«

»Sie!«, schrie ich und sah mich nach etwas um, womit ich ihn bewerfen könnte. Ich packte ein hässliches Satinkissen mit zehn Zentimeter langen Fransen, auf dem »Atlantic Beach« stand, und warf es ihm an den Kopf.

Er duckte sich, und das Kissen prallte hinter ihm gegen die Wand und fiel mit lautem Krach zu Boden.

Ford und ich schauten einander an, riefen wie aus einem Munde: »Ein Schatz!« und stürzten uns auf das Kissen. Wie es sich für jemanden mit seiner Herkunft gehörte, hatte Ford ein Klappmesser in der Tasche, und damit schnitt er eine Naht auf. Als ein halbes Dutzend Freiheitsstatuen herauskullerte, bekamen wir einen Lachkrampf.

»Wer hat denn die versteckt, wenn unten noch ein paar hundert Stück davon sind?«, fragte ich.

»Vielleicht sind sie aus Gold.« Mit seinem Messerchen kratzte er an der Unterseite einer der Figuren die Farbe ab. Aber sie waren alle nur aus Plastik – und darüber lachten wir noch mehr.

Danach war es, als hätten wir eine Barriere der Zurückhaltung durchbrochen. Wir lebten zwar seit fast einer Woche im selben Haus, aber wir hatten wenig von einander gesehen. Ford hatte sich die meiste Zeit mit seiner Lastwagenladung Elektronik zurückgezogen, und ich hatte die Tage mit

Handwerkern verbracht. Aber der Fund dieser albernen Souvenirs, die in einem Kissen versteckt waren, als wären sie eine große Kostbarkeit – oder etwas »Verbotenes«, wie Ford sagte –, entkrampfte uns beide.

Ich zog mein T-Shirt wieder an, und wir fingen an, die Truhen zu durchsuchen. Ich suchte noch etwas für meine untere Hälfte; was er suchte, weiß ich nicht. Ford sagte, ich hätte großartige Arbeit an dem Haus geleistet, und jetzt gefalle ihm sein Zimmer schon beinahe. »Beinahe«, sagte er augenzwinkernd.

Als er die Kisten mit der Modelleisenbahn aus der Zeit der Jahrhundertwende gefunden hatte, fing er an, sie gleich vor der Tür im Flur aufzubauen, während ich weitersuchte. Zu der Bluse musste ich etwas anderes anziehen als eine Jeans. Und hatte ich nicht irgendwo auch Modeschmuck gesehen?

Als ich Ford fragte, was er und Nate die halbe Nacht in der Bibliothek gemacht hätten, öffnete ich damit eine Schleuse. Anscheinend war der Junge sehr arm, sodass er nach der Schule und am Wochenende arbeiten musste. Aber der Mangel an Freizeit hatte ihm gesellschaftlich nicht geschadet, denn er war Kandidat für den Schulballkönig.

»Kein Wunder.« Ich schaute in eine Kiste mit alten Handtaschen. Bei den meisten war das Leder vertrocknet und rissig. »Der Junge ist hinreißend. Dieses Haar. Die Augen. Die Lippen. Ich sage Ihnen, er hat mich ...«

Ich verstummte.

Anscheinend hatte ich vergessen, wo ich war und dass ich mich mit meinem Boss und nicht mit meinen Freundinnen unterhielt. Ich tauchte aus der Kiste auf und sah Ford an. Er hatte seine Eisenbahnteile aus der Hand gelegt, starrte mich an und wartete, dass ich weitererzählte. Ich versteckte meinen roten Kopf wieder in der Kiste. »Und was hat Nate Ihnen sonst noch erzählt?«

»Wie dankbar er ist, weil Sie seiner Großmutter helfen wollen. Wissen Sie, Jackie, der Junge ist erst siebzehn.«

Ich warf ihm einen Blick zu, der ihm zu verstehen geben sollte, wie wahrscheinlich es war, dass ich eine Affäre mit einem Siebzehnjährigen anfing.

Mit leisem Lächeln wandte er sich wieder seiner Eisenbahn zu. »Seine Großmutter ist behindert; sie geht mit zwei Stöcken. Deshalb ist es für sie mühsam, das Haus zu verlassen. Der Junge hat es nicht gesagt, aber ich glaube, sie haben es ziemlich schwer. Und ich glaube, er macht sich Sorgen, weil er nicht weiß, was aus ihr werden soll, wenn er mit der Schule fertig ist und den ganzen Tag arbeiten muss.«

Ich zog einen kleinen weißen, perlenbestickten Beutel aus der Kiste und hielt ihn hoch. »Geht er denn nicht aufs College? Wenn er es sich nicht leisten kann, könnte er doch sicher ein Stipendium bekommen.«

Als Ford nicht antwortete, sah ich ihn an. Er machte ein Gesicht, als habe er ... ja, was? Ich war nicht sicher, aber ich glaube, er hatte Angst. Wie um alles in der Welt konnte ein Junge, der aufs College ging, eine solche Regung auslösen?

»O Gott«, sagte ich. »Er will schreiben. Der junge Nathaniel Weaver will Schriftsteller werden.«

»Genau«, sagte Ford.

Ich klappte eine neue Kiste auf. »Wissen Sie, auf dieser Einladung stand, es sei die ›alljährliche‹ Tea Party, aber weiter stand da nichts. Kann sein, dass es die erste alljährliche Tea Party ist. Sie glauben doch nicht, dass man sich das ausgedacht hat, damit eine ganze Stadt von Möchtegern-Schriftstellern Sie mit Fragen bombardieren kann, oder?«

Er war so bleich geworden, dass mich plötzlich der Teufel ritt. Ich ging auf ihn zu, rieb mir die Hände und machte Geräusche wie ein Schurke aus einem alten Tonfilm. »Und deshalb, Mr Newcombe, würde ich Ihnen gern den Plot meines Buches erzählen, damit Sie es für mich schreiben können. Das Geld werden wir uns dann teilen.«

Jetzt stand ich dicht vor ihm. Er riss beide Arme vor das Gesicht, als wollte ich ihn mit einer Axt angreifen.

»Nein! Nein!«, flehte er und kroch rückwärts über den Boden.

»Und einen Agenten.« Ich beugte mich über ihn und ließ ihn nicht entkommen. »Sie müssen mir einen Agenten besorgen, der mir einen Riesenhaufen Geld für meine Story bezahlt, sonst ...«

Er spähte zwischen seinen Armen hindurch zu mir herauf. »Sonst?«

»Sonst stelle ich Ihre Adresse ins Internet und sage allen, sie sollen Ihnen ihre Manuskripte schicken. Handgeschriebene Manuskripte, und Sie werden sie abtippen.«

»Nein, nein«, stöhnte er und tat, als wollte er im Boden versinken wie die Böse Hexe aus dem *Zauberer von Oz*, die einfach zerschmolz.

Ich beugte mich weiter herunter. »Und außerdem ...«

»Äh ... Verzeihung?« Eine Stimme kam von der Treppe. Es war einer unserer Handwerker. »Könnte einer von Ihnen sich den Ausguss in der Küche ansehen und eine Entscheidung treffen?«

Ford und ich sahen einander an wie zwei Kinder, die die Mutter zum Essen rief. Achselzuckend ging ich die Treppe hinunter. Eins hatte ich über Ford Newcombe inzwischen gelernt: Ausgüsse sah er sich *nicht* an.

7 – Ford

Kein Wunder, dass sie so dünn ist, dachte ich. Sie arbeitete wie ein Dutzend Dämonen auf Speed. Von morgens bis abends rannte sie die Treppe hinauf und hinunter, beantwortete die Fragen ungezählter Handwerker und beseitigte Katastrophen. Ein Teil meiner selbst meinte, ich sollte ihr helfen, aber der größere Teil wollte mit diesem Chaos nichts zu tun haben. Stattdessen übernahm ich die Aufgabe, dieses alte Haus an das 21. Jahrhundert anzuschließen. Ich veranlasste Jackie, ein Elektronikgeschäft in der Nähe ausfindig zu machen, und dann brachte ich einen Tag damit zu, die nötigen Geräte zu kaufen, um ein Arbeitszimmer mit Computern und Musik (die ich zur Inspiration brauchte) einzurichten. Außerdem sah ich mir ein paar Bücher in der Bibliothek an – nichts Wertvolles, keine Erstausgaben, aber ein paar ausgezeichnete Bücher über Geschichte, Flora und Fauna North Carolinas.

Aber soweit ich es feststellen konnte, gab es in der gesamten Bibliothek kein einziges Buch, in dem Cole Creek erwähnt wurde. Entweder hatte man solche Bücher absichtlich nicht angeschafft oder entfernt – oder die Stadt war zu bedeutungslos, als dass es sich für irgendjemanden gelohnt hätte, ihre Geschichte zu verzeichnen. Aber diese Theorie verwarf ich sofort. Ich hatte immer wieder festgestellt, dass die Menschen ihre Kleinstädte liebten und viel über sie schrieben.

Am Donnerstagmorgen kam eine Einladung zu einer nachmittäglichen Tea Party im Park. Wahrscheinlich hätte ich sie nicht angenommen, aber Jackie wäre fast geplatzt, weil sie so gern hingehen wollte. Also sagte ich ja.

Fünf Minuten, nachdem ich die Küche verlassen hatte, polterte sie so stürmisch die Treppe hinauf, dass sie beinahe einen Maler hinuntergeworfen hätte. Neugierig ging ich ihr nach. Sie saß auf ihrer Bettkante und hielt ein Kleid in der Hand, das in den Lumpensack gehörte. Ah, ein Kleid für die Party, dachte ich – das war ihre große Sorge. Jackie hatte mir erzählt, dass sie auf dem Dachboden alte Kleider gesehen hatte; also erwähnte ich es.

Wenn ich ihr im Weg gewesen wäre, hätte sie mich ganz sicher über den Haufen gerannt, um auf den Speicher zu kommen. Immerhin rannte sie so schnell unter meinem Arm hindurch, dass ich fast rotierte.

Wir durchsuchten ein paar Truhen, fanden etwas für sie und hatten ungefähr vierzig Minuten für uns, bis einer ihrer Handwerker kam und sie holte. Als sie weg war, blieb ich noch ein paar Minuten sitzen, und irgendwie fühlte ich mich wohl. Ich weiß nicht genau, was es mit Jackie auf sich hatte, aber in ihrer Nähe spürte ich die tiefe Trauer nicht, die mich seit Pats Tod begleitete.

Ich dachte darüber nach und kam zu dem Schluss, dass ich anfangen sollte, mit einer Frau auszugehen. Jackie sah allmählich besser aus, als mir lieb war. In dieser Spitzenbluse hatte sie ausgesehen wie eine Frau. In T-Shirt und Jeans konnte ich ihr widerstehen, aber in dieser femininen Spitze sah sie ... Na, sie sah zu gut aus, verdammt. Und da sie klargemacht hatte, dass sie sich für mich nur insofern interessierte, als ich ihre Gehaltsschecks ausstellte, ließ mein Stolz nicht zu, dass ich irgendwelche Annäherungsversuche an meine niedliche kleine Assistentin unternahm.

Am Freitagnachmittag sah das Haus gar nicht mehr so übel aus. Ich war so sehr damit beschäftigt gewesen, mein Arbeitszimmer einzurichten und die Bibliothek zu sichten, dass ich kaum darauf geachtet hatte, was Jackie tat. Vielleicht hatte sie mir erzählt, dass sie mit dem Auktionator irgendeinen Handel geschlossen hatte, aber ich hatte nicht zugehört, und als am Freitagmorgen die Lastwagen vor dem Haus hielten und ich sah, dass sie Möbel *hineintrugen*, protestierte ich. Aber anscheinend war irgendwo im Nachbar-County eine reiche alte Lady gestorben, und ihre erwachsenen Kinder hatten ihre gesamte Einrichtung verkauft. Jackie hatte das, was sie durch die Versteigerung von Belchers Sachen eingenommen hatte, für den Kauf der Möbel dieser Frau benutzt. Als sie geliefert wurden, rannte Jackie im Kreis darum herum, als sei sie nicht bei Verstand, und dirigierte vier Männer dorthin, wo Sofas, Sessel und Tische aufzustellen waren.

Während draußen das Chaos regierte, schloss ich mich in die Bibliothek ein und frischte meine Erinnerungen daran auf, weshalb Frank Yerbys Bücher sich zu seiner Zeit so gut verkauft hatten.

Um eins klopfte sie an die Tür und brachte mir ein Tablett mit Essen, und um drei klopfte sie wieder – diesmal für die Party angezogen. Sie trug die weiße Bluse, die ich für sie gefunden hatte, und eine schwarze Hose mit weiten Beinen, wie aus einem Carole-Lombard-Film. Und sie sah gut aus.

»Ziehen Sie sich an«, befahl sie mir in dem gleichen Ton, den sie auch bei den Möbelpackern angeschlagen hatte.

Ich lachte sie aus, aber ich ging doch nach oben und zog ein frisches Hemd und eine saubere Hose an.

Wortlos gingen wir die Straße hinunter, und als wir um die Ecke des Hauses vor dem Park gebogen waren, hatten wir nur ein paar Sekunden Zeit, um die Szenerie zu betrachten, ehe die Leute sich auf uns stürzen würden. Picknicktische bogen sich unter Unmengen von Essen, und ungefähr fünfzig Leute wimmelten umher. Die Musiker im Orchesterpavillon stimmten ihre Instrumente. Kinder im Sonntagsstaat spazierten gesetzt über den Rasen und warteten auf den Moment, da sie den Adleraugen ihrer Eltern entkommen und all das tun könnten, was man ihnen verboten hatte. Alles in allem sah es nach einer angenehmen Veranstaltung aus, und Jackie und ich nahmen geradewegs Kurs auf die Picknicktische.

Ich versuchte, bei ihr zu bleiben, weil ich – kurz gesagt – eigentlich nicht gern mit Fremden zusammen bin, aber die kleine Betriebsnudel war innerhalb von Sekunden verschwunden.

Ich blieb zurück und wurde »willkommen geheißen« – das heißt, ich wurde vom Bürgermeister und von der Bibliotheksleiterin, Miss Essie Lee Shaver, in Beschlag genommen.

Der bloße Anblick dieser beiden ließ mich staunend blinzeln. Der Bürgermeister – ich weiß nicht, ob er einen Namen hatte; man nannte ihn immer nur »Bürgermeister« – trug eine grüne Jacke und eine Weste aus Goldbrokat. Er hatte einen mächtigen, rötlich-blonden Schnurrbart und eine Figur wie Humpty Dumpty. Sein Bauchumfang betrug sicher knapp anderthalb Meter, aber seine Beine waren dünn wie die eines Kranichs, und seine winzigen, glänzend schwarzen Schuhe hätten einem Dreijährigen gepasst. Außerdem hatte er eine hohe, piepsende Stimme, die ich nur mit Mühe verstand.

Ich stand da und hörte ihm zu, und ich bemühte mich, ihm in die Augen zu sehen, statt ihn dauernd von oben bis unten zu bestaunen, als Jackie mit einem vollen Teller vorbeikam und mir zuraunte: »Folge dem gelben Backsteinweg. Folge dem gelben Backsteinweg.«

Von da an konnte ich mir das Lachen kaum noch verkneifen, denn der Bürgermeister sah wirklich aus wie ein hochgewachsener Munchkin aus dem Land Oz.

Es dauerte eine ganze Weile, bis der Bürgermeister mit seiner Begrüßungsrede zu Ende kam und Miss Essie Lee übernahm. Sie war lang und dürr und noch flachbrüstiger als Jackie, und sie trug eine alte Bluse, die aussah wie Jackies. Ich wartete die ganze Zeit darauf, dass der Bürgermeister einmal Luft holte, damit ich Miss Essie Lee sagen könnte, dass mir ihre Bluse gefiel – um auf diese Weise vielleicht Vergebung für unser katastrophales Telefonat zu erlangen –, aber der Bürgermeister redete ohne Unterbrechung.

Jackie stand vor den beiden Picknicktischen, die aussahen, als seien zwei Füllhörner die ganze Nacht hindurch ausgeschüttet worden, und plauderte lachend mit einem runden Dutzend Leuten. Ich war hin und her gerissen zwischen Eifersucht und Verärgerung. Ich hatte auch etwas übrig für Essen und Lachen – wieso also rettete sie mich nicht?

Der Gedanke an das Essen lenkte mich so sehr ab, dass mir entging, was der Bürgermeister sagte.

»Sie sehen also, es war alles nur ein Irrtum«, erklärte er. »Die Kinder haben sich eine Geschichte ausgedacht, um zu erklären, was sie gefunden hatten. Und Miss Essie Lee nahm an, Sie wären jemand, der sich als der berühmte Schriftsteller ausgibt, der Sie sind, und deshalb hat sie einfach aufgelegt.«

Neben den Picknicktischen stand eine Frau. Sie sah auf eine Art, die mir gefiel, gut aus. Ein ovales Gesicht, dunkle Augen, langes, glattes, kastanienbraunes Haar, das ihr bis zur Taille reichte. Sie trug ein schwarzes T-Shirt-Kleid und kleine Sandalen. Sie hörte Jackie zu, und als sie sich umdrehte und einen Blick zu mir herüber warf, lächelte ich sie an. Sie lächelte nicht zurück, aber sie schaute auch nicht weg. Ich wollte mich eben bei Bürgermeister Munchkin entschuldigen, als Miss Essie Lee mich davonführte. Bedauernd sah ich mich noch einmal nach der dunklen Frau bei den Picknicktischen um, aber sie war verschwunden.

Seufzend wandte ich mich Miss Essie Lee zu. Wir beide waren jetzt allein, halb verborgen durch ein paar überhängende Bäume, und sie erzählte mir etwas, das ich ihrer Meinung nach anscheinend wissen sollte.

Es dauerte ein paar Augenblicke, aber dann begriff ich, dass mein schlimmster Albtraum wahr geworden war. Miss Essie Lee Shaver erzählte mir eine Geschichte, die ich schreiben sollte.

Da diese Frau die örtliche Bibliothek leitete, in der ich ein wenig recherchieren wollte, konnte ich nicht unhöflich sein und einfach weggehen. Ich musste ihr zuhören, ob ich wollte oder nicht.

Anscheinend glaubte sie, weil ich das Haus des »lieben alten Mr Belcher« gekauft hatte, sei ich versessen darauf, die große, romantische Tragödie seines einzigen Sohnes Edward zu hören. In allen Einzelheiten schilderte sie mir den heiligmäßigen Edward Belcher und berichtete, wie er mit dreiundfünfzig Jahren die wunderschöne Harriet Cole, siebenundzwanzig Jahre jünger als er, gebeten hatte, ihn zu heiraten.

Bei dem Namen Cole spitzte ich die Ohren. »Cole, wie in Cole Creek?«, fragte ich, und daraufhin erfuhr ich, die Stadt sei von sieben Familien gegründet worden, und, jawohl, Harriet Cole stamme von einem der Gründerväter ab.

Miss Essie Lee schwatzte weiter, und ein Mann spazierte vorbei, der einen Plastikbecher mit etwas Flüssigem in der Hand hielt. Ich fühlte mich versucht, ihm hundert Dollar anzubieten, wenn er mir etwas zu trinken besorgte. Aber stattdessen sah ich wieder die Bibliothekarin an.

Die furchtbare Harriet Cole, sagte sie gerade, habe mit dem »reizenden Edward« nichts zu tun haben wollen.

Ich verkniff mir die Bemerkung, dass Alter und Jugend vielleicht nicht so gut zusammenpassten, wie ich ja Tag für Tag in meinem eigenen Hause sah.

Anscheinend war die schöne und junge Ms Cole sodann mit einem gut aussehenden jungen Mann durchgebrannt, der in die Stadt gekommen war, um die örtliche Töpferei zu leiten.

Ich stand da und wartete auf den Rest der Geschichte, aber das war offenbar alles. Miss Essie Lee klappte den Mund zu und sagte nichts mehr. Ich sah sie an und dachte: Warum erzählt sie mir diese langatmige Geschichte über wahre Liebe und Leid? Das Wort »Ablenkungsmanöver« kam mir in den Sinn. Vielleicht wollte sie mich mit ihrer Geschichte von einer unerwiderten Liebe von meiner Teufelsstory abbringen.

Aber das würde nicht klappen. Meine Assistentin hatte mir eine Mordgeschichte erzählt, als sei sie dabei gewesen, und kurz nach ihrer Ankunft in dieser Stadt hatte sie die Zukunft geträumt. Nein, ich glaubte nicht, dass eine Geschichte über Liebesleid und Schmerz mich davon ablenken konnte.

Als Miss Essie Lee verstummt war, dachte ich: So, jetzt kann ich verschwinden. Ich kann essen und trinken und die Frau mit den langen Haaren suchen.

Aber ich konnte mich nicht von der Stelle rühren. Ich hatte schon gehört, dass Schriftsteller mit dem Zwang des Schreibens verflucht waren, und so, wie ich atmen musste, musste ich einfach das Ende dieser Geschichte hören. »Was ist aus ihnen geworden?«, hörte ich mich fragen.

»Sind natürlich jung gestorben«, sagte Miss Essie Lee, als sei sie enttäuscht, dass ich, ein Bestseller-Autor, eine solche Frage stellen musste. »Eine solche Liebe kann nicht lange leben.«

Es klang wie eine Selbstverständlichkeit – etwa so, wie man feststellte, dass Wasser nass ist.

Ich wollte fragen, welche Liebe sie meinte – die zwischen den beiden Durchgebrannten oder die zwischen dem alten Edward und der jungen Harriet. Aber Miss Essie Lees Gesichtsausdruck erlaubte mir keine weiteren Fragen. »Vielleicht könnte ich Sie in der Bibliothek besuchen, und dann erzählen Sie mir mehr«, sagte ich und bekam zum Lohn ein strahlendes Lächeln von ihr. Hübsche Zähne, dachte ich.

»Ja, tun Sie das.« Und unvermittelt wandte sie sich ab und ging davon.

Endlich frei! Schnurstracks ging ich zu den Tischen.

Als ich ankam, war fast alles aufgegessen, und ein paar Leute wollten sich schon verabschieden. Drei Fünfjährige hatten sich unter dem Pavillon verkrochen und wollten nicht herauskommen, ganz gleich, was ihre Eltern ihnen androhten. Jackie unterhielt sich mit zwei Frauen, aber sie entfernten sich, als sie mich kommen sahen. So war es, wenn man »berühmt« war. Entweder stürzten die Leute sich auf mich, oder sie liefen auf der Stelle weg

»Eine nette Gruppe«, sagte Jackie und hob ein Tuch von einer Bank. Darunter kam ein gut gefüllter Teller zum Vorschein. »Das habe ich für Sie aufgehoben. Was wollte die Essigmutter von Ihnen?«

Lächelnd nahm ich den Teller. »Sie wollte mich mit einer anderen Geschichte ablenken.«

»Lassen Sie mich raten. Ging's um die sieben ...«

»Gründungsfamilien«, sagte ich, um ihr zu zeigen, dass ich etwas gelernt hatte.

»Was hat sie Ihnen denn erzählt?« Jackie deutete mit dem Kopf auf Miss Essie Lee. »Es schien ihr sehr ernst zu sein.«

»Eine alte Liebesgeschichte«, sagte ich. »Ich erzähl's Ihnen später. Wer war die ...«

»Die Frau mit den langen Haaren? Die Sie wie verrückt angestarrt haben?«

»Ich habe überhaupt nicht ...«, setzte ich an, aber dann beschloss ich, nicht auf sie hereinzufallen. »Ja, genau«, sagte ich. »Verheiratet?«

»Zwei Mal.« Jackie sah mich durchdringend an, aber ich wich ihrem Blick aus. »Aber beide Male geschieden. Keine Kinder. Sie ist zweiundvierzig und arbeitet als persönliche Assistentin bei D.L. Hazel.«

Es war ihr anzuhören, dass ich diesen Namen schon gehört haben sollte, aber ich hatte den Mund voll Barbecue-Hühnchen, und es schmeckte so gut, dass ich nicht denken konnte. Vor vielen Jahren hatte ich einmal etwas gehört, was ich nie mehr vergessen hatte: »Kein Nordstaatler hat je etwas gegessen, was er verkaufen konnte, und kein Südstaatler hat je etwas verkauft, was er essen konnte.« Das Essen auf meinem Teller war die Bestätigung, und deshalb hörte ich nicht auf zu essen, nur um mir zu überlegen, wer D.L. Hazel war

»Bildhauerin«, sagte Jackie. »Arbeiten von ihr stehen in etlichen großen Galerien der USA und in vielen Museen.«

»Wussten Sie das schon vor heute?« Ich biss in ein Maisbrot mit ganzen Maisstücken darin. Jackie lächelte. »Nein. Rebecca Cutshaw hat es mir erzählt. So heißt die Frau, wegen der Sie hyperventiliert haben.«

Ich sah Jackie an. Wollte sie mich aufziehen, oder war sie eifersüchtig? Ich konnte ihr Lächeln nicht deuten.

»Sehen Sie die blonde Frau da drüben?«, fragte Jackie.

Ich schaute hinüber und sah eine kleine, freundlich aussehende, rundliche Frau, die ernsthaft auf ein kleines Mädchen mit einem großen Lehmfleck auf dem weißen Kleid einredete. Beim Anblick der beiden musste ich lächeln. Sie waren offenbar Mutter und Tochter, aber sie hätten unterschiedlicher nicht sein können. Trotz des Kleides mit der großen blauen Schärpe war ich sicher, dass das Mädchen ein Wildfang war. Sie hatte rotes, zu kurzen Zöpfen geflochtenes Haar, Sommersprossen und Füße, die auch in den schwarzen Lackschühchen wie dazu geschaffen aussahen, auf Bäume zu klettern. Ihre Mutter dagegen schien dazu geschaffen sein,

Schaumbäder zu nehmen und hilflos am Arm eines Mannes zu hängen.

»Ich mag sie«, erklärte Jackie mit Bestimmtheit. »Sie heißt Allie, und sie ist nett.« Sie sah mich an, als erwarte sie, dass ich etwas verstand.

Das Hühnerbein, in das ich beißen wollte, verharrte auf halbem Wege zu meinem Mund. »Sie *mögen* sie?«

»Könnten Sie vielleicht mal zehn Sekunden lang nicht an Sex denken? Sie ist nett, und sie hat Humor, und es ist Ihr Haus, aber hätten Sie etwas dagegen, wenn mich Freunde besuchen?«

Das alles kam in einem Atemzug über ihre Lippen.

Ich war so erleichtert, das ich das Hühnerbein mit zwei Bissen aufaß. Natürlich interessierten mich die sexuellen Neigungen meiner Assistentin kein bisschen, aber ... Jackie starrte mich an. »Was?«, fragte ich.

»Es geht um Babysitting. Ich habe Allie gesagt, Tessa – so heißt ihre Tochter – kann donnerstags nachmittags zu uns ins Haus – in Ihr Haus – kommen. Ist das in Ordnung?«

»Ich denke schon«, sagte ich zögernd. Wie sollte ich mit kichernden Frauen im Wohnzimmer und krähenden Kindern im Garten arbeiten? Aber in der friedlichen Ruhe der letzten sechs Jahre hatte ich auch nicht gearbeitet; also würde der Lärm mir vielleicht helfen.

Bevor ich noch etwas sagen konnte, kam Nate auf uns zu. Er erinnerte mich an mich selbst. Auch er hatte schwere Zeiten hinter sich; seine Eltern waren gestorben, als er vier war, und danach hatte er bei einer halb verkrüppelten Großmutter leben müssen. Sein Leben lang hatte er für alles arbeiten müssen, was er besaß.

Es hatte Spaß gemacht, einen Abend lang mit ihm die elektronischen Geräte anzuschließen, und ich hatte mir vorgenommen, ihm zu helfen, so gut ich konnte. Aber Jackie hatte ihm am meisten geholfen, indem sie ihm anderthalb Tonnen Trödel geschenkt hatte.

»Granny lässt Ihnen danken«, sagte Nate. Er sah verlegen aus, aber ich schaute Jackie an. Sie hatte sich ziemlich hingerissen über diesen Jungen geäußert, und ich fragte mich, ob sie wirklich versuchen würde, ihn zu verführen. »Sie hat mich gefragt, ob sie irgendetwas tun kann, um sich zu revanchieren.«

»Wir waren doch froh, dass sie uns die Sachen abgenommen hat«, sagte ich. Jackie und ich hatten nicht darüber gesprochen, aber ich war froh, dass sie nicht gesagt hatte, Nate solle uns einen Teil des Erlöses abgeben. »Auf dem Dachboden ist noch mehr. Vielleicht könntest du nächste Woche vorbeikommen und noch eine Ladung abholen.« Ich schaute genau hin, aber ich konnte nicht erkennen, dass Jackie den Jungen mit lüsternen Blicken ansah.

»Hat Jackie es Ihnen nicht gesagt?«, fragte Nate aufgekratzt. »Ich werde den ganzen Sommer bei Ihrem Haus arbeiten. Ich bin Ihr neuer Gärtner. Oh! Da ist ...« Er brach ab, und ich sah, wohin er starrte. Das Mädchen, das ich ins Krankenhaus gebracht hatte, war gekommen. Sie hatte einen Gipsarm.

»Na los«, sagte ich, und der Junge war weg wie der Blitz. Ich sah Jackie an. »Finden Sie nicht, Sie hätten mich informieren können, wenn Sie jemanden einstellen?«

»Und Sie bei *Mandingo* stören? Außerdem habe ich ihn nur eingestellt, damit ich ihn verführen kann – das heißt, wenn ich nicht gerade mit Allie im Bett liege. Schauen Sie! Da kommt Rebecca, Ihr großer Schwarm.« Sie ging davon.

Ich würde mich von Jackies Bemerkungen nicht beirren lassen; also schlenderte ich hinüber, um mich mit Rebecca bekannt zu machen. »Hallo«, sagte ich, »ich bin ...«

»Ford Newcombe.« Aus der Nähe war sie noch hübscher. »Wir wissen alle, wer Sie sind. Unser Gast-Prominenter. Na, sagen Sie schon, Mr Newcombe, wie gefällt Ihnen unsere kleine Stadt?«

»Ehrlich gesagt, ich habe noch nicht viel davon gesehen.« Ein kleiner Wink mit dem Zaunpfahl – vielleicht würde sie mich herumführen.

Sie nahm einen Schluck von ihrem Drink, und ein Hauch von Bourbon wehte mich an. Wo mochten sie den servieren? »Wenn Sie von Ihrem Haus zu Fuß hierher gekommen sind, haben Sie die ganze Stadt gesehen.«

Ihre Stimme hatte einen verärgerten Unterton, der mich abstieß. Aber ich lächelte weiter. »Stimmt. Aber die Umgebung habe ich noch nicht gesehen.«

Sie trank noch einen Schluck und sagte nichts. Ich versuchte es noch einmal. »Ich habe einen großen Gasgrill gekauft und brauche Hilfe, um ihn einzuweihen«, sagte ich in hoffentlich charmantem Ton. »Vielleicht könnten Sie nächsten Freitag mal zum Essen kommen.«

»Kann ich nicht.« Keine Ausrede. Kein Bedauern. Nur »Kann ich nicht«.

»Samstag?«

»Kann ich nicht«, wiederholte sie, und dann trank sie ihr Glas leer und ging einfach weg.

Ein feiner »Gast-Prominenter«, dachte ich. Bringe nicht mal ein Date zustande.

»War wohl nichts, wie?« Jackie kam hinter mir heran.

»Nein, ich … sie …«

»Machen Sie sich nichts draus. Allie sagt, Rebecca hat ein Problem.« Jackie machte die Bewegung des Trinkens. »Kommen Sie«, sagte sie. »Wir unterhalten uns mit Allie.«

Ich weiß nicht genau, was danach im Einzelnen passierte, aber vier Stunden später gab es eine Dinnerparty in meinem Haus. Nachdem ich bei der beschwipsten Rebecca eine Niete gezogen hatte, fingen die Leute an, mich um Autogramme zu bitten, und ich war eine Weile beschäftigt.

Aber irgendwann packte die Kapelle ihre Instrumente ein, die Party war zu Ende, und Jackie kam mich holen. Sie umschlang meinen Arm mit beiden Händen und zog mich von den Leuten weg, die sich um mich drängten.

»Wirklich!«, sagte sie. »Einen wie Sie habe ich noch nie gesehen. Warum sind sie so grob zu den Leuten, die für Sie arbeiten, und so nett zu denen, die sich aufführen, als wären Sie ihr Ticket zum Starruhm?«

»Das ist eine Frage des Geldes.« Ich war plötzlich froh, dass die Party zu Ende war. »An den Leuten, die ich bezahle, kann ich meine Frustrationen auslassen, aber zu den Leuten, die mich bezahlen, muss ich nett sein. Wissen Sie, zu den Leuten, die meine Bücher kaufen.«

»Sie mit Ihrem Geld«, sagte sie, aber ich sah, dass sie lachte. »Ich hoffe, es ist okay, aber ich habe ein paar Leute eingeladen, und deshalb müssen wir jetzt gehen.«

Das Allerletzte, was ich wollte, war noch mehr Geselligkeit. Ich wollte zurück in meine Bibliothek und …

»Gucken Sie mich nicht so an«, sagte Jackie. »Ich habe nur nette Leute eingeladen.«

Ich muss zugeben, das hatte sie wirklich. Allie kam mit ihrer neunjährigen Tochter, die sich als ziemlich pflegeleicht erwies. Sie verschwand in meinem überwucherten Garten, und wir sahen sie nur selten. »Wahrscheinlich erfindet sie etwas«, vermutete ihre Mutter.

Ein Ehepaar in meinem Alter kam auch, Chuck und Dee-Anne Fogle. Sie wohnten gar nicht in Cole Creek; sie waren durch die Stadt gefahren und hatten die Party gesehen. »Und sie gestürmt«, sagte Chuck. Er war Ingenieur, und deshalb interessierte er sich für das Equipment, das ich gekauft hatte. Wir stöberten eine Zeit lang im Haus herum und probierten alles aus.

Als Nate mit seiner verletzten Freundin kam, schickte Jackie sie mit meinem neuen Offroader los, damit sie Pizza holten, und sie und Allie und Dee-Anne besorgten Bier und Wein. Eine Stunde später saßen wir alle draußen und aßen und lachten – das heißt, alle außer den beiden Teenagern. Sie waren im Haus verschwunden, als es dunkel wurde. Mir war ein bisschen unwohl bei dem Gedanken an das, was sie dort vielleicht trieben, aber Jackie nicht; sie stellte sich in die Diele und schrie nach oben: »Es werden keine Kleider abgelegt, verstanden?« Nach ein paar Sekunden kam Nates Stimme von oben. »Ja, Ma'am«, rief er kleinlaut.

Es war ein schöner Abend. Als Tessa sich auf einer altmodischen Metallhängeschaukel ausstreckte und einschlief, holte Jackie eine Wolldecke, um sie zuzudecken, und die Erwachsenen lachten und plauderten weiter. »Was hat denn Miss Essie Lee Ihnen denn alles erzählt?«, fragte Allie.

Allie hatte einen schärferen Verstand, als ich auf den ersten

Blick gedacht hatte. Sie hatte uns erzählt, sie sei in Cole Creek aufgewachsen und habe ihren Mann kennengelernt, als er in der Gegend für eine Mineralölfirma Bodenproben untersucht hatte. Aber als er nach Nevada versetzt worden war, hatten Allie und Tessa ihn nicht begleitet. »Warum nicht?«, hatte Jackie gefragt, aber Allie hatte nur die Achseln gezuckt und nichts weiter offenbart.

»Edward Belcher«, sagte ich. »Miss Essie Lee hat mir die Geschichte von Edward Belchers großer Liebe erzählt.«

Daraufhin schnaubte Allie so, dass ich sicher war, es steckte noch eine Geschichte dahinter.

»Jetzt sind Sie geliefert«, sagte Jackie. »Jetzt müssen sie ihm die Geschichte Wort für Wort erzählen, sonst lässt er Sie nicht nach Hause gehen.«

»Finden Sie so Ihre Ideen?«, fragte Dee-Anne. »Im wirklichen Leben?«

»Er findet sie beim Lesen«, sagte Jackie, bevor ich antworten konnte. »Wenn etwas Buchstaben hat, liest er es. Er sitzt ganze Tage in der Bibliothek und liest, und dann geht er hinauf in sein Zimmer und liest. Wenn ich ihn etwas fragen will, muss ich dafür sorgen, dass es im Umkreis von fünfzehn Metern nichts zu lesen gibt, sonst hört er kein Wort von dem, was ich sage.«

Chuck legte den Kopf in den Nacken, kniff ein Auge zu und sagte: »Mich dünkt, Sie flüchten da vor etwas.«

»Ja«, sagte Jackie. »Vor der Arbeit.«

Alle lachten, auch ich, und ich sah, dass Allie und Dee-Anne forschend von Jackie zu mir blickten. Bevor sie anfangen konnten, uns zu verkuppeln, sagte ich zu Allie: »Also, erzählen Sie uns von dem beinahe heiligen Sohn des alten Belcher.«

»Heilig – ha!« Allie nahm einen Schluck Wein. »Edward Belcher wollte Harriet Cole nur heiraten, weil die Stadt nach ihrer Familie benannt war. Anscheinend glaubte er, dass es seinen Status verbessern würde, wenn sich die Nachkommen von zwei der sieben Gründerfamilien zusammenschlossen. Er hatte ein Auge auf den Gouverneursposten geworfen.«

Ich sah die Sache mit den Augen des Schriftstellers. »Diese sieben Familien scheinen hier in Cole Creek sehr wichtig zu sein. Gibt es außer dem alten Belcher und Miss Essie Lee noch viele davon in der Stadt?«

»Ja«, sagte Allie leise. »Tessa und mich.« Sie sah mich an. »Und Rebecca gehört zu einer der alten Familien.«

»Erstaunlich, dass überhaupt noch welche von Ihnen hier sind«, sagte Dee-Anne.

Allie lächelte nicht mehr. Einen Moment lang verbarg sie ihr Gesicht hinter dem großen, bauchigen Weinglas, und als sie es hinstellte, war sie ernst. »Von jeder Familie gibt es noch einen direkten Nachkommen in Cole Creek. Mit Ausnahme der Coles. Die wichtigste Familie ist nicht mehr da.«

Ihr Ton dämpfte die fröhliche Partystimmung, und ich wollte schon fragen, was los sei, aber Jackie stieß mich unter dem Tisch an.

»Erzählen Sie uns doch von dieser großen Liebe«, sagte sie munter.

»Da gibt's nichts zu erzählen. Irgendwann in den siebziger Jahren beschloss der dicke alte Edward, den Namen seiner Familie mit dem der Coles durch die Ehe zu verbinden und die Stadt in Heritage umzubenennen. Aber Harriet lief mit einem gut aussehenden jungen Mann weg und bekam ein Kind. Ende.«

»Was ist aus ihnen geworden?« Ich beobachtete Allie aufmerksam und fragte mich, ob sie das Gleiche sagen würde,
was Miss Essie Lee gesagt hatte.

»Weiß ich nicht genau.«

Sie lügt, dachte ich. Aber was gab es da zu lügen? Und warum?

»Edward ist kurz darauf gestorben, und ich glaube, Harriet
auch«, sagte Allie schließlich. »Und ich glaube, Harriets gut
aussehender junger Ehemann hat sie verlassen.«

»Was ist aus ihrem Kind geworden?«, fragte Jackie leise,
und ich hoffte, dass nur mir der seltsame Klang ihrer Stimme
auffiel.

Allie trank ihren Wein aus. »Ich habe keine Ahnung. In
Cole Creek ist sie jedenfalls nicht aufgewachsen, das steht
fest. Hier gibt es keine direkten Nachkommen der Coles
mehr, und dafür verbürge ich mich mit meinem *Leben!*« Sie
sprach mit so viel Nachdruck, dass wir andern uns ansahen,
als wollten wir sagen: Was war denn das?

Wir alle außer Jackie. Sie saß sehr still da, und ich hätte
wetten mögen, dass sie gerade ein bisschen Kopfrechnen betrieb. In den siebziger Jahren, hatte Allie gesagt. Harriet Cole
hatte in den siebziger Jahren ein Baby bekommen, eine »sie«,
und ihr junger Ehemann hatte sie verlassen.

Jackie war in den Siebzigern geboren, und ihr Vater hatte
ihre Mutter verlassen. Und sie hatten in Cole Creek gewohnt, als Jackie sehr klein war.

8 – Jackie

Ich wollte es Ford nicht sagen, aber ich verspürte den heftigen Drang, zur nächsten Busstation zu rennen und Cole Creek so weit wie möglich hinter mir zu lassen. Allzu viele seltsame Dinge passierten mir, zu viele Dinge, an die ich mich zu erinnern schien.

Am Sonntag zog ich ein Kleid aus den vierziger Jahren an und ging zur Kirche. Sie lag etwa drei Meilen weit vom Haus entfernt, aber ich »kannte« eine Abkürzung durch den Wald. Als ich hinkam, sah ich die rußigen Grundmauern und den Ziegelkamin des einst so großen Gebäudes, und es machte mich traurig, dass »meine« Kirche abgebrannt war.

Als ich in Fords Haus zurückkam, fragte er, ob mir der Gottesdienst gefallen habe, aber ich brummte nur irgendetwas und ging hinauf in mein Zimmer. Ich zog mich um und kochte ein großes Abendessen, aber ich konnte nicht viel essen. Woher hatte ich den Weg durch den Wald gekannt? Wann war ich schon in dieser Stadt gewesen? O Gott, und was war hier mit mir passiert?

»Möchten Sie darüber reden, was Sie auf dem Herzen haben?«, fragte Ford.

Es war lieb von ihm, aber ich wollte ihm nichts erzählen. Was hätte ich sagen können? Dass ich ein »Gefühl« hatte? Kirk hatte mich ausgelacht, als ich ihm einmal gesagt hatte, ich hätte ein »Gefühl« bei etwas.

Am Nachmittag pusselte ich im Garten herum, während Ford sich im Fernsehen irgendeinen langen Film ansah, und ich wünschte, ich hätte Allie und Tessa eingeladen, herüberzukommen. Wenn ich meine Nase in die Angelegenheiten anderer Leute stecken konnte, beschäftigte ich mich weniger mit meinen eigenen Problemen; das hatte ich schon vor langer Zeit gelernt. Ich hätte den Nachmittag damit verbringen können, Allie auszufragen, warum sie Cole Creek nicht verlassen hatte, als ihr Mann versetzt worden war. Und auch wenn ich mir geschworen hatte, mit niemandem darüber zu sprechen, hätte ich ihr erzählen können, was Kirk mir angetan hatte. Ich war bereit, über alles zu sprechen, nur nicht darüber, wie ich mich in dieser kleinen Stadt fühlte.

Als Ford mich von hinten ansprach, machte ich einen Satz.

»Sie haben mich erschreckt«, sagte ich und rammte meinen kleinen Spaten in die Erde zwischen den Rosen.

»Warum rufen Sie nicht Ihre alten Freundinnen an?«, schlug er vor. »Ein bisschen lachen.«

»Vielleicht werde ich es tun«, sagte ich. »Nehmen Sie Ihren Fuß weg. Sie stehen auf meinem Handschuh.«

Er bewegte seinen Fuß gerade so weit, dass er nicht mehr auf meinem Handschuh stand, und schaute zwischen den Bäumen hindurch zum Himmel. »Ist hübsch hier.«

Ich unterbrach mein Unkrautausstechen und setzte mich auf den Boden. »Ja, stimmt.« Das Gebirgsklima war mir schon immer am liebsten gewesen: Die Sonne war warm, aber durch die Höhe war es im Schatten kühl.

»Was gab's heute in der Kirche?«, fragte er, sodass ich ihn ansehen musste.

Er hatte einen wirklich eindringlichen Blick, der einen durchbohren konnte. »Immer das Gleiche«, sagte ich. »Sie wissen doch, wie es im Gottesdienst zugeht. Oder etwa nicht?«

»Ich weiß genug, um zu wissen, dass kein Pfarrer die Gemeinde gleich wieder gehen lässt. Also, was ist passiert, dass Sie nicht bis zum Schluss im Gottesdienst geblieben sind?«

Ich wollte ihm eine Stegreiflüge auftischen, aber ich machte den Mund wieder zu, als ein dicker, schwerer Gegenstand durch die Bäume herangeflogen kam. Er pfiff durch die Luft, und wir gingen geduckt in Deckung.

Genauer gesagt, ich duckte mich, und Ford machte eine Art Hechtsprung von seinem Stuhl und landete auf mir. Das muss ich ihm lassen, er war ein Beschützer der Frauen.

»Sorry«, sagte er und rollte von mir herunter. »Ich hab gehört, wie ... und dann habe ich ...« Er war verlegen.

Ich rappelte mich auf und musste erst zwei Mal durchatmen. Er ist groß, und er ist schwer, aber schlimmer war, dass mein Spaten unter mir gelegen hatte. Ich betastete meine Rippen. Gebrochen war wohl nichts, aber ich würde am nächsten Morgen einen prächtigen Bluterguss haben.

Ford durchsuchte ein dorniges Gestrüpp nach dem Projektil, das da auf uns zugeflogen war. Ich verzog schmerzlich das Gesicht, weil mir meine geschundenen Rippen wehtaten, als ich aufstand, um ihm zu helfen.

Wir sahen ihn gleichzeitig: einen großen Stein, mit fünf Zentimeter breitem durchsichtigem Klebstreifen umwickelt, sodass man den Zettel darunter sehen konnte. Mit seinem Taschenmesser schnitt er den Klebstreifen ab.

Mit angehaltenem Atem betrachteten wir den Zettel. »Time Magazine«, stand darauf. »Juli 1992.«

Einen Moment lang schauten wir uns ratlos an, und was wir dachten, spiegelte sich in unseren Augen. Wer hatte diesen Stein geworfen? Warum? Hätten wir den Täter aufstöbern sollen, bevor wir uns um den Stein kümmerten? Und was hatte das Datum zu bedeuten?

»Schade, dass heute Sonntag ist«, sagte Ford. »Die Bibliothek ist geschlossen, sonst könnten wir ...«

Im selben Moment hatten wir dieselbe Idee. Als wir hier eingezogen waren, hatten Hunderte von alten Zeitschriften – *Time* eingeschlossen – auf der Treppe gelegen.

Ford sah mich entsetzt an. »Sie haben doch nicht ...?«, flüsterte er. Ob ich womöglich alles weggeworfen hatte, wollte er wissen.

Nein. Hatte ich nicht. Ich hatte vorgehabt, sie Nates Großmutter zu geben, damit sie sie über das Internet verkaufen könnte, aber ich hatte es noch nicht getan. »Dienstbotenkammer. Dachboden«, rief ich über die Schulter, denn ich rannte bereits auf die nächste Tür ins Haus zu.

Mit seinen längeren Beinen war Ford trotz meines Vorsprungs gleichzeitig da. »Au!«, schrie ich, als er sich an mir vorbei ins Haus drängen wollte. »Meine Rippen.« Sofort hörte er auf, zu schubsen. Ich schlüpfte unter seinem Arm hindurch und war vor ihm an der Treppe, aber er nahm immer drei Stufen auf einmal.

»Hat Ihnen nie jemand beigebracht, dass man nicht mogeln darf?«, rief er herunter, als er als Erster oben angekommen war. Aber ich war trotzdem vor ihm im Zimmer, denn er war außer Atem und musste sich an die Wand lehnen. Ich stieß ihm den Finger in den Bauch, als ich an ihm vorbei in die Kammer mit den Zeitschriften rannte. Es waren so viele, und wir hatten so wenig Bewegungsspielraum, dass wir fast eine Stunde brauchten, um die vier Ausgaben von Juli 1992 zu finden. Und als wir sie gefunden hatten, waren wir schmutzig und verschwitzt. Ich wollte mich auf die Stapel setzen und die Hefte an Ort und Stelle durchblättern, aber Ford brauchte etwas Flüssiges; also gingen wir wieder hinunter, ich holte uns Limonade, und dann gingen wir nach draußen, wo es kühler war. Aber diesmal schlug ich vor, uns auf die runde Veranda vor meinem Zimmer im ersten Stock zu setzen, und Ford war sofort einverstanden. Wir hatten keine Lust, uns noch einmal von oben mit schweren Gegenständen bewerfen zu lassen.

Wir teilten uns die Zeitschriften, und ich fand den Artikel in einer von meinen. Nachdem ich ihn überflogen hatte, reichte ich Ford das Heft, denn ich traute meiner Stimme nicht genug, um ihn laut vorzulesen.

Der kurze Artikel war geschrieben, als handelte es sich um einen Scherz. »Ein geisterhafter Ruf nach Rache?«, lautete die Überschrift. Im Juli 1992 war eine Gruppe von jungen Leuten auf einer Wanderung durch die Berge in der Nähe der Kleinstadt Cole Creek, North Carolina, gewesen. Bei einer verfallenen Hütte hatten sie ihr Lager aufgeschlagen, und sie hatten den Kamin benutzt, um ihr Feuer anzuzünden.

In der Nacht hatte eine junge Camperin angefangen zu schreien. Sie berichtete, sie habe ein Stöhnen gehört, »das traurige, tiefe Stöhnen einer Frau, die große Schmerzen litt«, und es sei aus dem alten Steinfundament der Hütte gedrungen. Niemand hatte sie beruhigen können, und als die Sonne aufging, waren die Camper müde und gereizt. Damit das Mädchen endlich aufhörte zu weinen, fing ein junger Mann an, Steine beiseitezuwerfen, um ihr zu zeigen, dass da nichts war.

»Und dabei entdeckten sie ein Skelett«, las Ford und blickte zu mir auf. »Ihr langes, dunkles Haar war noch da, und Fetzen ihrer Kleidung waren auch noch erhalten.«

Ich zog die Knie an die Brust und legte mein Gesicht darauf. Wie es aussah, war meine Teufelsgeschichte – zumindest der Teil mit der zu Tode gedrückten Frau – wahr.

Und mir schwante, dass ich als kleines Kind hier in Cole Creek gewesen war, und weil meine Erinnerungen daran so lebhaft waren, hatte ich vermutlich alles mitangesehen. Darum war mein Vater so wütend geworden, als er erfuhr, dass meine Mutter mir die Geschichte erzählt – oder mich daran erinnert hatte.

»Alles okay?«, fragte Ford.

Ich schüttelte den Kopf, ohne ihn anzusehen.

Ford fragte nicht weiter. Er las den Artikel zu Ende: Die Polizei war gerufen worden, und man hatte das Skelett in ein Labor geschafft. Untersuchungen ergaben, dass die Frau wahrscheinlich 1979 gestorben war.

»»Wer also war sie?«», las Ford. »»Eine Wanderin, die bei einem Unwetter in dieser Hütte Zuflucht gesucht hatte und von einer einstürzenden Wand erschlagen worden war? Oder war alles viel unheimlicher? War sie ermordet worden? Was immer den Tod dieser Frau verursacht haben mochte – nach Aussage des Mädchens, das ihr Stöhnen gehört hatte, war die Frau nicht sofort gestorben, sondern hatte noch lange genug gelebt, um vor Schmerzen zu weinen.«»

Ford legte das Heft aus der Hand, und ich spürte, dass er mich ansah. »Langes, dunkles Haar«, sagte er nach einer Weile. »Die Frau auf der Brücke.«

Ich hob den Kopf und sah ihn an. Ich hatte vergessen, dass ich ihm davon erzählt hatte – und jetzt bereute ich es. In diesem Augenblick wollte ich mich nur auf dem Schoß meines Vaters verkriechen und mich von ihm trösten lassen.

Aber mein Vater war nicht da.

»Hören Sie«, sagte Ford leise. »Das alles behagt mir nicht mehr. In dieser Stadt geschehen Dinge, die mir nicht gefallen. Ich glaube, Sie sollten fortgehen.«

Ich war seiner Meinung. Ich beschloss, aufzustehen, meine Sachen zu packen und Cole Creek augenblicklich zu verlassen.

Aber ich rührte mich nicht. Ich blieb mit hochgezogenen Knien sitzen und starrte auf den Boden der Veranda. Ich sprach es nicht aus, aber wir wussten beide, dass ich nicht gehen wollte. Es gefiel mir hier. Und außerdem wussten wir eigentlich nur, dass ich mich an Dinge erinnerte. Und dass ich die Zukunft geträumt hatte. Alles andere war Spekulation.

Nach einer Weile tat er einen tiefen, melodramatischen Seufzer. »Okay«, sagte er. »Erzählen Sie mir alles, was Sie den Leuten über Ihre Beziehung zu dieser Stadt gesagt haben.«

Szenen schwirrten mir durch den Kopf wie ein Video im schnellen Rücklauf. »Es ging um Sie«, flüsterte ich. »Die Leute wollen alles über Sie wissen. Nach mir hat kaum jemand gefragt.«

»Allie«, sagte er. »Was haben Sie ihr erzählt?«

»Dass ich Ihre Assistentin bin, und dass Sie an Geisterge-schichten arbeiten.«

»An Geister- oder an Teufelsgeschichten?«

Ich sah ihn mit schmalen Augen an. »Sie haben die Biblio-thekarin angerufen und nach dem Teufel gefragt, und da hat sie aufgelegt, wissen Sie noch? Ich wollte nicht, dass mir das auch passiert.«

Ford blickte eine Zeit lang starr über das Geländer. Ich störte ihn nicht; es sah aus, als sei er in Trance. In diesem Zu-stand hätte man meinen können, er sei im Vorstadium eines Schlaganfalls, aber ich hatte inzwischen gelernt, dass er »dachte«.

Nach einer Weile sah er mich wieder an.

»Die Kids haben sich etwas ausgedacht«, sagte er und ver-zog den Mund. »Ich war so genervt, weil der Bürgermeister und Miss Essie Lee mich in die Zange genommen hatten, dass ich nicht richtig zugehört habe. Der Bürgermeister sagte, die Kids hätten ...« Er stockte und riss die Augen auf. »Die Kids haben sich eine Geschichte ausgedacht, *um zu er-klären, was sie gefunden hatten. Das hat der Bürgermeister ge-*sagt.«

Triumphierend und stolz, weil ihm das wieder eingefallen war, sah er mich an. Aber ich konnte mich immer noch nicht rühren. »Sie glauben also, die Leute hier wollen sagen, dass eine Frau, eine Touristin vielleicht, tödlich verunglückt sei, und später hätten die Kinder aus der Gegend sich um den Unfall eine Teufelsgeschichte ausgedacht?«

»Das glaube ich, ja. Es würde erklären, warum die Ge-schichte in keinem Buch über die regionale Folklore zu fin-den ist. Vielleicht konnte niemand sie verifizieren.«

Er versuchte offensichtlich, mich zu beruhigen. Vielleicht wollte er sich auch nur selbst einreden, dass es hier nie einen Mord gegeben hatte. »Das leuchtet ein«, sagte ich, und er lächelte. Was für ein Ego! Er bildete sich ein, er könnte mir etwas völlig Dämliches erzählen, und ich würde ihm glauben. »Bestimmt hat noch nie ein Mensch auch nur ein Wort geschrieben, das nicht wahr war. Und wenn ein Autor eine Hammergeschichte hörte, in der eine Stadt sich zusammenrottet und eine Frau zerquetscht, weil sie angeblich den Teufel geliebt hat, dann würde er diese Geschichte ganz sicher niemals aufschreiben, wenn er sie nicht ›verifizieren‹ könnte.«

Ford lächelte schief. »Okay, Sie haben gewonnen. Schriftsteller strapazieren ab und zu die Wahrheit. Wie auch immer – ich glaube, diese Stadt hat ein ziemlich großes Geheimnis. Und ich glaube, Miss Essie Lee wollte mich mit ihrer Geschichte über Edward und Harriet ablenken.«

»Aber wer interessiert sich für Liebe, wenn es Horror gibt, nicht wahr? Schreibt der meistverkaufte Autor der Welt Liebesromane? Oder ist er ein Horrorschriftsteller?«

Ford schwieg einen Augenblick. »Und was machen wir jetzt?«, fragte er dann leise. »Ich dachte, wir haben hier eine jahrhundertealte Teufelsgeschichte, aber jetzt handelt es sich womöglich um einen Mord, der erst fünfundzwanzig Jahre zurückliegt und über den etliche Leute in dieser Stadt Bescheid wissen. Genauer gesagt, allmählich glaube ich, hier hat vielleicht jemand – oder mehrere Leute – eine Frau ermordet, und der Mord wurde vertuscht.«

»Und die Mörder sind straflos davongekommen.« Ich umschlang meine Knie fester.

»Was bedeutet, dass der oder die Täter immer noch frei

herumlaufen – und vielleicht noch einmal morden würden, um nicht entdeckt zu werden.«

Jetzt atmete ich tief durch. Ich hatte mir die Schuhe abgestreift, und so konnte ich mich auf meine nackten Zehen konzentrieren. Das war besser, als ernsthaft darüber nachzudenken, was er gerade gesagt hatte.

»Jackie«, sagte er leise, und unwillkürlich sah ich ihn an. »Bevor wir herkamen, habe ich ziemlich gründlich nach irgendeiner Erwähnung dieser Sage gesucht, und ich habe nichts gefunden. Vollständig scheint die Geschichte nur in Ihrem Kopf zu existieren. Wenn Sie die Details, die Sie darüber wissen, mit der Art und Weise kombinieren, wie Ihr Vater sich mit Ihnen abgesetzt hat ...« Er deutete auf das alte *Time*-Heft auf dem kleinen schmiedeeisernen Tisch. »Vielleicht waren Sie als Kind in dieser Stadt und haben etwas wirklich Furchtbares gesehen.«

Ich wusste nicht, was ich darauf sagen sollte. Ich versuchte, mir vorzustellen, wie ich im Bus saß und wie der Bus fuhr. Aber wohin? Alles, was ich in meinem Leben gehabt hatte, war mein Vater. Als er gestorben war, blieb ich in der Stadt, in der ich zuletzt mit ihm gewohnt hatte. Ich hatte sogar ja gesagt, als ein Mann, den ich eigentlich nicht liebte, mich hatte heiraten wollen. Ich hatte Wurzeln haben und irgendwo hingehören wollen.

Aber jetzt war ich hier in diesem Haus, das ich so gut kannte, mit diesem Mann, den ich inzwischen gern hatte, und da sollte ich fortgehen, »irgendwo anders hin«, wo ich niemanden kannte?

»Sie glauben, ich habe gesehen, wie diese Frau ermordet wurde?«, fragte ich.

»Ich würde sagen, es ist gut möglich.« Er nahm meine beiden Hände in seine, und die Berührung war tröstlich. »Mir scheint, Sie haben jetzt zwei Möglichkeiten. Sie können hier bleiben und vielleicht die Wahrheit über etwas Furchtbares herausfinden, das Ihnen passiert ist. Oder Sie ...«

»Oder ich laufe von hier weg, so schnell und so weit ich kann.« Ich versuchte zu lächeln. »Wenn ich wirklich gesehen habe, wie eine Frau ... zu Tode gequetscht worden ist, dann möchte ich mich daran nicht erinnern, glaube ich. Ich glaube, Gott hat es mich vergessen lassen, weil ich es vergessen soll.«

»Ich glaube, das ist eine kluge Entscheidung«, sagte er leise und lehnte sich zurück.

Schweigend saßen wir da und lauschten den Geräuschen des anbrechenden Abends.

Die letzte Nacht – das war das Einzige, was mir im Kopf herumging.

Die letzte Nacht.

Meine letzte Nacht mit diesem komischen, großzügigen Mann in diesem schönen, alten Haus.

9 – Ford

Okay, ich war neugierig. Berufskrankheit. Über Mord wusste ich nicht viel. Über Totschlag, ja. Ein oder zwei meiner Vettern waren mit einer Schrotflinte durchgedreht, aber da war eine Menge Alkohol und eine Menge Leidenschaft im Spiel gewesen.

Ich konnte mir nicht vorstellen, was jemanden – oder eine Gruppe von Leuten – dazu bringen konnte, Steine auf eine Frau zu häufen, bis sie tot war. Wenn das im 18. Jahrhundert passiert wäre, hätte ich es vielleicht verstanden. Ich habe einmal eine Fernsehsendung über die Hexen-Hysterie von Salem gesehen. Wissenschaftler vermuten heute, das Getreide in jener Zeit sei von einer Art Schimmelpilz befallen gewesen, der wie LSD gewirkt habe, und dieser Theorie zufolge waren die Mädchen, die den Vorwurf der Hexerei erhoben, auf einem halluzinogenen Trip.

Das war eine Erklärung für die Vergangenheit. Aber wie stand es mit einem Ereignis aus den siebziger Jahren? Wenn der Tod der Frau ein Unfall gewesen war, warum hatte man ihn dann nicht angezeigt? Vielleicht war die Frau ja allein gewesen, als eine Wand auf sie gestürzt war. Wenn das der Fall war, woher wusste Jackie dann so viel darüber? Aber Jackie hatte gesagt, sie wisse nicht, was die Wahrheit war und was sie selbst hinzugedichtet hatte.

Wie immer plagte mich die Frage nach dem Warum.

Als ich am Montagmorgen aufwachte, rechnete ich halb damit, dass Jackie nicht mehr da war. Es würde zu ihrer unabhängigen Natur passen, einen Zettel an den Kühlschrank zu kleben und einfach zu verschwinden. Eine Zeit lang lag ich da und versuchte mir auszumalen, was auf dem Zettel stehen würde. Ein paar freundliche Worte? Eine ätzende Bemerkung? Oder ein praktischer Hinweis? Sie werde mich kontaktieren und mir mitteilen, wohin ich ihren Gehaltsscheck schicken sollte?

Als der unverwechselbare Duft von Speck, der in einer Pfanne brutzelte, zu mir herauf wehte, zog ich meine Sachen von gestern so hastig an, dass ich die Schuhe noch einmal tauschen musste.

Jackie hatte mir den Rücken zugewandt, als ich in die Küche kam. Sie trug ihre gewohnten, winzigkleinen Sachen, die sich eng an die Kurven ihrer zierlichen Gestalt schmiegten, und ich war so froh, sie zu sehen, dass ich sie beinahe umarmt hätte.

Aber ich beherrschte mich und knurrte nur: »Ich dachte, Sie wollten abreisen.«

»Auch Ihnen einen guten Morgen«, antwortete sie und nahm eine große Scheibe gebratenen Speck aus der Pfanne.

»Jackie, ich dachte, wir hätten verabredet, dass Sie die Stadt verlassen.«

Sie stellte einen Teller mit Speck, Spiegeleiern und Vollkorntoast auf den Tisch. Ich nahm an, das Essen sei für mich, und setzte mich vor den Teller.

»Ich hab's mir überlegt«, sagte sie und schüttete sich etwas in eine Schale, das aussah wie Sägemehl. »Weil niemand weiß, dass ich mich an Cole Creek erinnere, kann auch niemand hier wissen, dass ich als Kind vielleicht einen Mord mitangesehen habe. Richtig?«

»Vermutlich, ja«, sagte ich mit vollem Mund. Sie hatte die Eier genau so gebraten, wie ich sie gern hatte.

»Also wird auch keiner wissen, dass ich mal hier war, wenn niemand etwas davon erzählt. Wir können recherchieren und Fragen stellen, und wenn der Mörder noch lebt, wird er ...« Sie brach ab und sah mich an.

»Wird er nur *mich* umbringen wollen, wenn *ich* zu viel herausfinde«, vollendete ich.

»Ja, wahrscheinlich.« Sie schaute in ihre Schale mit zermahlenen Zweigen. »Nicht besonders gut, die Idee, was?«

Nicht besonders, nein, dachte ich. Eigentlich eine ziemlich schlechte Idee. Aber dann meldete sich die alte Neugier wieder. Warum? Warum? Warum?

»Ihre Augen kreiseln«, stellte Jackie fest. »Glauben Sie, gleich kommt Rauch aus Ihren Ohren?«

»Nur, wenn Sie mir den Schwanz anzünden«, gab ich zurück.

Ich hatte auf den Schwanz des Teufels anspielen wollen, aber Jackie zog eine Braue hoch, als hätte ich einen Sexwitz gerissen, und zu meinem Ärger spürte ich, wie ich rot wurde. Grinsend widmete sie sich wieder ihrem Zimmermannsfrühstück.

»Also, was planen Sie?«, fragte sie, und ich merkte, dass sie über mich lachte. Warum, oh, warum bildete sich jede Generation ein, sie habe den Sex erfunden?

»Ich weiß es noch nicht.« Das war glatt gelogen. »Ich habe ein bisschen zu schreiben, und dazu werde ich zwei Tage brauchen. Wollen Sie sich nicht einfach ...« Ich wedelte mit der Hand.

»Irgendwie beschäftigen? Ihnen vom Hals bleiben? Mit den anderen Kindern spielen gehen?«

»So ungefähr.«

»Super.« Sie trug ihre leere Schale zur Spüle.

Ich merkte ihr an, dass sie etwas im Schilde führte. Aber wenn ich wollte, dass sie es mir erzählte, würde ich ihr auch sagen müssen, was ich plante.

Ich ging hinauf in mein Arbeitszimmer, um zu telefonieren. In meinem Verlag gab es eine berühmte True-Crime-Autorin. Von meiner Lektorin bekam ich ihre Telefonnummer, und wir unterhielten uns lange. Ich hatte keine Ahnung, wie man einen lange zurückliegenden Mordfall untersuchte, und sie gab mir ein paar Tipps – und einige Telefonnummern aus ihrem privaten Verzeichnis.

Ohne allzu viel zu verraten, erzählte ich ihr von dem Skelett, das man gefunden und das die Polizei weggeschafft hatte. Sie fragte mich nach den Daten und versprach, zurückzurufen. Ein paar Minuten später gab sie mir den Namen und die Nummer eines Mannes in Charlotte und sagte, er wisse etwas über den Fall.

Ich rief ihn an, stellte mich vor, versprach ihm sechs signierte Bücher (ich notierte mir die Namen für die einzelnen Widmungen), und er fing an, mir zu erzählen, was er wusste.

»Wir haben nie ermitteln können, wer sie war«, sagte er. »Nach unseren Schlussfolgerungen war sie auf einer Wanderung, und eine alte Mauer ist auf sie gestürzt.«

»Sie haben also nie herausgefunden, wer …? Ich meine, Sie hielten es für einen Unfall?«

»Glauben Sie, sie wurde ermordet?«

»Ich weiß es nicht«, sagte ich. »Aber ich habe gehört, die Kids hier in der Gegend haben sich eine Geschichte ausgedacht …«

»Eine Geschichte über den Teufel«, sagte der Mann. »Ja, einer der Cops hat mir davon erzählt. Jemand sagte, sie habe mit dem Teufel ›Umgang gehabt‹, und die Meute aus der Stadt hätte sie unter einem Steinhaufen begraben.«

Ich atmete ein und langsam wieder aus, damit meine Stimme nicht quiekte. Endlich hatte ich noch jemanden gefunden, der von Jackies Geschichte gehört hatte. »Das ist doch irgendwie ungewöhnlich, oder? Ich meine, eine solche Teufelsgeschichte.«

»Ach was, nein. Fast jeder alte Leichnam, den wir finden, gibt Anlass für irgendeine Story. Und in diesem Fall wurde die Tote von einem hysterischen Mädchen gefunden, das behauptete, sie habe die tote Frau weinen gehört.«

»Sie haben ein unglaubliches Gedächtnis«, sagte ich.

»Nein. Bess hat mich angerufen, und ich habe die Akte herausgeholt. Eine hübsche Frau.«

»Bess?« Meinte er die True-Crime-Autorin? Ich hatte Fotos von ihr gesehen, und »hübsch« war nicht das Wort, das mir in den Sinn gekommen wäre.

»Nein.« Der Mann gluckste. »Ich meine die Frau, die unter den Steinen begraben war. Wir haben ihr Gesicht aus Ton rekonstruieren lassen.«

Meine Augen fingen an zu kreiseln, wie Jackie es genannt hatte. »Wenn ich Ihnen meine FedEx-Nummer gebe, könnten Sie mir dann alles schicken, was Sie haben?«

»Warum nicht? Wir haben Bilder von ihrem Gesicht in der ganzen Stadt verteilt – wie heißt der Ort noch?«

»Cole Creek.«

»Ja, genau.«

Ich hörte im Hintergrund jemanden sprechen, und der Mann antwortete etwas. Dann wandte er sich wieder dem Telefonat zu und sagte: »Hören Sie, ich muss Schluss machen. Ich schicke Ihnen die Unterlagen so bald wie möglich.«

Ich nannte ihm meine FedEx-Nummer, und dann legte ich auf, lehnte mich zurück und schaute zur Decke. Warum tat ich das alles? Ich war doch kein Detektiv. Ich hatte kein Verlangen danach, in einer dunklen und stürmischen Nacht einem Mörder zu begegnen.

Ich wollte nur ...

Und da lag das Problem, dachte ich. Ich hatte kein Ziel im Leben. Ich hatte genug Geld, um bis ans Ende meiner Tage sorgenfrei zu leben, aber der Mensch brauchte mehr als das.

Ich schloss die Augen und dachte an die ersten Jahre mit Pat, die so wunderbar gewesen waren. Nichts auf Erden war so aufregend und beglückend gewesen wie das Erscheinen meines ersten Buches. Es hatte mir eine Befriedigung gegeben, die tief in die Seele hineinreichte.

Ich weiß noch, dass ich damals dachte: Jemand will lesen, was *ich* geschrieben habe. Diesen Gedanken hatte ich erst bewältigen können, als ich mir sagte, dass die Leute etwas über Pats Mutter lesen wollten, nicht über mich. Irgendwann im Laufe der Zeit war mir klar geworden, dass ich *mich* verkaufte, und es war ein gutes Gefühl, begehrt zu sein. Aber das alles hatte ich verloren, ich hatte meine treibende Kraft verloren, schon bevor Pat gestorben war, und nichts war seitdem wieder so gut gewesen.

Bis jetzt. Jetzt spürte ich plötzlich jeden Tag, wie ein kleines Stück meiner selbst zurückkehrte. Ich spürte, wie der alte Ford zurückkam, der für eine Sache bis aufs Messer zu kämpfen bereit war. Als Junge war ich entschlossen gewesen, nicht wie meine Verwandten zu werden, und so hatte ich wie ein Terrier dafür gekämpft, zum College zu gehen. Meine rückständigen, sturköpfigen Verwandten hatten nichts sagen oder tun können, was mich von diesem Ziel abgebracht hätte.

Aber seit Pat tot war, hatte ich nichts mehr getan. Ich hatte nicht mehr das Bedürfnis gehabt, zu schreiben oder überhaupt irgendetwas zu tun. Schon vor ihrem Tod hatte ich jedes Ziel erreicht, das ich mir gesetzt hatte, und dazu noch ein paar mehr.

Aber jetzt ... Jetzt änderte sich das alles. Lag es an Jackie? War sie es, die mich wieder zum Leben erweckte? Nur indirekt, dachte ich. Es war das Ganze: das Haus, die Stadt, die ... Die Geschichte, dachte ich. Die Antwort auf das zeitlose »Warum?«.

Jeder Schritt, mit dem ich tiefer in dieses Geheimnis eindrang, schien zu beweisen, dass Jackies ursprüngliche Geschichte wahr war. Aber die beste Neuigkeit hatte ich heute gehört. Vielleicht hatten irgendwelche Jugendlichen eine Horrorstory über den Tod einer Frau erfunden. Wenn Jackie als Kind in Cole Creek gelebt hatte, dann hatte sie diese Geschichte vielleicht von einem sadistischen Halbwüchsigen gehört, dem es Spaß machte, ein kleines Mädchen zu erschrecken.

Aber vielleicht hatten diese Kids auch nur erzählt, was sie wussten. Der Leichnam war erst 1992 gefunden worden – hatte die Teufelsgeschichte erst dort ihren Ursprung? Dann wäre Jackie doch alt genug gewesen, um sich daran zu erinnern, ob sie sie nur gehört hatte oder ob sie ...

Ich legte die Hände vors Gesicht. Allmählich wuchs mir das alles über den Kopf. Außerdem knurrte mir der Magen. Also ging ich zur Treppe. Vielleicht war noch Speck da? Apropos – wieso war Jackie eigentlich von ihrem beinharten »Kein Speck!« abgerückt und hatte mir eine dicke Scheibe gebraten? Wollte sie, dass ich einen Herzinfarkt bekam? Was für ein Motiv könnte sie haben? Hmmm. Steckte vielleicht eine Story darin?

Ich war gerade zwei Stufen hinuntergegangen, als Jackie mir mit Volldampf entgegengestürmt kam. Zwei Stockwerke – und soweit ich sehen konnte, war sie kein bisschen außer Atem.

»Sie werden nie glauben, was wir im Garten gefunden haben«, verkündete sie, und ihre Augen waren so groß, dass sie fast das ganze Gesicht ausfüllten.

»Eine Leiche«, sagte ich.

»Waren Sie schon mal in Therapie?«

»In Anbetracht der letzten paar Tage ...«, begann ich und wollte mich verteidigen, aber Jackie hörte überhaupt nicht zu.

Sie machte kehrt und rannte wieder hinunter.

Ich folgte ihr, und als ich sie unten an der Hintertür eingeholt hatte, pochte mir das Herz bis zum Hals. Sie sagte nichts, aber ich sah, dass sie meinen atemlosen Zustand zur Kenntnis nahm. Vielleicht sollte ich den Speck wirklich mal für eine Weile weglassen.

»Kommen Sie«, sagte sie strahlend vor Aufregung.

Ich weiß nicht genau, was ich erwartete – aber nicht das, was sie mir zeigte. Es war ein altes Gartenhaus, verborgen hinter einem Gestrüpp aus ungeschnittenen Weinranken und jungen Bäumen. Ich sah nur eine doppelte Glastür, abblätternde weiße Farbe und zerbrochene Fensterscheiben.

Nate stand da, mit nacktem Oberkörper und verschwitzt; er sah aus wie ein Model aus einer Calvin-Klein-Anzeige, und ich konnte plötzlich an nichts anderes mehr denken als daran, dass er und Jackie den ganzen Vormittag hier draußen allein gewesen waren.

»Ist das nicht wundervoll?«, fragte Jackie. »Tessa hat es gefunden. Erinnern Sie sich, wie sie am Freitagabend verschwand und Allie sagte, wahrscheinlich erfindet sie etwas?«

Ich konnte mich beim besten Willen nicht darauf besinnen, wer Tessa war.

»Allies Tochter.« Jackie runzelte die Stirn. »Wissen Sie noch?«

Ich sah das alte Haus und dann wieder Jackie an, und ich wusste, sie wollte etwas. Ohne Grund konnte niemand auf der Welt wegen eines aufrecht stehenden Haufens Termiten so sehr aus dem Häuschen geraten. »Also schön«, sagte ich. »Was wird es mich kosten?«

Nate gab ein Geräusch von sich, das klang, als ob er lachte, und erklärte dann, er werde jetzt wohl mal ein Weilchen im Vorgarten arbeiten. Als er weg sah, sah ich Jackie an. »Worum geht es hier eigentlich?«

»Ein ... ein Sommerhaus«, sagte sie. »Sie könnten hier draußen schreiben.«

Sie wusste genau, dass ich gern im oberen Stockwerk saß und auf die Berge hinausschaute. Also sparte ich mir die Mühe einer Antwort auf diesen Vorschlag.

Sie wartete kurz; dann seufzte sie und zog die Tür auf. Ich sah überrascht, dass die Angeln hielten. Ich folgte ihr ins

Haus. Es hatte zwei Zimmer; wahrscheinlich war es als Gartenhaus mit Abstellkammer gedacht gewesen. Der eine Raum war ziemlich groß und hatte auf zwei Seiten Fenster, die vom Boden bis zur Decke reichten. Eine breite Tür in der dritten Wand führte in die ebenfalls ziemlich geräumige Abstellkammer. Meine erste Reaktion war Empörung über den Zustand eines Anwesens, auf dem ein Gebäude dieser Größe unbemerkt bleiben konnte.

Jackie schwatzte wie ein Wasserfall. Sie deutete auf das große verzinkte Waschbecken in einer Ecke des zweiten Raums und redete über das Licht, das durch die zerbrochenen Fenster im ersten fiel.

Mein Magen knurrte laut. Es war kurz vor zwei, und ich hatte Hunger, aber ich würde mir anhören müssen, wie sie eine Pointe aufbaute, die sicher noch geraume Zeit auf sich würde warten lassen.

»Sie haben Hunger!«, sagte Jackie in liebevollem und fürsorglichem Ton. »Kommen Sie, ich mache Ihnen etwas zu essen.«

Fünfzigtausend, dachte ich. So viel würde mich diese große Sorge um das Wohlergehen meines Magens kosten. Ich lebte zwar in dem Wahn, dass diese junge Frau meine Angestellte sei und deshalb zu tun habe, was ich wollte, aber das war nicht weiter wichtig. Ich war verheiratet gewesen, und ich wusste, was diese honigsüße Tonlage zu bedeuten hatte. Jackie wollte etwas Großes von mir.

Wortlos folgte ich ihr in die Küche. Und schweigend saß ich da und sah zu, wie sie mir eilig ein Sandwich machte, um das Dankwart mich beneidet hätte, und eine Tasse Suppe dazustellte. Es war eine teure Suppe; das Etikett auf der Dose sollte den Eindruck erwecken, sie komme aus Tante Rhodas Küche, aber sie war trotzdem nicht hausgemacht.

Der Himmel sei mir gnädig, aber ich fing an, Jackie von der wunderbaren Bohnensuppe zu erzählen, die Pat immer selbst gemacht hatte. In Wahrheit hatte Pat herausgefunden, sie konnte vier verschiedene Dosensuppen in einen Topf schütten, und was am Ende dabei herauskam, schmeckte ziemlich gut. Pats Mutter war eine Köchin gewesen, aber Pat nicht.

Es war interessant, zu sehen, wie Jackies Unterkiefer herunterklappte, als ich etwas von »hausgemachter Suppe« sagte. Sie blieb mitten in der Küche stehen und riss entsetzt die Augen auf.

Ich hatte Mühe, nicht zu lachen, aber ich hätte darauf gewettet, dass ich morgen eine hausgemachte Suppe bekommen würde. Was immer Jackie mit dem alten Schuppen vorhatte, war ihr offensichtlich sehr wichtig.

Während des ganzen Essens schwatzte Jackie drauflos, sichtlich bemüht, mich zu amüsieren. Eine Geisha konnte nicht so charmant sein wie sie.

Ich aß schweigend und wartete darauf, dass sie ihre Bombe platzen ließ.

Um vier hatte sie mich in den kleinen Salon manövriert, und ich wurde allmählich schläfrig. Ich hatte jetzt so viel Charme genossen, wie ich ertragen konnte. Alles in allem war mir die scharfzüngige Jackie lieber.

Nach und nach drang das Wort »Geschäft« zu mir durch, und ich begriff, dass sie endlich zum Kern der Sache kam. Weil ich gedöst hatte, war mir ein großer Teil dessen, was sie gesagt hatte, entgangen, aber anscheinend wollte sie meine Unterstützung für irgendein geschäftliches Unternehmen.

Hier. In Cole Creek.

Ich klapperte ein paar Mal mit den Lidern, um die Schläfrigkeit zu vertreiben. »Gestern haben wir noch davon gesprochen, dass Sie so schnell wie möglich aus Cole Creek verschwinden, weil Sie vielleicht Zeugin eines Mordes waren, und heute wollen Sie hier ein Geschäft eröffnen?«

»Ja. Na ja. Ich ...« Hilflos hob sie die Hände und sah mich flehentlich an. »Könnten Sie nicht über was anderes schreiben?«

»Jetzt ist es also *meine* Schuld«, sagte ich. »Sind Sie schon mal auf den Gedanken gekommen, dass es keinen Grund für mich gibt, mich in dieser Totenstadt aufzuhalten, wenn ich über etwas anderes als diese blöde Teufelsgeschichte schreibe?«

»Oh«, sagte sie und senkte den Blick, aber dann schaute sie strahlend wieder zu mir auf. »Aber Sie werden dieses Haus niemals verkaufen können. Da kann ich vielleicht hier bleiben und darauf aufpassen.«

»Und Ihr Geschäft betreiben«, sagte ich.

Jackie strahlte mich an, als hätte ich einen Preis gewonnen.

Ich beugte mich zu ihr hinüber. »Haben Sie mir bei Ihrem endlosen Süßholzraspeln eigentlich erzählt, *was* für ein Geschäft Sie eröffnen möchten?«

Sie öffnete den Mund, als wollte sie entgegnen, sie habe nicht Süßholz geraspelt, aber dann sprang sie auf, flankte über ein Sofa, und ich hörte, wie sie die Treppe hinauf polterte. Ich lehnte mich in meinem Sessel zurück. Ein hübscher Sessel. Eigentlich gefielen mir alle Möbel, die Jackie angeschafft hatte. Ich schloss die Augen. Ein Nickerchen würde mir vielleicht guttun. Mir beim Nachdenken helfen.

Aber nach drei Minuten war Jackie wieder da und warf mir zwei Bücher auf den Schoß. Das obere war ein großformatiges farbiges Paperback über Kinderfotografie, und sie schlug die hinteren Seiten auf. Ich sah ein paar wirklich vorzügliche Schwarzweißfotos von Kindern. Der Fotograf war ein Mann namens Charles Edward Georges.

Jackie setzte sich auf das Sofa zu meinen Füßen. »Alles mit natürlichem Licht aufgenommen«, sagte sie leise.

Man brauchte kein Genie zu sein, um zwei und zwei zusammenzuzählen. Das Buch enthielt sechs doppelseitige Fotos dieses Mannes, und im Hintergrund sah man Fenstersimse, von denen die Farbe abblätterte.

Ich blätterte in dem Buch. Wundervolle Kinderfotos. Schwarzweiß. Sepia. Farbe. Studioporträts, Schnappschüsse. Mehrere davon waren in einem üppigen Garten gemacht worden. In einem Garten wie dem, der mein Haus umgab.

Ich legte das Buch beiseite und nahm das zweite in die Hand. Es war ein kleines Paperback aus dem Verlag der University of North Carolina, und es handelte von Orchideen in den südlichen Appalachen.

Ich sah Jackie an. »Hobby«, sagte sie, und das sollte heißen, die Porträts seien ein Broterwerb, die Blumenfotos ein Hobby.

Ich legte die Bücher weg und lehnte mich im Sessel zurück. »Erzählen Sie mir alles.«

Ich musste ein paar Mal nachfragen, aber schließlich bekam ich heraus, weshalb sie ihre Hochzeit abgesagt hatte und warum sie so wütend auf ihren früheren Verlobten gewesen war. Anscheinend hatte dieses Arschloch sie um ihre Lebensersparnisse gebracht – Geld, mit dem sie ein kleines Fotoatelier hatte eröffnen wollen.

Ich wies sie darauf hin, dass sie ihn verklagen könne, aber sie sagte, der Vater ihres ehemaligen Verlobten sei Richter, und sein Cousin sei Chef der Bank. Ich war nicht in den Kreisen von Richtern und Chefs von irgendetwas aufgewachsen, aber wie das System der »Alten Kameraden« funktionierte, das wusste ich.

Während ich ihr zuhörte, überlegte ich, ob ich einen Anwalt anrufen sollte, den ich kannte, um zu sehen, was sich da machen ließe, aber dann sagte Jackie etwas, was meine Aufmerksamkeit erregte.

»Was?«, fragte ich.

»Es war der Name Harriet, bei dem es geklickt hat«, sagte sie. »Und die Daten natürlich.«

»Was hat geklickt?«

Ich sah, dass ihr eine bissige Bemerkung über meine Unaufmerksamkeit auf der Zunge lag, aber da sie dabei war, mich um eine Investition in ihr Geschäft anzugehen, hielt sie sich zurück. Junge! Zu gern hätte ich ausprobiert, wie viel sie sich bieten lassen würde, ohne ihre zuckersüße Maske fallen zu lassen.

»Harriet Cole«, sagte sie übertrieben geduldig. »Es war der Name, der mich darauf gebracht hat. Wissen Sie, mein Vater hatte ... na ja, eine Art Fetischbeziehung zu Harriet Lane. Sie war ...«

»Die Nichte des Präsidenten James Buchanan«, vollendete

ich. »Mit einem prachtvollen ...« Ich hielt beide Hände vor meine Brust.

Mit großer Genugtuung sah ich, dass Jackie überrascht die Augen aufriss. Wie viele Leute hatten solche obskuren Kenntnisse? »Genau«, sagte sie langsam und sah mich aus dem Augenwinkel an. »Jedenfalls bekam ich einen Schrecken, denn als ich den Namen Harriet hörte, brachte ich ihn mit meinem Vater in Verbindung und dachte, sie war vielleicht meine Mutter.«

Sie hatte es mir nicht erzählt, aber ich hatte am Abend der Party so etwas Ähnliches schon vermutet. Ich konnte mir nicht vorstellen, wie es wäre, nichts über die eigenen Eltern zu wissen. Ich hatte meinen Vater nie kennengelernt, aber ich wusste, wo er war. Verdammt, ich kannte sogar die Nummer auf seinem Hemd.

»Und jetzt haben Sie entschieden, dass Sie hier in Sicherheit sind«, sagte ich. »Dass Sie nichts gesehen haben und dass Sie keinerlei Verbindung zu irgendjemandem in dieser Stadt haben. Und das alles nur, weil Sie unter einer halben Tonne ausgewucherter Weinranken eine halb verfallene alte Hütte gefunden haben.«

Sie lächelte. »Mehr oder weniger, ja.«

Sie brauchte es nicht zu wissen, aber der Mann in mir sprang auf und ab und schrie: »Halleluja!« Ich weiß nicht, was diese ausgestorbene Kleinstadt an sich hatte, aber allmählich gefiel es mir hier.

»Okay«, sagte ich. Es dauerte einen Moment, bis sie begriff, dass ich mit ihrem Projekt einverstanden war.

Sie sprang auf, fiel mir um den Hals und fing an, mir das Gesicht abzuküssen, als wäre ich ihr Vater.

Vielleicht hegte sie töchterliche Gefühle für mich, aber meine Gefühle für sie waren alles andere als väterlich. Um mich nicht lächerlich zu machen, indem ich es ihr zeigte, hielt ich die Arme starr an der Seite und die Lippen fest geschlossen – und wandte den Kopf ab, wenn sie ihnen zu nahe kam.

Nach diesem Anfall von kindlichem Überschwang wich sie zurück, hielt aber weiter meinen Nacken umschlungen. »Tut mir leid wegen Rebecca«, sagte sie leise.

Ein Teil meiner selbst wollte, dass sie sich weit von mir entfernte, und ein anderer Teil wollte sie noch sehr viel näher haben. Wenn sie sich nicht bald zurückzog, würde der zweite Teil gewinnen.

»Und auch wegen Ihrer Frau«, fügte sie hinzu.

Das wirkte. Ich legte die Hände auf ihre Schultern und schob sie von mir. »Bringen Sie den alten Schuppen in Ordnung«, sagte ich, »und geben Sie mir die Rechnung.«

10 – Jackie

Er war wunderbar, als ich ihm erzählte, was ich mit dem alten Gebäude vorhatte. Natürlich war es ein Stück harte Arbeit, ihm meine Idee schmackhaft zu machen, aber es lohnte sich.

Ich glaube, ich habe mein ganzes Leben lang ein Faible für Kameras gehabt. Mein Vater hat einmal gesagt, ich hätte schon mit drei Jahren fotografiert. Ich hatte ein paar Fotografiekurse belegt, aber weil wir so oft umzogen, hatte ich sie nie zu Ende gebracht. Und ich hatte nie so viele Bilder machen können, wie ich wollte, weil die Filme und das Entwickeln so teuer waren. Im Laufe der Jahre hatte ich immer wieder daran gedacht, einen Job in einem Fotoatelier anzunehmen, aber das hatte meine Eitelkeit nicht zugelassen. Ich befürchtete, wenn ich das Fotografieren von jemandem erlernte, der es kommerziell betrieb, würde ich niemals meinen eigenen Stil entwickeln.

Außerdem waren die einzigen Fotoateliers in den letzten drei Städten, in denen mein Dad und ich gewohnt hatten, in der örtlichen Shopping Mall gewesen.

Ich hatte vorgehabt, mich von Kirk ernähren zu lassen und mit meinen Ersparnissen und meinem Erbe ein kleines Fotostudio einzurichten. Als ich Ford von Kirk erzählte, war er höchst interessiert! Er stellte mir ungefähr fünfzig Fragen: wer, wo, wie viel. Ich sagte ihm, ich wollte nie wieder etwas mit Kirk zu tun haben, aber Ford fragte immer weiter, und weil ich ihn ja dazu bringen wollte, mein neues Geschäft zu finanzieren, konnte ich ihn nicht gut anfauchen, er solle sich um seinen eigenen Kram kümmern.

Am Ende ließ er sich überreden und versprach, die Kosten für die Herrichtung des Gartenhauses zu übernehmen, damit ich es benutzen könnte. Ich erwähnte nichts davon, dass ich natürlich auch eine kleine Toilette würde anbauen lassen müssen. Wenn Kinder aufs Klo müssen, müssen sie aufs Klo, also musste eins in der Nähe sein. Einen Wasseranschluss gab es, aber das Gartenhaus musste an die städtische Kanalisation angeschlossen werden, und das würde eine Stange Geld kosten.

Ich erwähnte auch nichts davon, dass ich Geld für die Ausrüstung brauchte. Ich hatte meine Kamera und ein wunderbares Objektiv, aber ich brauchte auch Lampen und Softboxen, Reflektoren, Stative, Blitzlichter, ein paar Hintergründe und – na ja, eine Dunkelkammer mit dem nötigen Material, denn ich hatte in Cole Creek und Umgebung – ha ha! – noch kein erstklassiges Fotolabor gesehen. Und ein oder zwei Objektive brauchte ich auch noch. Oder drei.

Während unseres langen Gesprächs über mein neues Geschäft fragte er mich, warum ich es mir anders überlegt hätte und Cole Creek nun doch nicht so schnell wie möglich verlassen wollte. Ich glaube, ich habe ganz gut gelogen. Eigentlich habe ich nur ein paar Dinge weggelassen. Es war die Wahrheit, als ich ihm sagte, der Name Harriet habe einen großen Gong in meinem Kopf angeschlagen – und ich war völlig von den Socken, als er wusste, wer Harriet Lane war.

Im Laufe der Nacht war ich zu dem Schluss gekommen, dass meine hyperaktive Fantasie mich hatte glauben lassen, dass ich über das, was sich in Cole Creek zugetragen oder nicht zugetragen hatte, mehr wisse, als ich tatsächlich wusste.

Beim Abendessen – Kerzen, Seafood, Schokoladenkuchen – war ich ruhiger, weil Ford eingewilligt hatte, das Gartenhaus renovieren zu lassen, und so unterhielten wir uns ausführlich über das, was wir wussten und was wir herausgefunden hatten. Es war seit Tagen unser erstes vertrauliches Gespräch.

Ich erzählte ihm von meinen verschiedenen Déjà-vu-Erlebnissen in Cole Creek und in diesem Haus.

»Aber Sie wussten nichts von dem Gartenhaus da draußen«, sagte er.

»Vielleicht doch.« Ich war geradewegs darauf zugegangen, als ich an jenem Morgen angefangen hatte, im Garten zu arbeiten.

Wie immer zeigte er sich als aufmerksamer Zuhörer. Ich erzählte ihm, ich erinnerte mich an so viele Dinge in diesem Haus, dass ich sogar wisse, wo das versteckte Zimmer sei – und bis zu diesem Augenblick hatte ich noch nie daran gedacht, dass es überhaupt ein verstecktes Zimmer *gab*. Wir starrten einander an und verstanden uns wortlos.

»Im ersten Stock«, sagte ich. »Hinter den Kisten.«

Wir sprangen so schnell auf, dass beide Stühle umkippten, und waren gleichzeitig an der Tür. Ich wollte mich vor ihm hinausdrängen, aber dann fiel mir meine Fotoausrüstung ein, und ich trat einen Schritt zurück. »Nach Ihnen«, sagte ich.

Ford sah mich an, als wolle er den Gentleman geben und mir den Vortritt lassen, aber dann sagte er: »Wer zuerst oben ist«, und rannte los.

Wie konnte ich auf eine solche Herausforderung reagieren? Was er nicht wusste: Hinter einer kleinen Tür in der Küche, die aussah, als führe sie in eine Besenkammer, lag in

Wirklichkeit eine Treppe, die so schmal war, dass er wahrscheinlich sowieso nicht hinaufgekommen wäre. Während er zu der großen Treppe in der Diele galoppierte, huschte ich hinten herum hinauf und erwartete ihn, als er oben ankam.

Dieser Gesichtsausdruck! Hätte ich meine Kamera gehabt – das Foto hätte jeden Preis gewonnen.

Er brannte darauf, zu fragen, wie ich das geschafft hatte, aber er tat es nicht. Wir stürmten in die Abstellkammer und fingen an, die Kisten in den Flur zu werfen.

Besonders eindrucksvoll war das geheime Zimmer nicht. Es war eher ein schrankartiges Kämmerchen, abgetrennt vom Raum und dann verkleidet. Jemand (ich als Kind?) hatte die alte Tapete abgezupft, sodass die Tür sich einen Spalt breit öffnen ließ. Wir mussten kräftig ziehen, um sie so weit aufzubekommen, dass Ford hindurchschlüpfen konnte.

»Warum versteckt jemand einen Wandschrank?«, fragte er.

Wir waren jetzt zusammen in der engen Kammer, und es war stockfinster.

Ford wühlte in seinen Taschen und holte ein Streichholzheftchen heraus – der Inhalt seiner Hosentaschen entsprach dem, was ein Neunjähriger mit sich herumschleppte. Als er ein Streichholz anzündete und die Flamme hochhielt, sah ich hinter ihm nur die alte Tapete.

Aber Ford riss die Augen so weit auf, dass ich das Weiße darin sehen konnte. Er blies das Streichholz aus und sagte mit so übertriebener Ruhe, dass ich Angst bekam: »Gehen Sie raus. Machen Sie die Tür auf, und gehen Sie raus.«

Ich tat, was er sagte – bei diesem Ton konnte man nur gehorchen –, und verließ den Wandschrank. Ford folgte dicht hinter mir. Als wir draußen waren, schloss er die Tür und lehnte sich dagegen.

»Was war da?«, wisperte ich, und das Wort »Teufel« kam mir in den Sinn. War der Teufel hier im Haus? Vielleicht hatte ich als Kind dieses Kämmerchen gefunden und ...

»Bienen«, sagte er. »Hinter Ihnen war der größte Bienenstock, den ich je gesehen habe. Wahrscheinlich hatten die Bienen sich in diesem Wandschrank angesiedelt, und statt sie auszuräuchern, hat irgendein fauler So-und-so einfach die Tür versiegelt.«

»Ich dachte ...« Ich fing an zu lachen, und als ich Ford von meinen Teufelsgedanken erzählte, musste auch er lachen.

Wir lachten zusammen, aber wir berührten uns nicht. Ich hatte beschlossen, ihn nicht mehr zu berühren. Kurz zuvor war ich ihm spontan um den Hals gefallen und hatte ihn abgeküsst, wie ich es mit meinem Vater getan hätte. Aber plötzlich hatte ich nicht mehr das Gefühl, mit meinem Vater zusammen zu sein.

Als ich mich von ihm löste, fand ich, dass er überhaupt nicht alt aussah. Genau genommen waren diese Fältchen an seinen Augenwinkeln Charakterfalten, keine Altersrunzeln. Und er hatte einen sehr netten Mund. John Travolta, dachte ich. Travolta war aus der Form gegangen, aber er war immer noch sexy. Und Ford auch.

Unvermittelt hatte ich meine Arme von seinem Hals genommen. Erst gelüstete es mich nach einem hinreißenden Siebzehnjährigen, und jetzt brachte mich ein Mann zum Sabbern, der alt genug war, um mein ... Na, zu alt für mich jedenfalls.

Es wurde Zeit, dass ich mal mit einem Mann ausging.

11 – Ford

Alles in allem betrachtet, war es wohl am klügsten, meine Prioritäten zu ändern. Ich würde mein verzweifeltes Verlangen danach, das »Warum« zu ergründen, von jetzt an bezwingen und mich mit etwas anderem als mit Jackies Teufelsgeschichte beschäftigen. Und Jackies leidenschaftliche Begeisterung für ihr Fotoatelier zeigte mir eine neue Richtung. Vor langer Zeit hatte ich sicher ausgesehen wie sie. Als ich mit dem Schreiben anfing, war ich getrieben, und das Schreiben war das Einzige, woran ich denken konnte – genau wie Jackie sich getrieben fühlte, ihr Fotostudio einzurichten und herauszufinden, ob sie es in dieser Welt zu etwas bringen konnte oder nicht.

Wir verbrachten über eine Woche in Ruhe und Frieden, und meinen guten Absichten zum Trotz dachte ich über alles nach. Angesichts der Fakten, die sich vor mir auftürmten, war ich sicher, dass Jackie als Kind etwas gesehen hatte, was sie nicht hätte sehen sollen – nämlich einen Mord. Und ich vermutete, dass ihre Mutter zu den Leuten gehört hatte, die mitgeholfen hatten, die arme Frau umzubringen, und dass ihre fehlende Reue Jackies Vater veranlasst hatte, das Kind zu entführen und die Flucht zu ergreifen.

Ich war kein Psychiater. Sonst hätte ich wahrscheinlich gewollt, dass Jackie es »herausließ«. Ich persönlich war immer der Ansicht, das »Herauslassen« eines tiefen Schmerzes werde als Heilmittel überschätzt. Was sollte es nützen, das alles wieder an die Oberfläche zu holen? Würde es Jackie helfen, wenn sie sich daran erinnerte, dass sie tatsächlich gesehen – und gehört – hatte, wie eine Frau langsam und qualvoll zu Tode kam? Und wenn wir wirklich herausfänden, wer sie umgebracht hatte, würde sie das wieder zum Leben erwecken? Und was würde der Mörder – was würden die Mörder – mit einer Augenzeugin machen?

Ganz gleich, wie ich es begründete – ich beschloss, die Teufelsgeschichte nicht weiter zu verfolgen. Ich hoffte, dass derjenige, der den Stein über die Mauer geworfen und uns Informationen gegeben hatte, sich nicht noch einmal melden würde. Und als die gerichtsmedizinischen Unterlagen aus Charlotte nicht kamen, rief ich den Mann nicht an, um ihn daran zu erinnern.

Okay, die Wahrheit war: Ich hatte eine Idee zu einem Buch, in dem kein Teufel vorkam. Es war ein Buch über Einsamkeit, über einen Mann, der den Glauben an sich selbst und an andere verloren hatte und der irgendwann etwas fand, woran er glauben konnte. Die Details hatte ich noch nicht ausgearbeitet – zum Beispiel, woran genau dieser Mann glauben sollte –, aber ich spürte, dass es mir einfallen würde.

Und die tiefere Wahrheit war, dass ich anfing, mich wohlzufühlen. Ich war nicht zu dumm, um zu merken, dass ich wieder eine Art von Ehedasein führte – wie in der Zeit meines Lebens, in der ich glücklich gewesen war. Und ich war nicht dumm genug, um nicht zu wissen, dass ich bei den vielen Sekretärinnen, die ich geheuert und gefeuert hatte, genau das gesucht haben musste. Ich hatte keine Recherche-Assistentin gesucht, sondern jemanden wie mich selbst – eine Frau, die kein Leben hatte und deshalb mein Leben mit mir teilen wollte. Ich hatte sie angebrüllt und ihnen Inkompetenz vorgeworfen, aber in Wahrheit war ich wütend – oder vielleicht eifersüchtig – gewesen, wenn sie zu ihren Freunden und Verwandten nach Hause gingen. Auch ich hatte einmal eine Familie, hätte ich am liebsten geschrien, Leute, mit denen ich Thanksgiving und Weihnachten feiern konnte.

Aber das konnte ich nicht. Zum einen hätte mir niemand geglaubt. Die Welt glaubt, ein Mensch, der anderen Autogramme gibt, braucht nicht das, was »gewöhnliche Menschen« brauchen.

Genau. *Lonely at the top.* Er weint den ganzen Weg bis zur Bank. Ich hatte das alles schon gehört. Aber was immer mein Problem war – ich spürte, dass ich glücklicher war, als ich es seit Pats Tod je gewesen war, und das wollte ich mir nicht verderben. Vormittags notierte ich meine Ideen, aber nachmittags saß ich in dem Garten herum, den Jackie vom Unkraut befreite, trank Limonade und plauderte mit jedem, der vorbeikam.

So scharfzüngig sie oft sein konnte, die Leute mochten Jackie, und ihre Begeisterung für das neue Studio war ansteckend. Jeden Nachmittag kam irgendjemand vorbei, um zu sehen, wie die Arbeiten vorangingen. Und ich muss gestehen, die ganze Aufregung bewirkte, dass ich auch dabei sein wollte. Beim Abendessen blätterte ich den dicken B&H-Katalog durch, den die Fotofirma aus New York geschickt hatte, und wir unterhielten uns über die vielen Gadgets, die es für Fotografen gab. Ich las alle Bücher über Fotografie, die sie hatte – es waren ganze drei Stück –, und dann orderte ich siebzehn weitere bei Amazon, und als sie da waren, verbrachten wir die Abende damit.

Eines Nachmittags kam Allies Tochter Tessa zu Besuch. Ich weiß nicht, ob ihre Mutter arbeiten musste oder ob sie nur eine kleine Erholungspause haben wollte – oder ob Jackie das Mädchen eingeladen hatte. Aber egal. Am Ende genoss ich die Gesellschaft des Kindes.

Anfangs ärgerte mich ihre Anwesenheit. Meine Erfahrungen mit Kindern waren begrenzt, und hauptsächlich wollte ich immer, dass sie weggingen. Deshalb war ich nicht erfreut, als ich zu Limonade und Keksen herunterkam und Jackie mit einem neunjährigen Mädchen dasitzen sah. Ich hatte das Gefühl, mir wurde die Zeit gestohlen, und außerdem – wie sollte ich mit ihr umgehen? Sollte ich das Kind ignorieren und über erwachsene Dinge reden? Oder wäre es besser, die Kleine über die Schule auszufragen und ein paar Strichmännchenzeichnungen mit Lob zu überhäufen?

Da Tessa nichts sagte, beschloss ich, sie nicht weiter zu beachten und mich mit Jackie zu unterhalten. Aber dann klingelte das Telefon, und Jackie lief hinein. Ich war allein mit dem Mädchen. Sie schien sich für mich so wenig zu interessieren wie ich mich für sie. Also saßen wir einfach schweigend da und tranken unsere Limonade.

Nach einer Weile sah es so aus, als wollte Jackie nie mehr vom Telefon zurückkommen. Also fragte ich die Kleine: »Was hast du erfunden?«

Eins gefällt mir an Kindern: Sie haben keine Ahnung von Regeln. Sie haben nicht dauernd im Kopf, was man tun und was man nicht tun sollte. Ein Kind weiß zum Beispiel nicht, dass man den Tod eines niederträchtigen Cousins nicht feiert. Auf Grund des wenigen, was ich wusste, vermutete ich deshalb, dass ich keinen Smalltalk über das Wetter zu treiben brauchte, bevor ich zu den interessanteren Dingen überginge. Außerdem hatte ich noch nie ein Kind getroffen, das Lust hatte, sich über das Wetter zu unterhalten.

»So Sachen«, sagte sie, und die Art, wie sie mich von der Seite ansah, deutete ich als Einladung.

Ich antwortete nicht, sondern hob die Hand in einer Geste, die ihr sagte: Geh voran.

Ich folgte ihr ins Gebüsch. In den Dschungel, besser gesagt. Weit hinten in einer Ecke meines Grundstücks, wo seit vielen Jahren kein Schneidewerkzeug gewesen war, zeigte sie mir eine Öffnung im Gestrüpp, die einem Kaninchen gefallen hätte. Sie musterte mich von Kopf bis Fuß und stellte fest: »Sie passen da nicht durch.«

Ich hatte die Nase voll von weiblichen Wesen, die mir sagten, ich sei zu dick. Ich warf ihr einen kurzen Blick zu und sagte nur: »Versuchen wir's.«

Ich weiß nicht, was in mich gefahren war, aber plötzlich rutschte ich bäuchlings durch das Dickicht wie eine Schlange auf Rattenjagd. Natürlich vergrößerte ich das Loch dadurch, und das forderte seinen Tribut an meinen Kleidern und entblößten Hautpartien. Aber schließlich war ich durch.

Inmitten des Gebüschs hatte das Mädchen ein grünes Iglu geschaffen. »Das ist toll«, sagte ich, und ich meinte es ernst. Ich setzte mich auf die Erde, schaute hoch und sah mir an, wie sie Ranken und Zweige zusammengedreht und verflochten hatte. Es sah fast so aus, als sei diese Höhle wirklich wasserdicht.

Sie war ein unscheinbares kleines Mädchen, aber als ich ihr stolzes Lächeln sah, konnte ich mir fast vorstellen, wie sie eines Tages ein Unternehmen leitete. Sie war gescheit, entschlossen, ein Individuum. Kein alltägliches Kind, das brav die Linien in seinem Malbuch ausmalte und alles tat, um seine Lehrerin zu erfreuen.

»Schon mal jemandem gezeigt?«, fragte ich.

Als sie den Kopf schüttelte, war ich froh. Sie langte hinter sich, hob ein kleines grünes Ding auf und reichte es mir. Es war eine Assemblage aus Blättern, Stöckchen, Moos, Lehm, einzelnen Steinchen und Bucheckern – und es war fantastisch. »Gefällt mir«, sagte ich, und sie strahlte.

Als sie nichts weiter sagte, begriff ich, dass sie wieder gehen wollte – vielleicht, damit Jackie ihr Versteck nicht entdeckte. Ich legte mich auf den Bauch und robbte zurück durch den jetzt etwas weiteren Tunnel und hinaus ins Sonnenlicht. Als Jackie endlich vom Telefon zurückkam, saßen Tessa und ich wieder auf unseren Stühlen, als wären wir nie weg gewesen. Ich zwinkerte Tessa zu, und sie grinste mich an, bevor sie den Kopf senkte und fest in ihre Limonade schaute.

Tagelang machte ich mir Notizen zu meinem Buch über den einsamen Mann und verbrachte die Nachmittage damit, das gesellschaftliche Leben zu genießen, das Jackie für uns beide entwickelte. Es gab noch einmal ein Barbecue mit Allie, Tessa und ein paar Leuten aus Asheville, die gerade in der Gegend waren. Jackie hatte sie im Supermarkt kennengelernt, und fast hätten wir Streit bekommen, weil sie Fremde zum Essen eingeladen hatte. Aber dann waren es nette Leute, und wir verbrachten einen unterhaltsamen Abend miteinander.

Eines Nachmittags kam ich herunter und fand weder Limonade noch Kekse, keinen Nate bei der Gartenarbeit, keine Jackie. Ich suchte und fand sie in der Küche, wo sie sich lachend mit einer gut aussehenden Frau unterhielt, die mir irgendwie bekannt vorkam. Jackie stellte sie mir als D.L. Hazel vor.

»Ah«, sagte ich, »die Bildhauerin.« Ich war stolz auf mich, weil ich mich daran erinnert hatte, aber das erklärte noch nicht, warum sie mir bekannt vorkam.

Sie war ungefähr in meinem Alter, vielleicht ein bisschen älter, und ich sah, dass sie einmal schön gewesen war. Sie war es immer noch, aber sie war ein bisschen verblichen. Und vielleicht bildete ich es mir ein, aber mir war, als sähe ich etwas Unglückliches in ihrem Blick. Ich merkte, dass Jackie mir einen Blick zuwarf, und ich wusste, sie würde mir später etwas zu erzählen haben.

Und richtig – nachdem Dessie (wie wir sie nennen sollten) gegangen war, berichtete Jackie mir, dass die Frau einmal Schauspielerin in einer Soap Opera gewesen war. »Ah«, sagte ich. Ich wusste, in welcher, aber das behielt ich für mich. Pats Mutter hatte die Serie verfolgt, und ich hatte sie oft gesehen, wenn ich bei ihr gesessen und die Kartoffeln für das Abendessen geschält hatte.

»Und sie ist da ausgestiegen?«, fragte ich. »Um hier zu leben?«

Jackie zuckte die Achseln; sie verstand es auch nicht. »Es heißt, sie ist in Cole Creek aufgewachsen und schon in jungen Jahren nach L.A. gezogen. Sie bekam sofort eine Rolle in einer Soap und war ziemlich erfolgreich. Dann kam sie zur Hochzeit ihrer besten Freundin hierher zurück, und danach blieb sie in Cole Creek und ging nie wieder nach L.A. Ihre Figur wurde aus der Soap hinausgeschrieben, und Dessie fing mit der Bildhauerei an. D.L. Hazel ist ihr Künstlername. In Wirklichkeit heißt sie Dessie Mason.«

»Wer war denn die Freundin?«

»Die Liebe Ihres Lebens«, sagte Jackie, und ich begriff erst nach ein paar Augenblicken, von wem sie redete.

»Rebecca?«

»Genau.«

»Sie ist nicht die ...«, fing ich an, aber dann hielt ich den Mund. Was soll's?, dachte ich. Aber ich fragte mich doch, ob vielleicht die ganze Stadt annahm, ich triebe es mit einer Frau, mit der ich kaum ein Wort gesprochen hatte.

Dessie war mir bald sympathisch. Sogar sehr sympathisch. Sie kam am Freitag zu uns zum Abendessen und lud mich – nicht Jackie – für Sonntag zu sich zum Lunch ein.

Als ich sie das erste Mal gesehen hatte, war sie mir still, ja, bedrückt erschienen. Ein oder zwei Mal hatte sie mich dabei ertappt, dass ich sie anstarrte, und ich hatte schuldbewusst weggeschaut. Dabei hatte ich nur versucht, sie irgendwie unterzubringen, aber es war nicht gelungen.

Außerdem – je länger ich sie anschaute, desto besser sah sie aus. Sie war eine reife Frau mit einem erwachsenen Körper und erwachsener Kleidung, und sie verstand sich auf erwachsene Dinge.

Ich sah Jackie und Dessie Seite an Seite vor der Küchenspüle stehen und dachte an Sophia Loren und Calista Flockhart.

Bei diesem ersten Besuch blieb Dessie nicht lange, aber als sie am Freitag zum Abendessen kam, sah sie fabelhaft aus. Sie trug ein Kleid mit einem breiten Gürtel und einem V-Ausschnitt, der ihren wunderbaren Busen betonte.

Und dann tat sie etwas, das mich beinahe vor unseren Gästen in Tränen ausbrechen ließ.

Sie kam als Letzte. Ich war gerade dabei, Teller mit Maiskolben und gegrilltem Huhn zu beladen, als sie hereinkam. Sie lächelte und duftete wie eine Frau, und ich kann Ihnen sagen, es war eine Erleichterung, ein weibliches Wesen in etwas anderem als Bluejeans und T-Shirt zu sehen. Ihr Haar war locker hochgesteckt, und sie trug große goldene Ohrringe und zierliche Sandalen, und ihre Zehennägel waren pinkfarben lackiert.

Sie trug einen Holzkasten vor sich, als enthalte er etwas Zerbrechliches. Ich nahm an, es sei eine Torte, und streckte die Hände aus, um ihr den Kasten abzunehmen, aber dann hörte ich Allie flüstern: »O Gott!«, und Nates Großmutter sagte: »Himmel, erbarme dich.« Da ließ ich die Hände wieder sinken und sah Jackie an. Sie zuckte nur die Schultern: Keine Ahnung.

Tessa, die sich meistens am Rande aufhielt, kam herbeigelaufen, blieb vor Dessie stehen und bat: »Darf ich es aufmachen? Bitte?«

Ich wusste nicht, was los war, aber mein Neugier-O-Meter schoss fast über die Skala hinaus.

Allie fing an, Teller und Gläser auf dem runden Eisentisch zusammenzuschieben, und ich dachte schon, sie würde sie auf den Boden werfen, aber Jackie nahm sie ihr ab. Dessie blieb stehen und wartete, bis der Tisch frei war. Erst dann stellte sie ihren Kasten mitten auf die Tischplatte.

Sie trat einen Schritt zurück, lächelte Tessa aufmunternd an und nickte.

Tessa strahlte ihre Mutter triumphierend an und legte die

Hände auf den Kasten. Die Grundfläche bestand aus einer flachen Holzplatte, ungefähr dreißig Zentimeter im Quadrat, und der Kasten selbst war ein Würfel mit der gleichen Kantenlänge.

Jackie kam zu mir. Auf der Seite des Kastens stand das Wort »vorn«, und dieses Wort war mir zugewandt. Mit großen Augen sah ich zu, wie Tessa den hölzernen Würfel senkrecht hochhob.

Natürlich konnte ich mir inzwischen denken, dass wahrscheinlich eine Skulptur in dem Kasten war, denn Dessie war ja Bildhauerin. Und da sie so berühmt war, wunderte es mich nicht, dass die Leute so schrecklich viel Ehrfurcht vor ihrer Arbeit hatten.

Aber nichts auf der Welt hätte mich auf das vorbereiten können, was ich jetzt sah. Vor mir stand eine kleine Tonskulptur: Kopf und Schultern zweier Frauen. Die jüngere lächelte und schaute auf etwas hinunter, und die ältere Frau sah sie liebevoll an.

Es waren Pat und ihre Mutter, perfekt eingefangen in Gesicht und Ausdruck.

Wenn Jackie mir nicht einen Stuhl in die Kniekehlen geschoben hätte, wäre ich zusammengebrochen. Niemand sagte ein Wort. Ich glaube, sogar die Vögel hielten den Atem an, als ich dieses Stück Ton anschaute. Sie waren es. Die beiden Frauen, die ich mehr geliebt hatte als meine eigene Seele.

Ich streckte die Hand aus, um sie zu berühren, ihre warme Haut zu fühlen.

»Vorsicht«, sagte Dessie. »Es ist noch feucht.«

Ich zog die Hand zurück und musste ein paar Mal durchatmen, um mich zu beruhigen. Jackie stand hinter meinem

Stuhl. Sie hatte mir eine Hand auf die Schulter gelegt; der kräftige Druck ihrer Finger gab mir Kraft.

Ich fasste mich wieder so weit, dass ich Dessie ansehen konnte. »Woher ...?«, stammelte ich mit trockenem Mund.

Sie lächelte. »Internet. Sie sind ein berühmter Mann, und deshalb findet man Sie überall im Netz. Ich habe Fotos von ihrer verstorbenen Frau und Ihrer Schwiegermutter heruntergeladen und ...« Sie warf einen Blick auf die Figur. »Gefällt es Ihnen?«

Mir schwoll die Kehle zu, und ich spürte, dass mir die Tränen kamen. Gleich würde ich mich wirklich lächerlich machen!

»Er ist *hingerissen*!« Jackie rettete mich. »Er freut sich wahnsinnig. Nicht wahr?«

Ich konnte nur nicken und ein paar Mal schlucken, während ich das wunderschöne Kunstwerk anschaute.

»Ich würde sagen, das verlangt nach Champagner«, sagte Jackie. »Und ich brauche jede Hilfe, die ich kriegen kann, um ihn aus dem Kühlschrank zu holen.«

Ich war ihr dankbar, dass sie die Leute ablenkte. Sie nahm alle Gäste – ungefähr ein Dutzend – mit in die Küche und ließ mich mit Dessie allein.

Sie zog einen Stuhl zu mir heran, setzte sich und legte die Hände auf den Tisch.

»Ich hoffe, es ist okay«, sagte sie leise. »Es war anmaßend, aber *Pats Mutter* war eins der besten Bücher, die ich je gelesen habe. Ich glaube, ich habe von der zweiten bis zur letzten Seite geweint. Sie haben eine Heldin aus einer Frau gemacht, die sonst vergessen worden wäre. Als ich Sie jetzt kennenlernte, wollte ich Ihnen etwas schenken – zum Dank für das, was Sie mir mit diesem Buch gegeben haben.«

Ich konnte nicht sprechen. Ich wusste, wenn ich es täte, würde ich anfangen zu heulen. Also langte ich über den Tisch, nahm ihre Hand und drückte sie, und ich nickte nur stumm.

»Gut«, sagte sie. »Es bedeutet mir viel, dass es Ihnen gefällt. Aber das hier ist nur das Tonmodell; ich kann noch etwas ändern, wenn Sie wollen.«

»Nein!«, brachte ich heraus. »Es ist perfekt.«

Ich spürte, dass sie lächelte, aber ich konnte den Blick nicht von der Skulptur wenden. Genau so hatte ich Pat lächeln sehen, wenn sie meine Manuskripte las. Und ich hatte gesehen, wie ihre Mutter ihren Mann und ihre Tochter heimlich mit diesem liebevollen Gesichtsausdruck angeschaut hatte. Ob sie auch mich jemals so angesehen hatte? Aber ich kannte die Antwort. Ja, das hatte sie getan, dachte ich und drückte Dessies Hand noch fester.

»Die Leute kommen zurück«, sagte sie. »Nehmen Sie sich zusammen.«

Darüber musste ich lächeln. Ich wischte mir über die Augen und schniefte ein paar Mal, und Dessie stülpte den Deckel wieder über die Skulptur. »Kommen Sie doch am Sonntag zum Lunch zu mir, und wir unterhalten uns über einen Bronzeguss, ja?«

Ich nickte. Es ging mir besser, aber ich wagte immer noch nicht, zu sprechen.

»Nur Sie«, sagte sie. »Allein. Um eins?«

Ich sah sie an und erkannte, dass dies mehr als nur eine Einladung zum Essen war. Wenn ich interessiert sei, ließ sie mich wissen, sei sie es auch. Ja, dachte ich, ich war es. Ich nickte, wir lächelten einander an, und den Rest des Abends hielten wir Abstand.

Aber dieser körperliche Abstand konnte Jackie nicht täuschen. Ungefähr dreieinhalb Sekunden, nachdem der letzte Gast gegangen war, teilte sie mir mit, mein Benehmen gegenüber Dessie sei »unschicklich« gewesen.

»Und was versteht jemand aus Ihrer Generation von ›Schicklichkeit‹?«, schoss ich zurück. »Sie laufen in Hemdchen herum, die so groß sind wie meine Socken, Ihr Bauchnabel guckt heraus, und Sie erzählen mir was von Schicklichkeit?«

Zu meinem großen Ärger sah Jackie mich mit einem kalten kleinen Lächeln an und ging hinaus.

Ich sah sie erst am nächsten Morgen wieder. Ich hatte damit gerechnet, dass sie in einem Anfall von Eifersucht mit Töpfen und Pfannen in der Küche herumlärmen würde. Warum waren Frauen nur so eifersüchtig?, fragte ich mich.

Aber Jackie war nicht in der Küche. Und schlimmer noch: Da war auch kein Frühstück. Zwanzig Minuten lang musste ich dieses riesengroße Haus durchsuchen, ehe ich sie fand. Sie war vorn auf der Veranda und packte eine Kameraausrüstung in einen großen, gepolsterten Rucksack. Sie trug hohe, dickschalige Schuhe, die aussahen, als sei jeder von ihnen zwölf Pfund schwer.

»Wollen Sie weg?«, fragte ich.

»Ja«, antwortete sie. »Heute ist Samstag, und ich nehme mir frei. Es ist ein schöner Tag, und ich werde Blumen fotografieren.«

Ich hatte keine Lust, den Tag allein in dem großen Haus zu verbringen. Ich war sechs Jahre allein und ein paar Wochen mit Leuten zusammen gewesen, und schon konnte ich die Einsamkeit anscheinend nicht mehr ertragen. »Ich komme mit«, sagte ich.

Jackie schnaubte verächtlich und musterte mich von oben bis unten. Ich trug ein altes T-Shirt und ausgebeulte Shorts – meinen Schlafanzug. Und – okay, ich hatte in den letzten Jahren ein paar Pfund zugelegt, aber ich wusste, dass darunter immer noch Muskeln waren.

»Ich werde klettern«, erklärte sie, als ob das ein Ausschlussgrund für mich sei. »Außerdem haben Sie keine vernünftigen Schuhe. Und nicht mal eine Wasserflasche.«

Da hatte sie recht. Ich war nie ein großer Wanderer und Kletterer gewesen. Man kraxelt den ganzen Tag, schaut sich zehn Minuten lang eine fabelhafte Aussicht an und kraxelt dann wieder zurück. Lieber bleibe ich zu Hause und lese ein Buch. »War da nicht ein Laden neben dem Wal-Mart, der ›Mountain So-und-so‹ hieß?«

»Doch«, sagte Jackie und schob die Arme in die Tragschlaufen ihres Rucksacks. »Aber der öffnet sicher erst um neun. Jetzt ist es sieben, und ich bin fertig.« Mit einem kurzen Lächeln drehte sie sich zur Treppe um.

Ich tat einen mächtigen Seufzer. »Okay. Dann rufe ich Dessie an. Mal sehen, was sie heute vorhat.«

Jackie blieb wie angewurzelt stehen und drehte sich um. Sie sah aus, als wollte sie mich ermorden. »Ziehen Sie sich an«, sagte sie mit zusammengebissenen Zähnen. »Jeans, T-Shirt, langärmeliges Hemd.«

Ich salutierte spöttisch und ging die Treppe hinauf.

Das Sportgeschäft öffnete erst um zehn. Aber nachdem ich mich mit einem ordentlichen Frühstück für den anstrengenden Tag gestärkt hatte, holten wir in dem großen Barnes & Noble für 156 Dollar Bücher ab, die ich brauchte, und danach war der Laden offen. Inzwischen war Jackies Geduld ziemlich strapaziert. Drei Mal hielt sie mir einen Vortrag über Lichteinfallswinkel und die Position der Sonne, nur um mich wissen zu lassen, dass sie das beste Licht des Tages verpasste. Deshalb machte es ihr vermutlich besonders großen Spaß, mich auszurüsten wie für eine Mount-Everest-Expedition.

Was soll's, dachte ich, als ich der Kassiererin meine Kreditkarte reichte. Vielleicht konnten Tessa und ich das Zelt im Garten aufschlagen und ein bisschen Spaß damit haben. Zumindest würde ich diesmal nicht bäuchlings hineinrobben müssen.

Irgendwann in der vergangenen Woche hatte Tessa mir erzählt, sie und ihre Mutter seien in einem großen Antiquitätenspeicher am Rande der Interstate gewesen, und dort habe es einen Zaun gegeben. Ich brauchte volle drei Minuten, um zu kapieren, was sie mir da eigentlich erzählen wollte, und als ich es begriffen hatte, sprangen wir in meinen neuen Offroader und fuhren zu dem Speicher. Als wir zurückkamen, hatten wir einen viktorianischen Gitterzaun mit einem verschnörkelten Törchen, groß genug, um ihr geheimes Haus damit zu umgeben, damit Nate und seine Rodehacke es nicht zerstören konnten.

Tessa und ich kauften auch ein paar in Zement gegossene Figuren: zwei Kaninchen, vier Frösche, einen Drachen, zwei bunt bemalte Gänse, vierzehn Trittsteine in Form von Marienkäfern (die waren im Sonderangebot) und einen kleinen Jungen mit einer Angel. Jackie war nicht gerade entzückt gewesen, aber sie hatte nur gesagt: »Was denn? Keine Zwerge?«

Tessa und ich hatten gelacht, denn wir hatten eine halbe Stunde lang darüber debattiert, ob wir auch noch Gartenzwerge kaufen sollten, aber am Ende hatte ich es ihr ausreden können.

Jedenfalls – als Jackie und ich alles erledigt und meine Outdoor-Ausrüstung gekauft hatten, war es schon nach elf. Sie sah, dass ich einen Blick auf die Uhr warf, und drohte: »Ich schwöre Ihnen bei allem, was mir heilig ist: Wenn Sie jetzt das Wort ›Lunch‹ auch nur erwähnen, wird es Ihnen leid tun, dass Sie geboren sind.«

Ich war neugierig, zu erfahren, wie sie das bewerkstelligen wollte, aber ich fragte doch lieber nicht. In meinem Rucksack hatte ich mehrere Päckchen High-Energy-Schokoriegel und ein paar Pfund Nuss- und Körnermischung. Das würde genügen. Um zu zeigen, dass ich kein Spielverderber war, strahlte sich sie an und sagte: »Von mir aus kann's losgehen.«

Jackie wandte sich kommentarlos ab, aber ich glaube, ich hörte sie leise sagen: »Es gibt einen Gott.«

Wir stiegen in den Pickup, und sie sagte mir, wie ich fahren sollte. Ich hätte gern gewusst, wie sie vorgehabt hatte, zu ihrem Ausgangspunkt zu kommen, wenn ich nicht mitgefahren wäre, aber sie sah nicht aus, als hätte sie Lust, irgendwelche Fragen zu beantworten.

Sie ließ mich endlose schmale Landstraßen fahren, bis wir zu einem Feldweg kamen, der in der Mitte von Unkraut überwuchert war. Es sah aus, als sei hier seit Jahren niemand mehr gefahren. »Ich nehme an, diesen Weg haben Sie nicht auf der Landkarte gefunden«, stellte ich fest. Sie sah nicht mehr wütend aus, sondern betrachtete die schöne Landschaft ringsum.

»Nein«, sagte sie. »Ich wusste, dass er hier ist.«

Das nun wieder, dachte ich, und halb wünschte ich, wir wären nicht hergekommen. Aber ich war froh, dass ich bei ihr war; ich wollte nicht, dass sie allein umherwanderte. Dabei hatte ich nicht so sehr Angst vor dem, was ihr zustoßen könnte, sondern viel mehr vor dem, was sie vielleicht sehen könnte. Eine verfallene Hütte zum Beispiel? Einen Platz, an dem eine Frau lebendig begraben worden war?

Ich hielt auf einer Lichtung an, aber als Jackie aussteigen wollte, hielt ich ihren Arm fest. »Das ist nicht die Stelle, wo ... Sie wissen schon?«

»Wo eine Frau mit dem Teufel gesprochen hat?« Sie lächelte, und ich lächelte auch. Ich war erleichtert, dass sie nicht mehr wütend auf mich war. »Nein«, sagte sie. »Ich bin nicht sicher, aber meine Intuition sagt mir, die Stelle liegt auf der anderen Seite von Cole Creek.«

Wieder wollte sie aussteigen, aber ich hielt sie fest. »Hören Sie, wenn Sie sich irren und wir doch eine alte Hütte finden ...«

»Dann mache ich kehrt und renne so schnell weg, dass nicht mal der Teufel mich einholen kann.«

»Versprochen?«, fragte ich ernst.

»Ich will tot umfallen.«

»*Nicht* die Antwort, die ich hören wollte«, sagte ich, und wir stiegen lachend aus.

Zwei Stunden später verfluchte ich meinen dummen Einfall. Warum war ich mitgekommen? Wovor hatte ich mich zu Hause gefürchtet? Vor der Einsamkeit? Davor, Zeit zu haben, mich in aller Ruhe hinzusetzen und ein Buch zu lesen? Vielleicht mit einem Bier in meiner riesigen Badewanne?

Oder vor einem Nickerchen auf dem Sofa? War es das, was ich nicht hatte tun wollen?

Ich folgte Jackie auf einem Pfad, der so schmal war, dass meine kleinen Zehen rechts und links keinen Platz mehr hatten, den Berg hinauf. Jeder Schritt war ein Balanceakt; ich stolperte über Stöcke und Steine und im Moos verborgene Löcher, über glitschige Pflanzen, Ameisenhügel und schwarzen Schlamm, den Jackie »ein bisschen Matsch« nannte. Die Füße taten mir weh, der Rücken tat mir weh, und ich war nass. Die Sonne stand hoch und heiß am Himmel, aber ihre Strahlen drangen nicht bis auf den Waldboden, und deshalb tropfte es überall. Und dauernd fielen uns Dinge auf den Kopf: gelbe Dinge, weiße Dinge und Millionen von grünen Dingen. Jede Spinne im ganzen Staat hatte sich auf diesem Pfad zu schaffen gemacht, sodass ich mir immer wieder unsichtbare, klebrige Spinnweben aus dem Gesicht wischen musste. So sehr ich mich auch bemühte, ich bekam sie nicht alle herunter, und allmählich fühlte ich mich wie eine Fliege, die zum Abendessen eingewickelt wurde.

»Ist das nicht die schönste Gegend, die Sie im ganzen Leben gesehen haben?«, fragte Jackie, und sie drehte sich zu mir herum und ging auf diesem tückischen Pfad rückwärts.

Ich zupfte mir sechs lange, klebrige Fäden von der Zunge. Ich hätte den Mund ja geschlossen gehalten, aber die Luft war so gesättigt von Wasser, dass ich zwei Mal tief einatmen musste, um Sauerstoff aufzunehmen. »Ja. Wunderschön«, sagte ich und schlug nach einem Käfer. Ich entdeckte hier Arten, die noch kein Mensch je zu Gesicht bekommen hatte.

Zehn Minuten später geriet Jackie in eine Art Ekstase. Sie hatte ein paar große rosa Blüten entdeckt und erklärte, das seien Orchideen, und sie wolle sie fotografieren. Ich wollte mich auf einen Baumstumpf fallen lassen, aber da schrie sie »Halt!« und wollte erst die Umgebung absuchen. Nach – ich zitiere – »Mokassinschlangen, Copperheads und Klapperschlangen«.

Als sie schließlich Entwarnung gab und ich mich hinsetzen durfte, dachte ich mit einiger Zuneigung an meinen Cousin Noble. Wenn er Bilder von Orchideen hätte haben wollen (was ich mir nicht vorstellen konnte, aber darum ging es nicht), dann wäre er mit einem großen allradgetriebenen John Decre Gator hier heraufgefahren, und zum Teufel mit dem Umweltschutz. Beim Lärm des Dieselmotors hätte jede vernünftige Schlange angstvoll das Weite gesucht.

Aber ich war mit Jackie hier, und so »respektierten« wir Flora und Fauna und sämtliche giftigen Nattern.

Sie breitete eine riesige, glänzende Plastikplane auf dem Boden aus und befahl mir, großen Abstand zu halten, während sie arbeitete. Ich protestierte nicht gegen ihr Benehmen, sondern nahm meinen schweren Rucksack ab – schön, sie schleppte die Kameraausrüstung, und ich hatte bloß die kleinen Proviantpäckchen und ein bisschen Wasser, aber das Ding war trotzdem schwer – und legte mich hin. Ich war sogar zum Sitzen zu erschöpft.

Ich wäre umgefallen, aber der Baum über mir fing an, mich mit gelben und grünen Geschossen zu bombardieren. Jackie blickte kurz von ihrer Kamera auf. »Tulpenbaum«, sagte sie.

Ich wühlte mir etwas zu essen und zu trinken hervor, und dann drehte ich mich auf die Seite und sah ihr eine Weile zu. Sie hatte ihre Kamera auf ein schweres Stativ gesetzt und machte Fotos aus jedem erdenklichen Winkel. Und sie manikürte die Umgebung ihrer Blumen mit großer Gewissenhaftigkeit und entfernte mikroskopische Pflanzenabfälle, damit die Blüten gut zu sehen waren. Sie breitete noch eine Plane auf den Boden aus und legte sich darauf, um die Blumen von unten zu fotografieren.

Nach einer Weile hatte ich mich daran gewöhnt, mit Blättern beworfen zu werden. Ich drehte mich auf den Rücken und fing an zu dösen.

Ich wachte auf, weil jemand einen Eimer Eiswasser über mich ausschüttete. So fühlte es sich jedenfalls an.

»Aufstehen!«, schrie Jackie.

Sie hatte einen langen gelben Poncho an, der ihren Rucksack bedeckte, sodass sie aussah wie eine Bucklige, und sie war dabei, die Sachen, die ich ausgepackt hatte, in meinen Rucksack zu stopfen. »Ziehen Sie den an.« Sie warf mir einen blauen Regenponcho zu.

Das Ding war noch in seiner Verpackung. Ich riss sie mit den Zähnen auf.

»Nicht mit den ... Ach, schon gut.« Jackie raffte den leeren Plastikbeutel an sich, den ich auf den Boden geworfen hatte. Ich stülpte mir den Poncho über, und dann schlüpfte Jackie zu mir herein, um mir den Rucksack aufzusetzen. Der Situation, die daraus resultierte, konnte ich nicht mehr widerstehen. Ich zog den Kopf in den Poncho und schaute auf sie hinunter. Um uns herum prasselte der Regen. »Jackie Darling«, sagte ich, »wenn Sie mir wirklich nur an die Wäsche gehen wollten, hätten Sie doch nicht so viele Umstände zu machen brauchen.«

Ich dachte, sie würde lachen, aber stattdessen zog sie mir den Hüftgurt so stramm, dass ich vor Schmerz aufschrie.

»Sparen Sie sich das für Dessie«, sagte sie und duckte sich wieder hinaus.

Ich nahm an, wir würden jetzt schleunigst durch Schlamm und Spinnweben zurück zum Truck flüchten, aber Jackie rief: »Kommen Sie mit«, und wir liefen in die andere Richtung. Und richtig – nach ungefähr hundert Metern kamen wir zu einem großen Felsvorsprung, der wie ein Dach über den Boden ragte. Die Decke war von tausend Lagerfeuern geschwärzt; wir waren also nicht die Ersten, die hier Unterschlupf gesucht hatten.

Als wir drinnen waren, legten wir Ponchos und Rucksäcke ab, setzten uns hin und schauten in den Regen hinaus. Es sah nicht aus, als wollte es so bald wieder aufhören, und mit Grauen dachte ich daran, durch diese Sintflut zu Fuß zurück zu meinem schönen warmen Truck zu marschieren. Und wieder fragte ich mich, warum ich nicht hatte zu Hause bleiben wollen.

Aber Jackie brauchte nichts von meinem Unbehagen zu wissen. Also beschwerte ich mich nicht. »Wie geht's Ihrer Ausrüstung? Irgendwas nass geworden?«

»Nein.« Sie setzte ihren Rucksack auf den Steinboden. »Alles in Ordnung. Als ich die ersten Tropfen spürte ...« Sie legte sich plötzlich die Hand auf die Stirn.

»Was ist?«

»Ein Schmerz«, flüsterte sie. »Ich habe plötzlich ...«

Hätte ich sie nicht gerade noch aufgefangen, wäre sie mit dem Kopf an den Fels geschlagen. Aber ich hielt sie fest und zog sie an mich. »Jackie, Jackie«, rief ich, und ich zog ihren Kopf auf meinen Schoß und legte ihr die Hand an die Wange. Ihr Aussehen gefiel mir nicht; sie war sehr bleich geworden, und ihre Haut fühlte sich kalt und klamm an.

Unterkühlung, dachte ich. Was unternahm man da? Das Opfer musste warm gehalten werden und energiereiche Nahrung bekommen.

Ich schob Jackie an die trockenste Stelle unter dem Überhang und legte ihr meinen Rucksack unter den Kopf. In der Ecke lag ein Stapel trockenes Feuerholz – zweifellos bestimmte ein ungeschriebenes Camper-Gesetz, dass man ersetzen musste, was man genommen hatte. Dank Onkel Clyde und seinen zahllosen Warnungen trug ich immer ein Streichholzheftchen bei mir, und so hatte ich nach wenigen Minuten ein Feuer in Gang gebracht. Jetzt war ich froh, dass Jackie mich gezwungen hatte, auch zwei Blechtassen zu kaufen. In der einen erhitzte ich Wasser aus der Flasche, und als es heiß war, benutzte ich einen Stock, um sie vom Feuer zu nehmen, und schüttete das heiße Wasser in die kühle Tasse. Als ich damit zu Jackie kam, saß sie wieder aufrecht. Sie war geisterhaft bleich, aber sie sah nicht mehr aus, als würde sie sterben. Ich gab ihr die Tasse mit dem kühlen Henkel, und während sie das heiße Wasser nippte, holte ich einen Eiweißriegel aus meinem Rucksack, riss die Verpackung auf, brach ein Stück ab und schob es ihr in den Mund.

»Was ist passiert?«, flüsterte sie. Ihre Hände zitterten so sehr, dass ich ihr den Becher abnahm. Es sah aus, als wollte sie umkippen; ich setzte mich an den Felsen und zog sie an mich, sodass sie sich anlehnen konnte. »Sie sind ohnmächtig geworden«, sagte ich und dachte an all die Ärzte, zu denen ich sie bringen würde. Das Wort Diabetes-Koma kam mir in den Sinn.

Ich hielt ihr die Tasse an die Lippen, und sie trank einen Schluck. »Es war, als ob ich einschliefe und träumte«, sagte sie. »Feuer. Ich habe ein Feuer gesehen. Es war in einer Küche. Auf dem Herd brannte ein Topf, und ein Handtuch fing Feuer. Dann brannte die Wand, und alles ging in Flammen auf. Eine Frau war in der Nähe, aber sie telefonierte und sah das Feuer erst, als es zu spät war. Im Zimmer nebenan schliefen zwei kleine Kinder, und das Feuer zerstörte die Küche und das Zimmer. Die Kinder wurden ...« Jackie schlug die Hände vor das Gesicht. »Die Kinder sind gestorben. Es war entsetzlich. Und so lebendig. So real! Ich konnte alles genau sehen.«

Vielleicht liegt es daran, dass ich einen großen Teil meines Lebens in der Welt der Fantasie verbracht habe – aber ich wusste sofort, was geschehen war. Jackie hatte wieder eine Vision gehabt. Nur war sie diesmal wach gewesen, statt zu schlafen, und ich wusste, das würde ihr nicht gefallen. »Das ist wie in Ihrem Traum«, sagte ich langsam und wollte anfangen, sie zu überreden. »Es ist etwas, das noch nicht passiert ist, und ich glaube, wir sollten versuchen, es zu verhindern.«

Aber ich hatte sie unterschätzt: Sie wusste sofort Bescheid. So schwach sie war, sie versuchte sofort, aufzustehen. »Wir müssen diese Küche finden. Sofort.«

Ich wusste, dass sie Recht hatte. In ihrem Zustand konnte sie nichts tragen; also nahm ich ihren schweren Rucksack auf den Rücken und hängte mir meinen leichteren vor die Brust. Jackie füllte die Blechtassen mit Regenwasser und löschte das Feuer. Dann zogen wir unsere Ponchos über, gingen hinaus in den Regen und machten uns auf den Rückweg zum Truck. Diesmal übernahm ich die Führung, und diesmal bewegten wir uns im Laufschritt. Die Erinnerung an Nate trieb mich voran; ich dachte daran, was für ein großartiger Junge er war und wie Jackies Vision ihm das Leben gerettet hatte.

»Erzählen Sie mir alle Einzelheiten«, rief ich, während wir auf dem schlüpfrigen Weg bergab liefen. Ihr Gesicht war unnatürlich weiß über dem leuchtend gelben Poncho.

»Ich habe gesehen, wie die Kinder nach ihrer Mutter schrien, aber sie …«

»Nein!«, unterbrach ich sie. »Erzählen Sie mir nicht, was passiert ist. Beschreiben Sie das Haus. Wir müssen das *Haus* finden«, rief ich durch den Regen. Ich lief rückwärts und sah sie an. »Welche Farbe hatte das Haus? Haben Sie die Straße gesehen? Fakten!«

»Ein rosa Flamingo.« Jackie musste fast rennen, um mit mir Schritt zu halten. »Im Garten stand ein rosa Flamingo. Aus Plastik, wissen Sie? Und ein Zaun. Der ganze Garten war eingezäunt.«

»Ein Holzzaun? Maschendraht?«, rief ich über die Schulter.

»Geißblatt. Er war ganz mit Geißblatt überwuchert. Ich weiß nicht, was unter den Ranken war.«

»Und das Haus? Was haben Sie drinnen und draußen gesehen?«

»Ich habe das Haus nicht von außen gesehen. In der Küche stand ein weißer Herd. Und da waren grüne Schränke. Alte Schränke.«

»Die Kinder!«, schrie ich. Wie weit war es denn noch bis zum Truck?! »Wie alt waren die Kinder? Hautfarbe? Haarfarbe?«

»Weiß – und beide waren blond. Ungefähr sechs, vielleicht

jünger.« Sie schwieg, und ich wusste, sie dachte nach. »Da war ein Baby, weniger als ein Jahr alt. Ich glaube, sie konnte noch nicht laufen.«

»Sie?«

»Ja! Sie trug einen rosa Schlafanzug. Und das ältere Kind hatte einen Cowboy-Pyjama an. Ein Junge.«

Der Himmel sei gepriesen – ich sah den Pickup. Ich zog den Schlüssel aus der Tasche, drückte auf den Entriegelungsknopf und half Jackie beim Hineinpurzeln. Ich riss mir die Rucksäcke herunter, wühlte mein Handy heraus und gab es Jackie, und dann warf ich die Rucksäcke in den Stauraum hinter den Sitzen. Sekunden später hatte ich den Wagen gewendet, und wir fuhren zurück zur Stadt.

»Wer würde dieses Haus kennen, wenn Sie es beschreiben?«, fragte ich.

»Jeder, der sein Leben lang hier gewohnt hat«, sagte sie, und ich sah sie an.

»Ja, aber wenn wir jemanden anrufen und alles erklären, wird man Sie ...«

»Für verrückt halten?«

Wir hatten jetzt keine Zeit, darauf weiter einzugehen. »Wir brauchen jemanden, dem wir vertrauen können.« Ich fuhr so schnell über Rillen und Schlaglöcher, dass die Reifen kaum noch den Boden berührten. Ich hatte da jemanden im Sinn, aber damit würde Jackie kaum einverstanden sein. Sicher würde sie Allie anrufen wollen, aber irgendetwas an Allie ließ mich befürchten, dass ihr die Gelassenheit fehlte, die wir jetzt nötig hatten.

»Dessie«, sagte Jackie und fing an, die Tasten an meinem Handy zu drücken. Ich hatte Dessies Nummer gespeichert.

Als sie sich meldete, hielt Jackie mir das Telefon ans Ohr, damit ich fahren konnte.

»Dessie«, sagte ich, »hier ist Ford Newcombe. Ich habe jetzt keine Zeit, ins Detail zu gehen, aber ich muss jemanden finden, und zwar sehr schnell. Eine Frau mit zwei blonden Kindern, einem Jungen von etwa sechs Jahren und einem Mädchen, das noch nicht laufen kann. Im Garten ihres Hauses steht ein rosa Flamingo, und der Zaun ist mit Geißblatt überwuchert.«

»Und eine Schaukel«, sagte Jackie.

»Und eine Schaukel«, sagte ich ins Telefon.

Dessie hielt mich nicht mit Fragen auf. Sie überlegte kurz und sagte dann: »Oak. Am Ende der Maple Street.«

Wir waren endlich wieder auf einer asphaltierten Straße. Der Regen hatte fast aufgehört. Ich suchte nach einem Straßenschild. »Wir sind jetzt an der Ecke Sweeten Lane und Grove Hollow. Wie geht's weiter?«

»Biegen sie nach rechts in die Sweeten Lane und fahren Sie bis zur Shell-Tankstelle«, sagte Dessie. »Sehen Sie ein Stoppschild?«

»Ja.«

»Fahren Sie nach links, zwei Blocks. Sind Sie jetzt an der Ecke Pinewood?«

»Ja.«

»Nach rechts. Es ist das Haus am Ende der Straße auf der linken Seite.«

»Ich sehe es!« Jackie hatte das Fenster heruntergedreht und streckte den Kopf hinaus in den Nieselregen. »Ich sehe die Schaukel und den Flamingo. Und ... und den Zaun mit dem Geißblatt.«

»Dessie«, sagte ich, »wir sehen uns morgen.« Ich versprach nicht, ihr alles zu erklären; ich trennte einfach die Verbindung. Vor dem Haus am Ende der Straße hielt ich an. Jackie und ich sahen einander an. Die Frage *Was machen wir jetzt?* hing unausgesprochen zwischen uns.

»Vielleicht sollten wir ...«, sagte Jackie.

Ich stieg aus, aber ich hatte keine Ahnung, wie es weitergehen sollte. Ich ging zur Haustür, dicht gefolgt von Jackie, und hoffte auf irgendeine Eingebung. Als ich angekommen war, drehte ich mich zu ihr um, damit sie mir Mut machen konnte, und dann holte ich tief Luft und läutete. Wir hörten Schritte, aber dann klingelte ein Telefon, und eine Frauenstimme rief: »Augenblick bitte.«

»Das Telefon«, flüsterte Jackie.

Ich drehte vorsichtig am Türknauf, aber die Tür war abgeschlossen.

Einen Augenblick später lief Jackie um das Haus herum zur Rückseite. Ich blieb ihr auf den Fersen. Die Hintertür war unverschlossen, und auf Zehenspitzen schlichen wir uns hinein. Wir hörten die Frau lachen, und als wir weiter in die Küche hineingingen, sahen wir sie im Profil durch eine Tür, die ins vordere Zimmer führte. Auf dem Herd stand der Topf, und daneben hing das Küchenhandtuch. Und das Handtuch brannte, und die Flammen leckten zu einem Bord mit Topflappen und getrockneten Blumensträußen hinauf, lauter leicht brennbaren Sachen.

Ich riss das Handtuch herunter, warf es in die Spüle und ließ Wasser darüber laufen.

Als ich mich umdrehte, stand ein kleiner Junge in einem Cowboy-Schlafanzug in der Tür. Er rieb sich die Augen und schaute Jackie und mich an. Jackie legte einen Finger an die Lippen, damit das Kind still blieb. Wir schlichen uns durch die Küche und zur Hintertür hinaus, und dann rannten wir um das Haus herum zum Truck.

12 – Jackie

Vielleicht war ich eifersüchtig auf Dessie, aber das glaube ich nicht. Zunächst mal – warum sollte ich eifersüchtig sein? Wenn ich rasend verliebt in Ford Newcombe wäre und irgendeine Frau ihn mir wegnehmen wollte – ja, dann wäre ich *sehr* eifersüchtig. Oder wenn Dessie die Sorte Frau wäre, die für einen Mann »sorgen« will (im alten Südstaatensinne, der besagt, dass sie ihn vorn und hinten bedient), und ich deshalb um meinen Job fürchten müsste, dann würde ich wahrscheinlich versuchen, etwas dagegen zu unternehmen.

Aber Dessie Mason war nicht so. Stimmt, ich konnte mir vorstellen, dass sie Ford heiratete und dann annahm, ich sei ihre Sklavin. Natürlich würde sie mich aus dem besten Schlafzimmer hinauswerfen und in der Dienstbotenkammer unter dem Dach einquartieren, aber dass sie mich entließ, konnte ich mir nicht vorstellen. Nein, ich arbeitete zu viel, als dass sie mich feuern würden. Ich führte den Haushalt, ich organisierte Fords gesellschaftliches Leben, war seine Köchin und Einkaufsbeauftragte. Ich war bei ihm für alles zuständig außer für Sex – und *den* Job würde Dessie sicher übernehmen.

Warum also sollte ich eifersüchtig sein, wie ich es nach Fords Meinung war? Das gab er mir jedenfalls dauernd zu verstehen; er grinste mich so oft mit hochgezogener Braue an, dass ich schon um sein Gesicht fürchtete.

Das Problem, das ich an jenem ersten Tag sofort sah, bestand eher darin, dass Dessie ihn ins Visier genommen hatte und dass es ihre feste Absicht war, ihn zu bekommen. Und wenn sie ihn erst hätte, würde sie ihm das Leben ganz sicher zur Hölle machen.

Ja, Dessie war schön. Genau genommen war sie mehr als schön. Sie war prachtvoll. Ich konnte mir vorstellen, dass ihr im Laufe der Jahre Tausende von Männern ihre unsterbliche Liebe geschworen hatten. Meiner persönlichen Meinung nach hatte sie L.A. verlassen, weil es dort zu viele schöne Frauen gab. Ihre Schönheit im Verein mit ihrem beeindruckenden Talent als Bildhauerin machte sie zur Königin von Cole Creek. Die Leute dort sprachen ihren Namen nur im Flüsterton aus.

Und jetzt hatte Dessie also beschlossen, dass sie meinen Boss haben wollte, und ich hatte keinen Zweifel daran, dass sie ihn auch kriegen würde. Ford war gescheit, wenn es um Bücher ging, aber was Frauen betraf, schien es mit seiner Klugheit nicht so weit her zu sein. Als Dessie am ersten Abend zu uns zum Essen kam, war er hinter ihr her wie ein Rüde hinter einer läufigen Hündin. Ehrlich gesagt, ich fand es abscheulich.

Als Erstes legte Dessie einen riesigen Auftritt hin und zeigte Ford eine Figur, die sie gemacht hatte. Okay, sie war gut, und vielleicht war es kleinlich, dass ich es anmaßend von ihr fand – aber meiner Meinung nach gehörte es sich nicht, ohne seine Erlaubnis eine Plastik von Fords verstorbener Frau und Schwiegermutter anzufertigen.

Aber wenn sie es schon mal getan hatte, warum zeigte sie ihm das Werk nicht unter vier Augen? Warum musste sie vor allen Leuten eine große Vorstellung geben und Ford dazu bringen, dass er heulte wie ein Baby? Dem armen Mann kullerten die Tränen über die Wangen, vom ersten Augenblick an.

Ich bin jetzt sicher zynisch, aber ich wette, sie hatte noch nie ohne Auftrag eine Skulptur für einen *armen* Mann geschaffen. Es war ein allzu großer Zufall, dass Ford reich war und dass sie ein 3D-Porträt zweier Frauen gemacht hatte, über die er eine Million Worte voller Liebe geschrieben hatte.

Als er mir erzählte, dass er sie am Sonntag besuchen würde, um über einen Bronzeguss dieser Skulptur zu sprechen, war ich gespannt, wie viele Stücke er danach noch bei ihr in Auftrag geben würde. Ford und Tessa hatten den Garten bereits mit ungefähr fünfzig scheußlichen kleinen Zementfiguren vollgestellt, und ich hatte bemerkt, wie Dessie sie mit kalkulierendem Blick betrachtete. Wahrscheinlich plant sie schon, wie sie die Dinger durch ihre eigenen Sachen ersetzen wird, dachte ich, und dafür wird sie Ford dann sechsstellig berappen lassen.

Aber das alles ging mich nichts an, sagte ich mir. Es war Fords gutes Recht, mit einer Frau eine Affäre zu haben oder sie zu heiraten, wenn er Lust dazu hatte. Meine Aufgabe war es – tja, um ehrlich zu sein, fragte ich mich allmählich, worin meine Aufgabe eigentlich genau bestand.

Jedes Mal, wenn ich im Laufe der letzten Woche das Wort »Recherche« aussprach, hatte Ford das Thema gewechselt. Er behauptete, er arbeite an etwas anderem, und auf die Teufelsgeschichte werde er »später« zurückkommen.

Aber ich hatte das Gefühl, in Wirklichkeit hatte er Angst

um mich. Und da wir beide zu dem Schluss gekommen waren, dass meine Teufelsgeschichte wahrscheinlich auf etwas basierte, das ich als Kind mitangesehen hatte, war ich nicht unglücklich, als er die Sache nicht weiter verfolgte.

Außerdem war ich glücklich mit der Arbeit an meinem Atelier. Und – okay – ich war glücklich mit Ford. Er konnte sehr witzig sein, und bei allem, was mit Büchern zu tun hatte, war er ein wunderbares Gegenüber. Jeden Abend, wenn ich das Essen machte, las er mir aus einem der vielen Bücher über Fotografie vor, die er bestellt hatte, und wir lernten dabei beide eine Menge.

Und seine Großzügigkeit kannte keine Grenzen. Ich stellte eine Liste der wichtigsten Dinge zusammen, die ich für mein Fotostudio brauchte, aber Ford ergänzte und verbesserte sie, bis mir übel wurde, als ich den Gesamtpreis sah. »Das kann ich Ihnen niemals zurückzahlen«, sagte ich und gab ihm die Liste zurück.

Ford zuckte die Achseln. »Da finden wir schon eine Möglichkeit.«

Anfangs hätte ich angenommen, er redete von Sex, aber inzwischen hatte ich begriffen, dass Ford nicht in solchen Kategorien an mich dachte. Tatsächlich glaubte ich allmählich, er sah in mir die Tochter, die er nie gehabt hatte. Und um ehrlich zu sein: So langsam deprimierte mich das. Schön, vielleicht hatte ich, als ich ihn kennenlernte, ziemlich beinhart darauf bestanden, dass es zwischen uns keinen Sex geben würde. Aber da war ich auch mit Kirk verlobt gewesen, und als ich mit Ford nach Cole Creek aufgebrochen war, war ich soeben von einem Mann beklaut worden. Da war mein Misstrauen gegen Männer vielleicht verständlich. Aber mittlerweile … na ja, mittlerweile fand ich ihn eigentlich ziemlich attraktiv. Aber seit wir in Cole Creek waren, war er hinter anderen Frauen her gewesen, erst hinter Rebecca, jetzt hinter Dessie. Und ich durfte immer nur seine Assistentin und seine Geschäftspartnerin sein.

Am Samstag war unser kleiner Haushalt in Aufruhr. Zunächst mal hatte ich schlechte Laune, weil Ford sich am Abend zuvor wegen Dessie zum Narren gemacht hatte. Es störte mich nicht, dass er vor allen Leuten geweint hatte – das war ja irgendwie süß –, aber es störte mich durchaus, dass er nicht aufhörte, sie anzustarren. Sie trug ein Kleid, das von ihren gewaltigen Brüsten so viel zeigte, wie gerade noch legal war, einen breiten Gürtel, der ihre zunehmende Taille einschnürte, und einen weiten Rock, der einen Hintern zu tarnen versuchte, der einen Umfang von mindestens hundertzwanzig Zentimetern hatte. Dessie redete und lachte den ganzen Abend, aber Ford saß bloß da, nuckelte an einem Bier und schaute sie an. Er starrte auf ihre kleinen pinkfarbenen Zehennägel, bis ich den Stuhl wegzog, auf den sie die Füße gelegt hatte. Da musste sie ihre lackierten Zehen unter dem Tisch verstecken.

Aber – nein, ich glaube nicht, dass ich eifersüchtig war. Ich glaube, wenn Dessie sich benommen hätte wie eine Frau, die dabei war, sich zu verlieben, hätte mich das glücklich gemacht.

Selbst wenn ich gesehen hätte, dass sie scharf auf Ford war, wäre das okay gewesen. Aber Allie hatte mir erzählt, alle in Cole Creek wüssten, dass Dessie mit ihrem fünfundzwanzigjährigen Gärtner ins Bett ging.

Einmal sah ich, wie sie Nate anschaute, und sofort rückten Nates Großmutter und ich zwischen sie und den wunderschönen Jungen. Als Dessie da lachte, war es die einzige ehrliche Regung, die ich während des ganzen Abends in ihrem Gesicht sah.

Jedenfalls – am Samstagmorgen hatte ich schlechte Laune, und deshalb beschloss ich, meine Kamera einzupacken und ein paar Blumen zu fotografieren. Aber als ich gerade losziehen wollte, kreuzte Ford auf und bestand darauf, mitzukommen.

Er hat ein paar gute Seiten, aber er kann einen auch zur Raserei bringen wie kein zweiter Mann auf Erden. Als ich ihn schließlich ausgerüstet hatte, stand die Sonne hoch am Himmel. Das bedeutete, ich würde keine interessanten Schatten auf den Blumen mehr bekommen. Ich wünschte von ganzem Herzen, ich hätte ihn den Tag mit Dessie verbringen lassen. Sollte sie doch mit ihm machen, was sie wollte.

Und es kam noch schlimmer. Als wir endlich auf dem Pfad waren, maulte er bei jedem Schritt. Wir gingen höchstens eine Meile weit den Berg hinauf, aber wenn man Fords Gemecker hörte, hätte man glauben können, wir seien auf einem Dreißig-Meilen-Survival-Marsch. Er aß und trank ununterbrochen, er grunzte und ächzte bei jedem Zweiglein, das auf seinem Weg lag, und er winselte sogar wegen der Spinnweben, die er ins Gesicht bekam. Am liebsten hätte ich ihn geohrfeigt!

Am Ende aber war es doch gut, dass er dabei war, denn ich hatte wieder einen Katastrophentraum. Nur, dass ich diesmal wach war. Einigermaßen wach jedenfalls. Ich glaube, ich hatte einen kurzen Blackout. Als ich zu mir kam, hatte Ford ein Feuer angezündet und einen Becher Wasser heißgemacht und fing an, mich mit einem dieser pseudonahrhaften Riegel zu füttern, die er dutzendweise in sich hineinstopft.

Er war es, der auf den Gedanken kam, dass ich wieder eine Vision gehabt hatte, und kaum hatte er es ausgesprochen, wusste ich, er hatte Recht.

Noch dreißig Minuten vorher hatte er mit der Energie einer toten Schnecke auf dem Boden gelegen, und plötzlich legte er los wie ein Düsentriebwerk. Er schnappte sich beide Rucksäcke, hängte sich einen auf den Rücken und einen vor die Brust, und dann rannte er zurück zum Truck. Ja, er *rannte*.

Als er losfuhr, musste ich mich festhalten, als ginge es ums liebe Leben. Er stellte mir eine Million Fragen nach meiner Traum-Vision, aber ich konnte mich kaum konzentrieren, weil ich Angst hatte, der Truck würde sich überschlagen. Und was mich wirklich erstaunte, war die Tatsache, dass er dabei nur eine Hand am Steuer hatte und daran anscheinend überhaupt nichts Ungewöhnliches fand. In allen seinen Büchern ließ er keinen Zweifel daran, dass er (in seiner fiktionalen Gestalt) nicht so war wie seine Verwandten, die Rednecks, aber an diesem Tag fehlten nur noch eine Zigarette im Mundwinkel und eine Schrotflinte im Rückfenster, und ich hätte ihn gegen jeden Billy Joe Bob in den USA antreten lassen.

Obwohl ich mir mehrmals den Kopf an der Decke stieß, gelang es mir, mit seinem Handy Dessie anzurufen. Sie rief ich an, weil ich sicher war, dass sie sich für nichts interessierte außer für sich selbst. Allie hätte mir hundert Fragen gestellt, von denen ich keine beantworten wollte.

Dank Dessie fanden wir das Haus meiner Traum-Vision

in Rekordzeit, und wir schlichen uns zur Hintertür hinein und löschten das Feuer, bevor alles in Flammen aufgehen konnte.

Ich muss sagen, die ganze Sache war berauschend. Die wilde Autofahrt, und dann die erfolgreiche Rettung der beiden Kinder ... na ja, um ehrlich zu sein, es törnte mich an. Am liebsten hätte ich mir die Kleider vom Leib gerissen, mich von oben bis unten mit Champagner begossen und dann Sex gehabt, bis die Sonne aufging. Mit Ford. Ja, das schockierte mich auch ein bisschen, aber als wir lachend nach Hause fuhren, sah es wirklich ein bisschen so aus, als könnten wir es am Ende miteinander treiben. Vielleicht nicht die ganze Nacht – bei einem Mann seines Alters und seiner Kondition –, aber doch ...

Auf meine Anregung hin machten wir unterwegs halt und holten uns Pizza und Bier zum Mitnehmen, und ich überlegte mir, wie ich am besten vorschlagen könnte, dass wir doch ... Hm ... Aber als wir bei unserem schönen Haus ankamen, saß Dessie mit einem Korb Champagner und geräucherten Austern vorn auf der Veranda und erzählte, sie sei fast krank vor Sorge um Ford gewesen. Ihr Akzent war jetzt noch mehr der einer klassischen Südstaatenschönheit, und sie hatte es sogar geschafft, den Gürtel noch ein Loch enger zu schnallen. Ich fragte mich, ob sie sich eine Darmspülung hatte machen lassen.

Ford warf mir einen Was-soll-ich-machen?-Blick zu, und ich sagte, ich sei müde und wolle ins Bett. Er wollte mir väterlich kommen, aber ich schob seine Hand von meiner Stirn und ging nach oben. Ich musste alle meine Fenster schließen, um Dessies exaltiertes Lachen nicht zu hören, während sie und Ford fast die ganze Nacht auf der Veranda saßen und plauderten.

Auch wenn ich nicht eifersüchtig war – am Sonntag war ich doch einsam. Weil er so lange aufgeblieben war, stand Ford erst gegen Mittag auf, und auch dann sah ich, dass er mit seinen Gedanken woanders war. Ich machte ihm ein großes Käse-Omelette, stellte ihm den Teller hin und ging in den Garten, um eins der neuen Bücher über Fotografie noch einmal zu lesen.

Ich hatte vorgehabt, in die Kirche zu gehen, aber ich war so faul, dass ich kein echtes Interesse dafür aufbrachte.

Gegen halb eins rief ich Allie an, aber sie meldete sich nicht.

Während das Telefon noch klingelte, hörte ich Fords Wagen. Ich schaute aus dem Fenster und sah ihn wegfahren. Er hatte nicht mal auf Wiedersehen gesagt!

Ich sank auf den kleinen Polsterhocker neben dem Telefon und fühlte mich plötzlich allein gelassen.

Nein, eigentlich kam ich mir zum ersten Mal vor wie eine Angestellte. Ja, ich weiß, er zahlte mein Gehalt, aber trotzdem ...

Es war absurd, und ich wusste, dass ich mich aufführte wie ein kleines Kind, aber zum ersten Mal, seit wir hier waren, waren Ford und ich nicht zusammen. Ob Dessie ihm ein göttliches Essen kochen würde? Würde sie eine schwarze Stierkämpferhose und eine rote Bluse tragen? Würde sie ihm ein metertiefes Dekolleté präsentieren?

Ich tat einen tiefen Seufzer voller Abscheu gegen mich selbst. Dafür, dass ich nicht eifersüchtig war, benahm ich mich jedenfalls auffallend so, als wäre ich es.

Vielleicht hatte ich nur Langeweile. Ich rief bei Nate an. Vielleicht hatten er und seine Großmutter Lust, zum Lunch zu kommen, oder sie würden mich zu sich einladen. Die Großmutter war eine nette Frau, und es hatte mir Spaß gemacht, Ford zu erzählen, dass sie in seinem Alter war. Ford hatte geantwortet, er werde sie trotzdem nicht heiraten, und folglich werde Nate nicht das Zimmer mit mir teilen müssen. Ich könne meine Versuche ruhig aufgeben. Und wie immer hatten wir zusammen gelacht.

Bei Nate meldete sich auch niemand.

»Wo sind denn alle?«, fragte ich laut. Gab es wieder eine Tea Party, und ich war nicht eingeladen? Vielleicht war Ford jetzt da, dachte ich. Vielleicht gingen er und Dessie ohne mich auf die Party.

Ich musste mich zusammenreißen. Und ich musste eine Beschäftigung finden, die nichts mit anderen Leuten zu tun hatte. Mit anderen Worten: Ich musste fotografieren.

Ich zögerte und musste ein Gefühl der Panik niederkämpfen. Was wäre, wenn ich in den Wald ginge und wieder eine Vision hätte? Wer würde mir helfen, wenn ich noch einen solchen Blackout hätte? Und was noch wichtiger war: Wer würde mir helfen, das Entsetzliche zu verhindern, das ich sah?

Ich blieb einen Moment sitzen und hielt mir selbst einen Vortrag über Abhängigkeit. Ich hatte sechsundzwanzig Jahre herrlich und in Freuden gelebt, bevor ich Ford Newcombe kennenlernte. Also konnte ich jetzt wohl einen Nachmittag ohne ihn verbringen.

Ich stand auf und ging hinauf in mein Zimmer. So leer wie jetzt kam mir das Haus zu groß und zu alt vor, und es knarrte zu sehr. Es war, als hörte ich aus jeder Ecke ein Geräusch. Der Kammerjäger hatte die Bienen beseitigt, aber jetzt fragte ich mich, ob auf dem Dachboden vielleicht Wespen waren. Oder Vögel.

Ich sah nach, ob in meinem großen Kamerarucksack Batterien und Filme waren, und dann trug ich ihn nach unten. Ich wusste nicht, wohin ich gehen wollte, nur raus!

Ich brauchte nur eine Meile weit auf einer schmalen Straße zu gehen und kam zu einem Schild mit der Aufschrift »Wanderweg«. Es sah handgeschnitzt aus – und vielleicht war es das auch –, und es gab einem das Gefühl, auf eine abenteuerliche Wanderung zu gehen.

Der Weg war breit und ausgetreten, die nackte Erde festgestampft, und die bloßliegenden Baumwurzeln waren von ungezählten Füßen blank poliert. Warum erinnere ich mich nicht an diesen Pfad?, dachte ich und musste dann lachen. Ich fand es unheimlich, wenn ich mich an Dinge erinnerte, und ich war verwundert, wenn ich es nicht tat.

Schon nach wenigen Minuten hatte ich Blumen gefunden, die sich festzuhalten lohnten. Ich setzte meine F100 auf das Stativ, legte einen Fuji Velvia ISO 50 ein und fotografierte ein paar Klapperschlangen-Wegerichstauden, die an einem sonnenbeschienenen Fleckchen standen. Ich drückte auf den Drahtauslöser und hielt den Atem an, damit kein Lufthauch ein Blatt bewegen und das Bild verschwommen machen konnte. Es war in diesem Moment absolut windstill, und so konnte ich auf konturscharfe Fotos hoffen.

Ich fotografierte gern Blumen. Ihre leuchtenden Farben befriedigten das Kind in mir, das immer noch die grellsten

Buntstifte in der Schachtel am liebsten hatte. Ich konnte Bilder in strahlendem Rot und Rosa und Grün anschauen und immer noch das Gefühl haben, ich hätte etwas »Natürliches« geschaffen.

Wenn ich Menschen fotografierte, gefiel mir das Gegenteil. Der Ausdruck auf den Gesichtern und die Gefühle, die sich darin zeigten, waren für mich die pyrotechnische »Farbe« solcher Fotos. Aber ich fand, dass Farbfilm die Aufmerksamkeit zu oft auf eine zu rote oder altersfleckige Haut lenkte und die Gefühle verbarg, die ich zeigen wollte. Und wie konnte man ein Kindergesicht anschauen, wenn es mit einem T-Shirt konkurrieren musste, auf dem vier orangerote Nashörner tanzten?

Im Laufe der Jahre hatte ich gelernt, meine Lust auf Farbe mit Fotos von bunten Blumen zu stillen, und dazu benutzte ich Filme von feinster Körnung. So konnte ich ein Staubfädchen auf 9×12 vergrößern und hatte immer noch ein gestochen scharfes Bild. Und meiner Vorliebe für das Innenleben anderer Menschen frönte ich mit Schwarzweißfilm – echtem Schwarzweißfilm, der noch in Handarbeit entwickelt und nicht durch eine riesige Maschine genudelt wurde.

Ich verschoss vier Rollen Velvia und zwei Ektachrome, und dann packte ich zusammen und machte mich auf den Heimweg. Es war kurz vor vier, und ich war hungrig und durstig, aber ich hatte nichts zu essen dabei. Vermutlich hatte ich mich in den vergangenen Wochen daran gewöhnt, mit Ford zusammen zu sein; wo immer er hinging, waren Essen und Trinken nicht weit entfernt.

Ich gestattete mir einen tiefen Seufzer voller Selbstmitleid, als ich meinen Rucksack schulterte und auf dem Pfad zurückging. Aber in Wahrheit ging es mir besser. Ich fühlte mich nicht mehr einsam, und ich war nicht mehr wütend auf Ford. Ich hatte einen schönen Nachmittag verbracht, und ich war sicher, dass ich ein paar gute Bilder gemacht hatte. Vielleicht könnte ich ja eine Serie von Ansichtskarten zusammenstellen und an Touristen verkaufen, die durch die Appalachen reisten, dachte ich.

Oder vielleicht ...

Ich blieb stehen und sah mich um. Ich erkannte die Gegend nicht mehr. Vor mir floss ein schmaler Bach, aber ich wusste, dass ich auf dem Herweg keinen Bach überquert hatte. Ich machte kehrt und suchte den Wanderpfad, auf dem ich gekommen war – und die ganze Zeit malte ich mir aus, wie leid es Ford Newcombe tun würde, wenn die Nationalgarde alarmiert werden müsste, damit sie nach mir suchte. »Ich hätte sie niemals allein lassen dürfen«, würde er dann sagen.

Ich ging ungefähr zwanzig Minuten geradeaus, aber ich sah nichts, woran ich mich erinnern konnte. Ich fing an, mir Sorgen zu machen, als ich nach links schaute und die Sonne auf etwas Beweglichem blitzen sah.

Neugierig, aber auch ein bisschen ängstlich, weil ich nicht wusste, wo ich war, verließ ich den Weg und ging in den Wald hinein. Ich bemühte mich, so leise wie möglich auf dem weichen Boden zu gehen, und machte tatsächlich kaum ein Geräusch. Im Wald war es ziemlich dunkel; es gab viel Unterholz, aber vor mir sah ich Sonnenschein. Wieder blitzte etwas auf, und das Herz schlug mir bis zum Hals. Was würde ich gleich sehen? Der Gedanke an Jack the Ripper und ein blitzendes Messer ging mir durch den Kopf.

Als ich den Rand des Waldes erreichte und durch die Bäume sehen konnte, hätte ich beinahe laut gelacht. Vor mir lag ein Garten. Ein alter Zaun auf der anderen Seite brach fast zusammen unter der Last der pinkfarbenen Rosen, die ihn überwucherten. Ein leichter Wind kam auf, und Rosenblätter wehten sanft flatternd zu Boden.

Das Gras war vor kurzem gemäht worden, und es duftete so himmlisch, dass ich für einen Moment die Augen schloss. Der Wald, in dem ich war, begrenzte den Garten zur einen Seite, der Zaun zur zweiten und zur dritten. Auf der vierten Seite, rechts von mir, wuchsen schattige Bäume so dicht, dass ich das Haus nicht sehen konnte, das vermutlich ein Stück weiter oben auf einer Anhöhe stand.

Aber in Wahrheit hätte da oben das Weiße Haus stehen können, und ich hätte es nicht gesehen. Ich war abgelenkt.

Unter einem riesigen Schattenbaum stand eine hölzerne Parkbank, und darauf saß ein Mann. Ein sehr, sehr gut aussehender Mann, groß und schlank. Sein Nacken ruhte auf der Lehne, und er hatte die langen Beine vor sich ausgestreckt. Er trug Bluejeans, graue Wanderstiefel und ein dunkelblaues Jeanshemd mit Druckknöpfen. Sein dichtes Haar war rabenschwarz – und es sah nicht gefärbt aus. Das silbrige Blitzen, das ich gesehen hatte, kam von einem Becher. Er trank etwas Heißes, Dampfendes aus dem Deckel einer großen Aluminium-Thermosflasche, die zu seinen Füßen auf dem Boden stand.

Daneben lag eine blaue Segeltuchtasche, aus der ein langes, krustiges französisches Brot ragte. Und neben dieser Segeltuchtasche sah ich – ich hielt den Atem an und riss die Augen so weit auf, dass sie wehtaten – eine Billingham-Kameratasche. Billingham-Taschen wurden in England hergestellt, und sie sahen aus wie etwas, das der Herzog von Dingsda mit sich herumtrug, ererbt von seinen Ahnen. Prinz Charles hat mal gesagt, er glaube nicht, dass irgendjemand Tweedjacken wirklich kaufe. Eine Tweedjacke sei etwas, das man einfach habe. So sahen Billingham-Taschen aus: Als wären sie immer schon da gewesen. Sie waren aus Segeltuch und Leder und hatten Messingschnallen. Und um Prinz Charles wieder beiseite zu lassen – die Wahrheit war, dass man Billingham-Taschen durchaus kaufen konnte, aber genau wie Tweedjacken kosteten sie ein Heidengeld.

Ich lauerte wie eine Voyeurin zwischen den Bäumen und gierte nach seiner großen Kameratasche, als ich spürte, dass der Mann mich anschaute. Und richtig, als ich aufblickte, sah er mich an. Ein leises Lächeln spielte auf seinen Lippen, und der Blick seiner dunklen Augen war warm.

Ich wurde um mindestens vier Schattierungen roter und wollte mich in den Wald zurückflüchten. Wie ein Einhorn, dachte ich. Aber Einhörner wussten wahrscheinlich, wie sie aus dem Wald hinausfanden.

Ich holte tief Luft und versuchte, so zu tun, als sei ich erwachsen, als ich auf ihn zuging. »Ich wollte Sie nicht beobachten«, sagte ich. »Ich wollte nur ...«

»Sicher sein, dass ich nicht der örtliche Massenmörder bin?«

Von vorn betrachtet, sah er noch besser aus, und er hatte eine wunderschöne Stimme, volltönend und weich. O nein, dachte ich. Ich sitze in der Tinte.

Er rückte auf der Bank zur Seite und winkte mir, neben

ihm Platz zu nehmen. Er war auf eine kultivierte, elegante Art so schön, dass ich mich zwang, die Rosen anzuschauen, als ich den Rucksack abnahm. »Die sind hübsch, nicht wahr?«

»Ja.« Er schaute zu den Blumen hinüber. »Ich wusste, dass sie jetzt blühen. Deshalb bin ich eigens heute hergekommen.«

Ich stellte meine Vinyl-und-Segeltuch-Kameratasche auf den Boden neben seine Billingham. Es sah aus wie ein Statement: Neue Welt und Alte Welt.

Ich setzte mich ans äußerste Ende der Bank und schaute weiter zu den Rosen hinüber. Aber der Mann befand sich zwischen ihnen und meinen Augen, und deshalb schweifte mein Blick ab.

Er wandte sich mir zu. Seine Augen funkelten, und sein Lächeln war bezaubernd. Als ich Ford besser kennengelernt hatte, hatte ich mich an seine Blicke gewöhnt, aber vor diesem Mann fühlte ich mich wie ein pickliger Teenager, allein mit dem Captain des Football-Teams.

»Sie müssen Jackie Maxwell sein«, sagte er.

Ich stöhnte. »Eine kleine Stadt.«

»O ja. Sehr klein. Ich bin Russell Dunne.« Er streckte mir die Hand entgegen.

Ich schüttelte sie kurz und ließ sie wieder los. Das war genug Selbstdisziplin für dieses Jahr, dachte ich. Diese große, warme Hand loszulassen war nicht leicht gewesen.

»Ist das Ihr Haus da oben?« Ich drehte mich um und spähte zwischen den Bäumen hindurch, aber ich sah nur noch mehr Bäume.

»Nein«, sagte er. »Nicht mehr wenigstens.«

Ich hätte gern gefragt, was er damit meinte, aber ich tat es nicht. Ich fühlte mich so stark von diesem Mann angezogen, dass es wie ein elektrischer Strom durch meinen Körper ging.

»Sie haben nicht vielleicht Hunger? Ich habe zu viel Proviant mitgebracht; entweder wird es aufgegessen, oder ich muss es zurückschleppen.« Er sah mich unter langen, kräftigen Wimpern hervor an. »Es ist schwer. Sie würden mir helfen, wenn Sie es mit mir teilen würden.«

Was sollte ich machen? Mich weigern, ihm zu helfen?

Ha ha.

»Gern«, sagte ich, und im nächsten Moment stand er vor mir und streckte sich. Ja, klar, er gab mit seinem zum Umfallen hinreißenden, sexy Körper an, aber trotzdem ...

Ich zwang mich, nicht länger hinzustarren, als er seine Tasche aufhob und ein rot-weiß kariertes Tischtuch herausnahm. Ich wusste, dass dieses Muster ein bisschen abgeschmackt war, aber auf dem dunkelgrünen Gras sah es trotzdem perfekt aus.

»Helfen Sie mir?«, fragte er und setzte sich an die eine Seite des Tuches.

Einen geradezu peinlich winzigen Augenblick später saß ich vor dem Tuch, genau wie er den prachtvollen Rosen zugewandt, und arrangierte die Sachen, die er aus seiner Tasche nahm.

Ich muss sagen, er hatte wirklich eine Menge in diese Tasche hineingekriegt. Es gab sogar eine kalte Flasche Weißwein und zwei Kristallgläser – von der Sorte, die »ping« macht, wenn man damit anstößt – und Teller von Villeroy und Boch. Und das Essen war wundervoll: diverse Käse, Paté, Oliven, verschiedene Päckchen mit kaltem Fleisch und drei Sorten Salat.

»Das ist wie mit den fünf Broten und zwei Fischen«, sagte ich.

Er hörte mit dem Auspacken auf und sah mich verständnislos an. »Wie meinen Sie das?«

Er hatte offenbar nicht viel Zeit in der Kirche verbracht. Also erzählte ich ihm, wie Jesus die Menge mit ein paar Fisch-Sandwiches gefüttert hatte.

Die Geschichte schien ihn zu erheitern. Er lächelte. »Nichts Biblisches. Nur ein geübter Einpacker.«

Bei jedem anderen hätte ich angenommen, mein Witz sei danebengegangen, aber sein Lächeln war so freundlich, dass ich es erwiderte. Er schenkte uns Wein ein, brach ein paar Stücke von dem Baguette ab und reichte mir einen Teller mit Käse und Oliven. Es war genau die Art Mahlzeit, die ich am schönsten fand.

Nachdem wir ein bisschen gegessen hatten, lehnte ich mich zurück, stützte mich auf einen Ellenbogen, trank meinen köstlichen Wein und betrachtete die Rosen. »Erzählen Sie mir von sich«, sagte ich.

Er lachte, und der Klang war so voll und sahnig wie der Brie. »Viel lieber wäre mir, wenn Sie mir erzählen, worauf ganz Cole Creek schrecklich neugierig ist. Was ist zwischen Ihnen und Ford Newcombe?«

Verblüfft sah ich ihn an. »Wieso interessiert das irgendjemanden?«

»Aus dem gleichen Grund, weshalb Sie alles über mich wissen wollen.«

»Touché.« Ich lächelte und fing an, mich zu entspannen. Seine körperliche Anziehungskraft war so stark, dass ich auf mein gutes Benehmen nicht vertrauen konnte, aber ich beruhigte mich doch allmählich so weit, dass ich wieder denken und reden konnte. »Also, wer fängt an?«

»Wie wär's mit Schere, Papier und Stein?«, schlug er vor, und ich lachte wieder. Auf diese Weise hatten mein Vater und ich oft geklärt, wer die lästigeren Aufgaben zu übernehmen hatte.

Ich gewann. »Wer sind Sie? Warum waren Sie nicht auf der alljährlichen Tea Party von Cole Creek, und was ist mit Ihrem Haus da oben passiert?« Bei der letzten Frage spähte ich blinzelnd in den tiefen Schatten des Waldes.

»Okay.« Er kaute, schluckte und und klopfte sich die Krümel von den Händen. Dann stand er auf, verbeugte sich vor mir und legte einen Finger an die Schläfe. Ich wusste, jetzt imitierte er Jack Haley, den Blechmann aus dem *Zauberer von Oz* – einem meiner Lieblingsfilme.

»Russell Dunne«, sagte er. »Vierunddreißig Jahre alt. Außerordentlicher Professor für Kunstgeschichte an der University of North Carolina in Raleigh. Ich habe in Cole Creek gewohnt, bis ich neun war, und nach unserem Umzug waren wir noch manchmal hier auf Verwandtenbesuch. Meine Mutter ist in dem Haus aufgewachsen, das da oben stand, aber es ist vor ungefähr zehn Jahren abgebrannt. Ich war verheiratet, aber jetzt bin ich Witwer, ich habe keine Kinder und eigentlich keine echte Bindung. Auf der Party war ich nicht, weil ich nicht hier wohne und in der Stadt nicht als zugehörig gelte.« Er sah mich mit lachenden Augen an. »Sonst noch was?«

»Was ist in der Billingham?«

Aus seinem Lachen wurde gespielte Ernsthaftigkeit. »Jetzt

kommen wir zu Ihrem wahren Interesse an mir. Und dabei dachte ich, es ist mein Charisma. Oder wenigstens der Käse.«

»Tja«, sagte ich und war froh, so tun zu können, als überlegte ich nicht bereits, wen ich als Brautjungfern nehmen wollte. »Was für eine Ausrüstung haben Sie da drin?«

Er ging zur Bank, holte die große Tasche, stellte sie auf den Rand des karierten Tischtuchs und nahm eine Kamera heraus, die ich nur aus Katalogen kannte: eine Nikon D1-X.

»Digital?«, sagte ich, und ich hörte den verächtlichen Unterton in meiner Stimme. Ich schätzte die automatische Entfernungseinstellung an meinen Kameras, aber das war für mich die Grenze des Modernen. Ich hasste Zoom-Objektive, weil ich fand, dass sie keine so klaren Bilder brachten wie ein starres Objektiv. Und was Digitalkameras anging – die waren was für Eigenheimbesitzer. Obwohl ich wusste, dass seine nackte Kamera – ohne Objektiv – ein paar tausend Dollar im Großhandel kostete, war es in meinen Augen doch keine »richtige« Kamera.

Er richtete die Kamera auf die sonnenbeschienenen Rosen, drückte zwei Mal auf den Auslöser, öffnete dann eine Klappe an der Seite und zog eine Plastikkarte heraus. Während ich meinen Wein trank, holte er ein kleines Gerät aus seiner Tasche – zwei davon hätten in einen Schuhkarton gepasst. Zuerst hielt ich es für einen tragbaren DVD-Player und fragte mich, was für einen Film er mir jetzt zeigen wollte. Hoffentlich war er nicht allzu erotisch, denn sonst würde ich die Hände niemals von ihm lassen können.

Als er die Karte in das Gerät schob, hielt ich inne; das Weinglas schwebte vor meinem Mund, und ich glaube, ich atmete erst wieder, als ein Foto aus dem Ding hervorkam. Er reichte es mir herüber, und ich stellte mein Glas ab und bestaunte einen 10x16-Abzug von makelloser Farbe und Klarheit. Ich konnte die Dornen an den Rosenstielen sehen.

»Oh.« Mehr brachte ich nicht heraus. »Oh.«

»Natürlich kann man die Bilder noch im Computer bearbeiten, und es gibt sehr viel bessere Drucker als dieses Spielzeug – aber Sie sehen, worum es geht.«

O ja, dachte ich. Ich sah die Einsatzmöglichkeiten. Eine Art New-Age-Polaroid.

»Aber ich benutze auch die hier.« Er nahm eine große Nikon F5 aus der Tasche. Nehmen Sie meine Kamera, fügen Sie ein paar Features und ein Kilogramm hinzu, und Sie haben eine F5.

Ich liebe schwere Kameras. Wirklich. Das habe ich Jennifer mal erzählt, und da sagte sie: »Ja, das ist wie ein schwerer Mann.«

Vielleicht war da etwas Sexuelles im Spiel, wie sie es andeutete, aber eine Kamera, die viel wog, hatte etwas so fundamental Solides, dass ich mich für die kleinen, leichten nie interessieren konnte.

Was er mir zeigte, hatte mich beeindruckt, aber ich wollte nicht allzu überschwänglich reagieren. »Und was haben Sie da sonst noch?«

Er hob die Verschlussklappe und spähte in die Tasche. »Einen Scanner, 15x15. Zwei Lampen. Einen oder zwei Hintergründe. Ein Motorrad zum Nachhausefahren.« Als er mich wieder ansah, lachten wir beide.

Das mit dem Motorrad war vielleicht ein Scherz gewesen, aber als er sich wieder hinsetzte, hatte er eine handflächengroße Nikon-Digitalkamera in der Hand, von der ich wusste, dass sie neu auf dem Markt war und als Spitzenklasse galt.

»Die letzte. Ehrlich«, sagte er. »Na los, probieren Sie's.«

Aber als ich die Kamera auf ihn richtete, legte er die Hände vor das Gesicht. »Alles außer mir.«

Ich visierte die Rosen an. Hätte ich mit Ford hier gesessen, hätte ich wahrscheinlich ein Dutzend Fotos von ihm geschossen, Hände hin, Hände her. Aber bei diesem Mann fühlte ich mich nicht sicher genug, um gegen seinen Wunsch zu handeln. Vielleicht hatte ich auch in diesen Mädel-Modus geschaltet und wollte ihn nicht verstimmen.

»Jetzt sind Sie an der Reihe«, sagte er, als ich mit der Kamera spielte und auf die vielen Knöpfe drückte, um zu sehen, was passierte.

»Zwischen Ford Newcombe und mir ist absolut nichts«, sagte ich mit Nachdruck. »Tatsächlich hat er heute ein Date mit der berühmtesten Einwohnerin von Cole Creek.«

»Ah«, sagte Russell in einem Ton, der mich aufblicken ließ. Er hatte ein beeindruckendes Profil mit scharf geschnittenen, klaren Zügen, wie aus Stein gemeißelt. Ich wette, Dessie würde ihn gern porträtieren, dachte ich, und dann begriff ich, was für einen Tonfall ich da gehört hatte.

»Kennen Sie Dessie?«, fragte ich gelassen.

»O ja. Aber kennen nicht alle Männer die Dessies dieser Welt?«

Autsch!, dachte ich. Das war ein Verdammungsurteil, wenn ich je eins gehört hatte. Im selben Augenblick schwor ich mir, mich nie und nimmer an den wunderschönen Russell Dunne heranzumachen. Niemals sollte er oder sonst irgendein Mann je so von mir sprechen. »Sie ist ...?« Ich wusste nicht genau, wie ich die Frage formulieren sollte. Wie groß war die Gefahr, in der mein Boss da schwebte?

Als Russell mich ansah, lag keine Spur von Humor in seinem Gesicht. Seine dunklen Augen schauten mich durchdringend an – und mir war, als müsste ich unter seinem Blick verwelken. »Hören Sie, tun Sie mir einen Gefallen, ja?«

»Was Sie wollen«, sagte ich, und leider meinte ich es ernst.

»Erzählen Sie niemandem in Cole Creek, dass Sie mich getroffen haben, vor allem nicht Newcombe. Er könnte es Dessie erzählen, sie würde es weitererzählen, und es könnte, na ja, unangenehm werden. Ich bin nicht willkommen in Cole Creek.«

»Warum denn nicht?«, fragte ich entsetzt. Ein Mann mit seinen eleganten Manieren war nicht willkommen? Neben ihm sah James Bond aus wie ein Redneck!

Russell lächelte mich an, und ich wollte mich auf den Rücken legen und die Arme ausbreiten.

»Sie tun meinem Ego gut, Miss Maxwell.«

»Jackie«, sagte ich und versuchte aufrecht sitzen zu bleiben. Ich zwang mich, wieder die Kamera zu betrachten. »Okay, ich werde Ihre Geheimnisse bewahren, aber ich muss sie alle erfahren.« Ich bemühte mich, unbekümmert und vielleicht sogar weltgewandt zu wirken. Ich fummelte an dem Zoom-Schalter herum, ließ das Objektiv ein- und ausfahren und schaltete dann auf Displaymodus, um mir die paar Bilder anzusehen, die er gemacht hatte. Lauter Landschaften. Alle perfekt.

Nach einer Weile schaute er wieder zu den Rosen hinüber, und ich entspannte mich.

»Ich habe eine schlechte Kritik über eine von Dessies Ausstellungen geschrieben«, sagte er. »Ich verdiene als Kunstkritiker ein bisschen Geld nebenher, und ich habe meine ehrliche Meinung wiedergegeben, aber niemand in Cole Creek hat es mir verziehen.«

Ich vollführte keinen Freudentanz, aber am liebsten hätte ich es getan. Natürlich war es richtig gemein von mir, Dessie schlechte Kritiken zu gönnen, aber trotzdem …

»Das ist alles? Die Stadt kann Sie nicht leiden, weil Sie über eine Einwohnerin eine schlechte Kritik geschrieben haben?« Ich schaute zu ihm auf.

Bei seinem kleinen, halbseitigen Lächeln kräuselten sich mir die Socken von den Füßen. Wäre ich in einem Disney-Film gewesen, hätte jetzt kleine blaue Drosseln mich umflattert und an meinem seidenen Kleid gezupft.

»Das und zusätzlich die Tatsache, dass ich ein Außenseiter bin, der weiß, dass sie hier eine Frau zu Tode gequetscht haben«, sagte er.

Beinahe hätte ich die Kamera fallen lassen. Wenn ich von einer Klippe gestürzt wäre, hätte ich wahrscheinlich jede Kamera schützend an mich gedrückt, aber bei Russells Worten wäre mir das wunderbare Gerät wirklich beinahe aus der Hand gerutscht.

»Schockiert?« Er sah mich fest an, aber ich konnte nur nicken. »Schockiert über das, was ich gesagt habe, oder schockiert, weil ich es weiß?«

»Weil Sie es wissen«, brachte ich hervor, und meine Stimme war so heiser, dass ich mich räuspern musste.

Er betrachtete mich forschend, und dann schaute er weg. »Lassen Sie mich raten. Newcombe hat irgendwie Wind von der Geschichte bekommen, aber als er Fragen stellte, wusste kein Mensch in Cole Creek etwas darüber.«

Ich war bereit, mit diesem Mann durchzubrennen oder doch jedenfalls eine wilde Affäre anzufangen, aber ich war nicht bereit, ihm zu offenbaren, was ich herausgefunden hatte, seit ich in diese Stadt gekommen war. Wenn ich das täte, würde ich mich vielleicht verplappern und ihm von meinen Visionen und Erinnerungen erzählen. Ich beschloss, so wenig wie möglich von dem preiszugeben, was ich wusste.

»Genau«, sagte ich. »Miss Essie Lee.« Russell lächelte. »Ah ja. Die unnachahmliche Miss Essie Lee. Sie war dabei, wissen Sie. Sie hat Steine auf die arme Frau gehäuft, und nicht zu knapp.«

Ich bemühte mich, Ruhe zu bewahren. Ich hatte Zeitungsartikel über schreckliche Ereignisse gelesen, oder? Aber mir drehte sich der Magen um, wenn ich daran dachte, dass ich jemandem, der etwas so Abscheuliches getan hatte, so nah gewesen war. »Wurde irgendjemand angeklagt?«, fragte ich.

»Nein. Alles wurde vertuscht.«

Ich stellte die Frage, die Ford so sehr liebte. »Warum? Warum sollte jemand so etwas tun?«

Russell zuckte die Achseln. »Eifersucht, würde ich vermuten. Amarisa wurde von vielen geliebt – und von einigen gehasst.«

»Amarisa?«

»Die Frau, die zerquetscht wurde. Ich kannte sie, als ich klein war, und ich fand sie sehr nett. Sie war ... Sind sie sicher, dass Sie das alles hören wollen?«

»Ja.« Ich legte die Kamera aus der Hand, zog die Knie an die Brust und machte mich bereit, ihm zuzuhören.

»Amarisas Bruder, Reece Landreth, kam nach Cole Creek, um eine kleine Fabrik zu führen, in der Töpferwaren hergestellt wurden. Hier in der Gegend gibt es viel gute Tonerde, und es gab Touristen; vermutlich dachten die Eigentümer deshalb, es könnte ein gutes Geschäft sein. Reece eröffnete die Fabrik und stellte ein paar Einheimische als Mitarbeiter ein. Das Problem entstand, weil das hübscheste Mädchen in der Stadt eine Cole war ...«

»Eine der Gründerfamilien.«

»Ja«, sagte Russell. »Harriet Cole. Sie war jung und schön, und Edward Belcher wollte sie heiraten. An ihn erinnere ich mich auch. Er war ein aufgeblasener Langweiler.

Aber Miss Cole wollte weg aus Cole Creek, und deshalb hängte sie sich an einen Mann, der nicht an diesen Ort gebunden war.«

»An den jungen, gut aussehenden Töpfereifabrikanten.«

Er schwieg einen Moment lang. »Habe ich etwas von jung und gut aussehend gesagt?«

»Muss ich irgendwo gehört haben«, murmelte ich und verfluchte mich insgeheim für meine Geschwätzigkeit.

»Jedenfalls«, fuhr er fort, »das Problem war, erst nach der Hochzeit fand Reece heraus, dass Harriet das größte Biest der Stadt war. Sie machte ihm das Leben zur Hölle. Die Ironie der Sache war, sie hatte ihn zwar geheiratet, um aus Cole Creek zu entkommen, aber dann weigerte sie sich, ihre Eltern zu verlassen. Als der arme Reece endlich begriff, dass seine Frau niemals aus dieser Stadt fortgehen würde, hatten sie bereits eine Tochter, die er abgöttisch liebte. Also saß er in der Falle.«

Ich sagte nichts dazu. Ich hatte keinen Grund zu der Annahme, dass ich diese Tochter gewesen war. Dass meine Erinnerungen genau zu der Geschichte passten, war noch nicht Beweis genug. »Was hatte Reece' Schwester, Amarisa, mit all dem zu tun?«

»Ihr Mann war verstorben und hatte sie wohlversorgt zurückgelassen, aber sie war allein. Als ihr Bruder sie einlud, nach Cole Creek zu ziehen, nahm sie gern an. Ich erinnere mich, wie meine Mutter – die Harriet Cole nicht ausstehen konnte – einmal sagte, Amarisa habe gewusst, dass ihr Bruder in der Patsche saß. Deshalb sei seine wohlhabende Schwester nach Cole Creek gekommen, um ihm herauszuhelfen. Und als Amarisa hier ankam, hatte die Töpferei schließen müssen, und Reece arbeitete bei seinem Schwiegervater. Meine Mutter sagte immer, er arbeitete vierzehn Stunden am Tag, aber der alte Abraham Cole stahl ihm den ganzen Lohn.«

»Also rettete Amarisa ihren Bruder«, sagte ich.

»Ja. Amarisa ernährte ihren Bruder und seine kleine Familie.« Russell schwieg kurz und sah mich an. »Aber Geld war nicht das Problem. Das Problem war, dass jeder in der Stadt Amarisa gern hatte. Sie war eine wunderbare Frau. Sie konnte zuhören, und infolgedessen vertrauten die Leute ihr alle ihre Geheimnisse an.«

Als er nicht weitersprach, sah ich ihn an. »Sie glauben, sie kannte zu viele Geheimnisse?«

Russell fing an, das Essen einzupacken. »Ich weiß nicht

genau, was passierte, aber ich erinnere mich, dass meine Mutter sagte, manche Leute in Cole Creek seien eifersüchtig auf Amarisa, und das bringe Ärger.«

»Also haben sie sie aus Eifersucht umgebracht.« Auch ohne die Details zu kennen, konnte ich mir die machtvollen Emotionen vorstellen.

»Das hat meine Mutter gesagt.« Russell nickte. »Eines Nachts weinte sie hysterisch. ›Sie haben sie umgebracht! Sie haben sie umgebracht!‹ Ich lag im Bett und tat, als schliefe ich, aber ich hörte alles. Am nächsten Tag packte mein Vater meine Mutter und mich ins Auto, und wir verließen unser Haus für immer.«

Meine Haut spannte sich. Ich fühlte mich verwandt mit diesem Mann. Auch ich war ins Auto gepackt und von zu Hause fortgebracht worden. Nur, dass ich auch von meiner Mutter fortgebracht worden war. War sie Harriet Cole gewesen, das »größte Biest in der Stadt«?

»Aber Sie sind zu Besuch nach Cole Creek zurückgekehrt.«

»Als ich elf war, starb meine Mutter«, sagte Russell leise. »Danach kamen mein Dad und ich gelegentlich wieder her. Nicht oft, und wir wohnten nie in dem alten Haus. Ich weiß nicht, warum nicht. Vielleicht verbanden sich damit zu viele Erinnerungen für ihn. Aber ich weiß, dass meine Mutter nie mehr dieselbe war, nachdem sie in jener Nacht weinend nach Hause gekommen war.« Er schwieg, und als er mich ansah, waren seine Augen dunkel vom Schmerz. »Ich glaube, in jener Nacht haben sie nicht nur Amarisa umgebracht, sondern auch meine Mutter. Meine Mutter brauchte nur länger, um zu sterben.«

Wir saßen in vertraulichem Schweigen da, und ich weiß

nicht, was passiert wäre, wenn es nicht angefangen hätte zu regnen. Noch nie im Leben war ich jemandem begegnet, der das Gleiche durchgemacht hatte wie ich. Ich war kleiner als Russell gewesen, als ich meine Mutter »verloren« hatte, aber uns beiden war ein Trauma gemeinsam: Man hatte uns von allem, was wir kannten, weggerissen.

Aber was uns vielleicht erst wirklich verband, war der Umstand, dass wir möglicherweise beide durch dieselbe Tragödie ins Unglück gestürzt worden waren. Vielleicht hatte Amarisas Tod unser beider Leben in Trümmer gelegt.

Wir saßen auf der Tischdecke, betrachteten das schwindende Licht auf den Rosen, sagten nichts und hingen unseren eigenen Gedanken nach, aber als die ersten Regentropfen fielen, handelten wir sofort. Die Ausrüstung schützen!, lautete ein ungeschriebenes Gesetz. Ich riss meinen gelben Poncho aus meiner Tasche, und Russell zog einen blauen aus seiner. Wir warfen uns die großen Umhänge über und drückten die kostbaren Kameras an uns.

Als wir die Köpfe aus den Löchern schoben und uns sahen, fingen wir beide an zu lachen. Die Segeltuchtasche mit dem, was vom Essen noch übrig war (viel war es nicht), stand im Regen, und Russell hatte eine Jacke auf der Bank zurückgelassen – aber unsere Kameraausrüstungen waren wohlbehalten im Trockenen.

Er rutschte zu mir herüber, hob die Vorderseite seines Ponchos und dann auch meinen hoch, sodass wir wie in einem kleinen Zelt saßen, die Ausrüstungstaschen zwischen uns. Der Regen prasselte hart auf das Plastik über uns, aber in unserer kleinen Hütte war es behaglich und trocken. Zu behaglich eigentlich.

»Ich möchte, dass Sie das mitnehmen und damit spielen.« Russell hielt mir die kleine Kamera und den winzigen Drucker entgegen. Die Kamera hatte fünf Millionen Pixel. Junge! Ist doch komisch, wie die Skrupel verschwinden, wenn etwas umsonst ist. Hatte ich die digitale Fotografie verachtet, bloß weil ich mir keine Digitalkamera leisten konnte?

»Das geht doch nicht. Wirklich«, begann ich, aber er schob die Sachen schon in meine Tasche.

»Nur geliehen.« Er lächelte, und aus dieser Nähe konnte ich seinen Atem riechen. Blumen wären vor Neid erblasst. »Außerdem – um sie zurückzubekommen, muss ich Sie wiedersehen.«

Ich senkte den Blick auf meine Kameratasche und versuchte, sittsam zu lächeln. In Wirklichkeit hätte ich ihm lieber meine Adresse und Telefonnummer auf den Oberschenkel tätowiert.

»Okay«, sagte ich nach einer hoffentlich hinlänglichen Pause.

»Das heißt, nur, wenn Sie sicher sind, dass zwischen Ihnen und Newcombe nichts ist.«

»Überhaupt nichts.« Ich grinste, und ich fügte nicht hinzu, dass da vielleicht etwas hätte sein können, aber dass Ford mich hatte fallen lassen, kaum dass er einen Blick auf Miss Dessies Busen geworfen hatte. Und auf ihr Talent, dachte ich. Ich wollte gar nicht fair sein, aber ich war verflucht mit der Fähigkeit, beide Seiten eines Problems zu sehen.

Russell spähte aus unseren Ponchos hinaus. Der Regen schien nicht nachzulassen. »Ich glaube, wir sollten besser losgehen, sonst sitzen wir irgendwann im Dunkeln fest.«

Gott, ja, wie tragisch, hätte ich fast gesagt, aber ich hielt den Mund. Ich geriet in eine leise Panik, weil wir noch keine Telefonnummern ausgetauscht hatten, aber ich wollte nicht allzu eifrig erscheinen.

Russell löste das Problem, indem er ein Seitenfach an seiner Tasche öffnete und zwei Karten und einen Stift herausnahm. »Könnte ich Sie möglicherweise dazu überreden, mir Ihre Telefonnummer zu geben?«

Ich hätte ihm die Nummer meines Bankkontos gegeben, aber das hatte ich bei Kirk getan, und man hatte ja gesehen, wozu das führte. Na ja, das war Schnee von gestern. Ich notierte die Telefonnummer des Hauses, das ich mit Ford teilte, auf der Rückseite einer der Karten, aber bevor ich sie ihm gab, drehte ich sie um und sah sie mir an. »Russell Dunne« und eine Telefonnummer unten links in der Ecke, mehr stand da nicht. Ich sah ihn verdutzt an.

Er verstand meine unausgesprochene Frage. »Als ich sie drucken ließ, war ich dabei, umzuziehen, und ich wusste nicht, ob ich die neue oder die alte Adresse draufschreiben sollte.« Er zuckte die Schultern – eine betörende Geste, wie ich fand. »Fertig?«, fragte er. »Wir sollten versuchen, hier wegzukommen, solange wir noch können.«

Wenn wir die Nacht nicht miteinander verbringen konnten, würde ich ihm wohl folgen müssen, wo immer er hinging. Ein paar Minuten später waren wir auf dem Wanderweg und kämpften mit gesenktem Kopf gegen den brausenden Regen. Die Kameras waren geschützt unter unseren Ponchos, und an unseren Schuhen klebte der Schlamm. Irgendwann fiel mir ein, dass ich ihn nach seiner jetzigen Adresse fragen sollte. Wohnte er in der Nähe? Oder war er den weiten Weg von Raleigh hierher gefahren? Wann würde er zu seinem Job und in sein wirkliches Leben zurückkehren?

Nach einer Weile kamen wir auf die asphaltierte Straße, aber es regnete immer noch so heftig, dass ich nicht aufschaute. Merkwürdig – ich hatte diesen Mann eben erst kennengelernt, aber ich hatte vorbehaltloses Vertrauen darauf, dass er wusste, wohin er ging. Ich folgte ihm wie ein Kind seinem Vater, ohne zu fragen.

Als er stehen blieb, wäre ich beinahe gegen ihn geprallt. Jetzt blickte ich doch auf und sah überrascht, dass wir vor Fords Haus standen. Der Regen machte einen solchen Lärm, dass wir nicht reden konnten. Ich sah zu ihm auf und lud ihn mit einer Geste ein, herinzukommen und etwas Heißes zu trinken.

Er hob den poncho-umhüllten Arm, deutete auf die Stelle, an die eine Armbanduhr gehörte, und schüttelte den Kopf. Dann führte er mit den Fingern pantomimisch vor, wie ihm die Tränen über die Wangen liefen, und schniefte. Wie die meisten Leute konnte ich Pantomimen nicht ausstehen, aber bei seinem Anblick änderte ich meine Meinung.

Ich bog die Mundwinkel nach unten und spielte tiefe Trauer. Das heißt, ich tat, als ob ich spielte. In Wirklichkeit wollte ich ihn mit ins Haus nehmen und Ford sagen, ich hätte ihn im Wald gefunden – und ob ich ihn behalten dürfte? Bitte bitte?

Lächelnd beugte Russell sich vor, schob sein schönes Gesicht unter die Kapuze meines Ponchos und küsste mich auf die Wange. Dann wandte er sich ab und war nach wenigen Sekunden verschwunden.

Ich stand da, schaute in den Regendunst und seufzte. Was für ein außergewöhnlicher Tag, dachte ich. Was für ein wahrhaft außergewöhnlicher Tag.

Ich drehte mich um, ging durch den Garten, auf die Veranda und ins Haus. Ich schwebte die Treppe hinauf wie in einem Teenagerfilm aus den fünfziger Jahren. Ich wollte nur noch ein heißes Bad nehmen, trockene Sachen anziehen und von Russell Dunne träumen.

13 – Ford

Ein übersinnliches Erlebnis, bei dem man zwei kleine Kinder in Flammen aufgehen sieht, war sicher nicht das, was ein normaler Mensch als »Spaß« bezeichnen würde. Aber die Rettung dieser Kinder hatte Spaß gemacht.

Manchmal hatte Jackie eine Art, mich anzusehen, die mir das Gefühl gab, ich könnte alle Probleme der Welt lösen. Dann wieder schaffte sie es, dass ich mir alt und hinfällig vorkam. Was immer sie in körperlicher Hinsicht von mir dachte, sie sah jedenfalls überrascht aus, als ich mir ihren und meinen Rucksack schnappte und den Pfad hinunterlief. Aber der Rückweg war auch leichter, denn zumindest waren jetzt die Spinnweben weg.

Dann die Fahrt mit dem Pickup. Als wir über den Feldweg holperten, erinnerte mich ihr Gesichtsausdruck an etwas, das mein Cousin Noble immer gern getan hatte. Er war damit gesegnet – oder verflucht, wie es eine meiner Cousinen sah –, dass er nicht aussah wie ein Newcombe. Mit anderen Worten, Noble hatte ein Gesicht, das die Mädchen liebten. Er ging in die Stadt, zog seine »Bin ja so schüchtern«-Nummer ab (wie es einer meiner Vettern nannte), und unweigerlich machte ein Mädchen sich an ihn heran. Und irgendwann spendierte Noble ihr dann ein »Newcombe Special«: eine schnelle Pickup-Fahrt über einen holprigen Feldweg. Wenn er dann nach Hause kam, unterhielt er uns alle mit einer lebhaften Schilderung der Empörung und Angst dieser Mädchen.

Damals hatte ich Nobles Aktionen weder komisch noch reizvoll finden können. Ich wollte immer gern mit einem Stadtmädchen zusammen sein – nämlich mit einer, die wahrscheinlich nicht mit sechzehn Jahren das erste Kind bekommen würde –, aber mit meiner Schüchternheit und meinem Aussehen konnte ich diese Twinset-Girls mit ihren perfekten Pagenköpfen und den schlichten Perlenketten nicht auf mich aufmerksam machen. Erst als ich auf dem College war und das Stigma der Familie Newcombe nicht mehr mit mir herumtrug, bemerkte mich eins dieser Mädchen. Als ich Pat kennenlernte, trug sie ein himmelblaues Twinset, einen dunkelblauen Rock und eine einzelne Kette aus cremeweißen Perlen. »Sind falsche«, verriet sie mir später lachend, als ich sie bat, sie anzubehalten, während wir miteinander schliefen.

Als ich jetzt mit dem Truck über die ausgefahrene Holperpiste raste, verstand ich, warum es Noble solchen Spaß gemacht hatte, diesen Stadtmädchen Angst einzujagen. Jackies Gesichtsausdruck zeigte eine Mischung aus Angst und Erregung, die eine sexuelle Wirkung auf mich hatte. Sie starrte mich entsetzt an, ja, aber auch, als wäre ich Zauberer, Rennfahrer und rettender Held in einer Person.

Auf den Kitzel dieser Autofahrt folgte dann das berauschende Erlebnis der Rettung dieser Kinder, und ich weiß nicht, was passiert wäre, wenn Dessie nicht erschienen wäre. Als Jackie und ich Pizza und Bier kauften, überschlugen sich in meinem Kopf die Bilder einer nackten Jackie, übersät mit kleinen schwarzen Olivenringen, und ich malte mir aus, wie ich mein Bier trinken und mir überlegen würde, welchen dieser köstlichen kleinen Ringe ich als Nächstes essen wollte.

Ich überlegte noch, wie ich diese Vision Wirklichkeit werden lassen sollte, als wir zu Hause ankamen und Dessie uns erwartete.

Seit unserer letzten Begegnung, als sie die Plastik enthüllt hatte, hatte ich ein bisschen Zeit zum Nachdenken gehabt, und – na ja, okay, Jackies sarkastische, aber schmerzlich zutreffende Bemerkungen hatten die Sterne in meinen Augen ein wenig verblassen lassen. Vielleicht war es nicht sonderlich geschmackvoll von Dessie gewesen, das Bildnis der geliebten verstorbenen Frau eines Mannes vor den Augen etlicher Gäste zu präsentieren. Und natürlich hatte Jackie recht: So etwas rührte jederzeit zu Tränen. Allerdings konnte ich nicht zustimmen, als Jackie sagte: »Besonders bei jemandem, der so weich und sentimental ist wie Sie.« Das klang nicht sehr männlich, und deshalb protestierte ich. Darauf entgegnete sie, ich hätte ja wohl ein paar Bücher geschrieben, die »ziemlich auf die Tränendrüsen gingen«.

Okay, jetzt hatte sie mich. Jackie verstand es, zum Kern der Dinge vorzudringen, und das war gut. Aber manchmal wünschte ich wirklich, sie wollte für sich behalten, was sie dort fand.

Als es am Sonntag Zeit wurde, zu Dessie hinüberzufahren, hätte ich sie am liebsten angerufen und ihr abgesagt. Beim Frühstück hatte Jackie beiläufig gefragt, welche der kleinen Figuren, die Tessa und ich gekauft hatten, Dessie wohl als erste würde ersetzen wollen. Ich war entschlossen, sie nicht wissen zu lassen, was ich dachte, und deshalb fing ich an, die Nährwertangaben auf der Rückseite der Schachtel mit dem Müsli, das sie immer aß, vorzulesen. »Unglaublich«, sagte ich. »Dieses Zeug hat mehr Vitamine und Mineralien als drei von den grünen Pillen, die Sie nehmen.« Das Etikett von denen hatte ich nämlich auch gelesen.

Als Jackie mich mit schmalen Augen ansah, wusste ich, dass sie wusste, wie gern ich ihrer Bemerkung auswich.

Am Abend zuvor war Dessie bis kurz nach Mitternacht geblieben. Ich hatte zweimal herzhaft gähnen müssen, damit sie ging. Natürlich wusste ich, was sie wollte. Sie wollte in mein Bett.

Aber das konnte ich nicht. Ein paar Stunden zuvor hatte es mich nach Jackie gelüstet, und ich war nicht der Mann, der im Laufe eines Abends von der einen zur anderen Frau wechselte.

Außerdem brachte Jackie mich zum Lachen. Ihr Sarkasmus und ihr schwarzer Humor amüsierten mich fast immer. Bei Jackie fühlte ich mich hellwach, und es war immer, als werde gleich etwas Aufregendes passieren. Jackie interessierte sich für alles Mögliche, wie ich es getan hatte, bevor Pat gestorben war. Ich fand Jackies Fotografie faszinierend, und wenn sie Leute zu uns einlud, unterhielt ich mich blendend.

Und so saß ich an diesem Abend da und tat mein Bestes, um mich mit Dessie zu unterhalten, aber ich kam nicht in Schwung. Zum einen schien das Gespräch immer wieder zu ihr und ihrer Bildhauerei zurückzukehren. Wenn ich von einem Film sprach, erinnerte sie das an einen anderen Film, der sie zu einer Bronze inspiriert hatte, die sie für einen wirklich berühmten Mann gemacht hatte. »Nicht so berühmt wie Sie«, sagte sie dann und schaute mich über ihr Weinglas hinweg an.

Natürlich war mir klar, dass sie damit andeutete, ich solle ihr eine Bronze abkaufen. Aber das störte mich nicht. Was mich störte, war der Umstand, dass sie überhaupt nicht wissen wollte, was Jackie und ich vorgehabt hatten, als wir sie anriefen und um Hilfe baten. War sie nicht neugierig zu erfahren, warum wir ein spezielles Haus finden mussten und warum wir es schnell finden mussten? Aber Dessie erwähnte den Zwischenfall nicht ein einziges Mal.

Als Dessie am Samstagabend – genauer gesagt, am frühen Sonntagmorgen – gegangen war, fiel ich ins Bett und schlief tief und fest.

Am nächsten Morgen studierte ich die Rückseite der Müslischachtel und äußerte mich nicht zu Jackies spitzer Bemerkung über die Fröschchen und anderen kleinen Tiere, die Tessa und ich im Garten verteilt hatten. Ich äußerte mich nicht einmal, als Jackie meinte, Dessie könne vielleicht einen Frosch mit einem so großen Maul machen, dass Tessa und ich uns darin verstecken könnten. Ich war im Begriff, zu sagen, das sei eine großartige Idee, aber ich wusste, Jackie wollte mich ködern, damit ich ... Ja, damit ich was tat? Damit ich am Nachmittag nicht zu Dessie ging? Wollte sie, dass ich zu Hause blieb und die neuen Fotosachen ausprobierte, die wir zusammen bestellt hatten?

Jackie und ich hatten darüber gesprochen, wie sie ihr Geschäft eröffnen sollte, und wir hatten entschieden, dass sie ein paar Kinder kostenlos fotografieren müsste. Mit diesen Bildern könnten wir ihre Arbeit öffentlich bekannt machen. Ein paar Leute würde sie dazu bringen können, nach Cole Creek zu kommen, aber sie würde auch viel an Ort und Stelle fotografieren müssen.

Wir hatten beschlossen, dass sie ihre Fotografenkarriere mit Fotos von Tessa beginnen sollte. »Und von Nate«, sagte

Jackie. »Vergessen Sie nicht, er ist auch noch ein halbes Kind. Und mit Bildern von ihm würde ich sicher eine Menge Porträts verkaufen können.« Wie es von mir erwartet wurde, zog ich ein Gesicht und tat, als glaubte ich, Jackie sei hinter dem jungen Nate her. Tatsächlich hielt ich es für eine gute Idee, ihn zu fotografieren. Der Art Director meines Verlags kannte ein paar Modefotografen. Vielleicht würden sie gern Bilder des schönen Nate sehen. Wenn die Kamera ihn liebte, hätte er die Chance, eine Karriere zu machen, die ihn und seine von der Arthritis verkrüppelte Großmutter ernähren würde.

Seine Großmutter hatte mit dem Verkauf des Plunders aus dem Haus einen stattlichen Gewinn gemacht. Anscheinend gab es Leute in den USA – und in Europa, was mich überraschte –, die alte Freiheitsstatuen haben wollten und bereit waren, dafür zu bezahlen. Wenn Nate vom Roden des menschenfressenden Dschungels an meinem Haus abends heimkehrte, verpackte er, was seine Großmutter bei eBay verkauft hatte, und trug es auf die Post.

Am Sonntagmorgen stellte ich mir vor, wie ich Jackie half, Tessa und Nate zu fotografieren, und ich wusste, das würde ich lieber tun, als den Tag mit Dessie zu verbringen und mir eine gigantische Bronzestatue andrehen zu lassen. Was für eine? Ehrlich gesagt, nachdem ich Dessies Beschreibung ihrer früheren Arbeiten gehört hatte, gefiel mir Jackies Idee mit dem Großmaulfrosch am besten.

Als es Zeit war, zu Dessie zu fahren, ging ich einfach aus dem Haus. Ich wollte Jackie auf Wiedersehen sagen, aber dann tat ich es doch nicht. Was hätte ich sagen sollen? »Bye, Schatz, bis später«? Außerdem hatte ich keine Lust, mir noch mehr sarkastische Bemerkungen anzuhören. Vor allem wollte ich nicht hören, wie Jackie mir erzählte, was ich an diesem Nachmittag verpassen würde. Halb wollte ich ihr sagen, falls sie wieder eine Vision hätte, solle sie mich unbedingt gleich anrufen. Aber genauso gut könnte man einem Epileptiker sagen: »Wenn du einen Anfall hast, ruf an.«

Ich nahm den Wagen und ließ Jackie den Truck da. Erst bei Dessie merkte ich, dass ich den Truck-Schlüssel mitgenommen hatte. Ich klappte mein Handy auf und wollte Jackie sagen, dass ich den Schlüssel hatte, aber dann klappte ich es wieder zu. Ich wusste, es war nicht richtig, sie ohne Auto zurückzulassen. Ich wusste auch, dass es ein Rückfall in die Zeit des Höhlenmenschen war, wenn ich es tat. Andererseits – wer kam schon gegen jahrhundertealte Traditionen an?

Ich brachte ein Lächeln zustande und klopfte an Dessies Haustür. Sie hatte ein hübsches Haus, wenn auch ein bisschen aufgekünstelt für meinen Geschmack. All diese Glockenspiele auf der Veranda ...

Als Dessie mir öffnete, atmete ich auf. Es war mir nicht bewusst gewesen, aber mir hatte gegraut vor dem, was sie vielleicht anhaben würde. Einen Ausschnitt bis zur Gürtelschnalle? Aber es war eine hellbraune, ziemlich weite Hose und ein großer rosaroter Pullover mit hochgeschlossenem Kragen.

»Hi«, sagte ich und reichte ihr die Flasche Wein, die ich auf Jackies Anweisung mitgenommen hatte, und folgte ihr ins Haus.

Sofort sah ich, dass Dessie aus irgendeinem Grund nervös war. Sie hatte den Tisch in ihrem kleinen Esszimmer gedeckt, das neben der Küche lag. Eine große doppelte Glastür führte hinaus auf eine ziegelgepflasterte überdachte Terrasse. Es war ein schöner Tag, und ich wunderte mich, dass wir nicht draußen aßen.

»Moskitos«, sagte Dessie rasch, als ich danach fragte.

»Aber ich dachte ...« Ich sprach nicht weiter. Die wenigen Moskitos, die es in den Appalachen gab, waren wirklich kein Problem.

Sie ließ mich so Platz nehmen, dass ich mit dem Rücken zur Glastür saß. Das machte mich kribbelig. Als Kind hatte ich gelernt, mit dem Rücken zur Wand zu sitzen, weil Vettern die Neigung hatten, zum Fenster hereingesprungen zu kommen, und allzu oft war ich hochgeschossen, weil Frösche, Schlangen oder Tümpelschleim von unterschiedlicher Farbe und Beschaffenheit durch das offene Fenster hinter mir in meinem Nacken gelandet waren.

Wir wollten gerade mit dem Essen anfangen, als draußen vor der Tür der Rasenmäher angeworfen wurde. Bei diesem Lärm war jede Unterhaltung unmöglich.

»Gärtner!«, schrie Dessie über den Tisch zu mir herüber.

»Am Sonntag?«, schrie ich zurück.

Sie wollte antworten, aber dann schaute sie links an mir vorbei durch die Glastür und riss entsetzt die Augen auf.

Ich drehte mich gerade noch rechtzeitig um und sah, wie ein junger Mann den Rasenmäher über ein Tulpenbeet schob. Als er am Ende angekommen war und der Rasen mit geköpften Tulpen übersät war, schaute er zu Dessie herein und lächelte.

Ein bösartiges Lächeln. Das erzürnte Lächeln eines eifersüchtigen Liebhabers.

Bei diesem Lächeln entspannte ich mich. Vielleicht hätte ich mich darüber ärgern sollen, dass Dessie mit mir flirtete, weil sie Streit mit ihrem Freund hatte, aber ich ärgerte mich nicht. Als ich sah, dass sie mehr oder weniger fest mit einem offensichtlich ziemlich eifersüchtigen Typen zusammen war, empfand ich nichts als Erleichterung.

Ich betupfte mir den Mund mit der Serviette, sagte: »Entschuldigen Sie«, und ging hinaus, um mit dem jungen Mann zu reden. Ich nahm mir keine Zeit für Smalltalk. Ich teilte ihm einfach mit, ich sei kein Rivale, ich hätte rein geschäftlich mit Dessie zu tun, und er könne aufhören, die Tulpen zu rasieren.

Anscheinend glaubte er mir nicht, dass ich nicht von rasender Lust und Liebe zu seiner Dessie verzehrt wurde, und das verstand ich. Für mich war Pat immer die schönste Frau auf Erden gewesen, und ich hatte nie begriffen, dass andere Leute es nicht genauso empfanden. Aber Dessies Gärtner war jung, ich war es nicht, und deshalb glaubte er mir schließlich doch und schob seinen Rasenmäher zurück in den kleinen Schuppen am Ende des Gartens. Ich blieb kurz draußen stehen, während er ins Haus ging. Nach einer Weile öffnete Dessie verlegen die Glastür. Ich sah, dass ihr Lippenstift abgewischt war: Offensichtlich hatten sie und der Rasenmähermann sich wieder vertragen.

»Sie können jetzt hereinkommen«, sagte sie, und ich lächelte. Verschwunden war die aggressive Verkäufermasche, verschwunden auch das Flirtgehabe.

Ich fragte: »Können wir *jetzt* draußen essen?«, und sie lachte.

»Sie sind ein netter Mann«, sagte sie, und das tat mir gut.

Wir trugen das Essen und die Teller nach draußen und saßen entspannt zusammen am Tisch. Zu meinem Pech hatte sie alle meine Bücher gelesen, sodass ich ihr nicht viel Neues über mich erzählen konnte. Aber Dessie wusste eine Menge Geschichten über ihr Leben in L.A. und in Cole Creek, und ich lachte über das, was sie als Soap-Darstellerin hatte durchmachen müssen, weil die Zuschauer sie für die Schlampe hielten, die sie dort gespielt hatte.

Ich trank Bier, mampfte die kleinen, luftigen Käsedinger, von denen sie einen unbegrenzten Vorrat zu haben schien, und beobachtete sie, während ich ihr zuhörte. Die Geschichten, die sie erzählte, waren komisch, aber sie klangen, als seien sie schon oft wiederholt worden, und in ihrem Blick lag eine Trauer, auf die ich mir keinen Reim machen konnte. Ich hatte gehört, sie habe sich für das Leben in Cole Creek entschieden, um ihrer wahren Liebe, der Bildhauerei, nachzugehen.

Ich weiß nicht genau, was es war, aber irgendetwas klang unwahr. In ihrem Blick lag eine Sehnsucht, die ich nicht ergründen konnte. Wie sie ihre Geschichten erzählte, hatte ich den Eindruck, dass sie L.A. und ihren Job dort geliebt hatte. Warum also hatte sie ihn aufgegeben? Hätte sie Schauspielerei und Bildhauerei nicht nebeneinander betreiben können?

Als ich ihr diese Frage stellte, bot sie mir neuen Käseknabberkram an. Ich lehnte ab, aber sie sprang trotzdem auf, um ihn zu holen. Als sie wieder da war, erzählte sie mir noch eine lustige Soap-Opera-Story. Gegen drei fing ich an, mich zu langweilen, und fragte mich, ob es zum Gehen noch zu früh war. Anscheinend spürte sie, dass ich unruhig wurde, denn sie schlug vor, mir ihr Atelier zu zeigen. Es war ein separates Gebäude – groß, modern, schön. Durch eine holzgeschnitzte Tür kamen wir in ein kleines Büro, und auf dem Schreibtisch stand ein Foto mit zwei Mädchen im Teenageralter, die einander lachend umarmten. Dessie und Rebecca.

Ich hatte fast vergessen, dass Rebecca für Dessie arbeitete. Ich wollte mich nach ihr erkundigen, aber Dessie öffnete eine breite Flügeltür, und dahinter lag ein wunderbarer Raum, so groß und hoch wie ein Pferdestall mit sechs Boxen und Licht überall. Fenster füllten die eine Wand aus, und an der anderen standen riesige Schränke. In der Decke waren Reihen von Oberlichtern, und an beiden Enden gab es hohe, breite Schiebetüren.

Dessie arbeitete an mehreren großen Projekten, und in einem Schrank standen Dutzende kleiner Tonentwürfe für Skulpturen, die sie noch nicht begonnen hatte. Die meisten Skulpturen stellten Menschen dar. Eine war sehr hübsch; sie zeigte alte Männer auf einer Parkbank, und sie gefiel mir. In Lebensgröße, dachte ich mir, könnte sie in meinem Garten ganz interessant aussehen. Tessa und ich könnten mit den alten Männern Dame spielen.

Aber bevor ich danach fragen konnte, griff sie hinter einen Schrank, holte einen Schlüssel hervor und schloss den Schrank damit auf. »Die hier zeige ich nur ganz besonderen Leuten«, sagte sie mit funkelnden Augen.

O je, dachte ich. Die Erotica. Die pornographische Sammlung.

Aber als Dessie die Tür öffnete und die automatische Beleuchtung aufstrahlte, musste ich lachen. Das heißt, erst schnaubte ich nur, und dann lachte ich richtig. Ich sah Dessie an. Durfte ich sie in die Hand nehmen? Ihre Augen funkelten noch heller, und sie nickte.

In dem Schrank standen kleine Bronzefiguren von fast allen, denen ich in Cole Creek begegnet war. Aber es waren keine exakten Porträts, es waren Karikaturen. Sie sahen aus wie die Leute, aber sie zeigten auch ihre Persönlichkeit.

Als Erstes nahm ich einen fünfzehn Zentimeter großen Bürgermeister in die Hand. Dessie hatte Gestalt und Gesichtszüge in ihrer Absonderlichkeit übertrieben dargestellt. »Aufgeblasener Windbeutel« waren die Worte, die mir in den Sinn kamen. Er wippte auf den Fersen nach hinten, den Bauch vorgestreckt, die Hände auf dem Rücken verschränkt. »Sie sollten es ›Der kleine Kaiser‹ nennen«, schlug ich vor, und Dessie nickte zustimmend.

Als Nächstes nahm ich Miss Essie Lee und stieß einen leisen Pfiff aus. Dessie hatte sie als Gerippe dargestellt – nicht als wirkliches Gerippe, sondern es sah aus, als habe sie ein Knochengerüst mit Haut – ohne Muskeln oder Fett – überzogen und dann mit Miss Essie Lees altertümlicher Kleidung versehen.

Ein paar Figuren stellten Leute dar, die ich nicht kannte, aber ich konnte mir ihre Persönlichkeit vorstellen. Einer, erzählte Dessie, war ein ehemaliger Kunde, ein abscheulicher Mann, der ein schmeichelhaftes, selbstverliebtes Bildnis von sich in Auftrag gegeben hatte. Sie hatte es ihm geliefert, aber sie hatte auch diese kleine Skulptur gemacht, die ihn mit langen, schmalen Zähnen und gierig vorquellenden Augen zeigte.

»Erinnern Sie mich daran, dass ich Sie niemals bitte, mich zu porträtieren«, sagte ich.

Dessie wollten den Schrank eben wieder schließen, als ihr Handy klingelte. Sie riss es so schnell aus der Gürteltasche, dass ich mich an einen Revolverhelden aus dem Wilden Westen erinnert fühlte. Als sie auf dem Display sah, wer der Anrufer war, strahlte sie. Sicher war es der Rasenmähermann.

»Machen Sie nur«, sagte ich und gab ihr die Erlaubnis, ihren Gast allein zu lassen.

Als sie draußen war, schloss ich den Schrank wieder, aber dann sah ich darunter noch eine Schranktür, die ebenfalls verschlossen war. Ich folgte meinem Gefühl und griff hinter den Schrank, wo auch der andere Schlüssel gewesen war – und richtig, da hing noch einer.

Ich wusste, dass ich schnüffelte, aber ich konnte mich ebenso wenig bremsen wie ein Alkoholiker, der über Nacht in einen Schnapsladen eingeschlossen worden ist. Flink schob ich den Schlüssel ins Schloss und öffnete die Tür.

In diesem Schrank standen zwei Stücke. Das eine war eine kleine Bronze: sieben Leute in einer Reihe, fünf Männer und zwei Frauen. Es war keine Karikatur, sondern eine realistische Darstellung. Drei waren ältere Männer, einer war sehr alt und einer ein Junge, der nicht besonders intelligent aussah – eher wie jemand, zu dem man sagte: »Komm, wir rauben eine Bank aus«, und er antwortete: »Klar, wieso nicht?«

Die beiden Frauen waren jung, und die eine war so schön wie die andere hässlich. Sie standen in der Mitte, Seite an Seite, aber ohne einander zu berühren. Man sah, dass sie keine Freundinnen waren.

Und man sah noch deutlicher, dass die hässliche entweder Miss Essie Lee in jungen Jahren oder eine nahe Verwandte von ihr war.

Als ich Dessie nebenan lachen hörte, wollte ich den Schrank wieder schließen. Aber da stand noch eine zweite Figur, die mit einem Tuch bedeckt war.

Vielleicht war es der Schriftsteller in mir, der mich voreilige Schlüsse ziehen ließ, aber ich war sicher, dass die sieben Personen diejenigen waren, die 1979 die arme Frau mit Steinen erdrückt hatten. Und in meinem Schriftstellerkopf kreiste der Gedanke, dass unter dem Tuch das Bildnis der Frau verborgen war, die sie umgebracht hatten.

Dessies Schritte näherten sich schon, als ich das Tuch herunterriss – und eine kleine Bronzefigur sah, die Rebecca darstellte. Jung, lächelnd – aber es war Rebecca.

Supermann hätte mich um die Schnelligkeit beneidet, mit der ich die Schranktür schloss und den Schlüssel in sein Versteck hängte. Als Dessie hereinkam, schaute ich friedlich durch die Glastür hinaus zu den malträtierten Tulpen.

Nach diesem Telefonat wimmelte sie mich ziemlich schnell ab; ich vermutete, dass sie und ihr eifersüchtiger Freund ihre Versöhnung jetzt schleunigst vollenden wollten. Ich war froh, dass ich gehen konnte. Vielleicht könnten Jackie und ich immer noch etwas unternehmen, dachte ich.

Aber als ich aus Dessies Einfahrt fuhr, fing es an zu regnen, und als ich zu Hause ankam, war ein Wolkenbruch im Gange. Ich war maßlos enttäuscht, als ich das Haus leer vorfand. Jackies große Kameratasche stand nicht in dem Schrank im Flur; ich konnte mir also denken, wo sie war. Ohne mich, dachte ich. Sie war ohne mich auf Tour gegangen.

Oder mit jemand anderem? Dieser Gedanke ärgerte mich noch mehr. Ich rief bei Nate an, und Nates Großmutter sagte,

Jackie habe angerufen und eine Nachricht hinterlassen, aber sie sei nicht da. Ich rief Allie an, aber da war Jackie auch nicht.

Ich wusste nicht, wen ich in Cole Creek sonst noch anrufen sollte; also setzte ich mich hin und wartete. Als ich Hunger bekam, fing ich an, mir Spaghetti zu machen – das heißt, ich kippte Sauce aus einem Glas in einen Topf und drehte das Gas auf.

Die Nudeln waren fertig, und es goss wie aus Eimern, aber Jackie war immer noch nicht da. Zwei Mal flackerte das Licht; ich holte Kerzen und zwei Taschenlampen heraus und machte mir einen kleinen Teller Spaghetti zurecht. Ich würde mehr essen, wenn Jackie wieder da wäre; wir könnten zusammen essen und uns erzählen, was wir am Tag erlebt hatten – wie wir es sonst auch taten.

Endlich, als es draußen schon fast dunkel war, hörte ich, wie die Haustür geöffnet wurde. Ich sprang vom Tisch auf und lief zur Tür. Als ich Jackie sah – und wusste, dass ihr nichts passiert war –, setzte ich ein Gesicht auf wie ein zorniger Vater und schickte mich an, einen ganzen Lastwagen voll Asche auf ihr Haupt zu laden. Wie konnte sie sich unterstehen, mir nicht zu sagen, wo sie hinging? Sie hätte einen Unfall haben können – oder eine Vision. Es war doch klar, dass ich jederzeit wissen musste, wo sie war.

Aber Jackie sah mich gar nicht an. Sie steckte mit ihrem Rucksack in ihrem riesigen gelben Poncho, nur ihr Gesicht lugte hervor, und ihre Augen ... na ja, hätte ich einen schlechten Roman geschrieben, dann hätte ich gesagt: »Ihre Augen waren voller Sterne.«

Wovon ihre Augen auch immer voll sein mochten, jedenfalls sah sie nichts. Sie blickte starr geradeaus, ohne mich

wahrzunehmen, und ich bin gewiss nicht leicht zu überse-
hen. Sie ging zur Treppe – darf ich sagen: »Sie schien zu
schweben«? – und hinauf in ihr Zimmer.

Ich blieb unten stehen und schaute ihr staunend nach.
Jackie »schwebte« normalerweise nicht. Nein, sie rannte,
und sie sprang, und sie hatte einen unnatürlichen Hang zum
Klettern auf Felsen und Leitern, aber niemals, niemals,
»schwebte« sie.

Ich ging die Treppe hinauf und blieb einen Augenblick
lang vor ihrer Tür stehen; ich überlegte, ob ich anklopfen
und ihr sagen sollte, dass ich etwas gekocht hatte. Eine Sekunde lang gestattete ich mir das Vergnügen, mir Jackies Bemerkungen über meine Kochkunst und meine schlagfertigen
Entgegnungen vorzustellen, und ein paar Sekunden lang
dachte ich sogar an meine Fantasie mit den schwarzen Olivenringen auf ihrer hellen Haut.

Ich hob die Hand, aber dann hörte ich sie summen, und
das Badewasser rauschte. Ich ließ die Hand wieder sinken
und ging hinunter. Nachdem ich eine Weile rastlos vor dem
Fernseher gesessen hatte, ging ich in die Bibliothek, um mir
etwas Fabelhaftes zu lesen zu suchen. Aber nichts weckte
mein Interesse; also ging ich hinauf in mein Arbeitszimmer
und schaltete den Computer ein.

Ich weiß nicht genau, warum ich es tat, aber ich ging ins
Internet und rief eine Suchmaschine auf, um zu sehen, was
ich über die Leute herausfinden könnte, die 1979 in Cole
Creek gelebt hatten.

Ich gab die Namen aller Leute aus Cole Creek ein, die mir
einfielen, einschließlich Miss Essie Lee, und auch die Namen
der Gründerfamilien, soweit ich sie kannte.

Was auf dem Bildschirm erschien, waren Nachrufe – und was ich da las, war ein Schock. Das Oberhaupt der Familie Cole, Abraham, war 1980 bei einem seltsamen Unfall ums Leben gekommen. Er hatte auf dem Highway kurz hinter Cole Creek eine Reifenpanne gehabt. Ein Lastwagen mit einer Ladung Kies hatte angehalten, und der Fahrer hatte ihm helfen wollen. Durch irgendeinen Funktionsfehler hatte sich der Kippmechanismus in Gang gesetzt, und die ganze Kiesladung war auf Abraham Cole gefallen und hatte ihn umgebracht.

Ich lehnte mich zurück und versuchte zu begreifen, was ich da sah. Abraham Cole war zu Tode gequetscht worden. Mit Steinen.

Edward Belcher war ebenfalls 1980 gestorben. Ein »Wells Fargo«-Transporter war zu schnell um die Ecke gefahren. Sie hatten eben eine Ladung Gold abgeholt, und das Gewicht im Verein mit der Nervosität des Fahrers hatte dazu geführt, dass der Mann die Kurve falsch eingeschätzt hatte. Edward hatte an der Ampel gewartet, und der Wagen war auf ihn gestürzt.

Mit anderen Worten, er war zu Tode gequetscht worden.

»Mit Geld«, sagte ich. »Seinem Leben entsprechend.«

Ich fand einen Artikel über Harriet Cole Landreth und ihren tödlichen Autounfall. Bevor ich ihn las, gab ich eine kleine Prophezeiung ab, und leider hatte ich Recht. Ihr Auto war einen Berghang hinuntergestürzt, und sie war darunter begraben worden. Man hatte das Wrack erst nach zwei Tagen gefunden, und Harriet war eines langsamen und qualvollen Todes gestorben.

Ich stand auf und wandte mich von meinem Computer

ab. Rache?, fragte ich mich. Hatte ein Verwandter der zu Tode gequetschten Frau Vergeltung geübt und dafür gesorgt, dass ihre Mörder starben wie sie? Aber wie hatte er das bewerkstelligt? Wie konnte jemand dafür sorgen, dass ein Kipplaster seine Ladung abwarf? Dass ein Goldtransporter umstürzte? Dass ein Auto in eine Schlucht fiel und nicht in Flammen aufging, sondern die Fahrerin zerquetschte?

Ich setzte mich wieder an den Computer und las den Artikel über Harriet Coles Autounfall zu Ende. Sie hatte ihren Mann und ihre Tochter hinterlassen – und ihre Mutter, die bei ihr im Wagen gewesen war. »Mrs Abraham Cole liegt im Krankenhaus; ihr Zustand ist kritisch«, hieß es da.

Ich holte tief Luft und rief Harriet Coles Nachruf auf. Sie war erst sechsundzwanzig Jahre alt gewesen, als sie starb. Vier Absätze handelten davon, dass ihre Familie zu den Gründern von Cole Creek gehört hatte, und ihr Vater, hieß es, sei vor ihr verstorben. Ihre Mutter hieß Mary Hattalene Cole; ihr Gesundheitszustand zum Zeitpunkt von Harriets Beerdigung wurde nicht erwähnt. Harriets Ehemann war Reece Landreth, und ihre Tochter hieß ...

Als ich den Namen las, hielt ich den Atem an. Jacquelane Amarisa Cole Landreth. Jacquelane. Wie in Harriet Lane. Die reizende Nichte des Präsidenten Buchanan.

Ich stürzte aus dem Zimmer und rannte so schnell die Treppe hinunter, dass ich beinahe ausrutschte. Jackies Zimmertür war immer noch geschlossen. Auf Zehenspitzen ging ich hinunter in den Eingangsflur. Auf dem kleinen Tisch neben der Tür lag Jackies Handtasche. Jeder Mann auf der Welt weiß, dass der Blick in die Handtasche einer Frau ein ultimatives Tabu darstellt, auf einer Ebene mit Kannibalismus.

Man kann einer Frau die Handtasche stehlen, aber jeder weiß, dass nur ein wirklich kranker Mann tatsächlich *darin* wühlt.

Ich musste zwei Mal durchatmen, bevor ich den Reißverschluss öffnete. So viel Pat und ich auch miteinander geteilt hatten – ich hatte nie in ihre Handtasche geschaut.

In Anbetracht dessen, was ich jetzt tat, benahm ich mich immerhin so höflich, wie es nur ging. Mit Daumen und Zeigefinger zupfte ich ihre Brieftasche heraus. Ich sagte mir, dass ich nicht wirklich schnüffelte. Ich wollte nur eins: ihren Führerschein.

Er steckte gleich zuoberst in dem kleinen durchsichtigen Fach ihrer Brieftasche. Ich hielt ihn ans Licht. Jackies voller Name lautete: Jacquelane Violet Maxwell. Jacque-LANE – wie bei Harriet Lane, der Frau, für die ihr Vater geschwärmt hatte. Und Violet bezog sich zweifellos auf Miss Lanes veilchenblaue Augen.

Ich ließ mich auf den Stuhl neben dem Dielentisch fallen. Glückwunsch, Newcombe, dachte ich. Du hast soeben herausgefunden, was du nicht wissen wolltest. Die Frau, die du eingestellt hast, war Augenzeugin eines Mordes, das ist so gut wie sicher. Und schlimmer noch: Wahrscheinlich hat sie mitangesehen, wie ihre eigene Mutter und ihr Großvater diesen Mord begingen.

Lange saß ich so da. Ich hielt Jackies Führerschein in der Hand, und ab und zu warf ich einen Blick darauf und versuchte, mir zu überlegen, was ich vielleicht getan hatte. Vielleicht hatte meine Schnüffelei jemanden in Lebensgefahr gebracht. Jackie mochte sehr jung gewesen sein, als sie den Mord gesehen hatte, aber offensichtlich erinnerte sie sich an vieles aus ihrer Zeit in Cole Creek.

Sie erinnerte sich an jeden Zollbreit des alten Hauses, das ich gekauft hatte. Noch zwei Tage zuvor hatte ich gesehen, wie sie in der Küche an eine Wand klopfte. Ich sparte mir die Mühe, sie zu fragen, was sie da machte; ich blieb einfach in der Tür stehen und sah zu. Nach ein paar Augenblicken klang das Klopfen hohl, und sie sagte: »Gefunden!« Sie wußte oft, wo ich war; deshalb wunderte ich mich nicht, als sie sich umdrehte und mich ansah.

»Ich wollte das Olivenöl auf das Bord stellen, aber das Bord war nicht da«, sagte sie und nahm eins der Messer, die ich gekauft hatte. Es hatte einen Sägeschliff, und in der Anzeige hatte gestanden, man könne damit Aluminiumdosen zerschneiden. (Konnte man auch – Tessa und ich hatten sechs Dosen zersägt, bevor Jackie uns befahl, endlich damit aufzuhören.)

Ich sah zu, wie Jackie die alte Tapete betastete und dann anfing zu schneiden. Sie tastete und schnitt ungefähr zehn Minuten, und dann nahm sie ein großes quadratisches Stück Tapete herunter. Dahinter war ein Mäusepalast. Isoliermaterial (wahrscheinlich illegales Asbest), Schmutz, verklumptes Papier, Fäden, Fusseln und Haare in ungefähr vier verschiedenen Farben – und das alles verfilzt und verklebt von der Mäusepisse vieler Jahre und Millionen kleiner schwarzer Köttel.

Hinter dem Nest waren Borde, die so schmierig waren, dass Onkel Regs Autowerkstatt dagegen sauber gewesen war. Deshalb hatte man das Regal auch zutapeziert. Wäre ich zuständig gewesen und hätte ich die Wahl zwischen Saubermachen und Tapete gehabt, ich hätte mich auch für die Tapete entschieden.

»Ein guter Platz für Lebensmittel«, sagte ich.

Jackie drehte sich zu mir um und rieb sich finster entschlossen die Hände. »Mr Hoover, übernehmen Sie«, sagte sie und lief hinaus, um den Staubsauger zu holen.

Als ich zum Lunch herunterkam, waren die Borde blitzblank und sauber, und die ganze Küche roch nach dem Scheuermittel, mit dem Jackie sie gereinigt hatte.

Ich sparte mir die Frage, woher sie von dem Regal gewusst habe, und sie schien ihr Wissen für selbstverständlich zu halten. Sie servierte uns irgendetwas mit Shrimps und vier Sorten gedämpftem Gemüse und erging sich dabei in einer endlosen Tirade über den faulen Idioten, der einen Wandschrank zunagelte, statt einen Bienenkorb zu entfernen, und ein Küchenregal übertapezierte, nur weil der Fettdunst von hundert Jahren sich darauf gelegt hatte.

Ich beugte mich tiefer über meinen Teller.

Wie dem auch sei – ich wusste, dass Jackie klare Erinnerungen an ihre Zeit in Cole Creek hatte, ganz gleich, wie alt sie damals gewesen war. Ich bezweifelte, dass ein Gericht jemanden auf der Grundlage dieser Erinnerungen wegen Mordes verurteilen würde, aber ich hielt Mörder nicht für logisch denkende Menschen.

Andererseits – nach dem, was ich im Internet gefunden hatte, waren anscheinend alle, die beteiligt gewesen waren – oder von denen ich es vermutete – kurz nach dem Tod der Frau ebenfalls gestorben.

Ich schob Jackies Führerschein wieder in die Brieftasche und steckte die Brieftasche zurück in die Handtasche, wo ich sie gefunden hatte. Dann zog ich den Reißverschluss zu und ging wieder hinauf in mein Arbeitszimmer.

Meine Internetsuche hatte noch einen weiteren Namen zutage gefördert. Miss Essie Lee war die Schwester und einzige noch lebende Verwandte einer gewissen Icie Lee Shaver, die ebenfalls bei einem »seltsamen« Unfall ums Leben gekommen war. Anscheinend war Icie Lee im Wald unterwegs gewesen und in einen alten Brunnenschacht gestürzt. Sie hatte bis zum Hals in den verrotteten Balken der Abdeckung gesteckt, aber das Holz hatte so weit gehalten, dass sie hatte atmen können. Schließlich, nach einem oder zwei Tagen, hatten ihre Versuche, sich zu befreien, die Wände zum Einsturz gebracht und sie unter sich begraben.

»Zerquetscht«, sagte ich laut. Wie sie gemordet hatten, so waren sie alle gestorben.

Ich schaltete den Computer aus und ging zu Bett, aber ich schlief nicht gut. Die Worte auf meinem Computerbildschirm verfolgten mich. »Wie sie gelebt hatten« – dieser Satz ging mir immer wieder durch den Kopf.

Gegen drei Uhr morgens gab ich meine Versuche, einzuschlafen, endgültig auf. Ich schob die Hände hinter den Kopf und schaute zum Deckenventilator hinauf. Er lief auf vollen Touren, und ich starrte den kleinen hölzernen Knopf am Ende der Schalterkette an wie die Glaskugel eines Hypnotiseurs.

Als der erste Sonnenstrahl durch mein Fenster fiel, dachte ich, wenn ich wissen wollte, wer diese Frau zerquetscht hatte, brauchte ich nur sämtliche Nachrufe zu lesen, die in dem Jahr nach ihrem Tod erschienen waren. Aus dem, was ich bisher gefunden hatte, konnte ich schließen, dass jeder, der zu Tode gequetscht worden war, vermutlich an der Mordtat beteiligt gewesen war.

Als ich meine Gedanken einigermaßen sortiert hatte, entspannte ich mich ein wenig und schlief schließlich ein. Als ich aufwachte, war es schon Mittag. Beim Blick auf die Uhr geriet ich in Panik. Wo war Jackie? Sie war so emsig, dass ich immer hören konnte, wo sie war, aber jetzt war es totenstill im Haus.

Ich fand sie in der Küche. Sie saß am Tisch, beschäftigt mit einem der coolsten Spielzeuge, die ich in meinem ganzen Leben gesehen hatte. Es war ein winziger Hewlett-Packard-Farbdrucker, und daneben stand eine kleine Kamera mit einer offenen Klappe an der Seite.

Ich setzte mich an den Tisch und sah zu, wie die kleine Maschine einen perfekten Ausdruck von sich gab, und zu meiner Beschämung muss ich gestehen, dass ich völlig vergaß, wer warum zu Tode gequetscht worden war. Als ich anfing, auch mit den beiden Geräten herumzuspielen, stand Jackie wortlos auf und fing an, Rührei zu machen.

Der Drucker war sehr einfach zu bedienen, und als Jackie mir die Eier vorsetzte, hatte ich zwei 10x15-Vergrößerungen gedruckt. Auf dem einen Bild sah man Rosen an einem Zaun, auf dem andern ein rot-weiß kariertes Tischtuch mit einer Flasche Wein und einem halben Brot.

»War es das, was Sie gestern gemacht haben?«, fragte ich lächelnd. »Ein Picknick, ganz allein?«

Aber meine Frage schien Jackie durcheinanderzubringen. Sie riss die kleine Speicherkarte aus dem Drucker, schob sie in die Kamera, drückte ein paar Tasten und stellte die Kamera auf den Tisch. Ich wusste, dass sie die beiden Picknickfotos gelöscht hatte. Und als Nächstes verbrannte sie die Fotos, die ich ausgedruckt hatte, an der Gasflamme des Herdes.

Natürlich starb ich vor Neugier, aber ich stellte ihr keine

Fragen. Schon weil Jackie mir mit einem einzigen Blick zu verstehen gab, dass ich es sonst bereuen würde.

Das war okay. Ich hatte auch meine Geheimnisse. Ich dachte überhaupt nicht daran, Jackie zu erzählen, was ich im Internet gefunden hatte. Und ich würde ihr auch nicht sagen, dass Harriet Coles Tochter ihren Namen auf die gleiche einzigartige Weise buchstabierte wie sie.

In den nächsten zwei Tagen benahm Jackie sich auf eine Weise, die nur mit dem Wort »merkwürdig« zu beschreiben war. Sie war nicht sie selbst. Nicht, dass ich schon Unmengen von Zeit mit ihr verbracht hatte, aber nach meinem Sonntagsbesuch bei Dessie erschien Jackie verändert. Es war, als sei sie mit ihren Gedanken woanders. Sie kochte täglich drei Mahlzeiten für mich, sie bediente das Telefon, und sie sagte sogar Nate, was er tun sollte, aber irgendetwas war anders. Zum einen war sie still und sprach kaum noch ein Wort. Und zum andern war sie nicht mehr so viel in Bewegung. Drei Mal schaute ich aus dem Fenster meines Arbeitszimmers, und sie stand einfach da und starrte ins Leere. Wie ein Kolibri, der ausnahmsweise seine Flügel nicht bewegte.

Natürlich fragte ich sie, was los sei, aber sie schaute nur in weite Fernen und sagte: »Mmmm.«

Ich versuchte, sie zu einer Reaktion zu bewegen. Ich erzählte ihr, dass Dessie und ich uns am Sonntag fabelhaft amüsiert hätten. Kein Kommentar. Ich erzählte ihr, der Sex mit Dessie sei großartig gewesen. »Mmmm«, sagte sie und schaute ins Leere. Ich sagte, ich würde jetzt mit Dessie nach Mexiko durchbrennen, und Tessa würden wir mitnehmen. Kein Kommentar. Ich behauptete, ich sei in eine grünäugige Grizzlybärin verliebt, und sie sei schwanger von mir.

»Schön«, sagte Jackie und schwebte zur Tür hinaus. Am Mittwoch machte sie mit dieser neuen Kamera ein paar Fotos von Nate. Ich sagte nichts, aber ich war ein bisschen gekränkt, weil sie dieses Ding und den kleinen Drucker gekauft hatte, ohne mich beim Aussuchen helfen zu lassen. Wir schauten uns die Fotos an, und Nate sah aus, als komme er geradewegs aus einer Modezeitschrift. Und dabei war er nicht mal gewaschen.

Ich versuchte, mich mit ihm über eine mögliche Zukunft in der Welt der Modefotografie zu unterhalten, aber er wollte nichts davon wissen. Dafür hatte ich Verständnis. Welcher Mann mit Selbstachtung wollte sein Geld als Fotomodell verdienen? Andererseits – es würde gutes Geld sein. Ich wollte, dass Jackie mit ihm redete, aber sie stand am anderen Ende des Gartens und wollte nichts damit zu tun haben.

Am Donnerstagmorgen kam endlich der FedEx-Bote mit dem Paket von dem Mann in Charlotte. Halb wollte ich es öffnen, halb lieber verbrennen.

Ich hatte jetzt zwei Tage Zeit gehabt, um über die Situation nachzudenken. Ich war zu dem Schluss gekommen, dass ein paar sehr wütende Leute im Jahr 1979 eine Frau mit Steinen erdrückt hatten und dass Jackie es als Kind mitangesehen hatte. Und nach dem Mord hatte anscheinend jemand Selbstjustiz geübt und die Mörder auf irgendeine Weise einen nach dem andern umgebracht.

Wenn meine Theorie stimmte, war Jackie nicht in Gefahr. Und allem Anschein nach wusste sie nichts von den nachfolgenden Vendetta-Morden. Sie wusste nur von der Frau.

Sie wusste auch, mit welcher Begründung ihre Mutter, die wahrscheinlich zu den Tätern gehört hatte, den Mord an der

Frau gerechtfertigt hatte. Sie hatte gesagt, wer den Teufel liebe, müsse *sterben*.

Der Teufel hat mich dazu gebracht, dachte ich. War das nicht die Begründung für so viele Morde im Laufe der Jahrhunderte? »Es war nicht meine Schuld«, hörte ich die Leute in den Fernsehnachrichten sagen. »Der Teufel hat meine Gedanken gesteuert.« Als ich Jackie kennengelernt hatte, hatte sie mir erzählt, die Leute in einer Kleinstadt hätten geglaubt, eine Frau habe den Teufel geliebt.

Ich legte eine Hand vor die Augen. Wenn Jackie nicht in Gefahr war, konnten wir hier bleiben. Aber wenn wir blieben, würde ich graben, bis ich den wahren Grund für den Tod der Frau gefunden hätte; das wusste ich, denn ich kannte mich gut genug. Welche *menschliche* Regung hatte die Leute zu dieser Tat getrieben? Und wer hatte ihren Tod gerächt? Auch das wollte ich wissen.

Mit zitternden Händen öffnete ich das FedEx-Paket. Das oberste Blatt war ein Entschuldigungsschreiben. Er sei krank gewesen, schrieb der Mann, und deshalb schicke er das Material mit Verspätung, aber er hoffe, ich würde ihm trotzdem die signierten Bücher schicken. Eins zu Null für ihn, dachte ich. Ich war nicht krank gewesen; ich hatte einfach vergessen, ihm die Bücher zu schicken.

Das Foto des rekonstruierten Gesichts war das, was ich sehen wollte, und es lag zuunterst in dem Stapel. Ich sah das Gesicht einer hübschen Frau, vermutlich Ende dreißig – und ohne Zweifel war sie eine Verwandte von Jackie. Wenn Jackie in ihrem Alter wäre, würde sie aussehen wie diese Frau.

Ich stand da, betrachtete das Foto und fragte mich, wer sie sein mochte. Die Frau auf der Brücke, ja – aber darüber hinaus? Jackies Mutter war sie nicht; ich war ziemlich sicher, dass ihre Mom von einem Auto zerquetscht worden war.

Ich blätterte in den Unterlagen, die der Mann mir geschickt hatte. »Unbekannt« stand allenthalben. Sie war eine unbekannte Frau, und es war unbekannt, ob die Todesursache Unfall oder Mord gewesen war. Die Polizei hätte es vielleicht an der Art und Weise erkennen können, wie die Steine auf ihr gelegen hatten, aber bevor die Polizei erschienen war, hatten die Kids, die den Leichnam gefunden hatten, sämtliche Steine beiseite geräumt. Offenbar hatte das Mädchen, das in der Nacht das Weinen »gehört« hatte, hysterisch geschrien, man müsse »die arme Frau herauslassen«, und deshalb hatten sie die Steine restlos von dem Skelett heruntergenommen.

Die Polizei hatte die Kids vernommen, und alle hatten mit hundertprozentiger Sicherheit beschreiben können, wie die Steine angeordnet gewesen waren. Aber die einen hatten es so beschrieben, die andern so. Am Ende waren die Aussagen »ohne Beweiskraft«.

Ich sah mir die Namen der jungen Leute an. Was würde ich erfahren, wenn ich sie in eine Suchmaschine eingäbe? Ich sollte so etwas nicht tun, sagte ich mir, dabei war ich schon auf dem Weg zur Treppe und zu meinem Arbeitszimmer.

Aber ich kam nicht weit, denn die Haustür flog auf, Tessa kam hereingestürmt, sprang mich an und schlang mir die Beine um die Taille und die Arme um den Hals.

»Danke, danke, danke«, sagte sie und küsste mich ab.

Ich hatte keine Ahnung, was sie meinte, aber ich freute mich. Sie war noch nicht alt genug, um sich zu verstellen; was immer sie empfand, äußerte sie offen und ehrlich.

»Was ist denn los?«, fragte ich lächelnd. Das ganze Paket mit den Unterlagen über die ermordete Frau war mir aus den Händen gefallen und lag verstreut auf dem Boden. Am liebsten hätte ich alles liegen lassen und gehofft, dass es durch die Dielenritzen verschwand.

Ich wand Tessas Arme von meinem Hals, damit ich wieder Luft bekam. »Danke wofür?«

»Für den Zwerg.«

Ich hatte keine Ahnung, wovon sie redete. Als wir die Figuren für den Garten gekauft hatten, hatten wir eine ganze Weile über Gartenzwerge diskutiert, aber ich war ziemlich entschlossen dagegen gewesen. In der ersten Klasse hatten Johnnie Foster und ich Streit gehabt, weil er gesagt hatte, ich sähe aus wie ein Gartenzwerg. Ich hatte noch nie von Gartenzwergen gehört, deshalb fragte ich die Schulbibliothekarin, und sie gab mir ein Buch. Was ich da sah, gefiel mir nicht.

Und in Wahrheit befürchtete ich, Tessa wollte Gartenzwerge haben, weil sie *mich* mochte.

Ich schälte Tessa von mir herunter, stellte sie auf den Boden und fing an, die Unterlagen aufzulesen.

»Wer ist das?«, fragte sie, als sie das Foto mit dem rekonstruierten Gesicht sah. Wie die meisten Kinder ging Tessa mit ihren Kräften sparsam um und half mir nicht beim Aufheben der Papiere.

»Irgendjemand«, sagte ich und stopfte alles zurück in den Pappumschlag. Ich wollte nicht, dass Jackie in das Paket hineinschaute, und deshalb legte ich es unübersehbar auf den Tisch im Flur. Ich dachte mir, wenn ich es hinter einem Buch im obersten Regal in der Bibliothek versteckte, würde sie es innerhalb von drei Sekunden finden.

»Okay«, sagte ich zu Tessa. »Was ist los?«

»Du hast den größten Gartenzwerg der Welt gekauft und in den Garten gestellt. Er ist wunderschön, und ich liebe ihn jetzt schon. Danke.«

Eine Nanosekunde lang durchzuckte mich der Gedanke, Jackie habe sich mit Dessie zusammengetan und einen Gartenzwerg in Auftrag gegeben. Natürlich. Und nächste Woche würde der Frosch kommen.

Ich streckte die Hand aus, Tessa nahm sie, und wir gingen zusammen hinaus in den Garten.

Sie hatte Recht.

Im Schatten auf einer der alten Parkbänke, die Nate repariert hatte, saß etwas, das aussah wie ein Gnom. Aufrecht stehend wäre er ungefähr einen Meter sechzig groß gewesen, und er hatte einen dicken Kopf, einen rundlichen Leib und kurze, kräftige Gliedmaßen. Die runden Augen waren blicklos, und der Mund stand halb offen. Er hatte große Augen mit dichten Wimpern, eine breite Nase mit einer platten Spitze, volle Lippen, riesige, anliegende Ohren, und seine langen schwarzen und grauen Haare waren hinten zu einem Zopf geflochten.

»Ssschh.« Tessa zog an meiner Hand, »Er sieht ganz lebendig aus, nicht wahr?«

Ich ließ mich um die Büsche herumführen und bekam den Rest des »Gartenzwergs« zu Gesicht. Er trug eine dunkelgrüne Hose, ein verschlissenes gelbes Hemd und eine lila Weste, die übersät war von emaillierten Anstecknadeln, die aussahen wie Insekten. Der Traum eines Entomologen.

Tessa ging näher an das Wesen heran, und ich blieb stehen und starrte es an. Das war keine Statue, das war ein Mann.

Und er schlief fest. Er saß aufrecht und mit weit offenen Augen auf der Bank, aber er schlief.

Weit hinten in meinem Hinterkopf wusste ich, ich sollte Tessa sagen, er sei lebendig und sie solle sich von ihm fern halten, aber ich konnte mich einfach nicht rühren. Natürlich wusste ich, wer er war. Ich hatte ihn nur noch nie leibhaftig vor mir gesehen.

Tessa streckte die Hand aus und berührte seine Wange. Er zuckte nicht einmal mit der Wimper, aber ich wusste, dass er augenblicklich wach war. Seine Augen leuchteten auf, und er sah mich an.

»Hallo, mein Sohn«, sagte mein Vater.

»Hallo, Cousin«, sagte mein Cousin Noble und kam aus dem Gebüsch.

Beide lächelten mich an.

14 – Jackie

Ich wollte nur noch mit Russell zusammen sein. Bei ihm fühlte ich mich gut, und zwar auf eine Weise, wie ich es noch nie erlebt hatte.

Mein Leben lang hatte man mich bezichtigt, ich sei zornig. Allzu viele Frauen, denen ich begegnet war, hatten beschlossen, Therapeutin zu spielen und mir zu erklären, meine sarkastischen Bemerkungen rührten aus einem tief verborgenen Zorn in mir.

Dem konnte ich zustimmen, aber meine Zustimmung war zu Ende, wenn sie sagten, ich solle es »herauslassen«. Sie waren nicht glücklich, wenn ich mich weigerte, ihnen meine tiefsten Geheimnisse anzuvertrauen. Ich glaube, sie fanden, ich spielte das Mädchen-Spiel nicht nach den Mädchen-Regeln, die offensichtlich besagten, dass jede immer allen alles erzählen müsse.

Die Wahrheit war, dass ich keinen Grund hatte, zornig zu sein. Das Schlimme, das ich erlebt hatte, war so schlimm auch wieder nicht gewesen, und eigentlich hatte ich ein schlechtes Gewissen, weil ich überhaupt zornig war. In einer Stadt, in der mein Dad und ich zwei Jahre lang wohnten, während ich auf der High School war, gestand meine beste Freundin mir, dass ihr Vater abends zu ihr ins Bett kam und »es mit ihr machte«. Ich musste ihr Stillschweigen schwören, bevor sie es mir erzählte, aber ich hielt meinen Schwur nicht. Ich erzählte es meinem Dad.

Als der Staub, den er daraufhin aufwirbelte, sich wieder gelegt hatte, verließen wir diese Stadt.

Nein, es gab keinen tief verborgenen Grund für mich, zornig zu sein. Es war nur so, dass ich mich fast meine ganze Kindheit hindurch in zwei Hälften gerissen fühlte. Ich liebte meinen Dad sehr, aber ich war auch wütend auf ihn, weil er mir nichts über mich erzählte. Als ich erwachsen geworden war und gesehen und gelesen hatte, was in der Welt vor sich ging, begriff ich, dass etwas Furchtbares passiert sein musste, wenn mein Vater mich mitten in der Nacht fortgeschafft hatte. Ich wollte immer nur, dass er mir sagte, was es gewesen war.

Aber wenn ich auch nur andeutete, dass ich etwas über meine Mutter oder über die Tante, die er erwähnt hatte, wissen wollte, murmelte er etwas, das dem vorher Gesagten widersprach, oder er verstummte völlig. Es machte mich rasend! Besonders deshalb, weil ich über alles andere auf der Welt mit ihm reden konnte. Als Heranwachsende informierten wir Mädchen einander mit überlegenem Lächeln über das Treiben von Bienchen und Blümchen. Dann ging ich nach Hause und berichtete meinen Vater Wort für Wort, was ich gehört hatte, und er sagte mir, ob es stimmte oder nicht. Und die Mädels quietschten: »Du hast deinen *Dad* danach gefragt?!«

Aber meinen Dad brachte nichts in Verlegenheit. Einmal sagte er: »Früher war ich normal. Vor langer Zeit war ich wie die Väter deiner Freundinnen, und Sex und andere Privatangelegenheiten waren mir peinlich. Aber wenn man durchmacht, was ich durchgemacht habe, setzt es das Leben in eine andere Perspektive.«

Natürlich fragte ich ihn, was er damit meinte. Was hatte er denn durchgemacht? Aber das erzählte er mir nicht.

Ich musste meinen Zorn über seine Weigerung, mir etwas von unserer Vergangenheit zu erzählen, im Zaum halten. Und ich musste meinen Groll darüber verbergen, dass mein Vater und ich anscheinend nirgendwohin und zu niemandem gehörten. Wie sehr beneidete ich meine Freundinnen um ihre Familien! Ich fantasierte mir riesige Weihnachtsessen zusammen, mit fünfzig Verwandten an einem Tisch. Ich lauschte begierig, wenn meine Freundinnen vom »Horror« der Festtage berichteten. Sie erzählten, wie dieser Cousin etwas Entsetzliches getan und wie jener Onkel ihre Mutter zum Weinen gebracht hatte, und wie eine Tante in einem Kleid aufgekreuzt war, das alle schockiert hatte.

Es hörte sich wundervoll an.

Mein Vater war ein echter Einzelgänger. Er und Ford hätten sich bestens verstanden. Sie hätten sich zusammen hinter ihren Büchern verkriechen können. Mein Vater hatte seine Liebe zu Harriet Lane, die längst nicht mehr lebte, und Ford liebte seine verstorbene Frau. Dass er angesichts einer Plastik, die sie darstellte, in Tränen ausbrechen konnte, zeigte nur, wie sehr er sie liebte.

Ach was. Fords Probleme hatten mich bekümmert bis zu dem Sonntag, an dem ich Russell Dunne kennenlernte. Mit Russell fühlte ich mich verwandt wie nie zuvor mit einem Mann. Äußerlich war er genau mein Typ: dunkel, elegant und auf eine Weise kultiviert, die mich an meinen Vater erinnerte. Und Russell und ich hatten so viel gemeinsam: die Fotografie und unsere Liebe zur Natur. Und wir beide mochten das gleiche Essen. Den Ausdruck »seelenverwandt« konnte ich nicht ausstehen, aber er kam mir in den Sinn, wenn ich an Russell dachte.

Als ich am Sonntagabend wieder zu Hause war, verbrachte ich ungefähr eine Stunde in der Badewanne. Als das Wasser kalt wurde, stieg ich heraus, zog mein bestes Nachthemd und meinen Hausmantel an und setzte mich für ein Weilchen auf den kleinen Balkon vor meinem Schlafzimmer. Die Nacht kam mir besonders warm und duftend vor, und die Glühwürmchen funkelten wie kleine Diamanten in der samtenen Luft.

Wenn jemand solche dämlichen Gedanken bloß hatte, wurde mir schon schlecht. Irgendein weibliches Wesen redete in diesem bescheuerten Stil über einen Typen, und gleich musste ich kotzen. Ich weigerte mich sogar, Romane zu lesen, in denen es darum ging, sich in einen Mann zu verlieben. »Checken Sie seine Referenzen«, sagte ich dann immer und klappte das Buch zu.

Natürlich hatte ich bei Kirk alles Naheliegende unternommen und die ganze Sache gewissenhaft geplant, und trotzdem war ich übers Ohr gehauen worden. Aber zumindest hatte ich nie von der Farbe seiner Augen geschwärmt, oder »wie süß er das Näschen kräuselte«. Örk!

Aber über Russell Dunne hätte ich mich endlos verbreiten können. In seinen Augen waren kleine goldene Pünktchen, die in der Sonne aufleuchteten, wenn er den Kopf bewegte. Seine Haut hatte die Farbe von sonnenwarmem Honig. Seine wunderschönen Hände sahen aus, als könnten sie Engelsmusik spielen.

Und so weiter. Ich hätte immer so weitermachen können – und in Gedanken tat ich es auch –, aber ich zwang mich, damit aufzuhören. Ich bemühte mich wirklich, nicht an Russell zu denken, sondern an meine Arbeit – was immer das sein mochte. Ich wartete immer noch darauf, dass Ford mir sagte, wie ich ihn beim Schreiben unterstützen sollte, aber er sagte nie etwas darüber. Stattdessen war ich so was wie eine Kombination aus Haushälterin und Gesellschafterin. Im Grunde war alles, was Ford nicht machen wollte, meine Aufgabe.

Am Montag, nachdem ich Russell begegnet war, hatte ich Mühe, überhaupt einen klaren Gedanken zu fassen. Draußen war eine Menge zu tun, und noch immer hatte ich die Bibliothek und die Durchsicht der Bücher nicht in Angriff genommen. Und natürlich musste ich einkaufen. Außerdem hatte ich Allie anrufen wollen, um zu verabreden, dass Tessa herüberkam und für mich Modell saß, damit ich mein Fotoatelier in Gang bringen könnte.

Am Samstagabend hatte ich den Kopf voll von Dingen gehabt, die ich tun wollte, aber nach diesem Sonntag konnte ich mich an nichts mehr erinnern. Stattdessen hockte ich – stundenlang, wie mir schien – am Küchentisch und betrachtete den kleinen Drucker, den Russell mir geliehen hatte. Er hatte mir einen Packen Fotopapier in die Tasche geschoben, und nach einigem Gefummel brachte ich eine Indexkarte mit winzigen, nummerierten Bildern aller Fotos auf dem Speicherchip zustande. Dann saß ich da und starrte die Bilder an, bis ich sie auswendig kannte. Vielleicht hoffte ich, dass ein Foto von Russell dazwischen auftauchen würde. Aber das geschah nicht.

Irgendwann im Laufe des Tages – ich hatte nicht mal meine Uhr angelegt – kam Ford die Treppe heruntergepoltert und übernahm den Drucker. Er hatte ein Händchen für technischen Kram, und in Sekundenschnelle hatte er heraus, wie das Ding funktionierte. Er drückte auf ein paar Tasten, und was herauskam, war ein großes Foto von dem Picknick, das Russell im süßen Gras ausgebreitet hatte.

Ich weiß nicht, was da über mich kam, aber sofort schob ich die Speicherkarte wieder in die Kamera und klickte, so schnell ich konnte, auf die kleine Mülltonne. Diese Szene hatte etwas so Privates, dass niemand anders sie sehen sollte. Und ich wusste, wenn ich ihn weitermachen ließe, würde Ford abfällige Bemerkungen über unser wunderbares Picknick machen. Wo war denn das gebratene Hühnchen?, würde er fragen und das auch noch komisch finden. Und die Kühltasche mit dem Bier? Was war denn das für ein Picknick – mit einem Haufen Käse und ein paar Crackern?

Nein, ich wollte seine Kommentare nicht hören.

In meiner Hast war mir nur nicht klar, dass ich mir selbst eins auswischte. Nachdem ich die Fotos in der Kamera gelöscht und die Abzüge, auch die Indexkarte, verbrannt hatte, war nichts mehr da, was ich hätte anschauen können.

Aber ich war so euphorisch, dass mich meine Dummheit nicht weiter ärgerte. Was soll's, dachte ich. Ich hatte meine Erinnerungen. Und bei diesem Gedanken wäre ich beinahe in lauten Gesang ausgebrochen.

Russells Karte mit seinen Namen und der Telefonnummer trug ich in meinem BH, links über dem Herzen. Keine Minute verging, ohne dass ich ihn anrufen wollte. Aber ich hatte eine eiserne Regel: Ich rief keine Männer an.

Natürlich rief ich Ford an. Ich rief ihn mit dem Handy, das er mir gegeben hatte, aus dem Supermarkt an und fragte ihn, ob er Roastbeef oder Schweinebraten haben wollte (Er sagte: »Ich dachte, Schweinebraten ist ungesund.«). Ich rief ihn von der Gemüsetheke an und fragte, ob er gern einen gelben Kürbis hätte (»Das ist ein Witz, ja?«). Und ich rief ihn von der Tankstelle an und fragte ihn, welches Öl der Wagen brauchte (»Lassen Sie diese Affen nicht an mein Auto. *Ich mache den Ölwechsel.*«).

Ford konnte ich anrufen, weil ich nicht vorhatte, ihn zu beeindrucken. Schon vor langer Zeit hatte ich gelernt, dass man niemals einen Mann anrief, den man wirklich, wirklich haben wollte. Unter keinen Umständen. Wenn man Rauch aus seinem Haus kommen sah, rief man die Nachbarn an, damit sie ihn retteten. Aber man rief keinen Mann an. Wirklich nicht.

Diese Lektion hatte ich im jahrelangen Zusammenleben mit einem gut aussehenden, ledigen Mann gelernt: mit meinem Vater. Manchmal dachte ich, er zog nur von einer Stadt in die andere, um den Frauen zu entkommen, die ihm nachstellten. Ich war elf, bevor ich wusste, was eine Küche war. Mein Dad und ich brauchten nie eine zu benutzen, weil ledige Frauen uns Essen brachten. »Ich hatte das hier übrig, und ich dachte, Sie und Ihr anbetungswürdiges kleines Mädchen möchten vielleicht etwas davon«, sagten sie. Einmal betrachtete ich einen solchen perfekt zubereiteten Schmortopf und fragte, wie das »übrig« sein könne, wenn überhaupt noch nichts fehle. Mein Dad, der manchmal einen boshaften Humor an den Tag legte, stand einfach da und sah zu, wie die arme Frau ins Schwimmen geriet, als sie versuchte, mir meine Frage zu beantworten.

In Wahrheit waren sie weniger darauf aus, meinem Dad etwas zu essen zu machen, als viel mehr darauf, ihn anzurufen und zu fragen, was denn sein »Leibgericht« sei. Denn damit hatten sie einen Grund, wiederzukommen. Oder noch mal anzurufen. Und noch mal. Es kam nicht selten vor, dass mein Dad in einer Stadt vier Mal in drei Monaten seine Telefonnummer änderte.

Jedenfalls, als ich älter wurde, leistete ich einen heiligen Eid, niemals einen Mann anzurufen, für den ich mich interessierte. Ein Mann, der so schön war wie Russell Dunne, wurde sicher den ganzen Abend angerufen, und deshalb wollte ich anders sein. Einzigartig.

Ich hätte mir aber keine Sorgen zu machen brauchen, denn Russell stand am Dienstagnachmittag vor der Tür. Hastig bugsierte ich ihn in mein Studio, denn ich wollte nicht, dass Ford ihn sah. Ich konnte mir nicht vorstellen, dass Ford es gern sah, wenn ein anderer Mann etwas mit »seiner« Assistentin zu tun hatte.

»Ich habe Sie hoffentlich nicht gestört«, sagte Russell mit seiner seidenweichen Stimme.

Warum hatte ich nichts mit meinen Haaren gemacht?, fragte ich mich. »Nein, überhaupt nicht«, brachte ich hervor. Ich wollte ihm etwas zu essen anbieten. Genauer gesagt, ich wollte ihm mein Leben anbieten, aber ich dachte mir, vielleicht sollte ich mit einer Limonade anfangen. Aber Fords Irrwege durch das Haus waren unberechenbar, und es war durchaus möglich, dass er in die Küche spaziert kam.

»Und wo sind Ihre Fotos?«, fragte er, und bei seinem Lächeln fing mein Herz an zu flattern.

»Sie sind mein erstes.« Ich schnappte mir meine liebe F100, richtete sie auf ihn und drückte auf den Auslöser. Ist ein Autofocus nicht was Tolles?, dachte ich.

Aber am Klicken hörte ich, dass ich kein Foto gemacht hatte. Ich schaute auf das LCD-Display. Kein Film.

Nein, ich brach nicht in Tränen aus.

Russell sah mich kopfschüttelnd an und lächelte. »Sie sind wirklich unartig«, sagte er, und ich wurde rot. Auf den gleichen Satz von Ford hätte ich etwas über schmutzige alte Männer erwidert, aber aus Russells Mund klang er sexy.

»Ich will alles sehen«, sagte Russell, und ich fing an zu reden.

Ich zeigte ihm die Ausrüstung, die Ford und ich ausgesucht hatten, und erzählte ihm von Fords Idee, einziehbare Markisen über den Fenstern anzubringen. Ich erzählte, wie Ford und ich die Abstellkammer angestrichen und wie Ford und Nate die Regale für mich angebracht hatten.

»Sie scheinen sehr an diesem Mann zu hängen«, stellte Russell fest.

Beinahe wäre ich auf diesen Trick hereingefallen, aber da ich tausend Mal gesehen hatte, wie mein Vater ihn bei tausend Frauen anwandte, fing ich mich gerade noch. Ich hatte immer peinlich berührt weggeschaut, wenn eine Frau verbale Saltos gesprungen war, um meinen Vater davon zu überzeugen, dass es keinen anderen Mann in ihrem Leben gebe.

»Ja, stimmt«, sagte ich und schaute zu Boden, als habe Russell mir ein großes Geheimnis entlockt. Dann spähte ich schräg nach oben, um zu sehen, wie er diese Neuigkeit aufnahm, und zu meiner Freude sah ich, dass er anscheinend ein bisschen überrascht war. Gut, dachte ich. Er brauchte nicht zu wissen, was ich für ihn empfand.

»Dann muss ich mich wohl ein wenig mehr anstrengen, nicht wahr?«, sagte er lächelnd.

Ich machte einen winzigen Schritt auf ihn zu, aber Russell sah auf die Uhr.

»Ich muss gehen«, sagte er und war an der Tür, bevor ich ihn einholen konnte. Er blieb einen Moment stehen, und ein Sonnenstrahl fiel auf seine Wange. »Jackie«, sagte er leise, »ich glaube, ich habe neulich zu viel geredet. Über ... Sie wissen schon.«

Ich wusste. Über die Frau, die zu Tode gequetscht worden war. »Das ist schon in Ordnung«, sagte ich. »Es macht mir nichts.«

»Das ist alles lange her, und ...« Er brach ab und lächelte mich an. Ich bekam weiche Knie. »Außerdem, wer weiß? Vielleicht hat die Frau wirklich etwas mit dem Teufel gehabt. Ich habe damals gehört, sie hatte Visionen.«

»Visionen?« Ich klapperte mit den Lidern und traute meiner eigenen Stimme nicht. Er sprach leichthin, aber mir war überhaupt nicht leicht zumute. Im Gegenteil, ich wollte mich hinsetzen.

»Ja. Sie hatte Visionen von bösen Taten. Niemand in der Stadt konnte etwas Böses tun, weil sie es sah, *bevor* man es tat.«

Ich schluckte. »Aber wären solche Visionen nicht ein Geschenk Gottes? Die Fähigkeit, das Böse zu verhindern, muss doch von Gott kommen, oder?«

»Vielleicht«, sagte er. »Ich glaube, so fing es an, aber ihre Visionen wurden immer stärker, bis sie das Böse in den Köpfen der Menschen sehen konnte. Es hieß, sie habe ...« Er schwieg und winkte ab, als wolle er nichts weiter sagen.

»Was denn?«, flüsterte ich. »Was hat sie getan?«

»Mein Vater sagte, sie habe angefangen, die Leute daran zu *hindern*, zu tun, was sie in ihren Köpfen sah.«

Ich dachte nicht gern darüber nach, was das bedeutete. Ich legte die Hände an meine Schläfen.

»Jetzt habe ich Sie beunruhigt«, sagte Russell. »Ich wusste, ich hätte Ihnen nicht erzählen sollen, was hier passiert ist. Es ist nur ... ich habe diese Geheimnisse so lange mit mir herumgetragen, und Sie sind so interessiert. Es ist, als ob ...«

Er sprach nicht zu Ende.

»Das bin ich auch«, sagte ich. »Es ist bloß ...« Ich wollte ihm nicht sagen, was mir durch den Kopf ging. Ich konnte ihm ja nicht gut erzählen, dass ich schon zwei Visionen gehabt hatte, eine von einem Autounfall und eine von einem Brand. Was wäre, wenn ich als Nächstes sah, dass jemand vorhatte, jemand anderen umzubringen? Wie sollte ich das verhindern?

Russel sah wieder auf die Uhr. »Ich muss jetzt wirklich gehen. Ist wirklich alles in Ordnung mit Ihnen?«

»Ja.« Ich bemühte mich zu lächeln.

»Wie wär's mit einem Lunch am Wochenende?«, fragte er. »Noch ein Picknick? Und *keine* Geistergeschichten?«

»Versprochen?«

»Großes Ehrenwort. Ich rufe Sie an, und wir verabreden, wann und wo.« Noch ein strahlendes Lächeln, und er war verschwunden.

Ich lehnte mich an die Wand und versuchte, mein pochendes Herz zur Ruhe zu bringen. Die erste Vision hatte mich sehr verstört, und als ich gesehen hatte, wie sie Wirklichkeit wurde, war ich starr vor Schrecken gewesen. Beim zweiten Mal war Ford dabei gewesen, und die ganze Sache hatte beinahe Spaß gemacht.

Aber was würde passieren, wenn ...?

»Mit wem hast du gesprochen?«

Ich drehte mich um. Tessa stand in der Tür. Sie war ein komisches kleines Mädchen, das wenig sprach, außer mit Ford. Die beiden hatten offenbar eine gemeinsame Wellenlänge; sie waren sich in allem einig. Allie sagte, so etwas habe sie noch nie gesehen. Sie habe sich immer darüber beklagt, dass ihre Tochter so gar nicht gesellig sei und weder mit Erwachsenen noch mit Gleichaltrigen redete. Aber Ford und Tessa waren oft zusammen und machten allerlei Unsinn – zum Beispiel spähten sie in irgendein Loch im Boden und spekulierten darüber, was wohl drin sein mochte.

»Mit einem Mann«, sagte ich zu Tessa.

Sie stellte keine weiteren Fragen, aber im Laufe des Tages schaute sie mich ein paar Mal merkwürdig an. Ich ignorierte sie. Ich wusste aus Erfahrung, dass sie meine Fragen mit Schweigen und ausdruckslosem Blick beantworten würde.

Einmal sah Allie, wie Fords Füße verschwanden, als er bäuchlings in ein Buschgewölbe kroch, das er und Tessa sich gebaut hatten, und sie seufzte tief. »Meine Tochter hungert nach männlicher Gesellschaft.«

Ich ergriff die Gelegenheit, mehr über ihre Ehe zu erfahren. Schließlich hatte ich Allie auch alles über Kirk erzählt. Tatsächlich war Allie die einzige Frau, der ich mehr offenbart hatte, als ich von ihr erfahren hatte. »Sieht Tessa ihren Vater oft?«

»Nein«, sagte Allie kurz angebunden und ging davon. Das war alles, was ich aus ihr herausbekam.

Also ignorierte ich Tessas komische Blicke am Dienstag und ließ sie Modell sitzen. Das heißt, ich ließ sie Modell sitzen, nachdem Ford gesagt hatte, sie solle es tun.

Ich wünschte, ich könnte beschreiben, wie gut meine Fotos von Tessa wurden. Es war eins dieser kosmischen Ereignisse, die man hin und wieder erlebt. Ich glaube, wenn ich an diesem Tag ich selbst gewesen wäre, hätte ich nicht halb so gute Bilder zustande gebracht. Normalerweise bin ich ein bisschen analfixiert, was Tiefenschärfe und Belichtungswerte angeht, aber an dem Tag war ich so abgelenkt, dass ich gar nicht daran dachte, jeden einzelnen Knopf an meiner Kamera gewissenhaft zu bedienen. Meine Kamera hatte einen Vorschaumodus für die Schärfentiefe; den benutzte ich, und als Tessa und der Hintergrund okay aussahen, drückte ich auf den Drahtauslöser. Fertig.

Vielleicht spürte Tessa meine Stimmung an diesem Tag. Normalerweise konnte sie es nicht erwarten, zu verschwinden und ihren eigenen Kram zu machen; deshalb hatte ich mir überlegt, womit ich sie bestechen könnte, damit sie sich vor die Kamera setzte. Mit einem Geschenkgutschein für das Gartencenter, wo sie und Ford eine Wagenladung hässlicher kleiner Figuren gekauft hatten?

Aber an diesem Nachmittag brauchte ich sie nicht zu bestechen, denn Tessa war anscheinend in einem ganz ähnlichen Traumzustand wie ich. Meine Aufmerksamkeit schweifte ab, und ich dachte an Russell Dunne. Ich sah mich in einem Ballkleid – nicht, dass ich eins besaß oder je eins getragen hätte – und tanzte im Mondlicht Walzer mit ihm.

Ich setzte Tessa auf einen alten Stuhl ans Fenster, gab ihr ein Buch zum Lesen und machte Fotos. Nicht zu viele, und nicht zu schnell hintereinander, denn mein Kopf arbeitete zu langsam. Statt herumzuwieseln und Haare zu ordnen und

Reflektoren einzurichten, wie ich es sonst tat, ließ ich einfach alles, wie es war.

Tessa und ich sprachen kaum ein Wort in den drei Stunden, während ich sie fotografierte. Normalerweise brauchte ich nur eine Stunde, um sechs mal so viele Fotos zu machen wie an diesem Tag, aber ich war so verträumt, dass ich mich wie in Zeitlupe bewegte: also mehr Zeit und weniger Fotos.

Nach einer Weile gingen Tessa und ich ins Freie. Sie streckte sich im Tüpfelschatten eines Baumes im Gras aus und schaute zu den Blättern hinauf. Wäre ich an diesem Tag ich selbst gewesen, hätte ich mich spreizbeinig über sie gestellt und ihr tausend Anweisungen gegeben: wohin sie gucken sollte, wie sie gucken sollte, ja, was sie denken sollte. Aber ich war nicht der Feldwebel, der ich sonst war – ich ließ Tessa tun, was sie wollte, und vertraute darauf, dass meine Kamera funktionierte.

Am Abend blieb Ford lange in seinem Arbeitszimmer; also ging ich in mein Atelier und fing an, die Schwarzweißfotos von Tessa zu entwickeln. Als die Konturen des ersten Bildes hervortraten, wusste ich, dass ich da etwas hatte.

Nein, Etwas – mit großem E.

Ich bewegte mich immer noch mit halber Geschwindigkeit, aber ich war wach genug, um zu sehen, dass ich endlich getan hatte, wovon ich immer geträumt hatte. Ich hatte eine Stimmung eingefangen. Ich hatte eine Persönlichkeit auf Film gebannt. Nicht nur ein Gesicht, sondern eine ganze Person.

Ich schaute mir die nassen Bilder an, und innerhalb eines Augenblicks lernte ich eine ganze Menge. Wenn ich früher Kinder fotografiert hatte, war ich in Eile gewesen, weil sie sich viel bewegen und sich schnell langweilen. »Sieh mich an! Sieh mich an!«, hatte ich dauernd gesagt und meine Filme so schnell verknipst, wie ich auf den Auslöser drücken konnte.

Vielleicht musste man als Fotografin bei manchen Kindern so arbeiten, aber es gab auch Kinder wie Tessa. Sie war introvertiert und launenhaft, und heute war ich es rein zufällig auch gewesen. Das hatte ich auf den Fotos eingefangen.

Die Fotos waren gut. Sehr, sehr gut. Vielleicht sogar preisverdächtig gut. Ein paar Nahaufnahmen von Tessa waren so gut, dass mir die Tränen kamen. Und beim Betrachten sah ich, warum Allie und ich von Tessa nur Schweigen bekamen, während Ford in ihr geheimes Haus eingeladen wurde.

Allie und ich waren einander ähnlich; wir waren aktiv und immer in Bewegung. Ford konnte zwölf Stunden im selben Sessel sitzen, während ich es nirgends länger als eine halbe Stunde aushielt. Lesen konnte ich am besten auf einem Hometrainer. In Tessas Kopf war eine ganze Welt in Bewegung, und Ford konnte sie sehen. Heute hatte ich Tessas innere Welt auf meinen Film gebannt.

Ich ließ die Fotos im Atelier hängen, spazierte ins Haus und auf mein Zimmer, und ich lächelte die ganze Zeit. Offensichtlich tat Russell mir gut. Seine Anwesenheit hatte mich in einen Zustand versetzt, in dem ich lange genug still sein konnte, um Tessa mit meiner Kamera zuzuhören. Erst als ich schlafen gehen wollte, fiel mir ein, was Russell über Amarisas Visionen gesagt hatte. Ich war erschrocken gewesen, als er mir erzählt hatte, sie habe das Böse in den Gedanken anderer Menschen sehen können, und wieder fragte ich mich, was ich tun würde, wenn mir das Gleiche passieren sollte.

Während ich mein Nachthemd anzog, dachte ich, dass ich es Russell vielleicht erzählen würde, wenn ich noch einmal eine Vision hätte. Vielleicht würde ich gegen meine eiserne Regel verstoßen und ihn anrufen, ihm sagen, was ich gesehen hatte. Vielleicht würde er es verstehen. Vielleicht würde auf diese Weise ein Band zwischen mir und Russell entstehen. Ein Band für die Ewigkeit.

Lächelnd ging ich ins Bett und schlief ein.

Am Mittwoch wanderte ich immer noch wie benommen umher. Ich weiß nicht genau, was ich den ganzen Tag tat, aber alles schien doppelt so lange zu dauern wie sonst. »Was zum Teufel ist los mit Ihnen?«, fragte Ford, und ich war geistesgegenwärtig genug, um zu antworten: »Prämenstruelles Syndrom.« Wie ich richtig vermutete, brachte diese Antwort ihn zum Schweigen. Er kommentierte meine Laune nicht noch einmal.

Die Fotos, die ich von Tessa gemacht hatte, zeigte ich Ford nicht. Als sie trocken waren, legte ich sie in eine große Mappe. Ich wollte sie zuerst Russell zeigen. Schließlich teilten wir beide, er und ich, die Liebe zur Fotografie, nicht wahr?

Am Nachmittag machte ich mit der kleinen Digitalkamera ein paar Schnappschüsse von Nate im Garten. Er war verschwitzt, hatte Grashalme im Gesicht und blinzelte in die Sonne. Die Fotos würden sicher schrecklich werden. Als ich das Abendessen zubereitete, druckte Ford die Bilder mit Russells kleinem Drucker.

Ich nahm eben einen Topf Süßkartoffeln vom Herd (mit braunem Zucker überzogen und in Marshmallows schwimmend – nur so aß Ford sie), als er mir ein Foto unter die

Nase hielt. Es war unglaublich, aber auf dem Foto sah Nate noch besser aus als in Wirklichkeit. Er war erst siebzehn, aber auf dem Bild wirkte er wie dreißig, und er war so gut aussehend, dass es einem den Atem verschlug.

Ich stellte die Kartoffeln beiseite und betrachtete das Foto, während Ford weitere Bilder ausdruckte. Als er einen Stapel fertig hatte – und jedes einzelne war hinreißend –, sagte er, die werde er an den Art Director seines Verlags schicken.

Aber als er Nate die Bilder am nächsten Morgen vorlegte und meinte, er könne vielleicht als Fotomodell Karriere machen, antwortete Nate, er könne Cole Creek nicht verlassen. Er stellte es einfach fest, als sei es eine unabänderliche Tatsache, und dann startete er den Rasenmäher und fing an zu arbeiten.

Ich hielt mich abseits und sah zu, wie Ford den Rasenmäher wieder abschaltete und väterlich auf Nate einredete. Ich war zu weit weg, um alles zu hören, aber ich bekam Satzfetzen mit: »Entscheidend für deine Zukunft« und »Das ist deine Chance« und »Wirf sie nicht einfach weg«. Nate sah Ford mit undurchdringlicher Miene an, hörte ihm höflich zu und sagte nur: »Sorry, ich kann nicht.« Dann schaltete er den Rasenmäher wieder ein.

Ford sah zu mir herüber, als wolle er fragen, ob ich wüsste, was da los sei, aber ich zuckte nur die Achseln. Vermutlich wollte Nate einfach sagen, er könne seine Großmutter nicht allein lassen. Sie hatte ihn großgezogen, und sie wäre allein, wenn Nate von hier fortginge. Andererseits machte seine Großmutter auf mich den Eindruck, als sei das Letzte, was sie haben wollte, ein Enkel, der seine Zukunft für sie opferte.

Ich würde Ford die Sache überlassen. Er konnte gut mit Leuten reden, und ich nahm an, er würde Nate schon irgendwann überzeugen. Außerdem hatte ich keine Zeit, mich da einzumischen. Ich musste einkaufen, für Fords Essen – und für das Picknick mit Russell. Er hatte noch nicht angerufen, aber wenn er es täte, wollte ich bereit sein. Ich würde so viel Proviant mitnehmen, dass Russell und ich den ganzen Tag draußen bleiben könnten. Nur wir beide. Allein im Wald.

Also ließ ich Ford weiter mit Nate reden und fuhr zum Supermarkt. Als ich nach ein paar Stunden zurückkam, war das Haus leer. Auf dem Tisch im Flur lag ein offener FedEx-Umschlag. Vermutlich »Wartungsunterlagen«, wie Ford es nannte. Sein Verlag schickte ihm oft irgendwelche Vorgänge, zu denen er sich zustimmend oder ablehnend äußern musste; es ging um seine Bücher, die sich nach all den Jahren immer noch gut verkauften.

Wie immer schleppte ich alle meine Einkäufe selbst ins Haus. Ich warf einen wütenden Blick auf mein Handy, das mir immer noch keinen Anruf von Russell anzeigte. Dann räumte ich alles weg und ging zur Spüle, um ein Glas von unserem köstlichen Brunnenwasser zu trinken.

Als ich den Hahn aufdrehte, brach er ab, und das Wasser spritzte mir ins Gesicht. Ich riss die Schranktür unter der Spüle auf und wollte den Haupthahn zudrehen, aber ich konnte das verrostete alte Ding nicht bewegen.

Ich rannte aus dem Haus und schrie nach Ford, aber ein außergewöhnlicher Anblick ließ mich wie angewurzelt stehen bleiben. Ford und Tessa standen Seite an Seite im Garten vor zwei Männern, die ich noch nie gesehen hatte.

Der eine stand hinter der alten Bank, die Nate repariert hatte. Er war groß und sah auf seine raue Weise gut aus – der

Country-and-Western-Typ, bei dem manche Frauen schwach werden.

Vor ihm auf der Bank saß ein kleiner Mann, der aussah wie Ford – das heißt, wenn man ihn in einem Zerrspiegel betrachtet hätte. Es waren Fords Züge, aber jeder einzelne war übertrieben. Bei diesem kleinen Mann sahen Fords dichte Wimpern aus wie bei einer Schlafpuppe. Und Fords ziemlich hübsche Lippen erschienen bei ihm wie der Schnullermund eines Babys. Und die Nase erst! Ja, Fords Nase war ein bisschen ungewöhnlich, aber sie war so klein, dass man es nicht bemerkte. Die Nase dieses Mannes dagegen sah aus, als habe man einen Mini-Hotdog quer auf die Spitze gelegt und dann plattgedrückt.

Mein Gesicht war nass, meine Haare trieften, das Wasser tropfte mir in die Augen, und als ich den Mann dort sitzen sah, dachte ich zuerst, er sei nicht echt. Wütend wollte ich Ford und Tessa befehlen, diese Riesenfigur in den Laden zurückzuschaffen.

Aber als ich mir das Wasser aus den Augen wischte, drehte das stämmige kleine Wesen den Kopf und zwinkerte mich an.

In diesem Moment wusste ich, wer die Männer waren. Der Gutaussehende, der mit dem Gesicht, das aussah, als könne er Songs über sein »Honky-Tonk«-Leben schreiben, hieß in Fords Büchern »King«. Ford hatte ihn so gut beschrieben, dass ich ihn erkannte – und ich erinnerte mich, dass er nicht zu den Guten gehört hatte.

Und der kleine Mann, das war Fords Vater. In seinen Büchern nannte Ford in »81462« – denn das war die Nummer auf seinem Hemd im Gefängnis, wo er schon gesessen hatte, bevor der Protagonist auf die Welt gekommen war.

Der Mann hinter der Bank, der Country-and-Western-Sänger, sagte zu mir: »Stimmt was nicht?« In seiner Stimme klang jede Zigarette, die er geraucht, jede verqualmte Bar, die er jemals betreten hatte. Und er sprach mit einem Akzent, den ich kaum verstehen konnte.

»Die Spüle!« Plötzlich fiel mir wieder ein, dass die Küche meines schönen Hauses gerade überflutet wurde. »Die Spüle!« Die Lethargie der letzten Tage fiel von mir ab; ich war wieder ich selbst. Ich sprintete zurück in die Küche, und alle vier folgten mir dicht auf den Fersen.

»Hast du 'n Engländer?«, fragte der jüngere Mann Ford, sowie wir alle in der Küche waren. Verachtung lag in seinem Tonfall – die Verachtung des blauen Overalls für den weißen Kragen. Das Wasser schoss bis unter die Decke, und diese beiden Typen würden jetzt einen Klassenkampf vom Zaun brechen.

Der kleine Mann – 81462 – nahm ein Backblech von der Arbeitsfläche und lenkte den Wasserstrahl damit durch das offene Fenster über der Spüle hinaus. Clever, dachte ich. Wieso war ich nicht darauf gekommen?

»Natürlich hat er Werkzeug. Er ist 'n Newcombe«, sagte 81462.

Zumindest glaube ich, dass er so etwas sagte. Kisuaheli hätte ich eher verstanden als sein Geknautsche.

Ford verschwand in der Kammer und kam mit einem schweren, rostigen Schraubenschlüssel zurück, der wahrscheinlich neu gewesen war, als man das Haus erbaut hatte. Ich hatte das Ding noch nie gesehen und fragte mich, wo er es gefunden haben mochte.

Zwei Minuten später war das Wasser abgestellt, und wir standen zu fünft in der überfluteten Küche, schauten einander an und wussten nicht, was wir sagen sollten.

Tessa sprach als Erste. Sie war fasziniert von 81462 und konnte den Blick nicht von ihm wenden. »Gottesanbeterin?«, fragte sie. Wovon redete sie?

81462s Augen begannen zu funkeln, und plötzlich sah er so niedlich aus wie ein … Na ja, so niedlich wie ein Gartenzwerg. Oder wie ein Schweineöhrchen. Oder wie ein …

Er drehte sich leicht zur Seite. »Halb unten.«

Ich bemühte mich, seinen Dialekt zu verstehen – es war viel mehr als nur ein Akzent –, und erst jetzt bemerkte ich seine Weste. Sie war bedeckt mit Hunderten kleiner emaillierter Anstecknadeln, die Insekten darstellten. Sie waren alle ungefähr gleich groß, und soweit ich sehen konnte, war keine davon doppelt vorhanden.

»Tausendfüßler«, sagte Tessa. 81462 hob den linken Arm und zeigte ihr den Tausendfüßler.

Ich konnte es nicht glauben, aber aus meinem Mund kam: »Japanischer Käfer.« Der Fluch meines Gärtnerinnenlebens.

Als 81462 mich ansah und lächelte, musste ich unwillkürlich zurücklächeln. Er war einfach so niedlich!

»Genau hier.« Er hob den oberen Rand der Weste hoch. »Wo ich sehen kann, dass er nichts Gutes anfrisst, der Schlingel.«

Ich weiß nicht, warum, aber ich schmolz einfach dahin. Vielleicht lag es an den Schmalzfilm-Hormonen, die Russell in mir freigesetzt hatte. »Sind Sie beide hungrig?«, fragte ich. »Ich war eben einkaufen, und ich könnte …«

»Die bleiben nicht«, sagte Ford. Genauer gesagt, er grunzte.

Ich sah ihn an. Sein Gesicht war hart wie der Stahl seines Trucks, und seine Augen blitzten zornig. Aber wissen Sie, was ich über Ford Newcombe gelernt hatte? Er hatte ein Herz aus Marshmallow-Creme. Er maulte und meckerte über vieles, aber seine Taten passten nie zu seinen Worten. Ich hatte gesehen, wie er sein Leben riskierte, um eine Bande von Teenagern zu retten, die er nicht kannte. Und ich wusste genau, warum er für seine Teufelsgeschichte nicht mehr recherchierte: Er befürchtete, dass ich darin verwickelt war.

»Unsinn«, sagte ich. »Natürlich bleiben sie. Es ist Ihre Familie.« Eine Familie wünschte ich mir mehr als alles in der Welt, und ich wollte verdammt sein, wenn ich jetzt zusähe, wie Ford seine Verwandten wegen irgendwelcher Kinderstreitereien hinauswarf.

»Glühwürmchen.« Tessa ignorierte das Erwachsenendrama, das sich um sie herum abspielte.

81462 winkte sie mit einem gekrümmten Finger zu sich heran, und Tessa watete durch das Wasser und blieb vor ihm stehen. Er beugte sich herunter, bis der obere Teil seiner Weste vor ihren Augen war. Dann schob er die Hand hinein, drückte auf irgendetwas – und der Schwanz eines Glühwürmchens leuchtete auf.

Tessa betrachtete das Schauspiel einen Moment lang ehrfürchtig, und dann sah sie Ford an. Ich hatte keinen Spiegel in der Küche, aber ich nahm an, dass mein Gesichtsausdruck genauso aussah wie ihrer. Selbstverständlich würden die beiden bleiben.

Als Ford Tessas Gesicht sah, verflüssigte sich sein Marshmallow-Creme-Herz. Er gab sich geschlagen, warf die Hände in die Höhe und verließ die Küche.

Einen Augenblick lang standen wir vier schweigend da. Dann fragte Country-and-Western: »Ma'am, haben Sie einen Mopp?«

»Natürlich.« Ich klapperte verdutzt mit den Lidern, als er mich »Ma'am« nannte.

Tessa nahm 81462 bei der Hand und zog ihn hinaus. Country-and-Western und ich waren allein. Er nahm einen der beiden Mopps, die ich aus dem Besenschrank holte, und seinem geschickten Hantieren war anzusehen, dass er so etwas nicht zum ersten Mal tat. Wir wischten schweigend, und er erledigte den größten Teil der Arbeit.

»Noble«, sagte er und wrang seinen Mopp über dem Eimer aus.

»Wie bitte?«

»Ich heiße Noble.«

»Ah«, sagte ich. Deshalb hatte Ford die Figur »King« genannt.

Er hörte mit dem Wischen auf und sah mich an. »Und Sie sind Fords neue Frau, nehme ich an?«

Darüber musste ich lächeln. »Nein. Seine Assistentin.«

»Assistentin?«, wiederholte Noble ungläubig.

Ist die Ehe nicht ein seltsames Ding? Ich hatte Ford vor den Augen dieses Mannes angefaucht und herumkommandiert. Deshalb nahm er an, wir seien verheiratet. Wieso war im Ehegelübde eigentlich die Rede von »lieben und ehren«?

»Ja. Seine Assistentin«, sagte ich fest. »Jackie Maxwell.«

»Nett, Sie kennenzulernen, Miss Maxwell.« Er wischte sich die Hand an der Jeans ab, bevor er sie mir entgegenstreckte.

Ich tat das Gleiche, und wir schüttelten uns die Hände.

Jetzt, nachdem Ford den Raum verlassen hatte, waren die Arroganz und die Feindseligkeit in seinem Blick verschwunden, und er wirkte ganz nett.

»Und ...?«, begann ich zögernd. »Sie und Mr Newcombe sind ...?«

»Toodles ist gerade aus dem ...« Er sah mich an. Er wusste nicht, wie ich mit meiner reinen, leicht zu schockierenden Middleclass-Moral die kommende Enthüllung aufnehmen würde.

»Aus dem Gefängnis entlassen worden, ich weiß«, sagte ich. Ehrlich gesagt, der Name »Toodles« schockierte mich mehr als die Vorstellung vom Gefängnis.

»Yeah, aus dem Gefängnis«, sagte Noble. »Und um die Wahrheit zu sagen, er hat kein Zuhause.«

Ach du liebe Güte, dachte ich. Das würde Ford nicht gefallen. Sein Vater wollte bei ihm *wohnen*? »Und Sie?«, fragte ich.

Noble zuckte bescheiden die Achseln. »Ich kann für mich sorgen. Drifte so im Land herum. Mache Gelegenheitsjobs.«

»Verstehe.« Ich wrang meinen Mopp aus. »Sie sind völlig pleite, und da haben Sie angeboten, äh ... Toodles zu seinem reichen Sohn zu bringen, damit er Ihnen vielleicht ... ja, was wollen Sie von ihm? Ein Darlehen? Oder doch eher eine Bleibe?«

Noble schaute mich an, und ich sah den »King« von dem Ford geschrieben hatte: einen Mann, dessen Charme »jede Frau umhauen konnte«.

Aber ich war nicht in Gefahr. Ich hatte Ford sehr gern, ich lebte in einem Tagtraum mit einem schönen Fremden, und dazwischen war in meiner Psyche kein Platz mehr für einen dritten Mann.

»Sind Sie *wirklich* nicht mit meinem Cousin verheiratet?«, fragte Noble.

»Wirklich und wahrhaftig nicht. Also sagen Sie mir, was Sie wollen, und wenn es mir gefällt, helfe ich Ihnen vielleicht.« Ich sagte es nicht, aber meiner Meinung nach brauchte Ford eine Familie genauso sehr wie ich. Wenn man ihn so reden hörte, verabscheute Ford seine Familie. Aber andererseits war seine Verbundenheit mit seinen seltsamen Verwandten so groß, dass er Bücher über sie geschrieben hatte.

Ich sah Noble an, dass er mit sich uneins war, ob er mir die Wahrheit sagen sollte oder nicht. Ich hatte das Gefühl, dass »Wahrheit« und »Frauen« zwei Wörter waren, die für ihn nicht unbedingt zusammengehörten.

Nach einer Weile seufzte er, als habe er einen Entschluss gefasst. »Ich brauche was, wo ich wohnen kann. Ich hatte ein bisschen Ärger zu Hause, und ... na ja, im Moment bin ich da nicht gerade willkommen.«

Ich zog die Brauen hoch und wagte eine Vermutung. »Ärger, der, sagen wir, neun Monate dauert?«

Noble schaute zu Boden und grinste. »Ja, Ma'am. Einer meiner Onkel hat eine neue Frau, und sie ist sehr jung und sehr hübsch und seeehr einsam, und ...« Er brach ab, sah mich an, und sein Grinsen sagte: *Was sollte ich machen?*

Ich ließ mir durch den Kopf gehen, was er mir soeben offenbart hatte, und fragte mich, warum ich mich jemals nach einer Familie gesehnt hatte.

»Das wird Ford nicht gefallen«, sagte ich.

»Verstehe ich.« Langsam und dramatisch lehnte er seinen Mopp an den Küchenschrank. Er wandte sich ab, ließ die Schultern hängen, und sein Kopf war so tief gesenkt, dass er aussah wie eine Schildkröte, die sich in ihren Panzer zurückzog.

»Sie sollten zum Theater gehen«, sagte ich zu seinem Rücken. »So schlechte Schauspielerei habe ich nicht mehr gesehen, seit ich in der vierten Klasse war. Okay, womit könnten Sie sich Ihren Unterhalt verdienen?«

Er drehte sich wieder um, und ich war sicher, dass jetzt der wahre Noble vor mir stand. Seine Schultern hingen nicht mehr herab. Aufrecht und stolz stand er da.

»Ich könnte dieses Rattenloch von Haus in Schuss bringen«, sagte er. Die bescheidene Attitüde war auch verschwunden – und die Hälfte seines Akzents. »Und einmal im Knast habe ich in der Bäckerei gearbeitet.«

Ich würde nicht so uncool sein, ihn zu fragen, warum er im Knast gewesen sei. Ich beschloss, ihn auf die Probe zu stellen. »Wie macht man ein Croissant?«

Er lächelte kurz und beschrieb mir – korrekt –, wie man mit Butter zwischen den Teigschichten ein Croissant buk.

Ich wiederholte mich ungern, selbst in Gedanken. Aber ich konnte nur eins denken: Das wird Ford nicht gefallen.

»Passen Sie auf«, sagte ich nach einer Weile. »Stöbern Sie herum, suchen Sie sich zusammen, was Sie brauchen, und fangen Sie an zu backen. Je fetter und klebriger das Zeug ist, das Sie machen, desto besser. Dieser Plan erfordert eine Menge Zucker, wenn er dem Boss schmecken soll.«

Und Informationen, dachte ich. Wenn es etwas gab, das Ford noch lieber mochte als fette, süße Sachen, dann waren es Informationen. Er wusste natürlich, dass ich ihm in letzter Zeit ein paar Informationen vorenthalten hatte. Wenn ich ihn also überreden wollte, Noble und, äh, Toodles hier wohnen zu lassen, würde ich einen Handel mit ihm machen müssen.

Als ich die Treppe zu Fords Arbeitszimmer hinaufstieg – ich war sicher, dass er sich dort verkrochen hatte –, sah ich, wie absurd das alles war. Ich würde private Informationen über mich selbst preisgeben müssen, um Ford dazu zu bringen, seine eigenen Verwandten bei sich wohnen zu lassen. Das ergab keinen Sinn.

Aber als ich vor seiner Tür stand, dachte ich: Wem willst du hier etwas vormachen? Ich lechzte danach, jemandem von Russell zu erzählen. Und da Ford allmählich der beste Freund war, den ich je gehabt hatte, war er auch derjenige, dem ich es erzählen wollte. Und ich war nicht Russells Meinung, dass Ford es gleich Dessie weitererzählen würde. Seit seinem Date mit ihr waren Tage vergangen, und soweit ich wusste, hatten sie seitdem nicht wieder Kontakt miteinander gehabt. Und, jawohl, ich hatte die Taste am Telefon gedrückt, mit der man sich alle eingegangenen Anrufe des letzten Monats anzeigen lassen konnte. Kein Anruf von Miss Mason.

Ich hob die Hand und klopfte an.

15 – Ford

Ich wollte die beiden hinauswerfen. Ich wollte Noble sagen, dass ich ihn noch nie habe leiden können, dass er immer mein Feind war, und dass ich mit diesem Teil meines Lebens abgeschlossen hatte, damit er in seinen verrosteten alten Chrysler steigen und verschwinden konnte. Und meinen Vater wollte ich auch hinauswerfen. Er bedeutete mir nichts.

Aber ich konnte nicht. Obwohl ich wusste, was sie von mir wollten, konnte ich sie nicht vor die Tür setzen.

Ich hätte mir einreden können, es sei heldenhaft von mir, sie bleiben zu lassen, aber die Wahrheit war, ich war neugierig auf meinen Vater, und ich ... na ja, irgendwie hatte ich Noble vermisst. Vielleicht, weil ich älter geworden war, oder weil ich Pats Familie nicht mehr hatte – jedenfalls hatte ich in den letzten zwei Jahren ab und zu daran gedacht, meine Verwandten wieder zu besuchen. Aber dann dachte ich an dieses dämliche »Du wirst dich nicht erinnern, aber ...«, und ich verwarf meine Pläne.

Und jetzt war dieser Mann hier, den ich nur von Bildern kannte, und der Cousin, der mich meine ganze Kindheit hindurch gequält hatte, und ich wusste, sie brauchten eine Bleibe. Niemand hatte mir gesagt, dass mein Vater vor Ablauf seiner Strafe entlassen werden würde (wegen guter Führung? Weil er seinen Doktor in Entomologie gemacht hatte?), aber Nobles älteste Tochter hatte mir in einer E-Mail erzählt, was ihr Vater getan hatte. Vanessa war wütend gewesen und hatte sich von ihrem Vater lossagen wollen, aber um ehrlich zu sein, ich hatte über ihre Geschichte lachen müssen. Onkel Zeb war drei Mal so alt wie das Mädchen, das er da geheiratet hatte, und dann hatte er das arme Ding Tränen der Einsamkeit weinen lassen. Vanessa erzählte mir, dass ihr Dad eben aus dem örtlichen Knast entlassen worden war, wo er dreißig Tage abgesessen hatte, weil er gedroht hatte, den endlos kläffenden Hund eines Nachbarn abzuknallen. Vielleicht hätte man Noble dafür noch nicht eingesperrt, aber er war hinter dem Elektrozaun des Mannes erwischt worden, die geladene Schrotflinte im Anschlag. Schlimmer noch – Noble hatte gewaltsam zu Boden gerungen werden müssen, um zu verhindern, dass er den Hund noch erschoss, als der Sheriff schon da war. Er sagte, wenn er sowieso ins Gefängnis kommen sollte, dann wenigstens für ein richtiges Verbrechen und nicht für etwas, woran er nur gedacht habe.

Jedenfalls war Noble dreißig Tage im Gefängnis gewesen und hatte dort vermutlich zölibatär gelebt, und dann hatte er einer mannbaren, extrem vernachlässigten jungen Ehefrau gegenüber gestanden. Vanessa sagte, sie wolle ihren Vater nie wiedersehen, aber ich fand das alles nicht so schlimm.

Ich nahm an, Noble hatte erfahren, dass mein Vater aus der Haft entlassen werden sollte; er hatte dieses Wissen für sich behalten und den Alten aufgelesen, als er die Stadt verließ. Und jetzt waren sie hier – zwei Ex-Sträflinge ohne Job, ohne Geld und ohne Bleibe.

O ja, ich wusste, was sie wollten. Ich war sicher, Noble wollte eine kleine Grundausstattung, und sobald ich ihm genug Geld gegeben hätte, um irgendwo ein Geschäft aufzumachen, wäre er verschwunden. Und den Alten würde er bei mir lassen.

Und was sollte ich denn bloß mit einem geriatrischen Gnom anfangen?

Ich kam mit diesen Gedanken nicht weiter, denn Jackie klopfte an meine Tür, und als ich sie hereinkommen sah, wusste ich sofort, dass sie etwas wollte. Mal sehen. Was konnte das sein?

Sie fing an zu sprechen, und beinahe hätte ich gesagt, sie solle sich ihren Vortrag sparen, ich würde einfach einen Scheck schreiben. Ich würde Noble ein Geschäft kaufen, weit weg von seinen wütenden Verwandten (wie ich sie kannte, war vermutlich nur die jüngere Generation wütend. Onkel Clyde und seine Altersgenossen lachten sich wahrscheinlich kaputt), und den alten Mann würde ich in einem Seniorenheim unterbringen.

Aber kaum hatte ich Jackies Gesicht gesehen, beschloss ich, ihr schlechtes Gewissen auszunutzen, um sie dazu zu bringen, mir zu erzählen, warum sie in letzter Zeit so komisch gewesen war. Zuerst musste ich mir allerdings anhören, was sie über Familien zu sagen hatte. Jeder Mensch brauche eine, erklärte sie, und je älter man werde, desto mehr bedeute sie; eines Tages würde ich bereuen, meinen Vater nicht kennengelernt zu haben, und ich solle die alten Geschichten ruhen lassen und ...

Ich hatte meinen Vater dasitzen sehen, aufrecht und mit weit offenen Augen, aber tief schlafend. Nachdem er mir unnötigerweise gesagt hatte, wer er war, und vor Jackies dramatischem Auftritt als begossener Pudel hatte Tessa ihn gefragt, wieso er das könne. Da, wo er gewesen sei, sagte er, habe er gelernt, jederzeit auszusehen, als sei er hellwach. Ein Mann von seiner vorzüglichen äußeren Erscheinung, sagte er, müsse stets auf der Hut sein. Tessa hatte gekichert, weil sie annahm, das mit der »vorzüglichen äußeren Erscheinung« sei ein Witz, aber ich sah ihm an, dass er es ernst meinte.

Jackie schwadronierte weiter über Familien, und ich versuchte, festzustellen, ob ich seine Fähigkeit, mit offenen Augen und aufrecht sitzend zu schlafen, vielleicht geerbt hatte. Als ich beinahe sicher war, dass ich es konnte, verstummte Jackie plötzlich und schaute auf ihre Hände. Oha, dachte ich. Sie hatte das Thema Familie verlassen und war bei etwas anderem, aber ich hatte nicht zugehört. Was hatte sie gesagt? Ach ja. Kamera. Irgendetwas von einer Kamera. Ihre neue Digitalkamera vielleicht? Oder der fantastische kleine Drucker, den sie gekauft hatte?

»Wo haben Sie den eigentlich her?« Die Frage war unverfänglich genug.

»Ich ...«, setzte sie an. »Ich habe da diesen Mann kennengelernt, und er hat mir die Sachen geliehen ...«

Sie hätte mich nicht wirkungsvoller wecken können, wenn sie auf mich geschossen hätte. »Ein Mann?«

»Sie ...« Sie starrte mich eindringlich an. »Er will nicht, dass ich Ihnen von ihm erzähle, weil er glaubt, Sie würden es Dessie erzählen. Aber ich glaube, so sind Sie nicht. So sind Sie doch nicht, oder?«

»Natürlich nicht«, sagte ich. Ich sah keinen Grund, ihr zu erzählen, dass Dessies wilde Leidenschaft nur der Versuch gewesen war, ihren segelohrigen Rasenmäher-Boy eifersüchtig zu machen.

Auf der Stelle gab Jackie mir so viele Informationen, dass ich Mühe hatte, alles zu verstehen. Natürlich war vielleicht auch nur mein Gehör durch die Tatsache beeinträchtigt, dass meine Temperatur um ein paar Grad angestiegen war. Was für eine Stadt war denn das hier? Ich war ein reicher Junggeselle. Wo waren die Frauen, die mir zu Füßen lagen? Die Frauen, die *alles* tun würden, um mich zu bekommen? Dessie wollte irgendeinen Bengel, der nichts weiter konnte als einen Rasenmäher schieben, und jetzt hatte Jackie – meine Temperatur stieg um ein weiteres Grad – »einen Mann kennengelernt«.

»Moment«, sagte ich. »Noch mal von vorn. Er heißt ...?«

»Russell Dunne.«

»Und er ist ...?«

»Außerordentlicher Professor für Kunstgeschichte an der University of North Carolina.«

»Okay. Und von ihm haben Sie ...«

»Er hat mir die Digitalkamera und den Drucker *geliehen*. Sie gehören ihm, nicht mir. Beim Picknick hat er ein Foto gemacht und es ausgedruckt, und ich fand es ...«

»Der Drucker hat keine Batterie. Wie konnte er draußen im Wald damit drucken?«

»Ich weiß es nicht. Vielleicht hatte er einen Akku dabei. Er hatte so viel Zeug in seiner Tasche – es war fast wie Zauberei.«

Ich glaubte, sie wollte mich zum Lachen bringen, aber Lachen war das Letzte, was ich jetzt im Sinn hatte. »Zauberei«, sagte ich.

»Wenn Sie gemein sein wollen, erzähle ich Ihnen gar nichts mehr.«

Ich bat um Verzeihung, aber ich hätte mir zu gern den Namen dieses Typen buchstabieren lassen. Wenn ich seine Referenzen im Internet suchte, wollte ich sicher sein, dass ich den Namen richtig schrieb.

Ich hörte höflich zu, als sie mir erzählte, wie »nett« er war, aber meine Gedanken überschlugen sich. Sie musste ihn am Sonntag getroffen haben. Als ich bei Dessie gewesen war, deren Liebesleben gerettet und mich als wunderbarer Freund einer Frau gezeigt hatte, die ich kaum kannte, hatte Jackie einen Mann aufgelesen ... Wo?

»Wo haben Sie ihn getroffen?«, fragte ich. »Wo *genau*?«, fügte ich hinzu – für den Fall, dass sie es mir schon gesagt hatte.

Sie wedelte mit der Hand. »Ist doch egal. Ich hatte Blumen fotografiert, und ...«

»Sie haben auf irgendeinem Waldweg einen Mann aufgegabelt?« Ich war wirklich schockiert. »Für so eine Frau hätte ich Sie nicht gehalten. Aber Sie sind eben eine andere Generation als ich, nicht wahr?«

Jackie biss darauf nicht an. »Er ist in Cole Creek aufgewachsen, aber er ...« Sie schaute auf ihre Hände. »Er hat mich gebeten, Ihnen nicht von ihm zu erzählen. Wegen Ihrer Beziehung zu Dessie.«

Wieder Dessie. War ich jetzt für immer an sie gekettet, weil ich mit ihr gegessen hatte? Erst Rebecca, jetzt Dessie. »Was hat denn Dessie damit zu tun?« Mein Ton war schärfer als beabsichtigt.

»Russell hat eine schlechte Kritik über ihre Arbeiten geschrieben, und seitdem gilt er in der Stadt als Aussätziger.«

Darüber war ich so verblüfft, dass ich mir ein Lächeln nicht verkneifen konnte. Was für ein altmodisches Wort.

»Als Aussätziger, hm?« Ich lächelte nicht mehr. Die Sache erforderte ein bisschen Logik. »Warum sollte es die Stadt interessieren, ob Dessie Mason gute Kritiken bekommt oder nicht?«

»Sie ist eine prominente Bürgerin. Deshalb wollen sie nicht, dass man sie kränkt.«

»Ach, wirklich? Ich habe den Eindruck, dass diese Stadt sich kein bisschen für Prominente interessiert. Nehmen Sie mich zum Beispiel. Da, wo ich Sie kennengelernt habe, hat man mich keinen Augenblick in Ruhe gelassen, aber hier hatten wir eine einzige Nachmittagseinladung in den Park, und seitdem – Null.«

»Was bedeutet das?« Jackie runzelte die Stirn.

»Nur, dass hier etwas nicht zu stimmen scheint.« Ich merkte, dass ich wütend wurde. Also lächelte ich, um abzumildern, was ich sagen wollte. »Sind Sie sicher, dass dieser Typ Sie nicht nur deshalb gebeten hat, mir nichts zu erzählen, weil ich ihn sonst vielleicht daran hindern würde, zu bekommen, was er will?«

Jackie sah mich mit schmalen Augen an. »Und was, glauben Sie, will er?«

»Sie. Er will Sie ins Bett kriegen.«

»Soll mich das schockieren? Sie haben gesagt, ich bin eine andere Generation als Sie. Die Frauen von heute sind keine ewig jungfräuliche Doris Day. Ich *hoffe*, er will mich ins Bett kriegen. Ich hoffe es sogar sehr. Aber bisher – Fehlanzeige.«

Jackie sollte nicht sehen, wie schockiert ich war. War ich schockiert? Oder doch eher rasend eifersüchtig?

»Lassen Sie uns nicht streiten, okay?«, sagte sie leise. »Ich bin heraufgekommen, um mit Ihnen über Ihre Verwandten zu sprechen. Sie wissen nämlich nicht, wo sie bleiben sollen.«

Sorry, aber so schnell brachte ich meine Gedanken nicht um die Kurve. Ein Mann hatte eine schlechte Kritik über Dessie Masons Arbeiten geschrieben, und jetzt hasste ihn dafür die ganze *Stadt*? Auch Miss Essie Lee? Sie war ebenso vertrocknet, wie Dessie sinnenfroh war, und ich kannte die Natur des Menschen gut genug, um zu wissen, dass die Miss Essie Lees dieser Welt die Dessies nicht verteidigten.

Ich wollte Jackie noch viele Fragen über diesen Mann stellen. Ganz oben auf meiner Liste stand die Frage nach seiner Sozialversicherungsnummer, damit ich eine umfassende Internet-Recherche über ihn anstellen könnte. Aber als ich Jacke ansah, erkannte ich, dass sie mir soeben selbst eine Frage gestellt hatte. Ach ja, Toodles. Mein lieber alter Dad.

»In Ihren Büchern haben Sie es nicht erwähnt«, sagte Jackie.

Ich war verblüfft. Hatte ich jemals einen Gedanken gehabt, den ich nicht in meinen Büchern untergebracht hatte? Sie sprach weiter. Ach so – warum war mein Dad im Gefängnis gewesen? Richtig, diese Geschichte hatte in keinem Buch gestanden. Natürlich hatte ich sie erzählt, aber das Manuskript war tausend Seiten lang geworden, und Pat hatte einiges gekürzt. Sie meinte, es sei besser, nicht zu sagen, warum der Vater des Helden im Gefängnis war, denn diese fehlende Geschichte verleihe dem Buch etwas Geheimnisvolles. Sie sagte nicht, dass ich zu viel preisgab, aber Pat konnte manchmal auch genauso höflich sein wie ihre Mutter.

»Als Baby«, sagte ich jetzt, »ist mein Vater auf den Kopf gefallen, und danach war er immer ein bisschen langsam. Nicht schwachsinnig, sondern ...« Ich überlegte. »Schlicht. Kindlich. Meine Mutter sagte, er nahm immer alles wörtlich.«

Ich lehnte mich zurück. Ich hatte diese Geschichte erst ein einziges Mal erzählt, nämlich Pat. Und ein Teil meiner selbst hatte in diesem Augenblick keine Lust, Jackie die Ehre zu erweisen, der zweite Mensch auf Erden zu sein, der sie hörte. Schließlich hatte sie, während ich das Liebesleben einer Fremden reparierte, mitten im Wald einen fremden Mann aufgelesen, sie hatte jedes seiner Worte geglaubt, und sie war scharf auf ihn. Ich brachte es nicht über mich, über ihre Worte nachzudenken: Sie *wollte* mit diesem Fremden ins Bett. Hatte ich ihren Charakter falsch eingeschätzt? War sie hinter *allen* Männern her? Würde Noble sie abwehren müssen? Oder mein komisch aussehender Vater?

Ich nahm mir vor, nie wieder schwarze Oliven zu essen, die in kleine Ringe geschnitten waren.

»Meine Onkel«, begann ich, »wollten eine Bank ausrauben. Sie waren jung, ihnen schwoll der Kamm, und sie sahen darin eine Möglichkeit, reich zu werden. Natürlich fragten sie sich nicht, wie sie später erklären sollten, wieso sie sich plötzlich Häuser und Autos leisten konnten, obwohl die Hälfte von ihnen arbeitslos war. Wie dem auch sei – sie hatten sich einen Plan zurechtgelegt, den sie für narrensicher hielten: Sie würden Toodles als Lockvogel benutzen. Er ...«

»Wieso heißt er Toodles?«

Ich sah sie an. »Er hieß immer schon Toodles. Als Baby. Und er ist lange eins geblieben. Ich kann Ihnen die Einzelheiten später erzählen, aber vielleicht genügt's, wenn ich sage, dass eine der Folgen seiner Kopfverletzung darin bestand, dass es sehr lange dauerte, bis er wirklich sauber war.«

»Oh«, sagte Jackie. »Und wie sollte ein armer, unschuldiger Mann wie er Ihren Onkeln helfen, ein Verbrechen zu begehen?«

»Toodles sollte vor der Bank mit laufendem Motor im Fluchtwagen sitzen. Er dachte, er sollte mit ihnen wegfahren, wenn sie herausgelaufen kämen. Aber meine Onkel wollten ihn übers Ohr hauen. Sie wollten die Bank ausrauben und dann durch die Hintertür flüchten, wo ein zweites Auto wartete. Sie dachten sich, bis die Polizei käme, wären sie längst weg. Und zuerst würde man Toodles verhaften. So hätten sie einen Vorsprung.«

»Sie *wollten*, dass Ihr Vater verhaftet wird?«

»Ja. Als Ablenkung. Toodles hatte ja nichts getan; was sollte man ihm also zur Last legen? Dass er bei laufendem Motor vor der Bank im Wagen gesessen hatte? Meine Onkel nahmen an, dass man ihn nach ein paar Stunden wieder laufen lassen würde, und dann würden sie das Geld teilen und glücklich und in Frieden leben bis an ihr Ende.«

»Ohne dass die Polizei die Bankräuber suchen würde? Würde man Ihre Onkel denn nicht verdächtigen?«, fragte Jackie mit großen Augen.

»Das war ihnen egal. Die Polizei konnte ruhig kommen, dachten meine Onkel, denn sie hatten alle ein wasserdichtes Alibi – nämlich einander. Wer konnte elf Männern etwas anhaben, die schworen, dass sie zusammen gewesen waren?«

»Okay – und was ging schief?«

»Meine Onkel wussten nicht, dass Toodles ein Mädchen hatte.«

»Ihre Mutter.«

»Ja. Sie war im Waisenhaus aufgewachsen und ziemlich allein auf der Welt. Wegen ihres üblen Temperaments hatte sie kaum einen Verehrer, und sie war auch schon über dreißig. Vielleicht war sie endgültig zu allem bereit, als der kleine Toodles kam.« Ich zuckte die Achseln. Wer wusste schon, was im Kopf meiner Mutter vorgegangen war? Mit *mir* hatte diese Frau ihre innersten Gefühle jedenfalls nicht geteilt.

»Jedenfalls – meine Onkel wussten nicht, dass meine Eltern am Abend vor dem Raub über die Staatsgrenze gefahren waren und sich von einem Friedensrichter hatten trauen lassen. Drei Tage vorher hatte meine Mutter Toodles eröffnet, dass sie mit mir schwanger war. Ich glaube, ihre genauen Worte waren: ›Sieh nur, was du mit mir gemacht hast, du kleiner Kretin.‹ Aber wie gesagt, mein Vater sieht die Dinge anscheinend nicht so wie die meisten anderen, und deshalb freute er sich sehr darüber, dass seine Freundin ein Baby von ihm bekam, und er fragte sie, ob sie ihn heiraten wollte. Eine meiner Tanten hat mir erzählt, meine Mutter habe gesagt, lieber lasse sie sich eine Lokomotive über die Füße fahren, ehe sie ihn heiratete, aber da sagte mein Vater, er werde ihr ein Haus und ein Auto kaufen, und sie werde nie wieder eine Kuh melken müssen.«

»Er stand unter einem ziemlichen Druck, nicht wahr?«, sagte Jackie. »Er hatte eine schwangere Frau und wusste nicht, wie er seine neue Familie ernähren sollte. Da saß er jetzt im Auto und wartete darauf, dass seine Brüder mit der Beute aus der Bank kämen, aber stattdessen erschien die Polizei. Er muss in Panik geraten sein.«

»Ja. Als die Polizei kam, waren meine Onkel bereits durch die Hintertür entwischt, aber das wusste er nicht. Und seine Brüder wussten nicht, dass Toodles eine Waffe hatte. Sie haben nie herausgefunden, woher er sie hatte, aber unter uns gesagt: Ich glaube, meine Mutter hat sie ihm gegeben. Bei der Polizei gab sie an, nichts zu wissen, aber ich glaube, mein Vater hatte ihr von dem Bankraub erzählt. Meine Mutter war nicht die Frau, die irgendjemandem einfach glaubte, und wenn Toodles ihr sagte, er werde ihr ein Haus und ein Auto kaufen, dann wollte sie wissen, woher er das Geld dazu nehmen wollte. Toodles wird ihr erzählt haben, was er und seine Brüder vorhatten, und meine Mutter misstraute den Burschen und gab ihm einen alten Revolver, den sie irgendwoher hatte. Sie wollte dafür sorgen, dass sie auch bekam, was sie wollte.«

Jackie warf mir einen ihrer »gewissen« Blicke zu. »Und was sie wollte, war ein Heim für ihr Kind.« Als ich darauf nichts sagte, fragte sie: »Und hat ihr Vater auf jemanden geschossen?«

»Auf drei Leute, zwei davon Polizisten. Als die Polizei mit gezogener Waffe in die Bank stürmte, nahm Toodles an, seine geliebten Brüder seien noch drin. Also rannte er hinein und ballerte los.«

»Mit anderen Worten, Ihr Vater riskierte sein Leben, um seine nichtsnutzigen, verlogenen, doppelzüngigen, hinterlistigen Brüder zu retten.«

»So sah meine Mutter es auch. Umgebracht hat Toodles niemanden, aber zwei Polizisten wurden verletzt, und eine hysterische Kassiererin bekam einen Streifschuss ab. Ihr linkes Ohrläppchen war weg.«

Jackie lehnte sich zurück. »Und so kam Ihr Vater ins Gefängnis, und als Sie geboren waren, gab Ihre Mutter Sie zu Ihren Onkeln, damit sie Sie großzogen.« Sie hob den Kopf. »Was passierte denn mit dem Geld aus dem Bankraub?«

Ich lächelte. »Sie bekamen keinen Cent. Eine Kassiererin – nicht die, die angeschossen wurde, sondern eine andere – erkannte Onkel Cal an der Stimme und rief ihn beim Namen. Da gerieten sie in Panik und rannten zur Hintertür hinaus.«

Jackie stand auf und ging zu einem der Bücherregale an der Wand. Aber ich wusste, sie schaute nicht die Bücher an, sondern dachte an meine Familie. So wirkte sie auf die Leute. War das nicht schon dadurch bewiesen, dass die Bücher, die ich über sie geschrieben hatte, gekauft worden waren?

Ich beschloss, das Thema zu wechseln. »In letzter Zeit irgendwelche Visionen gehabt?« Die Frage entsprang reiner Boshaftigkeit: Ich wollte sie daran erinnern, wie viel Spaß wir beide gehabt hatten, als ich da gewesen war, um den Leuten, die sie gesehen hatte, das Leben zu retten. Hätte dieser Russell Dunne das auch getan? Oder hätte er gezögert und gemeint, sie habe nur geträumt? Hätte er sie vielleicht zum Arzt gebracht?

Jackie ließ sich Zeit mit der Antwort. »Was würde passieren, wenn ich anfinge, das Böse in den Köpfen der Menschen zu sehen?«

Wow! Wie kam sie denn darauf? Und was für eine faszinierende Frage. Eine Frage, die zu einem ganzen Roman inspirieren könnte. Ich wollte antworten, aber plötzlich saß ich kerzengerade da. Kam diese Frage vielleicht von dem Kerl, den sie im Wald aufgegabelt hatte? Wenn ja, dann hatte sie ihm von ihren Visionen erzählt. Mit jemandem zu schlafen war eine Sache, aber dieses ... dieses Erlebnis, das nur sie und mich anging, jemandem weiterzuerzählen, das war Verrat. Als ich nichts sagte – ich konnte nichts sagen – , redete sie weiter. Nur gut, dass sie mir den Rücken zuwandte; wenn sie mein Gesicht gesehen hätte, wäre sie aus dem Zimmer geflüchtet.

»Wenn wir zum Beispiel mit zwei Ehepaaren zu Abend äßen und ich plötzlich sehen könnte, dass der Mann und die Frau, die nicht miteinander verheiratet sind, eine Affäre haben und die beiden andern umbringen wollen? Wie würden Sie – oder wie würde ich – das verhindern?«

Es gefiel mir, wie diese Frage meine Gedanken in Gang setzte, und deshalb schob ich Jackies Verrat beiseite und dachte darüber nach. »Die Opfer warnen?«, erwog ich.

Sie drehte sich zu mir um. »Ja, klar. Die Leute glauben ja jederzeit, dass ihr Ehepartner sie umbringen möchte. Meinen Sie nicht, dass ein Mann, der seine Frau umbringen will, besonders nett zu ihr ist? Dass er andere sehen lässt, wie sehr er sie liebt – den wichtigsten Menschen in seinem Leben? Wenn man dieser Frau erzählt, ihr liebevoller Gatte will sie ermorden, wird sie es doch niemals glauben.«

»Sie haben schon richtig intensiv darüber nachgedacht, nicht wahr?«

»Ja.« Sie plumpste schwer in den Sessel vor meinem Schreibtisch. Wenn es kein Polstersessel gewesen wäre, hätte sie sich das Steißbein gebrochen. »Ich ... äh ... ich glaube, ich weiß, warum Amarisa ermordet wurde.«

Selbst wenn man mir eine Pistole an die Schläfe gehalten hätte, hätte ich ihr niemals verraten, dass ich den Namen Amarisa noch nie gehört hatte. Aber ich brauchte nur eine Sekunde, um zu kapieren, wen sie meinte.

»Warum wurde sie ermordet?«, flüsterte ich und warf unwillkürlich einen Blick zur Tür. Bitte, lass jetzt niemanden klopfen und uns stören.

»Sie hatte Visionen. Anfangs waren sie wie meine, aber nach und nach wurden sie immer stärker, bis sie schließlich sehen konnte, was in den Köpfen der Leute vorging. Und da fing sie an zu ... verhindern, dass das Böse geschah.«

Verhindern, dachte ich. Wollte sie andeuten, dass diese Amarisa Leute umgebracht hatte, bevor sie in die Tat umsetzen konnten, was sie dachten? Aber wie hatte sie *sicher* sein können, dass sie es tun würden? Dachte nicht jeder mal daran, jemanden umzubringen? »Hat dieser Russell Dunne Ihnen von ihr erzählt?«, fragte ich und ärgerte mich über meinen eifersüchtigen Unterton.

»Ja. Ich sollte Ihnen das nicht sagen, aber ...«

»Warum sollten Sie es mir nicht sagen?«, fuhr ich sie an. Wann war *ich* der Feind geworden? Der Außenseiter?

Jackie zuckte die Achseln. »Ich weiß nicht. Russell hat mir diese Dinge im Vertrauen erzählt, aber wenn sie an die Öffentlichkeit kämen, würden die Leute vielleicht sagen, was sie wissen. Vielleicht würde diese böse Wolke dann nicht mehr über Cole Creek hängen.«

»Ich wüsste nicht, was sich klären sollte, wenn diese Geschichte an die Öffentlichkeit käme«, sagte ich entschlossen und mit zusammengebissenen Zähnen.

Jackie sah mich an. »Glauben Sie, die Leute, die diese Frau umgebracht haben, sind noch am Leben?«

»Nein.«

»Woher wissen Sie das?«

Jetzt war ich an der Reihe mit meinen Geheimnissen. »Ich

habe ein paar Leute aus dieser Stadt im Internet gesucht. Mehrere von ihnen sind im Laufe eines Jahres nach dem Zwischenfall bei merkwürdigen Unfällen ums Leben gekommen.«

»Wie merkwürdig?«

»Sitzen Sie gut? Sie wurden zerquetscht. Auf diese oder jene Weise wurden sie alle zerquetscht.«

»Und wer hat das getan?«

»Darüber habe ich mir den Kopf zerbrochen. Glauben Sie, Russell würde es wissen?« Das sollte ein Witz sein, und ich rechnete damit, dass Jackie mir eine Kopfnuss verpassen würde, wie sie es sonst immer tat, aber stattdessen stand sie auf und ging wieder zum Bücherregal.

»Ich glaube, er weiß wahrscheinlich viel mehr über diese Sache, als er mir erzählt hat. Sie hat sein Leben verändert – genau wie meins. Ich glaube jetzt wirklich, dass ... dass ...«

»Dass Ihre Mutter zu den Leuten gehört hat, die Steine auf Amarisa gehäuft haben?« Der Name klang seltsam, aber er passte. Halb hatte ich Lust, ihr das Foto von dem rekonstruierten Gesicht der Toten zu zeigen, aber ich brachte es nicht über mich. Zum einen war ich sicher, dass Jackie die Ähnlichkeit mit sich selbst sofort sehen würde. Und genauso sicher war ich, dass sie sich an die Frau erinnern würde. Sie erinnerte sich an alles andere in dieser Stadt – warum also nicht an ihre eigene Verwandte? Ich hatte gehört, dass wir traumatische Ereignisse in unserem Leben niemals vergessen, und deshalb bezweifelte ich, dass Jackie dieses Foto sehen und sich nicht an das erinnern würde, was sie miterlebt hatte.

Aber ich kam über meine Kränkung nicht hinweg. Ich war vom ersten Tag an ehrlich zu Jackie gewesen. Ich hatte ihr alles über mein Leben erzählt. Schön, okay, genau genommen hatte ich meine Lebensgeschichte aufgeschrieben und verkauft und eine Menge Geld damit verdient, aber trotzdem – Jackie wusste alles über mich. Es stimmte vielleicht, dass ich ihr nicht besonders viel über mein Essen mit Dessie erzählt hatte, aber da hatte ich auch nicht viel herausgefunden, was ich Jackie hätte mitteilen können. Abgesehen von den Figuren in Desssies verschlossenem Schrank. Und dass ich eine der Frauen, die darin dargestellt waren, für Jackies Mutter hielt. Aber ich hatte ihr nichts verheimlicht, was so bedeutsam war wie das, was Jackie mir vorenthielt. Vielleicht noch mit Ausnahme des Fotos in dem FedEx-Umschlag.

»Jackie«, sagte ich leise, »wenn Sie wieder eine Vision hätten, würden Sie es mir sagen, oder? Mir. Nicht jemandem, den Sie kaum kennen.«

Sie sah mich an, und anscheinend überlegte sie, ob sie mir antworten sollte oder nicht. Und ob sie es zuerst mir erzählen sollte – oder ihm.

Was hatte dieser Mann getan, um ihre Loyalität so vollständig zu erobern? Das fragte ich mich. Allzu viel Zeit konnte sie nicht mit ihm verbracht haben, denn in den letzten paar Tagen war sie fast jede Minute mit mir zusammen gewesen. Dennoch zog sie in Betracht, ihm und nicht mir etwas zu erzählen, das ich mittlerweile als unser beider Geheimnis ansah.

»Ja, ich würde es Ihnen sagen«, erklärte sie schließlich und lächelte leise. »Aber was mache ich, wenn ...«

»Wenn Sie das Böse im Kopf eines anderen sehen?« Ich

hatte keine Ahnung. Für die Beantwortung dieser Frage würde ein Philosoph ein ganzes Leben brauchen. Ich versuchte, die Stimmung zu entkrampfen. »Schauen Sie mir in die Augen, und sagen Sie mir, was ich über Russell Dunne denke.« Ich beugte mich über den Schreibtisch und starrte sie an.

»Sie wollen, dass er hier bei uns einzieht, zusammen mit Ihrem Vater und Ihrem Cousin«, antwortete sie wie aus der Pistole geschossen und ohne die Spur eines Lächelns.

Stöhnend lehnte ich mich zurück. »Sehr witzig. Sie hätten Komikerin werden sollen.«

»In diesem Hause bleibt mir nichts anderes übrig. Was fangen wir mit Ihrer Verwandtschaft an?«

»Warum fragen wir nicht Russell?«, sagte ich.

»Bevor oder nachdem wir Dessie gefragt haben?«

Ich klappte den Mund zu, bevor ich ausplaudern konnte, dass zwischen mir und Dessie nichts war. In diesem Augenblick bereute ich, dass ich ein so wunderbarer Kerl gewesen war und die Probleme zwischen Dessie und ihrem jugendlichen Lover ausgebügelt hatte. Ich hätte Dessie vor dem Fenster grabschen und küssen sollen. Dann hätte ich jetzt wenigstens eine Freundin zum Ausgleich für Jackies neuen Freund.

Ich verkniff mir die Frage, ob Jackie ihr zerrissenes Hochzeitskleid noch würde flicken können, und erklärte stattdessen, dass mein Vater und Noble niemals, nie im Leben und unter gar keinen Umständen, bei mir in diesem Hause wohnen könnten. Wie ich gehofft hatte, brachte ich Jackie damit in Fahrt und lenkte sie von Russell Dunne ab.

Ich bekam wieder Gelegenheit, die Kunst des Schlafens im

Sitzen und mit offenen Augen zu üben, und ich war kurz davor, sie zu meistern, als ein köstlicher Duft durch die alten Bodendielen heraufwehte. »Was ist das?«, fragte ich, und an Jackies verschlagenem Gesicht sah ich, dass sie noch ein Ass im Ärmel hatte.

»Wussten Sie, dass Ihr Cousin backen kann?«

Ich klapperte mit den Lidern. Heute jagte wirklich ein Schock den andern. Wenn Jackie mir eröffnet hätte, Noble sei Spiderman, wäre ich nicht minder überrascht gewesen. »Es riecht, als hätte er da was aus dem Ofen geholt. Wollen wir hinuntergehen und die Ware verkosten?«

Ich wollte mich reserviert zeigen. Ich wollte sagen, ich hätte zu arbeiten und könne mich nicht mit etwas so Banalem wie Doughnuts abgeben. Oder Zimtbrötchen. Oder was immer da so himmlisch duftete.

Aber ich folgte ihr wie ein Hund an der Leine hinunter in die Küche. Der Tisch in der Mitte bog sich unter diversen Backwaren, und an den Unmengen war nicht schwer zu erkennen, wo Noble seine Ausbildung erhalten hatte. Offensichtlich war er es gewohnt, für eine große Zahl von Männern zu backen, vielleicht für einen ganzen Knast voll Männer.

Toodles und Tessa saßen schon am Tisch. Beide hatten ein großes Glas Milch vor sich und einen weißen Schnurrbart. Wieder flammte meine Eifersucht auf. Erst stahl mir irgendein Fremder die Loyalität meiner Assistentin, und jetzt raubte mein eigener Vater mir meine Freundin.

Noble kippte eine Ladung dicke, extrem klebrige Zimtbrötchen auf einen Teller dicht unter meiner Nase und boxte mich auf die Schulter. »Anscheinend sind bloß noch wir beide übrig.«

Das eigentliche Problem mit Verwandten ist, dass sie dich zu gut kennen. Wenn du mit ihnen aufgewachsen bist, kannten sie dich schon, als du noch zu klein warst, um deine Gefühle zu tarnen. Vor Jackie konnte ich sie vielleicht verbergen, denn sie kannte mich noch nicht so lange. Aber nicht vor Noble. Er sah mein Gesicht, als mein ehemaliger Kumpel Tessa praktisch auf dem Schoß meines Vaters saß, und er wusste, ich war eifersüchtig.

Als ich ein oder zwei von Nobles Backwerken gegessen hatte – keineswegs so viele, dass Jackies Bemerkung, Heinrich der Achte sei offenbar noch sehr munter und am Leben, gerechtfertigt gewesen wäre –, beschloss ich, einstweilen den Mund zu halten und ein bisschen nachzudenken. Ich musste mir ansehen, was um mich herum vorging, und dann ein paar Entscheidungen treffen. Und, nein, ich »schmollte« nicht, wie Jackie behauptete.

Ich holte mir ein Buch, streckte mich im Garten in der Hängematte aus und sah der ganzen Bande bei ihrem Treiben zu. Okay, was ich eigentlich suchte, war ein Grund, meinen Vater ins Altenheim zu schicken und Noble mitzuteilen, er müsse selbst zusehen, wie er durchs Leben kam. Nobles Kindern hatte ich bereitwillig einen guten Start ermöglicht, aber ihm schuldete ich nichts.

Aber verflucht – wieso musste das alles so verdammt *angenehm* sein?

Anscheinend kannte mein Vater tausend verschiedene Arten, irgendwo zu sitzen und sich zu beschäftigen. Fasziniert sah ich zu, wie er Tessa ein Fadenspiel zeigte. Ich kannte so etwas aus Büchern. Mit einer kurzen Drehung seiner Handgelenke machte er aus einer verschlungenen Schnur ein

Ruderboot, und mit einer weiteren Drehung wurde daraus ein Schweinchen auf der Leiter.

Vollends fasziniert war ich, als er sagte, meine Mutter habe ihm Bücher geschickt, aus denen er alles Mögliche gelernt habe. Ich wusste, dass meine Mutter ihn nie im Gefängnis besucht hatte. Tatsächlich war sie nicht einmal bei der Gerichtsverhandlung gewesen, und meines Wissens hatte sie ihn nach der Hochzeitsnacht überhaupt nicht wiedergesehen. Zu sagen, sie habe mich nicht ermutigt, ihn zu besuchen, wäre eine Untertreibung. Pat hatte mir vorgeschlagen, ihn zu besuchen, aber ich hatte darauf nicht einmal geantwortet.

Und jetzt hörte ich Toodles erzählen, seine Frau – und er sprach den Namen mit großer Zuneigung aus – habe ihm Ratgeberbücher geschickt, aus denen er viele wirklich interessante Sachen gelernt habe. »Kinderbücher hat sie ihm geschickt«, sagte Noble leise, als er sah, wie ich hinüberstarrte. »Zaubertricks sollte er lernen.«

Ich schaute in mein Buch und tat, als beobachtete ich niemanden.

Noble hatte immer zu den wirklich nützlichen Leuten gehört. Von Kindheit an waren Werkzeuge für ihn das gewesen, was Wörter für mich waren. Schon in der Vorschule hatte ich mir Sachen ausgedacht, und er hatte sie gebaut.

Als Erstes machte Noble sich über die Weinranken her, die eine halb verrottete Laube überwuchert hatten. Innerhalb von Minuten hatte er die Ranken zurechtgestutzt – und zwar auf professionelle Weise, da war ich sicher. Nate war dabei, und er trat ehrfurchtsvoll zurück. »Wo haben Sie denn das gelernt?«

»War mal ein paar Jahre bei einer Landschaftsgärtnerei.« Noble wackelte an dem alten Holzgerüst, das die Weinranken trug.

»Ich helfe Ihnen, es herauszureißen«, sagte Nate, aber Noble bremste ihn.

»Da ist noch einiges gut. Habt ihr Holz hier, das ich zum Reparieren nehmen könnte?«

»Na klar«, sagte Nate. »Hinter Jackies Haus liegt ein Stapel Bretter.«

»Jackies Haus«, war ihr Atelier, wie sich herausstellte. Ich spähte über den Rand meines Buches hinweg und beobachtete, wie die beiden hinter dem Atelier verschwanden, um Holz zu holen, von dessen Existenz ich nichts gewusst hatte. Unterdessen loderte meine Eifersucht von neuem auf, als ich sah, wie mein Vater in dem Tunnel verschwand, der zu Tessas »geheimem« Haus führte. So geheim konnte es ja wohl nicht sein, wenn sie jeden aus der Nachbarschaft hineinließ, oder?

Kurze Zeit später kam Jackie aus der Küche. Sie trug ein Tablett mit großen Gläsern Limonade und ein paar anderen Sachen, die Noble gebacken hatte – pikantes Knabberzeug diesmal, mit Käse, Zwiebeln und (tatsächlich!) schwarzen Olivenringen. Sie gab mir einen Teller davon, und ich war gerade dabei, die Olivenringe vom dritten Stück herunterzupicken, als jemand so laut jauchzte, dass mir beinahe alles aus der Hand gefallen wäre.

Noble kam mit einer großen schwarzen Mappe hinter dem Atelier hervor und blätterte darin. Es sah aus, als enthalte sie Fotos. »Die sind super!«, sagte er zu Jackie. »Das sind die besten Bilder, die ich je im Leben gesehen habe!«

Jackie hielt ihm vor, er habe nicht das Recht, sich etwas anzuschauen, das sie für privat halte.

Daraufhin ratterte Noble eine lange Geschichte herunter: Er habe »aus Versehen« ein Fenster an ihrem Studio geöffnet, als er ein Brett aufgehoben habe, und das Brett sei »aus Versehen« hineingefallen. Als er durch das Fenster geklettert sei, um es zu holen, habe er »aus Versehen« die Mappe vom Tisch gestoßen, und dabei habe er »aus Versehen« die Bilder entdeckt. Er war noch keine zwei Sekunden fertig mit seinem Bullshit, als Jackie um Lob bat. Um Lob förmlich bettelte.

Noble blickte unwillkürlich zu mir herüber, und unter der Bräune von jahrelangem Sonnenschein sah ich, dass er rot geworden war. Wir wussten beide, dass er log. Durch wie viele Fenster waren Noble und ich geklettert, als wir klein waren? Vor der Kombination aus meiner rasenden Neugier und seinen kriminellen Neigungen hatte niemand in der Familie irgendetwas verbergen können.

Nate rief Toodles und Tessa aus dem Haus, das ich bisher für meins und Tessas gehalten hatte, damit sie sich die Fotos anschauten und etwas aßen. Ich blieb in meiner Hängematte und hielt mir das Buch vor das Gesicht, während die andern mit lautem Ooooh und Aaaah die Fotos anschauten, die Jackie mir nicht gezeigt hatte. Ob Russell Dunne darauf zu sehen war?

Aber nach einer Weile hielt Toodles eins neben Tessas Gesicht. Es war mir zugewandt, und es war ein umwerfendes Bild von der Kleinen. Ich war ein paar Schritte weit entfernt, aber trotzdem konnte ich erkennen, wie gut es war. Jackie hatte Tessa gezeigt, wie sie wirklich war: kein süßes kleines Mädchen, sondern eins, das auf einer anderen Ebene lebte als wir andern.

Als allen die Lobesworte ausgegangen waren, sammelte Jackie die Fotos ein, legte sie in die Mappe und kam damit zu mir. Sie stellte sich einen Stuhl neben die Hängematte und überreichte mir die Mappe wie eine Opfergabe.

Feierlich nahm ich sie in Empfang und sah mir ein Foto nach dem andern an. Mann, o Mann, waren sie gut! Ich war wirklich und wahrhaftig *zutiefst* beeindruckt.

Obwohl ich Schriftsteller bin, fielen mir keine passenden Worte ein, die vermittelt hätten, was ich über diese Bilder dachte. Ich kannte Tessa und wusste deshalb, wie perfekt Jackie sie eingefangen hatte, aber selbst wenn ich sie nicht gekannt hätte, wäre es mir leicht gefallen, einen Essay über dieses Kind zu schreiben.

Ich klappte die Mappe zu und überlegte, wie ich Jackie sagen sollte, was ich dachte. Aber es gab kein Wort in irgendeiner Sprache, das mein Staunen beschrieben hätte. Also drehte ich mich zu ihr um und drückte die Lippen auf ihre. Es war das Einzige, was mir angemessen erschien.

Aber was ein Kuss hatte werden sollen, der ihr sagte, wie fabelhaft ich ihre Bilder fand, verwandelte sich in mehr als das. Ich berührte sie nur mit den Lippen, aber einen Augenblick war mir, als hörte ich Glockenläuten. Vielleicht waren es auch Sterne, die klingelten wie kleine Silberglöckchen. Ich wich zurück und starrte sie erschrocken an. Noch so ein Schock an diesem Tag. Ein Erdbeben war nichts dagegen. Und sie empfand es offenbar genauso, denn sie starrte mich ebenfalls mit weit aufgerissenen Augen an.

»Ich weiß nicht, wie es euch allen geht, aber ich habe Hunger«, verkündete Noble und brach den Bann, der auf mir und Jackie lag.

Ich drehte mich um und sah die vier an, wie sie dastanden, und ich musste ein paar Mal blinzeln, um wieder einen klaren Blick zu bekommen. *Hab ich's nicht gesagt?*, schien Nobles Blick zu fragen, und Nate sah verlegen aus. Tessa runzelte die Stirn, und Toodles schaute mich irgendwie, na ja, zärtlich an, wie ein Vater seinen Sohn anschauen könnte. Ich wandte mich ab und betrachtete die Fassade von Jackies Atelier.

Einen Augenblick später waren alle wieder normal; nur ich fand, ich hätte genug davon, in der Hängematte zu liegen und die andern zu beobachten. Also stand ich auf, und nachdem wir alle von Nobles Käsegebäck gegessen hatten, half ich ihm, die alte Laube über der Gartenbank wieder zusammenzubauen. Ich holte die Werkzeugkiste, die ich von Pats Vater bekommen hatte, und wir benutzten das Werkzeug. Noble gab keinen Kommentar ab, als er die Sachen sah, aber als er ein Teil schmutzig machte, bat er um Entschuldigung. Das sei okay, sagte ich, und einige Minuten später brummte er: »Tut mir leid wegen deiner Frau.«

Ich antwortete nicht, aber seine Worte bedeuteten mir eine Menge. Es waren Worte des Mitgefühls, ja, aber sie zeigten auch, dass er sich dafür interessiert hatte, was in meinen Büchern stand.

Am Spätnachmittag ging Nate nach Hause, und als Allie kam, um Tessa abzuholen, befürchtete ich, Toodles werde anfangen zu weinen. Allie schaute ihn immer wieder an; sie bemühte sich, es nicht zu tun, aber er war wirklich ein komisch aussehender kleiner Mann. Toodles und Tessa standen Hand in Hand da und starrten Allie an, als sei sie die böse Sozialarbeiterin, die Tessa von ihrem geliebten Großvater wegreißen wollte, und schließlich fragte Jackie, ob Tessa nicht ausnahmsweise bei uns übernachten dürfe.

Allie sagte: »Sie meinen, ich könnte einen Abend für mich allein haben? Ein langes, heißes Bad nehmen? Im Fernsehen einen Film angucken, in dem Sex vorkommt? Wein trinken? Nein, so viel Glück verdiene ich nicht.« Und sie rannte zum Gartentor hinaus, bevor irgendjemand es sich anders überlegen konnte.

Irgendwann gingen Noble und Jackie in die Küche, um das Abendessen zu machen, und Toodles, Tessa und ich blieben draußen. Tessa rannte umher und jagte Glühwürmchen, und ich setzte mich mit meinem Dad auf die Gartenstühle.

Was für ein seltsamer Gedanke: mein Dad. Mein Leben lang war er immer nur ein Kopf auf Gruppenfotos gewesen. Ich glaube nicht, dass es ein Bild von ihm allein gab. Und keiner meiner Onkel hatte je von ihm gesprochen. Bei einer Familie wie meiner ist es schwer zu glauben, aber vermutlich hatten sie ein schlechtes Gewissen. Die Gefängnishaft meines Vaters hatte zumindest ein Gutes hervorgebracht: Meine Onkel begingen nie wieder absichtlich eine Straftat. Nicht geplant und nicht im nüchternen Zustand jedenfalls.

Toodles und ich sagten nicht viel. Genau genommen sagten wir gar nichts. Ich, der Wortschmied, hatte kein einziges Wort im Kopf, das ich hätte sagen können. Erzähl mal, Dad, wie war's denn so, die dreiundvierzig Jahre im Gefängnis? Hasst du deine Brüder? Vielleicht hätte ich ihn fragen können, ob er einen Maikäfer an der Weste habe.

Als Jackie uns zum Essen rief, rannte Tessa in die Küche. Es war spät, und wir alle hatten Hunger. Ich ließ meinen Vater vorgehen, aber in der Tür blieb er stehen. Er sah mich nicht an, sondern schaute hinein zu Noble und Jackie, die den Tisch mit Essen beluden.

»Behältst du mich?«, fragte er mit diesem schweren Akzent, den ich seit Jahren nicht mehr gehört hatte.

Einen Moment lang war es, als stehe die Erde still. Sogar die Glühwürmchen schienen innezuhalten und auf meine Antwort zu warten.

Was konnte ich sagen? Wie Jackie schon festgestellt hatte: Der Mann hatte versucht, Geld zu beschaffen, um seine Frau zu ernähren. Und seinen Sohn. Mich.

Vermutlich war jetzt die Reihe an mir, ihn zu ernähren.

Jackie hatte behauptet, ich neigte zur Rührseligkeit. Also musste ich jetzt etwas sagen, damit es nicht dazu kam. »Nur, wenn du mir das Fadenspiel beibringst.«

Im nächsten Augenblick erfuhr ich, woher ich meine Rührseligkeit hatte. Ich bemühte mich, cool zu bleiben, aber mein Dad versuchte gar nicht erst, sich zurückzuhalten. Er vergrub das Gesicht an meiner Brust und fing an zu flennen. Er klammerte sich an mein Hemd, als ginge es um sein liebes Leben, und heulte so laut, dass der Putz von den Wänden fiel.

»Was haben Sie mit ihm gemacht?«, schrie Jackie. Sie packte Toodles bei den Armen und wollte ihn dem großen bösen Onkel entreißen.

Halb wollte ich meinen Vater an mich ziehen und ihn in die Arme schließen und mit ihm weinen, aber zugleich fand ich sein Gebaren auch befremdlich. Er weinte und weinte und drückte das Gesicht an meine Brust. Er liebe mich und sei froh, dass ich sein Sohn sei, er sei so stolz auf mich, und er kenne Leute, die meine Bücher gelesen hätten, und er liebe mich und wolle sein Leben lang bei mir bleiben und …

Noble genoss mein Unbehagen sichtlich, und Jackie versuchte immer noch, Toodles wegzuziehen. Vermutlich verstand sie nicht, was mein Vater da redete. Ich glaube, man musste mit einem solchen Dialekt aufgewachsen sein, um ihn zu verstehen, zumal wenn ein Mann dabei heulte und mein Hemd im Mund hatte.

Der Teil meiner selbst, den die überreichen Tränen meines Vaters anrührten, war anscheinend auch der Teil, der mit meinen Muskeln verbunden war, denn ich kam nicht von Toodles los. Jackie zerrte an ihm, aber auch sie kam nicht voran, denn er war ein kräftiger kleiner Kerl. Ich hatte ihm die Hände auf die Schultern gelegt, aber immer wenn er sagte, er liebe mich, verwandelten meine Arme sich in nasse Spaghetti, und ich konnte ihn nicht wegdrücken. »Ich liebe dich« – diese Worte hatte ich noch nie von einem Blutsverwandten gehört. Meine Mutter, weiß der Himmel, hatte sie zu niemandem gesagt.

Noble hatte schließlich Mitleid mit mir; er zog meinen Vater weg und setzte ihn an den Tisch, und da saß er mit hängendem Kopf und schluchzte. Tessa schob ihren Stuhl neben ihn, nahm seine Hand und bekam Schluckauf, weil sie solche Mühe hatte, nicht mit ihm zu weinen. Immer wieder sah sie mich verwirrt an. Hatte ich etwas Gutes oder etwas Böses getan, dass ihr Freund so furchtbar weinen musste?

Ich war so matt, dass ich kaum aufrecht sitzen konnte.

Wir waren eine merkwürdige Gesellschaft. Toodles und Tessa saßen auf der einen Seite; er schluchzte, als habe man ihm das Herz gebrochen, und sie hielt seine Hand und hatte Schluckauf. Jackie saß am Kopfende des Tisches und sah aus, als wollte sie gleichfalls in Tränen ausbrechen, ohne zu wissen, warum. Ich saß Toodles gegenüber und fühlte mich wie ein Ballon, aus dem die Luft entwichen war, und Noble saß am Ende des Tisches und lachte über uns alle.

Noble griff zu einer Schüssel Stampfkartoffeln und schaufelte einen ganzen Berg davon auf Toodles' Teller, und dann legte er noch einmal so viel Hackbraten und grüne Bohnen daneben. Jetzt wusste ich auch, woher ich meinen guten Appetit hatte.

Aber Toodles schaute das Essen nicht einmal an.

»Wusstest du, dass Ford Geschichten erzählen kann?«, fragte Noble laut und sah Toodles an. »Im Haus hat er nie was getaugt. Wusste nicht, wo bei einem Stemmeisen vorne und hinten ist. Aber Geschichten kann er erzählen wie niemand sonst. Meine Mom sagte immer, die Mahlzeiten waren nicht mehr wie früher, als Ford weggegangen war.«

»Ach ja?«, sagte ich.

»Ja«, sagte Noble. »Mein Dad sagte, das ganze Lügentalent der Newcombes hat sich in dir versammelt, und so konntest du die besten Lügen der Welt erzählen.«

»Ach ja?«, wiederholte ich. Das war wirklich ein gewaltiges Lob. Ich schaute zu Jackie hinüber, um zu sehen, ob sie Notiz davon nahm, aber sie machte ein Gesicht, als wisse sie nicht, ob das nun alles gut oder schlecht war.

Toodles schniefte geräuschvoll, und Jackie stand auf, um ihm ein Kleenex zu holen. Er putzte sich die Nase so durchdringend laut, dass Tessa kicherte; dann zwinkerte er ihr zu, griff nach seinem Löffel und sagte zu mir: »Erzähl mir eine Geschichte.«

Ich gehorchte.

Nach dem Essen sagte ich Noble, ich wolle mit ihm reden. Ich wollte wissen, was in Wahrheit hinter all dem steckte. Ich kannte ihn zu lange und zu gut, um nicht den Verdacht zu haben, dass er etwas im Schilde führte. Wir nahmen ein Sixpack mit hinauf und setzten uns in mein Arbeitszimmer, wo wir von Mann zu Mann miteinander reden konnten.

»Okay, warum bist du hier, und was willst du?«, fragte ich ihn. »Und überleg dir, mit wem du redest, bevor du dir irgendwelche Lügengeschichten ausdenkst.«

»Die Lügengeschichten überlasse ich dir«, sagte er, und sein Ton war bescheiden, damit er keinen Anstoß erregte.

Ich ließ mir nichts vormachen. Noble war ein erwachsener Mann, kräftig und gesund. Auch wenn er ein paar Mal im Gefängnis gesessen hatte, konnte er Arbeit finden. Warum also kam er her? Warum zu mir? Der Name Noble passte zu ihm. Er hatte eine Menge Stolz, und deshalb würde es kein leichtes Stück Arbeit werden, herauszubekommen, was er im Sinn hatte.

Es dauerte eine Weile, bis ich ihn zum Reden gebracht hatte, aber als er einmal angefangen hatte, dachte ich, er würde nie wieder aufhören.

Er erhob sich vom Sofa, baute sich vor mir auf und funkelte mich an.

»Ich bin hier, weil du mein Leben ruiniert hast. Ich denke, dafür bist du mir was schuldig.«

»Und wie habe ich das gemacht?«, fragte ich ruhig. Ich hielt meinen Zorn im Zaum.

Was für eine Undankbarkeit! Ich hatte nie zusammengerechnet, was ich ausgegeben hatte, um all meinen Nichten und Neffen eine Ausbildung zu finanzieren, Nobles Kinder, die ehelichen und die unehelichen, eingeschlossen. Aber es war eine Menge.

Er funkelte mich immer noch an. »Ich war glücklich. Ich war gern als Kind bei allen meinen Onkeln, und ich war verrückt nach meinem Vater. Und weißt du noch was? Wenn ich so zurückdenke, an dich und mich, dann fand ich, dass wir eine Menge Spaß zusammen hatten. Yeah, ich weiß, wir haben dir manchmal ganz schön zugesetzt, aber du warst ein solcher Snob, dass du es nicht besser verdient hattest. Du hast immer auf uns runtergeschaut.«

Er schwieg und wartete, dass ich etwas sagte, aber was konnte ich sagen? Sollte ich bestreiten, dass ich auf sie herabgeschaut hatte? Mein Überlegenheitsgefühl war der einzige Schutz gewesen, den ich hatte.

»Als du zum College gingst, habe ich drei Kreuze gemacht – aber weißt du was? Du hast mir gefehlt. Du hast uns immer zum Lachen gebracht. Wir andern, wir konnten mit Trucks und Taschenmessern umgehen, aber du konntest was aus Wörtern machen.«

Er nahm einen Schluck Bier und lächelte bei seinen Erinnerungen. »Ich war ziemlich sauer, als du zum College gingst. Weißt du noch, dass ich mit dem Traktor über deinen Koffer gefahren bin? Du konntest losziehen und dir die Welt ansehen, und ich hatte 'ne schwangere Freundin, deren Dad mich erschießen wollte, wenn ich sie nicht heiratete. Wusstest du, dass ich mit zweiundzwanzig Jahren zwei Mal verheiratet und wieder geschieden war und drei Kinder zu unterhalten hatte? Und das alles, während du auf dem College warst und dich mit den Stadtmädels rumtreiben konntest.«

Noble trank noch einen Schluck Bier und setzte sich dann ans andere Ende der Couch. Sein Zorn war verraucht. Wir waren nur noch zwei Männer mittleren Alters, die sich in ihren Erinnerungen ergingen. »Dann hast du ein Buch geschrieben, und alle Tanten haben es gelesen und gesagt, es handelte von uns. Bloß, sagten sie, hast du uns dargestellt, als ob wir überfahrene Hasen zum Abendessen verspeisten. Onkel Clydes Frau sagte: ›Keine Ahnung, von wem er redet, aber wir sind's nicht.‹ Danach dachten wir dann, du erinnerst dich überhaupt nicht an uns. Du hast die Leute erfunden, von denen du schreibst.«

Noble lächelte kurz. »Ich kann dir nicht sagen, wie oft ich gefragt worden bin, ob ich mit diesem ›Bücherschreiber‹ verwandt bin. Und weiß du, was ich darauf gesagt habe?«

Er wartete nicht auf meine Antwort. Ich glaube, er wollte keine. Ich glaube, er hatte lange darauf gewartet, mir sagen zu können, was er jetzt sagte. Vielleicht war er sogar den ganzen weiten Weg nur gefahren, um mir zu sagen, was er von mir dachte.

»Nein. Ich habe gesagt: Nein. Immer wenn mich jemand gefragt hat, ob ich mit Ford Newcombe verwandt bin, habe ich gesagt: Nein.«

Ich versuchte das, was er da sagte, philosophisch zu nehmen, aber ein bisschen gekränkt war ich doch. Jeder möchte ja, dass seine Familie stolz auf ihn ist, oder nicht?

»Du hast uns vor den Augen der Welt erniedrigt, aber weißt du, was das Schlimmste war, was du uns angetan hast? Du hast die Kids verändert. Meine Tochter Vanessa – die zur Welt kam, kurz nachdem du aufs College gegangen warst – ist genauso wie du. Sie sah sogar so aus wie du, bis sie sich die

Nase hat machen lassen. Sie hat dein Buch gelesen, als sie noch klein war, und danach wollte sie mit uns Newcombes nichts mehr zu tun haben.«

Noble machte sich eine neue Dose Bier auf. »Du kannst dir nicht vorstellen, wie ich wegen dieser Göre aufgezogen worden bin. Die Leute sagten, sie wäre von dir, nicht von mir.« Er sah mich über sein Bier hinweg an. »Erinnerst du dich an ihre Mutter? Die kleine Sue Ann Hawkins? Du hast doch nicht ...?«

Natürlich erinnerte ich mich an Sue Ann Hawkins. Jeder junge Mann und ein paar alte im Umkreis von zwanzig Meilen um ihr Haus waren mit ihr im Bett gewesen. Natürlich wagte niemand, Noble das zu sagen. Damals nicht, und jetzt nicht. Damals hielten wir den Mund und wünschten ihnen Glück an ihrem Hochzeitstag. Später atmete das halbe County erleichtert auf, als das Mädchen mit einer Newcombeschen Nase zur Welt kam. Ob diese Nase von Noble, von mir oder von sonst einem aus unserer Verwandtschaft stammte, war niemals auch nur unter vier Augen erörtert worden. Nobles legendärer rechter Haken war sehr gefürchtet.

Noble hob die Hand. »Nein, antworte lieber nicht. Das Mädel hat mir geschworen, dass sie in ihrem ganzen Leben nur mit mir im Bett war, und wenn ich ihr nicht geglaubt hätte, hätte ich sie nicht geheiratet, Schrotflinte hin, Schrotflinte her. Andererseits, wenn sie so verdammt rein war, wieso hat sie dann später mit jedem gottverdammten ...«

Er brach ab. »Na, darauf will ich jetzt nicht weiter eingehen. Sagen wir einfach: Ihre Mutter war so übel, dass Vanessa bei mir lebte, seit sie vier war. Aber nachdem sie dein Buch gelesen hatte, lebte sie nur noch mit *dir* im Kopf. Dauernd hieß es: ›Mein Onkel Ford hier, mein Onkel Ford da‹, bis ich mir wünschte, ich hätte dich nicht gerettet, als du damals in den Bach gefallen warst und dir den Kopf angeschlagen hattest. Weißt du das noch? Weißt du noch, wie ich dich anderthalb Meilen nach Hause geschleppt habe? Ich habe kein Gramm mehr gewogen als du, aber ich habe dich geschleppt. Und dann fuhr Onkel Simon mit seinem alten Pickup quer über die Felder und durch die Zäune, um dich möglichst schnell ins Krankenhaus zu bringen. Du bist zwei Tage nicht aufgewacht, und wir dachten, du bist hinüber. Weißt du das noch?« Ich wusste es noch. Aber merkwürdigerweise hatte ich mich nicht daran erinnert, als ich meine Bücher geschrieben hatte.

»Weißt du was?« Noble sah mich an. »Meine Tochter hat mir nicht geglaubt, als ich ihr erzählte, wie ich dich gerettet habe. Sie sagte, wenn das wirklich passiert wäre, hättest du es in deinem Buch geschrieben, denn du hättest alles da reingeschrieben. Und weil es nicht drinstände, wäre es auch nicht passiert. Wie kommt's, dass du *diese* Story nicht aufgeschrieben hast?«

Ich schaute zu Boden. Auf diese Frage hatte ich keine Antwort.

»Na, wie auch immer – du hast alle meine vier Kids aufs College geschickt. Verflucht, du hast sogar meiner dritten Frau Geld gegeben, damit sie wieder zum College gehen und Lehrerin werden konnte. Nach ihrem ersten Jahr an der Schule hat sie sich von mir scheiden lassen. Ich wäre nicht gebildet genug für sie, sagte sie. Und jetzt wollen meine studierten Kids auch nichts mehr mit mir zu tun haben. Dich wollen sie sehen, dich, dem sie vielleicht zweimal im Leben begegnet sind, aber ihren eigenen Dad nicht. Aber du hast ja mit uns allen nichts zu tun, oder? Außer dass du über uns schreibst.«

Er trank einen großen Schluck Bier, und ich wartete schweigend darauf, dass er weiterredete. Ich muss zugeben, ich war fasziniert von seinen Ansichten darüber, wie ich »sein Leben ruiniert« hatte. Außerdem beschäftigte mich die Frage, ob die clevere kleine Vanessa *meine* Tochter sein könnte.

»Na, jedenfalls – als wir hörten, dass sie Toodles rauslassen würden, dache ich mir, es wird Zeit, dass du bezahlst für das, was du uns und vor allem mir angetan hast. ›King‹? Musstest du mich ›King‹ nennen? Ist ›Noble‹ nicht schon schlimm genug?«

»Was willst du von mir?«, fragte ich. »Du bist ja nicht hergekommen, um in dein Bier zu weinen. Also, was willst du?«

Noble brauchte eine Weile, um zu antworten.

»Ich habe Ärger zu Hause«, sagte er schließlich mit dramatischem Ton in der Stimme. »Ich rede nicht vom Knast. War ganz bestimmt nicht das erste Mal, dass ich den Knast von innen gesehen habe, wie du weißt. Aber diesmal habe ich Ärger mit der Familie, jede Menge Ärger.«

Ich hatte nicht vor, ihm zu erzählen, dass Vanessa mir bereits ihre Version von diesem »Ärger mit der Familie« dargelegt hatte.

»Als ich das letzte Mal aus dem Knast kam, hatte ich gar nichts mehr. Meine drei Ex-Frauen hatten mich rausgeworfen, und niemand gibt einem Ex-Knacki einen Job; also konnte ich nur nach Hause zurückgehen. Onkel Zeb bot mir einen Platz bei sich an; er meinte, ich könnte das hintere Zimmer haben, das er nie heizt – du weißt ja, was für ein alter Geizkragen er ist. Da sitze ich also da draußen in der Schweinekälte, und wer kommt rein? Onkel Zebs neue Frau. Du solltest sie mal sehen. Sie ist fünfundzwanzig und sieht haargenau aus wie Joey Heatherton. Erinnerst du dich an die? Gott allein weiß, wieso sie einen alten Zausel wie Onkel Zeb geheiratet hat. Ich werde wach, und da liegt sie bei mir im Bett. Ich bin ein Mann, und ich hatte lange keine Frau gehabt – wie sollte ich ihr da nicht geben, was sie wollte? Am nächsten Morgen sagte sie nichts, und ich sagte auch nichts, und ich dachte, vielleicht ist alles okay. Aber drei Monate später ist sie drüben bei Onkel Cal und heult sich die Augen aus dem Kopf, und sie sagt, sie ist eine treue Ehefrau, aber ich hätte mich eines Nachmittags in ihr Bett geschlichen, als sie gerade ein Nickerchen machte, und jetzt kriegt sie ein Kind von mir.«

Ich wollte einwerfen, dass eine solche Geschichte in unserer Familie nichts Neues sei, aber Noble war nicht mehr zu bremsen.

»Als ich ein Junge war, hätten die Leute Verständnis gehabt, wenn so was passierte. Aber du hast unsere Familie zerstört. Als wir Kids waren, hätten die Onkel über so was nur gelacht. Und das Mädel hätte es gar nicht erst erzählt. Sie war mit einem alten Kerl verheiratet, der ihr nicht geben konnte, was sie haben wollte, also habe ich es getan. Worüber regt sie sich da auf?«

Er atmete tief durch, um seinen Zorn zu bändigen. »Aber als sie jetzt heulend bei den Onkeln saß, war einer der Jungs da, die du aufs College geschickt hast, und er meinte, was ich getan hätte, das ›ziemt sich in unserer Familie nicht mehr‹. Genau das hat er gesagt, denn so reden sie jetzt. Dann brach die Hölle los, und es war meine eigene Tochter, die älteste, die du als erste und am meisten verdorben hast, die mir sagte, ich solle verschwinden. Sie schämte sich für mich, sagte sie, und ich sollte gehen. Weißt du, was die da jetzt haben? Einen ›Familienrat‹. Klingt, als wär's was aus *Der Pate*, findest du nicht auch?«

Noble schüttelte fassungslos den Kopf. »Du schickst all diese Kids zum College, und was haben wir jetzt? Sie sind ›aufgestiegen‹, wie sie es nennen, und jetzt geht's bei uns zu wie bei der Mafia. Ein feiner Aufstieg, was?«

Ich hatte Mühe, nicht zu lachen, aber ich dachte mir, wenn ich jetzt lachte, würde Noble mir einen Kinnhaken verpassen. Nicht, dass ich es nicht mit ihm hätte aufnehmen können, dachte ich, aber – na ja, wenn man so Tag für Tag nur am Computer sitzt …

»Und weißt du, was du noch gemacht hast? Du hast unser Land ruiniert. Es gibt keine Trailer mehr. Einer der Jungs – sie sehen jetzt alle so geleckt aus, dass ich sie gar nicht mehr unterscheiden kann – ist Architekt geworden, und er hat einen Haufen kleine Häuschen entworfen und auf Newcombe-Land gesetzt. Niedliche kleine Häuschen mit Garagen, in denen man die Autos verstecken kann. Der Bengel hat sogar die passenden Hundehütten dazu entworfen, und für jedes Haus hat er ein Ding angeschafft, das ›Pooper Scooper‹ heißt. Weißt du, was das ist? Er sagt, damit müssen wir die Hundehäufchen wegmachen. ›Hundehäufchen‹ – so nennt er das. Ein erwachsener Mann! Sämtliche Trailer sind weggeschleppt worden, und den alten Badetümpel haben sie zugeschüttet, nur weil da ein paar Blutegel drin waren, und haben diese Häuschen da hingebaut. Sehen alle gleich aus; jedes ist nur ein klitzekleines bisschen anders. Sie sehen aus, als kämen sie aus einer Cornflakes-Schachtel. Und Regeln! Zu diesen Häusern gehören Regeln. Keine Autoreifen draußen! Nicht mal, wenn man Blumen reinpflanzt. Keine kaputten Autos. Kein Unkraut, nirgends. Nicht mal im Knast gab's so viele Regeln.«

Noble sah mich mit schmalen Augen an. »Und weißt du, was *wirklich* schlimm ist? Die ganze Siedlung hat Preise gewonnen. Einer der Neffen hat ihr einen Namen gegeben und sie bei einem Wettbewerb angemeldet, und sie hat gewonnen. Weißt du, wie sie sie genannt haben? ›Newcombe Manor Estates‹. Als wär's ein Villenviertel. Ist das zu fassen?«

Was Preise anging, hatte ich inzwischen auch einen verdient, weil ich mein Lachen so meisterhaft unterdrückte. Um meine Heiterkeit zu verbergen, hielt ich mir die Bierdose vor den Mund, bis mir die Unterlippe gefror.

»Jedenfalls, sie hielten einen ›Familienrat‹ ab und entschieden, dass ich ›etwas Unverzeihliches‹ getan hätte, und deshalb müsste ich gehen. Keiner der Onkel ist für mich eingetreten. Die haben reiche, studierte Kinder, die für sie sorgen und ›Investments‹ für sie machen, und jetzt haben sie überhaupt nichts mehr zu tun; sie hocken bloß noch von morgens bis abends vor dem Fernseher und machen die ›Hundehäufchen‹ weg, bevor eins der Kinder mit diesen zimperlichen Enkelkindern zu Besuch kommt. Diese Kids haben gesagt, ich bin ›ein Rückfall in ein finsteres Zeitalter‹. Kannst du dir vorstellen, dass jemand so was zu mir sagt? Was hätten unsere Onkel mit uns gemacht, wenn wir so was zu ihnen gesagt hätten, als wir Jungs waren? Die hätten uns so den Hintern versohlt, dass wir heute noch nicht wieder sitzen könnten.

Na, jedenfalls sagten sie, ich müsste weggehen, weil ich ›den Namen der Familie verunreinigt hätte‹, und ich fragte: ›Was ist mit Toodles?‹ Einer der Jungs – vielleicht einer von meinen, ich weiß es nicht – sagte, Toodles sei ein Krimineller und müsse sich allein durchschlagen. Sie haben keinen Familiensinn mehr, diese Kids. Keine Spur. Da sagte ich, wenn ich verschwinden soll, hole ich Toodles ab und nehme ihn mit. Weißt du, ich dachte, ich packe sie bei ihrem Stolz, und sie würden wenigstens anbieten, dafür zu zahlen, dass wir Toodles in einem richtig netten kleinen Altenheim unterbringen können. Aber keiner hat was gesagt, und da hab ich mir eins von Onkel Cals alten Autos geschnappt und bin losgefahren. Und auf dem ganzen Weg bis zum Bundesgefängnis habe ich mich gefragt, was ich mit ihm anfangen soll. Ich hatte keine Bleibe und keinen Lebensunterhalt – wie sollte ich da für einen alten Mann mit einer Delle im Hirn sorgen? Aber kurz bevor ich dort ankam, dachte ich: ›Ford hat unsere Familie ruiniert. Also schuldet er uns was.‹ Im Knast fragte ich Cousin Fanner – erinnerst du dich an ihn? Er arbeitet jetzt in der Gefängnisverwaltung. Hat lebenslänglich – ich fragte also Cousin Fanner, ob er wüsste, wo du jetzt wohnst, und er meinte, wenn irgendetwas auf der Welt dein Eigentum ist, dann kann er dich finden. Als Toodles reisefertig war, hatte ich deine Adresse, und wir fuhren los. Und hier sind wir.«

Und zwar für immer, dachte ich. Ich habe viel Schlechtes über meine Verwandten gesagt – und nichts davon unverdient –, aber ich wusste, dass sie trotz allem, was Noble mir da über die derzeitigen Umstände erzählt hatte, Familiensinn besaßen. Sie reisten ziemlich viel – meine Verwandten diskutierten über die Vorzüge und Nachteile diverser Gefängnisse, wie Geschäftsleute sich über Flughäfen unterhielten –, aber sie kamen immer wieder nach Hause. Tatsächlich war »zu Hause« ein wichtiges Wort für die Newcombes.

Ich saß schweigend mit meinem Cousin in meinem Zimmer und ließ mir seine Geschichte durch den Kopf gehen, und ich wusste, was er mir eigentlich sagen wollte. Er brauchte eine Heimatbasis. Vielleicht würden wir morgen früh aufwachen, und er wäre verschwunden, aber er würde irgendetwas zurücklassen – ein Hemd, ein Taschenmesser, irgendetwas zum Zeichen dafür, dass mein Haus jetzt sein »Zuhause« war.

Mit seiner langen Geschichte hatte er mir nur eines sagen wollen: Er hatte derzeit kein Zuhause, keinen Ort, wo er das Ende seiner langen Leine festbinden konnte.

Ich wusste nur zu gut, was für ein Gefühl das war. Nach Pats Tod hatte ich jahrelang kein Zuhause gehabt. Es war ein lausiges Gefühl.

Ich zögerte mit meiner Zustimmung, weil ich damit eine große Verpflichtung eingehen würde. Das, was wir »Newcombe-Land« nannten, gehörte uns seit hundert Jahren. 59,4 Hektar im gemeinschaftlichen Besitz aller erwachsenen Newcombes. Wenn ein Junge oder ein Mädchen einundzwanzig Jahre alt wurde, trug man seinen oder ihren Namen in die Besitzurkunde ein. Der Haken bestand darin, dass das Land ohne schriftliche Zustimmung jeder einzelnen Person auf dieser Urkunde weder aufgeteilt noch verkauft werden konnte. Da dort inzwischen über hundert Namen versammelt waren, würde so etwas kaum passieren.

Wenn ich Noble und meinen Vater bei mir aufnähme, wäre das eine Art Newcombe-Gelübde. Ich müsste hier in diesem Haus in Cole Creek bleiben. Wenn ich umziehen wollte, brauchte ich die Zustimmung Nobles und meines Vaters.

Ja, ich wusste, das war lächerlich. Das Haus gehörte mir, und ich konnte es jederzeit verkaufen, wenn ich wollte. Aber die Regeln, die man mir als Kind beigebracht hatte, waren für mich so unumstößlich wie das Tabu des Inzests (den es in meiner Familie nicht gab) oder das Verbot, Blutsverwandte an die Polizei zu verraten.

Ich holte tief Luft. »Es gibt zwei freie Schlafzimmer und ein Bad im ersten Stock. Du und ...« Wie sollte ich ihn nennen? »Äh, Dad – ihr könnt sie haben.«

Noble nickte und schaute weg, und ich wusste, ich sollte sein erleichtertes Lächeln nicht sehen. Als er mich wieder ansah, sagte er: »Die Bude hier bricht bald zusammen. Und ich habe kein Werkzeug, um sie herzurichten.«

Nach kurzem Zögern sagte ich: »Du kannst meins benutzen. Das Werkzeug in dem Eichenholzkasten.«

Noble machte ein schockiertes Gesicht. »Das kann ich nicht – jedenfalls nicht allein. Vanessa hat mir von diesem Werkzeug erzählt. Sie sagt, es wäre berühmt. Ein ...« Er überlegte. »Sie sagt, es wäre ›ein Symbol großer Liebe‹. Eine ...« Konzentriert runzelte er die Stirn. »Sie sagt, dieses Werkzeug wäre eine Meta... Meta irgendwas.«

»Eine Metapher.« Ich runzelte ebenfalls die Stirn. Wie Jackie immer sagte: Örk! Wenn Vanessa auf dem College, auf das ich sie geschickt hatte, so zu reden gelernt hatte, dann hätte ich das Geld besser nicht geschickt.

Die Wahrheit war: Die Vorstellung, dass Newcombe-Land in eine preisgekrönte Reihensiedlung umgewandelt worden war, gefiel mir nicht. Ich hatte nie bewusst daran gedacht, aber wenn ich Kinder gehabt hätte – eheliche Kinder, meine ich –, dann hätte ich mir gewünscht, dass sie mit einem Autoreifen an einem Ast schaukeln und in den Newcombe-Tümpel springen könnten. Was zum Teufel machten schon ein paar Blutegel? Als ich im zweiten Schuljahr war, sagte meine Lehrerin: »Wir haben einen Newcombe in der Klasse. Er soll uns mal alles über Blutegel erzählen.« Damals wäre ich vor Stolz beinahe geplatzt; ich hatte keine Ahnung, dass die Lehrerin es abfällig meinte. Aber der Witz ging auf sie, denn ich trat an die Tafel und zeichnete nicht nur das Äußere, sondern auch das Innere (fragen Sie nicht!) eines Blutegels. Als ich wieder auf meinen Platz ging, sahen die Lehrerin und die ganze Klasse mich merkwürdig an. Ich erfuhr es erst Jahre später, aber an diesem Nachmittag taufte man mich im Lehrerzimmer den »cleveren Newcombe«.

Clever ist eine Sache, prätentiös eine andere. Und meine Nichte – oder Tochter? – Vanessa hatte ein paar Flausen zu viel im Kopf.

»Es ist Werkzeug«, blaffte ich. »Benutz es.«

Drei Minuten später war ich endlich allein, und sofort saß ich am Computer und gab den Namen Russell Dunne ins Internet ein. Es schien eine Ewigkeit zu dauern, aber dann erschien die Meldung, er sei unbekannt. Zumindest der Russell Dunne, auf den Jackies Beschreibung passte.

Um Mitternacht ging ich zu Bett. Kein Russell Dunne unterrichtete irgendetwas an der University of North Carolina. Verflixt, dachte ich, jetzt würde ich Jackie erzählen müssen, dass ihr Ausbund an Tugend ein Lügner war. So ein Pech aber auch. Ich lächelte beglückt vor mich hin und fragte mich, ob ich es ihr bei Champagner und Kerzenschein erzählen sollte. Sanft und behutsam.

Mit einem breiten Lächeln schlief ich ein.

16 – Jackie

Ich kapierte nicht mal annähernd, was um mich herum vorging. Anscheinend gab es Probleme zwischen Ford und seinem Dad und zwischen Ford und seinem Cousin, die mein Fassungsvermögen überstiegen.

Ich hatte alle seine Bücher gelesen, und deshalb dachte ich, ich wüsste alles über Ford, aber dann überraschte er mich mit der Geschichte über seinen Vater und warum er ins Gefängnis gekommen war. Er erzählte sie angstbesetzt wie immer, mit seinem »Ach, ich armer Kleiner«-Gesicht, das er jedes Mal aufsetzte, wenn er von seiner Familie sprach, aber das ignorierte ich. Ich konnte nicht anders – ich sah Fords Vater als einen Mann, der alle Tugenden eines wahren Helden verkörperte.

Während Ford mir die Geschichte erzählte, überschlugen sich meine Gedanken. Ich war sicher, Toodles – ein abscheulicher Name, aber er passte zu ihm – hatte gewusst, dass Fords Mutter ihn nicht liebte, aber er hatte sie trotzdem geheiratet. Dann hatte er getan, was er konnte, um für seine Frau zu sorgen und seinem Kind einen guten Start ins Leben zu ermöglichen. Dass eine Straftat die Grundlage für diesen Start bildete, war nicht wichtig. Toodles hatte versucht, es richtig zu machen. Er hatte alles riskiert, für seine Frau, für sein ungeborenes Kind – und für seine schmierigen Brüder, die Toodles benutzen wollten, um ihre eigene nichtsnutzige Haut zu retten.

Mit dem, was Fords Mutter getan hatte, als sie den Jungen

an seine schuldbeladenen Onkel übergeben hatte, war ich nicht einverstanden, aber ich konnte verstehen, warum sie es getan hatte.

Obwohl ich einiges über diese Familie wusste, war ich auf Toodles' Zusammenbruch nicht vorbereitet. Zunächst mal verstand ich nicht, was sie sagten. Toodles sagte etwas, was ich nicht verstand, und dann sagte Ford, er wolle das Fadenspiel lernen, und dann brach die Hölle los. Toodles weinte – heulte, besser gesagt – dermaßen laut, dass ich schreien musste, um ihn zu übertönen. Ich glaube, er hatte etwas Wichtiges zu sagen, aber weil er abwechselnd heulte und sein Gesicht an Fords Bierbauch vergrub, konnte ich kein Wort verstehen.

Immerhin sah ich, dass das, was er sagte, auch Ford zum Weinen brachte. Ich brummte leise: »Holt einen Mopp – jetzt haben wir zwei von der Sorte«, aber Noble hörte mich und lachte. Ich wollte Toodles von Ford wegziehen, aber er klammerte sich an ihm fest wie ein Koala an einem Eukalyptusbaum.

Schließlich umschlang Noble das rundliche Kerlchen mit beiden Armen und zog ihn weg. Die Szene hatte alle am Tisch zu Tränen gerührt, nur Noble nicht. Er war der Einzige, der anscheinend »normal« fand, was soeben passiert war. Aber wenn das normal war, dann war Fords Familie noch schräger, als er sie in seinen Büchern dargestellt hatte. War das möglich?

Schließlich schlug Noble vor, Ford solle eine Geschichte erzählen, und ich muss sagen, ich fand diese Idee faszinierend. Konnte Ford sich Geschichten ausdenken? Anscheinend konnte er doch nur Schlüsselromane über seine bizarre Familie schreiben.

In Anbetracht seiner Zuhörerschaft – ein neunjähriges und ein erwachsenes Kind – fing Ford an, von zwei kleinen Jungen und den Schlamasseln zu erzählen, in die sie gerieten. Noble grinste still vor sich hin, und ich sah, dass Ford sich an sein altes Muster hielt und von Missgeschicken erzählte, die ihm und seinem Cousin wirklich passiert waren.

Ich hörte nur mit halbem Ohr zu, denn ich musste an etwas denken, was kurz vorher geschehen war. An diesem Nachmittag war Noble durch ein Fenster in mein Atelier geklettert und hatte die Mappe mit meinen Tessa-Fotos herausgeholt – mit den Fotos, die ich aufgehoben hatte, um sie Russell zu zeigen. Ich war verblüfft, dass Noble, nachdem er unbefugt in mein Atelier geklettert war, einfach mit den Fotos in den Garten kam und sie allen zeigte. Als wäre es sein gutes Recht, sich an Privateigentum zu vergreifen!

Ich sah darin einen Übergriff, und das ließ ich ihn wissen. Ich hätte ihm gern gesagt, dass ich eine Menge Einfluss auf Ford hätte, und wenn ich etwas Nachteiliges äußerte, könnte es leicht passieren, dass Ford ihn nicht bleiben ließe. Aber weil Ford dabei war (er lag in der Hängematte und schmollte, aber er war da), sagte ich lieber nichts dergleichen, weil dieser Schuss leicht nach hinten hätte losgehen können.

Aber dass ich äußerst ungehalten war, gab ich ihm mit einem so wütenden Blick zu verstehen, dass seine Augenbrauen fast in Flammen aufgingen. Ich musste allerdings bald wieder aufhören, denn immerhin war er der Cousin meines Arbeitgebers; also tat ich, als sei ich interessiert an seinem Lob. Aber ich nahm das, was er zu sagen hatte, ziemlich reserviert auf, damit ihm klar war, dass er nie wieder in meinen Privatsachen schnüffeln durfte. Ich hörte ihm ein Weilchen zu, und dann ging ich mit den Fotos zu Ford. Noble sollte wissen, dass Ford hier der Hausherr war. Außerdem – nachdem die Bilder jetzt einmal an die Öffentlichkeit gekommen waren, wollte ich wissen, wie sie Ford gefielen.

Ford sah sich die Bilder langsam an, eins nach dem andern, und er sagte kein einziges Wort. Nichts. Bei einem, der so wortgewandt war wie er, war dieses Schweigen kränkend. Ich war kurz davor, ihm die Bilder aus der Hand zu reißen, als er etwas Sonderbares tat.

Er küsste mich.

Er lehnte sich aus der Hängematte – und dass er dabei nicht herauskippte, zeigte mir, dass er schon oft und lange in Hängematten gelegen hatte – und drückte seine Lippen auf meine.

Ich wollte »Uuuuuh« sagen, im Ton des Abscheus, aber ... äh, na ja ... ehrlich gesagt – tja, es war die Mutter aller Küsse. Ein richtiger Kuss. Mit Gefühl. Seele.

Zu Anfang war es, als wollte Ford mir sagen, er finde meine Fotos wirklich großartig. Aber dann, als der Kuss ein paar Sekunden im Gange war, passierte etwas, und ich fing an, kleine Sterne zu sehen. Okay, vielleicht waren es keine kleinen sternförmigen Sterne, aber doch winzige bunte Lichtpunkte. Wie wenn ein eingeschlafenes Bein wieder aufwacht und man hunderttausend kleine Schmerzpunkte spürt. Bei meinem Kuss mit Ford spürte ich diese kleinen Punkte – aber es war kein Schmerz, no, Sir, es war alles andere als Schmerz, es waren leuchtend bunte Punkte. Ich sah sie hinter den geschlossenen Augenlidern, und ich konnte sie fühlen.

Nach einer Weile wich Ford zurück. Er sah ein bisschen verblüfft aus, aber anscheinend hatte er nicht gefühlt, was ich gefühlt hatte, und so gab ich mich lieber cool. Trotzdem konnte ich den Blick nicht von ihm wenden, und ich machte einen winzigen Schritt auf ihn zu. Keine Ahnung, was passiert wäre, wenn ich nicht auf etwas ausgerutscht wäre. Wie benommen schaute ich zu Boden. Im Gras verstreut lagen ungefähr hundert kleine schwarze Olivenringe. Offenbar hatte Ford sie von den Mini-Quiches heruntergepickt, die Noble gebacken hatte (genug für achtundzwanzig Mann – so viele waren in seinem Zellenblock gewesen, erzählte er mir). Aber das kapierte ich nicht. Am Abend nach meiner zweiten Vision hatten Ford und ich Pizza geholt, und er hatte eine dreifache Portion schwarze Oliven bestellt und gesagt, dass er sie schrecklich gern esse. Weil ich das nun wusste, hatte ich Unmassen davon gekauft und Noble aufgetragen, die Quiches großzügig damit zu belegen. Wieso also hatte er sie jetzt heruntergepickt?

Ich kam nicht dazu, ihn zu fragen, denn Noble sagte, er habe Hunger, und das bedeutete natürlich, dass ich, die literarische Assistentin, wieder in die Küche gehen musste.

Nach dem Abendessen durfte ich fortfahren, mich als hoch qualifizierte Assistentin eines berühmten Autors zu betätigen, indem ich für alle die Betten bezog. Ford hatte sich nicht die Mühe gemacht, zu entscheiden, wo alle schlafen sollten; wie ich ihn kannte, hatte er nicht mal darüber nachgedacht, und so hing es an mir. Schon wieder eine richtungweisende Führungsentscheidung, die ich zu treffen hatte. Als ich feststellte, dass nicht genug Bettwäsche im Haus war und ich abends um acht Uhr in den Supermarkt fahren musste, und als Toodles und Tessa mitfahren wollten, sodass mir klar wurde, dass aus einem Ein-Stunden-Einkauf jetzt drei Stunden werden würden, fing ich an, mir zu überlegen, wie hoch meine Gehaltserhöhung ausfallen sollte.

Es war halb elf, als ich uns drei endlich wieder nach Hause gebracht hatte. Toodles und Tessa schleppten vierzehn Kartons Eiscreme, weil sie es nicht über sich gebracht hatten, eine Sorte nicht zu kaufen, und ich stapfte die Treppe hinauf, um die Betten zu machen.

Noble und Ford waren inzwischen endlich fertig mit dem, was immer sie da in seinem Arbeitszimmer getrieben haben mochten – hatten sie mit der Eisenbahn gespielt? –, und Noble half mir beim Bettenmachen. Mir wurde das alles langsam zu viel, aber Noble brachte mich zum Lachen. Er sah, dass ich meine Wut an der Kreditkarte ausgelassen hatte, die Ford mir gegeben hatte. Und – na schön, vielleicht hatte es auch ein bisschen Spaß gemacht, zusammen mit Toodles und Tessa vier Einkaufswagen mit Badezimmerartikeln und Bettwäsche zu füllen. Als Noble die Sachen nach oben trug, erklärte er, kein Bauunternehmer schaffe es, so viel Zeug hinten auf seinen Pickup zu packen. Es war albern, aber ich fasste es als Kompliment auf – und das gefiel mir nicht. Wenn ich anfinge, wie die Newcombes zu denken, würde ich auf der Stelle die Stadt verlassen.

Er nahm die elektrische Bohrmaschine, die ich gekauft hatte (im Koffer, mit einem kompletten Satz Bohrer) und brachte die Vorhangstangen an, während ich mit dem neuen Bügeleisen (De-Luxe-Ausstattung, das Teuerste, das sie hatten) die Vorhänge bügelte, ehe er sie aufhängte. Ich muss sagen, als wir fertig waren, sah Toodles' Zimmer toll aus. Ich hatte ihm mit Käfern bedruckte Bettlaken, Vorhänge und Teppiche und sogar Badezimmerartikel gekauft. Schön, genau genommen hatten er und Tessa sie ausgesucht, und Ford hatte sie bezahlt – oder würde sie bezahlen –, aber ich hatte mein Okay gegeben. Die ganze Käferei wurde abgemildert durch eine blau-grün karierte Bettdecke, und die Vorhänge waren aus dünnem weißem Stoff mit kleinen Taschen. Dazu gehörten sechs gestickte Käfer, die man in die Taschen schieben konnten, und Tessa und Toodles hatten vierzig Minuten darüber diskutiert, was für andere Käfer sie noch sticken würden, um sie in die leeren Taschen zu schieben

Tessa suchte sich die Farben für ihr Zimmer selbst aus. Keine Muster, keine Ornamente, aber jedes Stück Stoff hatte eine andere Farbe. Im Geschäft hatte ich angesichts ihrer Auswahl meine Zweifel gehabt, aber als Noble und ich die Vorhänge angebracht und das Bett bezogen hatten, betrachteten wir das Zimmer voller Staunen. Die Kleine hatte Talent. Irgendwie wirkten all die verschiedenen Grün-, Lila-, Blau- und Gelbtöne gut zusammen. Im Einkaufswagen waren ihre Pakete mit Toodles Käfer-Textilien zusammengewürfelt gewesen, und Tessas Farben hatten chaotisch ausgesehen – als hätte man lauter verschiedene Play-Doh-Stücke zusammengeknetet. So zumindest sah ich es, und deshalb war es verzeihlich, dass ich Tessa sagte, ihre Farben passten überhaupt nicht zueinander. Aber als alles zusammen in einem Zimmer war, sah es fabelhaft aus. Und erst jetzt erkannte ich, dass sie alle ihre Farben auf die alte Blumentapete abgestimmt hatte.

»Wow«, sagte ich und sah mich um. Selbst unter der Folter hätte ich mich nicht daran erinnert, wie die Tapete in diesem Zimmer aussah, aber Tessa schien sämtliche Farben im Kopf zu haben, und jetzt fanden sie sich in Vorhängen und Bettwäsche wieder.

»Wow«, sagte ich noch einmal.

Noble betrachtete das Zimmer schweigend, den Bohrer in der Hand wie einen modernen Revolver. Er legte den Kopf schräg und fragte: »Und wer hat die Sachen für *mein* Zimmer ausgesucht?«

»Tessa«, sagte ich. »Gut«, sagte er, und wir lachten beide. In Wahrheit hatten die weitschweifigen Diskussionen zwischen Tessa und Toodles über Textilien mich so sehr gelangweilt, dass ich in die Bilderrahmenabteilung gegangen war und die Gehaltserhöhung, die ich von Ford bekommen würde, schon im Voraus ausgegeben hatte. Als ich zurückkam, hatten sie zwei große Einkaufswagen vollgepackt, und deshalb hatte ich noch gar nicht gesehen, was sie für Nobles Zimmer ausgesucht hatten.

Plötzlich waren wir beide neugierig. Wir sahen einander an, und dann stürzten wir gleichzeitig zur Tür. Als er mir, der Dame, unhöflicherweise nicht den Vortritt ließ, versuchten wir, uns beide gleichzeitig hindurchzuzwängen, und kamen nicht weiter. Hätte man mir nicht gesagt, dass er Fords Cousin war, hätte ich es jetzt gewusst.

Die erste Runde gewann ich. Angewidert trat ich einen Schritt zurück und sagte: »Bitte nach Ihnen.« Noble zog ein betretenes Gesicht und machte mir Platz, und ich rannte durch die Tür und die Treppe hinunter. Aber er hatte kein Übergewicht wie Ford und war trotzdem vor mir unten und in dem Zimmer neben Fords.

Wir schauten einander wachsam an und wussten nicht, ob wir über unsere kleine Wettkampf-Eskapade lachen sollten oder nicht, aber dann sahen wir, dass Toodles und Tessa die Pakete für Nobles Zimmer auf das Bett gekippt hatten, bevor sie verschwunden waren – vermutlich, um alle vierzehn Sorten Eis zu verkosten.

Für Noble hatten sie Braun und Weiß ausgesucht. Der Staubvolant war weiß mit ovalen römischen Münzen in Braun, die lorbeerbekränzte Männerprofile zeigten. Decke und Laken waren dunkelbraun, die Vorhänge braun-weiß gestreift. In dem Badezimmer, das er mit Toodles teilen würde, waren keine Käfer, sondern braune Handtücher und eine Seifenschale aus kantig behauenem, maskulin aussehendem Alabaster.

Als wir mit Nobles Zimmer fertig waren, war es kurz vor Mitternacht, und wir gähnten, aber wir nahmen uns die Zeit, zurückzutreten und unser Werk zu bewundern.

»In so 'nem Zimmer habe ich noch nie gewohnt«, sagte Nobles, und ich dachte, wenn er mir jetzt rührselig werden sollte wie Ford und sein Dad, würde ich ihm einen Tritt ans Schienbein geben.

»Jetzt fehlt nur noch eine nackte Rothaarige im Bett, und das Zimmer wäre perfekt.«

Ich war so erleichtert, dass ich lachen wollte, aber ich sagte: »Wenn die für *Sie* sein soll, dann wäre sie oben rot und unten grau.«

Noble warf mir einen Blick zu, der mich zweimal zwinkern ließ, und sagte, wenn ich wollte, werde er mir jederzeit gern zeigen, wie alt er sei.

Das war sicher ein Witz. Vielleicht. Jedenfalls verzog ich

mich ziemlich schnell in mein Zimmer und schloss die Tür
ab. Zehn Minuten später hörte ich Ford mit schwerem
Schritt die Treppe herunterkommen, und ich fragte mich,
was er den ganzen Abend allein da oben gemacht hatte. Ich
hatte ihm gesagt, ich hoffte, er werde die Geschichte aufschreiben, die er beim Essen erzählt hatte. Angesichts des Er-
folgs der Harry-Potter-Bücher dachte ich, Ford wäre vielleicht gut beraten, wenn er auch einmal Romane für Kinder
schreiben würde. Oder, in seinem Fall, Tatsachenberichte.

Beim Frühstück am nächsten Morgen saßen viele Leute
am Tisch, und Noble machte Pfannkuchen. Große Stapel
Pfannkuchen. Ich schätzte, dass Noble Teig für achtundzwanzig Mann angerührt hatte. Aber ich fragte ihn nicht.

Ich weiß nicht genau, wie es dazu kam oder wer damit anfing – ich glaube, es war Tessa –, aber als das Frühstück zu
Ende war, planten alle eine Party für Samstagabend.

Um ehrlich zu sein, bei dem Gedanken an eine Party war
ich hin und her gerissen. Was wäre, wenn Russell mich an-
riefe, um mich für diesen Abend einzuladen? Ich müsste nein
sagen, und dann wäre mir elend zumute. Ich stellte mir vor,
wie ich Ford Newcombe eine Bowle über den Kopf schüttete, weil ich so mieser Laune war.

Ich war bereit, ihm alles Mögliche über den Kopf zu schütten, denn an diesem Morgen war ich gerade halb die Treppe
heruntergekommen, als Ford mir entgegengerannt – jawohl,
gerannt – kam, um mir zu erzählen, dass an der University of
North Carolina kein Russell Dunne unterrichtete.

Selbstverständlich nahm ich Russell in Schutz. Was hätte
ich angesichts dieser »Hab ich's nicht gesagt?«-Attitüde sonst
tun sollen? Kein Junkie hat jemals einen Schuss so sehr ge-

nossen, wie Ford Newcombe es genoss, mir zu eröffnen, dass Russell Dunne mich belogen hatte.

Am liebsten hätte ich ihn die Treppe hinuntergestoßen, aber wie ich ihn kannte, würde er mich im Fallen mitreißen und wahrscheinlich auf mir landen. Bei seiner zunehmenden Leibesfülle wäre ich dann so platt, dass Toodles mich an seine Weste heften könnte.

Also wurde ich nicht handgreiflich. Ich setzte nur ein hochfahrendes Gesicht auf und behauptete, das wisse ich alles, denn Russell habe es mir längst erklärt. Was natürlich nicht stimmte.

Deshalb war ich beim Frühstück hin und her gerissen. Halb wollte ich keine Party, weil ich dann dabei sein müsste und nicht mit Russell ausgehen könnte. Und halb wünschte ich mir verzweifelt eine Party, damit ich sagen könnte, ich hätte zu tun, falls Russell mich einladen sollte. Er sollte wissen, dass er ein bisschen vorausplanen musste, wenn er ein Date mit Jackie Maxwell haben wollte.

Aber ich hatte nicht viel Zeit, über Russell Dunne nachzudenken, denn die Newcombes – und allmählich zählte Tessa für mich auch schon dazu – planten eine PARTY. In großen Buchstaben. Nicht Häppchen und Drinks, sondern eine große Party. Und wissen Sie was? Ich kam mir nutzlos vor. Neben Nobles Fähigkeit, für achtundzwanzig Leute zu kochen, Tessas und Toodles' Fähigkeit zum Dekorieren, Nates Fähigkeit, etwas aufzubauen, und Fords Fähigkeit, für alles zu bezahlen, gab es für mich nicht mehr viel zu tun. Außer vielleicht, das alles zu fotografieren. Ich hielt allen nacheinander meine Kamera vor das Gesicht und drückte auf den Auslöser, und dann zog ich mich zum Entwickeln in mein

Atelier zurück. Es waren ein paar gute Bilder dabei, aber sie waren nichts im Vergleich zu denen, die ich von Tessa gemacht hatte. Zwei hatte ich von Toodles gemacht, wie er aufrecht sitzend und mit offenen Augen schlief, aber als ich sie entwickelt hatte, sah er tot aus. Die Bilder waren zu gespenstisch für meinen Geschmack. Ich pinnte sie an die Wand, aber eigentlich gefielen sie mir nicht.

Ich versuchte, eine Gästeliste zusammenzustellen, aber bald war klar, dass wir in Cole Creek keine achtundzwanzig Leute kannten. »Ich könnte ein paar Onkel anrufen«, schlug Noble vor. Ich muss ein entsetztes Gesicht gemacht haben, denn als ich aufschaute, lachten Ford und Noble mich aus.

Als Allie am Nachmittag kam, um Tessa abzuholen, erzählte ich ihr von unserem Problem. Allie meinte: »Servieren Sie was zu essen, und die ganze Stadt wird kommen.« Nicht alle Leute schienen uns zu mögen, wandte ich ein, ohne Namen zu nennen, und sie würden vielleicht nicht kommen. Darüber lachte Allie nur. »Wollen Sie, dass ich sie einlade?«, fragte sie. »Aber so, dass wir zusammen achtundzwanzig sind«, sagte ich ohne weitere Erklärungen.

Allie ging ohne Tessa, und Tessa und Toodles brauchten ihre tragische Oper nicht zu wiederholen.

Am Nachmittag der Party hatte ich immer noch nichts von Russell gehört, und allmählich war ich froh. Tatsächlich hatte ich mir sogar beinahe ausgeredet, dass ich mich zu ihm hingezogen fühlte. Ich erinnerte mich, dass er gut ausgesehen hatte – na und? Offenbar hatte er keinen so guten Charakter, denn sonst hätte er doch angerufen, wie er es versprochen hatte. Außerdem hatte er mich angelogen, was seine

Stelle an der Universität anging. Mit einem solchen Mann wollte ich nichts zu tun haben.

Dazu kam Fords Kuss. Ich ertappte mich dabei, dass ich hin und wieder verwundert zu ihm hinüberschaute. Er hatte mir nie erzählt, was passiert war, als er bei Dessie zu Besuch war – und ich würde ihn auf keinen Fall danach fragen –, aber soweit ich wusste, hatte er sie seitdem nicht wieder gesehen oder auch nur mit ihr gesprochen.

Je näher der Samstagabend rückte, desto mehr freute ich mich darauf – und zwar, weil Dessie da sein würde. Ich konnte es nicht erwarten, dass Noble und Dessie sich begegneten, denn im Grunde meines Herzens wusste ich, dass die beiden aufeinander fliegen würden. Und wenn Noble Dessie aus dem Weg räumte, könnten Ford und ich ...

Ich verbot mir, weiter darüber nachzudenken. Außerdem wurde ich ein paar Stunden vor der Party noch einmal mit Fords Pickup losgeschickt, damit ich Eis und noch einen Haufen andere Sachen besorgte, die vielleicht gebraucht werden würden, und das lenkte mich ab.

Unterwegs kaufte ich auch noch einunddreißig Filme. Leider sah Ford die Tüte und stieß einen leisen Pfiff aus. »Was um alles in der Welt wollen Sie denn fotografieren?«, fragte er. Ich riss ihm die Tüte aus der Hand und gab keine Antwort. Aber verdammt! Ich wurde rot.

Und Ford sah es natürlich. Er war der neugierigste Mensch auf der ganzen Welt. Ich machte mir in der Küche zu schaffen, und Ford stand da und gaffte mich an, und ich sah, wie die kleinen Rädchen in seinem Kopf sich drehten. Gleich würde Rauch aus seinen Ohren kommen.

Endlich lächelte er selbstgefällig und erklärte: »Den Bürgermeister und meinen Dad.«

Ich hätte ihm eine Bratpfanne über den Schädel hauen können. Falsch, hätte ich gern gesagt, aber weil er Recht hatte, lief mein blödes Gesicht jetzt violett an. So violett wie eine reife Aubergine.

Ford lachte und warf sich eine Handvoll Erdnüsse in den Mund, und im Hinausgehen sagte er: »Diane Arbus kann einpacken.«

Irgendwie brachte mein Gesicht es fertig, noch röter zu werden. Diane Arbus hatte Zirkusleute fotografiert. Sie liebte das Schräge und Absonderliche.

Als ich draußen Stimmen hörte, verließ ich die Küche (die inzwischen anscheinend sowieso Nobles Revier war – was nur bewies, dass Gott Gebete erhörte) und ging hinaus. Es war viertel nach sieben, und das Gartentor öffnete sich. Herein kamen Miss Essie Lee und Dessie.

Es war erstaunlich, dass die menschliche Gestalt so unterschiedliche Erscheinungsformen annehmen konnte. Dessie war eine üppige Frau, und Miss Essie Lee war dünn wie ein drei Tage alter Weizenhalm und ungefähr genauso saftig.

Unwillkürlich starrte ich die ausgemergelte Frau an und musste daran denken, was Russell mir erzählt hatte. Hatte diese Frau mitgeholfen, jemandem mit Steinen zu begraben? Hatte Miss Essie Lee wirklich mitgeholfen, einen Mord zu begehen?

Toodles und Tessa waren dabei, die Origami-Insekten, die sie gemacht hatten, an die Bäume zu hängen. Ich sah, wie Toodles innehielt und Dessie anstarrte. An den Fingerspitzen seines ausgestreckten Arms baumelte eine rote Papiergiraffe.

Nein, nein, nein!, dachte ich. Toodles hatte den Verstand eines Kindes, aber er war ein erwachsener Mann. War er wie sein Sohn? Würde er sich Hals über Kopf in die vollbusige Dessie verlieben?

Einen Moment lang stand ich wie angewurzelt da. Was um alles in der Welt konnte ich dagegen unternehmen? Ich ging Toodles entgegen und versuchte, mich zu fassen und mir zu überlegen, was ich sagen konnte, um dieser Sache ein Ende zu machen, bevor sie angefangen hatte. Dass sein Sohn bereits eine Affäre mit Dessie habe? Dass Toodles sich brav in die Warteschlange stellen müsse? Dass Dessie Mason sich nur dann für einen Mann wie Toodles interessieren würde, wenn sie eine Skulptur von ihm machen und verkaufen könnte?

Als ich die drei Schritte getan hatte, die nötig waren, um bei Toodles anzukommen, war mir immer noch nichts eingefallen. Sein Blick ging immer noch starr geradeaus, sein Arm war immer noch ausgestreckt, die kleine Giraffe baumelte immer noch im Wind – und die Zunge hing ihm heraus. Keine Spur von Feingefühl!

»Sie ist die schönste Frau, die ich je gesehen habe«, sagte er, und ich stöhnte auf. Wieso konnte ich ihn nie verstehen, wenn ich es wollte? Wieso war seine Sprache jetzt, da er etwas sagte, was ich nicht hören wollte, völlig klar und deutlich?

Als er auf Dessie zugehen wollte, streckte ich die Hand aus, um ihn aufzuhalten, aber er schob sich einfach an mir vorbei. Ich überlegte, Ford zu Hilfe zu rufen, als etwas Unglaubliches geschah: Toodles marschierte an Dessie vorbei, als sei sie unsichtbar. Mit offenem Mund sah ich zu, wie

Toodles immer weiter ging, bis er vor Miss Essie Lee stand. Er schaute zu ihr auf – denn sie war größer als er – und überreichte ihr seine Papiergiraffe.

Ich wollte zu ihm stürzen und ihn beschützen. Was würde diese stocksteife, vertrocknete alte Frau ihm antun? Ich hatte erst einen Schritt gemacht, als ich sah, wie Miss Essie Lees Gesicht sehr sanft wurde, und sie war plötzlich ein ganz anderer Mensch.

Toodles bot ihr seinen Arm, Miss Essie Lee schob die Hand in seine Ellenbeuge, und zusammen spazierten sie zum Büffet. Soweit ich es mitbekommen hatte, hatten sie noch kein Wort miteinander gewechselt.

Es war, als hätte ich soeben etwas aus einem Science-Fiction-Film mitangesehen. Ich ging zurück ins Haus. Gleich und Gleich gesellt sich gern, hieß es. Aus Fords Geschichten über seine Verwandten ging klar hervor, dass sie alles über die verschiedenen Spielarten kriminellen Verhaltens wussten. Fühlte Toodles sich unterschwellig zu Miss Essie Lee hingezogen, weil diese Frau an einem Mord beteiligt gewesen war?

Auf dem Küchentisch und den Arbeitsplatten standen lauter große Speiseschüsseln. Ich stopfte mir den Mund voll und ließ mir durch den Kopf gehen, was ich soeben erlebt hatte, als Ford schrie: »Was zum Teufel ist los mit Ihnen?«

Ich machte einen kleinen Satz. »Gar nichts«, sagte ich. »Wieso schreien Sie mich an?«

Mit zwei Schritten durchquerte er die Küche und nahm eine Schüssel Kartoffelchips vom Tisch. Ich war dabei, einen davon – es waren die von der dicken, gekräuselten Sorte – zum Munde zu führen, aber jetzt sah ich das Ding als das nährwertmäßige Giftzeug, das es war, und warf es auf den Tisch.

Ford runzelte die Stirn, als sei es unmoralisch, wenn ich einen Kartoffelchip aß. Drei Sekunden lang überlegte ich, ob ich mich verteidigen und Streit mit ihm anfangen sollte, aber dann streckte ich einfach die Hand aus. Er nahm sie wie ein kleines Kind und folgte mir nach draußen.

Meine Augen hatten mich nicht getäuscht. Miss Essie Lee stand auf einer Bank, Tessa reichte ihr Origami-Tiere hinauf, und die dürre Frau hängte sie an die oberen Zweige. Als sie heruntersteigen wollte, umfasste Toodles ihre schmale Taille und hob sie schwungvoll herunter. Sie legte ihm dabei die Hände auf die Schultern und kicherte wie ein Teenager.

»Ihr Vater ist verliebt«, sagte ich. Aber Ford glotzte genauso, wie ich es ein paar Augenblicke zuvor getan hatte, und brachte keinen Laut hervor.

Einige Zeit später sah ich Miss Essie Lee endlich allein. Inzwischen war die Party in vollem Gange und sehr laut. Ein paar Tage zuvor waren Ford und Noble losgezogen und hatten ein paar ernsthafte Lautsprecherboxen gekauft. Das Gute daran war, wenn sie jemals kaputtgehen sollten, könnten wir sie als Wohnungen vermieten.

Wie dem auch sei – jetzt sah ich Miss Essie Lee mit einem Glas in der Hand allein am Zaun stehen. Wie immer trug sie eine ihrer altertümlichen Blusen, aber ihr sonst so straff geknotetes Haar hatte sich ein wenig gelockert, und sie sah beinahe gut aus. Ich rannte zu ihr, bevor Toodles zurückkommen konnte und ich meine Chance verpasste.

Ich brauchte einen Moment, um mich so weit unter Kontrolle zu bringen, dass ich sie nicht anstarrte. Natürlich wollte ich wissen, ob sie eine Mörderin war, aber das war eine uralte Geschichte, und jetzt hatte ich etwas Dringlicheres auf dem Herzen. »Wie finden Sie Fords Vater?«, schrie ich über die Musik.

»Er ist rein wie ein Sonett.« Ihre Stimme war durchdringender als meine. »Wussten Sie, dass er nicht lesen kann? Ist das nicht erfrischend?«

Ich war verblüfft. »Ja ... hmmm ... ist es wohl«, stammelte ich.

»Sie haben keine Ahnung, wie oft ich von belesenen Leuten die Nase voll habe. Alle reden mit mir immer nur über das, was in Büchern steht.«

»Aber ich dachte ...«

»Weil ich Bibliothekarin bin, will ich, dass mein ganzes Leben sich immer nur um Bücher dreht? Nicht ganz. Wir alle wollen auch ein *Leben* haben.«

Plötzlich dachte ich daran, wie Russell mich belogen hatte – zumindest hatte er ein paar grundlegende Fakten weggelassen. Womöglich hatte Miss Essie Lee ja eine zweifelhafte Vergangenheit, aber trotzdem wollte ich nicht, dass sie – oder irgendeine Frau – verletzt wurde. »Wissen Sie, dass Mr Newcombe ... na ja, dass er ...«

»Dass er sein ganzes Leben im Gefängnis verbracht hat?« Sie beugte sich zu mir und flüsterte laut: »Ich finde es faszinierend. Sie nicht auch?« In der nächsten Sekunde veränderte sich ihr Gesicht. Sie sah aus wie ein Mädchen, das zum ersten Mal einen Freund hatte. »Da kommt er.« Sie lief Toodles entgegen, und ich starrte ihr wie vom Donner gerührt hinterher.

Ungefähr eine halbe Stunde später sah ich Russell. Ich schloss eben das Gartentor – keine Ahnung, warum, denn alle in Hörweite, ob eingeladen oder nicht, und weit mehr als meine ursprünglich geplanten achtundzwanzig Personen, waren inzwischen gekommen –, als ein Arm erschien und mich packte. Der Arm wirbelte mich aus dem Garten und hinter die Ecke des Grundstücks, und ich stieß einen kleinen Schrei aus, aber die Lippen eines Mannes auf meinem Mund ließen mich verstummen.

Ich brauchte ein paar Sekunden, um zu begreifen, dass es Russell war, aber als ich seinen Körper an meinem spürte, kam ich zu dem Schluss, dass ich ihn nicht mehr unattraktiv fand. Dazu kam, dass ich drei dieser fruchtigen Drinks intus hatte, die Ford mit der Küchenmaschine zusammengemixt und »mit sechs lebenswichtigen Vitaminen aufgepeppt« hatte.

Trotzdem konnte ich immer noch so tun, als sei ich wütend. Ich drehte das Gesicht zur Seite und schmollte: »Du hast mich nicht angerufen.«

Statt mich loszulassen, küsste er meinen Hals. Wie waren wir nach zwei Begegnungen so weit gekommen? Ich wusste es nicht, aber ich schob ihn nicht weg – diesen starken, schlanken, muskulösen Körper. Zur Hölle mit Ford und seinem Vitamindrink. Bestand das Zeug zur Hälfte aus Rum? Oder zu zwei Dritteln?

»Es tut mir leid, Jackie«, sagte er mit seiner himmlischen Stimme. »Ich konnte nicht anrufen. Mein Vater ist krank gewesen, aber jetzt geht es ihm wieder gut. Wir dachten, er hätte einen Herzinfarkt, und deshalb bin ich schleunigst nach Raleigh zurückgefahren, aber es waren nur Beklemmungen. Ich war wütend über die ganze Sache, aber auch erleichtert. Kannst du mir verzeihen?«

»In Raleigh gibt es Telefone«, sagte ich noch schmollender. Konnte man schmollend steigern? Konnte ich am schmollendsten reagieren? »Außerdem unterrichtest du nicht an der University of North Carolina«, fügte ich hinzu.

Lächelnd zog Russell mich fester an sich. »Nicht mehr. Seit diesem Frühjahr nicht mehr. Ich habe gekündigt, weil ich an einem eigenen Projekt arbeite und weil ich zwei andere Stellenangebote hatte.«

Er wollte wieder meinen Hals küssen, aber ich wich zurück. Seine Hände lagen in meinem Kreuz, und meine Hüften schmiegten sich an seine. »Warum hast du mir das denn nicht erzählt?«

Als Russell die Hände sinken ließ, wollte ich die Frage zurücknehmen. Ich wollte die Gekränkte spielen, damit er mich überreden konnte, ihm zu verzeihen. Er schaute zu den Sternen hinauf, und irgendein wunderbarer Mensch stellte die Musik leiser. »Ich weiß nicht, was du mit mir gemacht hast«, sagte er leise. »Seit ich dich kenne, denke ich an nichts anderes mehr.«

Ich versuchte meinen rasenden Herzschlag zu bändigen, aber ich konnte es nicht. Er beschrieb das, was ich für ihn empfand.

Er sah mich an. »Versprich mir, dass du nicht lachst, aber nachdem ich dich das erste Mal gesehen hatte, war ich drei Tage lang wie eine Cartoon-Figur. Ich bin gegen Wände gelaufen.«

Ich musste meine vom Rum durchtränkten Gedanken konzentrieren, um nicht damit hinauszuplatzen, dass es mir ganz genauso gegangen war.

»Ich bin nur ein langweiliger College-Dozent, der sich beurlaubt hat, um ein Forschungsprojekt zu betreiben, aber ich kann nicht mehr an meine Arbeit denken, weil ich immer nur dein Gesicht sehe.« Er hob die Hand und strich mit den Fingerrücken über meine Wange, und ich spürte seine Berührung bis in die Zehen. »Normalerweise gebe ich anderen Leuten nicht viel über mich preis, aber dir ... dir habe ich in einer Stunde mehr erzählt als der Frau, die ich beinahe geheiratet hätte, im Laufe von drei Jahren.«

Ich verzieh ihm. Verdammt, verdammt, und drei Mal verdammt – aber ich verzieh ihm. Vielleicht war er ein Lügner. Vielleicht war er überhaupt nie an der University of North Carolina gewesen, aber vielleicht hatte er ein paar Geheimnisse, die er niemandem anvertrauen konnte. Hatten wir die nicht alle? Saß ich selbst nicht auch auf ein paar ziemlich fetten?

Ich hakte mich bei ihm unter. »Komm auf die Party, damit du sie alle kennenlernst. Fords Vater und sein Cousin sind hier, und außerdem möchte ich dir ein paar Fotos zeigen, die ich gemacht habe.«

Russell wich zurück und schaute zum Zaun, als hätte er vor etwas Angst. »Sie hätten es nicht gern, wenn ich da erscheine«, sagte er.

Warum nicht?!, wollte ich schreien, aber mir war so wirr im Kopf, dass ich kaum denken konnte. Ich holte tief Luft. »Ich habe Ford von dir erzählt.« Ich straffte die Schultern und machte mich auf seinen Zorn gefasst.

Aber Russell wurde nicht zornig. Er lächelte nur schief und fragte: »Was hat er gesagt?«

»Er war eifersüchtig.«

Russell lachte, und beim Klang dieses Lachens wurde mir warm. »Hat er Grund dazu?«

Er wollte mich wieder umarmen, aber ich trat zurück. »Ford bezweifelt, dass die ganze Stadt dich nicht leiden kann, nur weil du eine schlechte Kritik über Dessie Mason geschrieben hast.«

Russell lächelte, und seine Augen leuchteten sogar im Dunkeln. »Ich bin ertappt.« Er sah mich an, als müsste er überlegen, ob er mir die Wahrheit sagen sollte oder nicht. »Das Forschungsprojekt, an dem ich arbeite ...«

»Ja?« Irgendwie wusste ich, was er jetzt sagen würde.

Und Russell sah mir an, dass ich es wusste. Schulterzuckend wandte er sich ab. »Seit ich zwanzig war, bin ich wütend über das, was mit meiner Mutter passiert ist. Verstehst du das?«

O ja, dachte ich und nickte.

»Ich wollte immer nur wissen, was passiert ist. Was damals wirklich und wahrhaftig passiert ist. Leuchtet das ein?«

So viele Worte drängten sich in meinem Kopf, dass keins davon herauskam. Also nickte ich nur wieder.

»Ich habe in dieser Stadt zu viele Fragen gestellt. Die Leute wollen mich nicht mehr sehen.«

Ich sprach nicht davon, aber Ford und ich hatten das Gleiche erlebt. »Miss Essie Lee«, sagte ich nur.

»Sie ist nur eine davon.«

»Aber eine der Hauptpersonen, denn sie hat mitgeholfen, Steine auf die arme Frau zu häufen.«

Russell sah mich verblüfft an. »Nein, das war ihre Schwester.«

»Aber du hast gesagt ...«

Russells Augen blitzten auf, und unwillkürlich wich ich einen Schritt zurück. »Nein, das war ihre Schwester. Du musst dich verhört haben.«

Ich legte die Hand auf den Riegel des Gartentors. Allmählich machte er mir Angst.

»Es tut mir leid.« Russell legte eine Hand vor das Gesicht.

Bitte nicht weinen, dachte ich. Um mich herum wurde schon genug geweint. Aber als Russell wieder aufblickte, war der Zorn verschwunden.

»Es tut mir leid. Ich bin müde und deshalb wohl ziemlich gereizt. Vielleicht habe ich gesagt, dass Miss Essie Lee unmittelbar beteiligt war, weil ...«

Ich wartete schweigend darauf, dass er weitersprach.

Russell hob den Kopf, und ich sah in die Augen eines Mannes, der einen großen Schmerz erlebt hatte. »Kann ich dir vertrauen? Ich meine, wirklich, wirklich vertrauen? Ich brauche jemanden, zu dem ich offen sein kann.«

Am liebsten hätte ich das Tor aufgerissen und wäre in den Garten zurückgerannt. Ich wusste, er wollte mir etwas über das Pressen erzählen, aber ich wollte es nicht hören. Ford hatte Recht: Wir sollten nicht weiter an dieser Geschichte arbeiten, denn es sah so aus, als hätte ich etwas damit zu tun gehabt.

Ich wollte unter keinen Umständen irgendetwas hören oder sehen, das die Erinnerung an das wecken konnte, was ich vielleicht mitangesehen hatte.

Aber da war auch diese uralte Sache zwischen Mann und Frau. Und so hörte ich mich flüstern: »Ja, du kannst mir vertrauen.«

»Es kann sein, dass mein Vater ... dass er die Sache danach selbst in die Hand genommen hat. Ich glaube, er hat ...« Russell holte tief Luft. »Vielleicht hat mein Vater ein paar von denen umgebracht, die Steine auf die Frau gelegt haben. Vielleicht sogar alle.«

Es war gut, dass Russells Schmerz zu mir durchdrang und mich berührte, denn sonst hätte ich mich versucht gefühlt, ihm zu sagen, dass Ford von diesen Todesfällen wusste. Aber ich behielt es für mich. Ich wollte wirklich nicht tiefer in diese Geschichte verstrickt werden.

Vermutlich sah Russell mir an, dass mein Schweigen etwas bedeutete. Er nahm meine Hand. »Ich habe dir so viel erzählt. Und du ...« Er schwieg und liebkoste meine Finger. »Darf ich dich wiedersehen? Irgendwann diese Woche?«

Ich nickte. Wir mussten miteinander sprechen. Ohne Lügen und ohne Geheimnisse – wenn das möglich war.

»Nächsten Mittwoch«, sagte ich. »Um zwei. Und, Russell – wenn du zu beschäftigt bist, um zu kommen, will ich nie wieder etwas von dir hören. Verstanden?« Unglaublich, wie gut sich das anfühlte!

Er nickte zustimmend, und seine Augen funkelten. Lächelnd beugte er sich zu mir, küsste mich auf den Hals und verschwand in der Dunkelheit.

Ich kehrte in den Garten zurück, und da war Ford, eine CD in der Hand, und sah mich neugierig an. »Alles okay?«

»Ja«, sagte ich und versuchte, möglichst übergangslos von ernster Miene auf Partygesicht umzuschalten. »Wenn Ihr Vater Miss Essie Lee heiratet, müssen Sie dann Mom zu ihr sagen? Und einmal im Monat einen Vortrag im Gartenclub halten?« Ich riss die Augen auf. »Und wird sie bei Ihnen einziehen?«

Als Ford in ehrlichem Entsetzen aufstöhnte, ging ich lächelnd davon.

Danach tanzte und amüsierte ich mich. Aber im Hinterkopf dachte ich an Russell. Und an Ford. Was ich von den beiden gehört hatte, schien sich zu widersprechen, aber Russell hatte für alles eine geschmeidige Erklärung.

Wissen Sie, was mir in Wirklichkeit durch den Kopf ging? Als Kind war Russell mitten in der Nacht weggebracht worden, und jetzt hatte er den Verdacht, sein Vater habe die Leute umgebracht, die diese Frau erdrückt hatten. Und jetzt – ganz gleich, wie laut die Musik war und wie ausgelassen ich tanzte – jetzt dachte ich, vielleicht hatte mein Dad Russells Dad dabei geholfen, diese Leute umzubringen. Und vielleicht war das der wahre Grund dafür, dass mein Vater und ich unser Leben lang auf der Flucht gewesen waren.

17 – Ford

Am Sonntag schliefen wir alle gründlich aus. Alle außer Jackie natürlich. Sie war schon vor Sonnenaufgang aus den Federn und unterwegs und tat, was immer sie den ganzen Tag tun mochte. Ich drehte mich auf die andere Seite und hörte sie – mal im Haus, mal draußen und dann wieder drinnen. Irgendwann kam mir das Wort »aufräumen« in den Sinn, und der bloße Gedanke an so viel Energieaufwand machte mich noch schläfriger.

Irgendwann gegen Mittag stand ich auf, zog meine alte graue Jogginghose und ein T-Shirt an und ging hinunter, um nachzusehen, ob Noble irgendetwas gebacken hatte. Ich war hungrig genug, um alle achtundzwanzig Portionen zu vertilgen.

Beeindruckt sah ich, dass die Küche blitzblank und aufgeräumt war. Selbstgebackenes war nicht da, aber ich fand eine Tüte Bagels. Da keine Doughnuts dabei waren, wusste ich, dass es Jackie gewesen war, die eingekauft hatte. Ich aß ein oder zwei Bagels, und dann ging ich in den Garten, wo ich Stimmen hörte.

Draußen war alles genauso sauber wie drinnen, und im Schatten saßen Noble, Tessa und mein Vater. Jackie war nirgends zu sehen. Auf dem kleinen runden Tisch vor ihnen standen drei weiße Bäckereischachteln mit Doughnuts und vier große Kartons Orangensaft. Ah, dachte ich, ein richtiges Newcombe-Frühstück. Ich setzte mich dazu und nahm mir ein Gelee-Doughnut; ich war überrascht, dass Noble sie nicht schon alle aufgegessen hatte, denn Gelee-Doughnuts mochte er am liebsten.

»Gleich da drüben«, sagte Noble; er fuhr einfach fort mit dem, was er gerade erzählt hatte, und tat, als hätte er mich gar nicht gesehen. Ich bezweifelte, dass einem Newcombe die Worte »guten Morgen« jemals über die Lippen gekommen waren.

Ich wusste natürlich, dass dieser Halbsatz dazu gedacht war, mich neugierig zu machen, aber lieber würde ich sterben, als dass ich ihn fragte, wovon er redete.

Aber Tessa war keine Newcombe. Sie saß auf Toodles' Knie, lehnte an seiner Brust und leckte den Puderzucker von einem Bisquit-Doughnut – die Sorte, die ich am wenigsten mag. »Noble macht mit meiner Mom zusammen eine Bäckerei auf.«

»Ach ja?«, sagte ich unwillkürlich und betrachtete sein Profil. An seinem Unterkiefer war ein rosiger Rand zu sehen, und daran erkannte ich, dass sein Plan ihn aufgeregt machte, aber natürlich gab er sich cool.

Er zuckte die Achseln, als sei das alles nichts weiter. »Mal sehen. Ist 'ne Überlegung wert. Tessas Mutter – wie heißt sie?«

»Persephone«, sagte ich sofort.

Noble warf mir einen Blick zu, und ich lächelte zufrieden. Ich griff zu einem Literkarton O-Saft und sah mich um, ob Jackie in Sicht war. Es war Jahre her, dass ich zuletzt aus einem Karton getrunken hatte – seit Pat und Jackie nicht mehr.

»Allie«, sagte Noble, »gehört eins der viktorianischen Häuser auf der anderen Straßenseite.«

Ich konnte diese Häuser von meinem Arbeitszimmer aus sehen und kannte sie deshalb gut. Allerdings nicht allzu gut, denn natürlich arbeitete ich die meiste Zeit und starrte nicht etwa aus dem Fenster. »Ist es das gelbe oder das mit der Plane über dem Loch im Dach?«

»Rate mal«, sagte Noble, und ich schnaubte. Da gab es nichts zu raten.

»Es ist ein tolles Haus«, sagte Tessa, »aber Mom hat mir verboten, reinzugehen, weil die Fußböden nicht mehr sicher sind.« Sie beugte sich vor, nahm noch ein Doughnut, brach es entzwei und gab die eine Hälfte meinem Vater. Dann lehnte sie sich wieder an. Ich war nicht mehr eifersüchtig. Mein Dad und Tessa schienen einander zu brauchen.

Noble zog die Brauen über dem Saftkarton hoch und trank. »Nur noch aus Gewohnheit«, sagte er und meinte damit das Haus: Es stand nur noch aus Gewohnheit aufrecht.

»Und wie sieht der Plan aus?«

Toodles lächelte. »Allie sagt, sie kann Kaffee kochen, und Noble kann backen. Also machen sie ein Bäckereicafé auf.«

Als ich Noble anschaute, war die rosarote Linie an seinem Kiefer wieder da, aber jetzt leuchtete sie kräftiger. So, so, so, dachte ich. Die Sache war ernst. Am Abend zuvor hatte ich gesehen, wie Noble sich an Dessie herangemacht hatte, und ich wusste, dass er versuchte, sie ins Bett zu kriegen, aber Noble und Allie hatte ich überhaupt nicht zusammen gesehen. Aber wenn Noble daran dachte, eine Bäckerei mit einer Frau zu eröffnen, die gerade mal Kaffee kochen konnte, dann dachte er ans Heiraten. Wäre das seine dritte oder seine vierte Ehe? Oder die fünfte? Vanessa behauptete, ihr Vater kaufe Trauringe im Dutzend.

Nach einer Weile gab Noble den Versuch auf, mich mit seiner Coolness zu beeindrucken, und fing an, mir zu erzählen, worüber er und Allie gesprochen hatten. Toodles und Tessa bekamen Langeweile und verzogen sich nach vorn auf die Veranda, um einen Drachen zu bauen. Noble berichtete, als sie die Doughnuts gekauft hätten, seien sie unterwegs in einem Geschäft gewesen, wo sie Bäckereiutensilien bekommen hätten.

»Beim besten Willen«, sagte Noble, »begreife ich nicht, was es mit Bagels auf sich hat. Diese harten Dinger. Was glaubst du, was die Yankees daran finden?«

»Keine Ahnung«, sagte ich und nahm mir das letzte Creme-Doughnut. Wie immer quetschte ich mir die Creme auf die ausgestreckte Zunge, und erst als nichts mehr drin war, verspeiste ich das Doughnut mit zwei Bissen.

»Erzähl weiter.«

Ich weiß nicht genau, wann sie über all das gesprochen hatten, aber angesichts seiner rot geränderten Augen konnte ich mir vorstellen, dass sie miteinander telefoniert hatten, nachdem alle nach Hause gegangen waren. Offenbar hatten Allie und ihr Ex-Mann das verrottete alte Haus auf der anderen Straßenseite gekauft, um es instandzusetzen und darin zu wohnen. Aber dann war ihm der Job in einem anderen Staat angeboten worden, und er hatte ihn angenommen.

»Warum ist sie nicht mitgegangen?«, fragte ich.

»Was weiß ich?«, sagte Noble. »Ich wollte mich nicht ins Revier eines anderen Mannes drängen, und deshalb ...«

Er brach ab, als ich ihm mit einem wortlosen Blick zu verstehen gab, dass ich seinen Bullshit nicht hören wollte. Wenn

Noble sich für den Ex einer Frau interessierte, dann nur, weil er wissen wollte, ob er wieder mal mit der Mündung einer Schrotflinte unter dem Kinn aufwachen würde.

Aber Noble zuckte in aufrichtiger Ratlosigkeit die Schultern. »Ich weiß nicht, warum sie nicht mitgegangen ist. Sie hat nur gesagt, sie ›konnte nicht‹.«

»Komisch. Das hat Nate auch gesagt. Er ›kann nicht‹ weg.« Ich betrachtete die Doughnuts. In den Schachteln lagen noch sechs Stück. Eine Schande, sie verkommen zu lassen. »Also, wie sieht der Plan aus?«, fragte ich noch einmal.

Noble erzählte, er habe sich Allies Haus am Morgen angeschaut. Es sei ein Saustall, aber er könne es wieder hinkriegen.

Er nahm eine der Servietten, die niemand benutzt hatte – Zuckerguss von den Fingern *abwischen*? Ein Sakrileg! –, und sah sich nach einem Stift um. Ich zog einen kleinen Aluminium-Kugelschreiber aus der Hosentasche. Man wusste ja nie, wann man eine Idee hatte.

Mit schnellen Strichen zeichnete Noble den Plan des Erdgeschosses. So etwas hatte ich ihn noch nie tun sehen, und ich war beeindruckt. Ich hätte gewettet, die Zeichnung war so maßstabsgetreu, wie das ohne Lineal zu bewerkstelligen war.

Ich sah mir den Plan an und dachte an das, was Noble mir über die neue Generation der Newcombes erzählt hatte. Einer der Bengel besaß als Architekt genug Talent und Hirnschmalz, um Preise zu gewinnen. Nach dieser Zeichnung zu urteilen, hätte Noble unter anderen Umständen zur Schule gehen können und ... Hm ...

Ich versuchte, mich auf den Grundriss und auf Nobles Erklärungen zu konzentrieren, aber irgendetwas rumorte mir im Hinterkopf, und ich konnte es nicht nach vorn holen. Noble zeigte mir, wie er diese und jene Wand versetzen und eine Tür vergrößern könnte, und wenn er die Küche mit der Speisekammer zusammenlegte, könnte er einen kommerziellen Küchenbetrieb darin unterbringen.

Ich spitzte die Ohren, als er von einem »Wohnbereich« im ersten Stock redete. Das war kein Newcombe-Ausdruck. Noble musste ihn von jemand anderem haben – vermutlich von Allie. Wenn ich es richtig verstand, wollte er das obere Stockwerk renovieren, sodass Allie und Tessa dort einziehen könnten, und Allie und Noble würden im Erdgeschoss ihre Bäckerei betreiben.

Natürlich sollte ich das alles bezahlen; das verstand sich von selbst. Aber ich hatte nichts dagegen. Tessa auf der anderen Straßenseite und mein Dad als Pendler zwischen den beiden Häusern, das kam mir entgegen. Und in Anbetracht der Mengen, die Noble kochte, würden wir immer noch alle zusammen essen.

Ich hörte Noble zu und versuchte herauszubekommen, was mich störte. Es war irgendeine Idee, aber ich konnte sie immer noch nicht festnageln.

»Wo ist Jackie?«, fragte ich nach einer Weile.

»Bis an die Ellenbogen in Säure«, sagte Noble und deutete mit dem Kopf zu ihrem Atelier hinüber.

Am Abend zuvor hatte ich ungefähr hundert Mal ihren Kamerablitz gesehen; sie hatte alles und jeden fotografiert. Ich wusste, damit wollte sie nur davon ablenken, dass sie in Wirklichkeit lediglich ein paar Superfotos von meinem Vater und dem Bürgermeister machen wollte. Ein Munchkin und ein Gnom.

»Wer war eigentlich der Mann?«, fragte Noble mit einem Blick zum Gartentor.

Ich zog eine Grimasse. Meinem Cousin entging nicht viel. Ungefähr auf halber Strecke der Party war Jackie durch das Gartentor verschwunden und ein paar Minuten später mit diesem Gesicht zurückgekommen. Es war das Gesicht, das ich mir tagelang hatte anschauen müssen, nachdem sie diesen Mann im Wald aufgegabelt hatte. Ich nannte es ungern das »Russell-Dunne-Gesicht« – aber das war es.

Aber gestern Abend hatte ich sie wenigstens schnell wieder in einen normalen Zustand bringen können. Ich brauchte nur einen oder zwei Witze über Miss Essie Lee zu machen, und sie war wieder vergnügt und tanzte mit allen.

Noble sah mich an und wartete auf eine Antwort, aber ich wusste keine und zuckte nur die Achseln.

Angewidert schaute Noble weg und schüttelte den Kopf. »Was haben sie da oben in New York mit dir gemacht? Das Ding abgeschnitten? Was ist los mit dir, dass du 'n anderen Mann nehmen lässt, was deins ist?«

Ich richtete mich auf. »Jackie ist meine Assistentin. Sie ist ...«

»Quatsch! Sie ist deine Frau – außer im Bett. Ich habe noch nie zwei Leute biestiger miteinander umgehen sehen als euch beide. Wenn einer von euch miese Laune hat, giftet er den andern an, und schon geht's ihm wieder prima. Wenn das nicht wahre Liebe ist, dann weiß ich es nicht.«

Ich konnte nicht glauben, was jetzt aus meinem Munde kam. »Liebe bedeutet gegenseitigen Respekt. Liebe ist die Achtung vor ...«

Aber Noble stand einfach auf und ging zu Tessa und Toodles, um ihnen bei ihrem Drachen zu helfen.

Verdammt, aber ich wusste, wovon Noble redete. Ich wusste sehr wohl, dass ich verrückt nach Jackie war. Ja, sie kommandierte mich herum, und manchmal schnitt sie mich mit ihrer scharfen Zunge in Fetzen, aber ich war gern mit ihr zusammen.

Ich blieb allein am Tisch sitzen, aß die letzten Doughnuts auf und trank den Orangensaft, und ich versuchte, an etwas anderes zu denken als an Jackie, wie sie sich durch das Gartentor hinausschlich, um einen Kerl zu treffen, den sie längst nicht so lange kannte wie mich – aber anscheinend lieber mochte.

Wie sollte ich Noble erklären, dass ich mich bei Jackie einfach unsicher fühlte? Sie war ein ganzes Stück jünger als ich. Und ungefähr halb so schwer. Sie brauchte einen Mann, der morgens um fünf aufstand und sechs Meilen rannte.

Erst vor ein paar Tagen hatte ich sie geküsst, und es hatte mich umgehauen, aber Jackie hatte bloß angefangen, mit dem Zeh die Olivenringe zusammenzuschieben, die ich von meinem Gebäck abgezupft hatte. Sie interessierte sich mehr für das Saubermachen als für mich.

Ich saß eine Weile da und suhlte mich in Selbstmitleid, aber zugleich versuchte ich, herauszufinden, was da in meinem Hinterkopf herumschwirrte. Es hatte etwas mit Noble zu tun. Ich ließ mir alles durch den Kopf gehen, was er mir über die Familie und über Newcombe-Land erzählt hatte, aber ich bekam einfach nicht zu fassen, was mich da beschäftigte.

Den Rest des Tages verbrachte ich im Garten; ich saß herum, lag in der Hängematte, und irgendwann fing ich an, auf und ab zu gehen, aber noch immer konnte ich nicht dingfest machen, was da so klar und deutlich in meinem Hinterkopf war. Es war, als sei in meinem Gehirn ein winziges Körnchen Gold vergraben, verborgen unter Bergen von Müll, aber so sehr ich mich auch bemühte, ich konnte es nicht finden.

Gegen vier kam Jackie aus ihrem Atelier und zeigte uns ihre Bilder von der Party. Die besten waren die, auf denen Dad und Miss Essie Lee einander anhimmelten. Jackie sah mich an, und ich wusste, dass sie daran dachte, wer meine Stiefmutter werden würde.

Aber ich grübelte so angestrengt, dass ich nicht einmal lächelte.

»Was hat er denn?«, hörte ich sie Noble fragen.

»So war er schon immer«, sagte Noble. »Denkt über irgendwas Großes nach, und wenn er's hat, kehrt er zu den Lebenden zurück. Und bis dahin hat's keinen Sinn, mit ihm zu reden, denn er kann Sie nicht hören.«

Ich wollte widersprechen, wollte Noble sagen, das sei absurd, aber ich war zu sehr damit beschäftigt, nach der Idee zu suchen, die irgendwo in meinem Kopf vergraben war.

Am Montagmorgen wachte ich um sechs Uhr morgens auf, und in meinen Kopf leuchtete das Wort »Kids«. Es stand in Riesenlettern in meinem Hirn, und alles, wonach ich gesucht hatte, lag in diesem Wort.

Ich zog an, was ich am Abend zuvor auf den Boden geworfen hatte, und ging hinauf in mein Arbeitszimmer. Den Computer ließ ich links liegen. Dies erforderte die Intimität der Handschrift. Ich nahm ein Clipboard und einen der fünfundzwanzig unlinierten Blocks, die ich gekauft hatte, sowie einen meiner geliebten Kugelschreiber und fing an zu schreiben.

Es war Nobles Anwesenheit und seine Geschichte, wie er mich als Kind einmal gerettet hatte, was mir das Goldkorn in den Kopf gepflanzt hatte. Das, und die Geschichte, die ich beim Abendessen erzählt hatte. Und Jackies Bemerkung über die Harry-Potter-Bücher. Eigentlich, glaube ich, wuchs meine Idee aus jedem Wort, das ich gehört hatte, seit Noble und mein Vater hier waren.

Noble hatte mich daran erinnert, dass jede Geschichte zwei Seiten hatte. Er und ich hatten – mehr oder weniger – die gleiche Kindheit erlebt. Aber in seiner Erinnerung war sie wunderschön, und für mich war sie die Hölle.

Und als er mir berichtet hatte, was mit dem Newcombe-Land geschehen war, mit dem Teich, mit den Trailern, mit den alten Autos und Autoreifen, sträubten sich mir die Nackenhaare. Woher nahmen diese rotznäsigen Kids das Recht, Amerika zu homogenisieren? Wer sagte, dass ganz Amerika perfekte kleine Häuser mit »Bodendeckerbepflanzung« brauchte? Wer sagte, dass jeder Zollbreit des Landes von »Landschaftsgärtnern« bearbeitet werden musste? Für einen Newcombe führten Pflanzen und Menschen gegeneinander Krieg. Eine Pflanze, die nichts Essbares hervorbrachte, machte Bekanntschaft mit der Newcombeschen Kettensäge.

Das winzige Goldstück in meinem Hirn bestand darin, dieselben Geschichten, die ich aufgeschrieben hatte, noch einmal zu erzählen. Nicht die Geschichten über Pats Familie, denn die gehörten mir allein, sondern die über die Newcombes. Aber statt sie »angstbesetzt« zu schreiben (wie Jackie meine Gefühle über meine Vergangenheit hartnäckig bezeichnete), würde ich über meine Verwandten schreiben, als wären sie das, was von den echten Amerikanern übrig geblieben ist. Keine homogenisierten Nicht-Menschen, sondern Individuen.

Mein erster Gedanke war Harley. In meinem vierten Roman hatte ich diese junge Frau erwähnt, die geboren wurde, während ihre Mutter an einem Motorrad lehnte, und die daher ihren Namen hatte. Ich hatte geschrieben, sie sei gestorben, wie sie gelebt habe – mit vierundzwanzig Jahren, gerammt von einem fünfundneunzigjährigen Mann mit einem dreißig Jahre alten Auto: Harleys Motorrad war über einen Graben geflogen, ehe es herunterkrachte und ihr das Genick brach.

Ich hatte meine Sache gut gemacht, denn viele Leser hatten mir geschrieben, ich hätte sie zum Weinen gebracht. Ich hatte Harley als wildes Mädchen dargestellt, das nach seinen eigenen Regeln lebte – ein Mädchen, das zum Scheitern verurteilt war, weil es sich den Regeln der Gesellschaft nicht anpassen konnte.

Diese Geschichte war in fast allen Einzelheiten erlogen. Ihr wirklicher Name war Janet, und sie sah haargenau so aus wie ihr Zwillingsbruder Ambrose. Sie waren identisch, zumindest an allen sichtbaren Stellen – und keiner von uns wollte einem von ihnen unter die Kleider schauen, um nachzusehen, wie es darunter aussah.

Ihre Mutter war die einzige Schwester meines Vaters; sie war mit fünfzehn nach Louisiana durchgebrannt und hatte dort einen Cajun geheiratet, der kaum Englisch sprach. Sie kamen alle zwei Jahre zu Besuch, und für uns waren sie die merkwürdigsten Leute, die wir je gesehen hatten. Einer der Onkel erzählte uns, dass die Cajuns Flusskrebse aßen; also liefen Noble und ich herum und warfen Knallfrösche in alle

Flusskrebslöcher, damit unsere Verwandten aus Louisiana unsere nicht essen konnten.

Die Ähnlichkeit bedeutete, dass Janet ein hässliches Mädchen und Ambrose ein hübscher Junge war. Aber nicht nur die Gesichter waren vertauscht – auch das Geschlecht war es. Ambrose hatte vor allem Angst, und Janet – die Noble immer nur »Jake« nannte – fürchtete sich vor nichts.

Jake kletterte höher, als irgendein Newcombe-Junge zu klettern wagte. Und wenn man sie herausforderte, machte sie alles.

Sie balancierte auf einem vier Meter langen 5×10-Kantholz über eine Schlucht, wo tief unter ihr nichts als Felsen waren. Sie balancierte auf der fünf Zentimeter breiten, nicht auf der Zehnerseite.

Sie kletterte durch Mr Barners Schlafzimmerfenster – während er schlief – und klaute sein Gebiss, und dann hängte sie es mit einer Schnur in sein Plumpsklosett.

Einmal schlich sie sich abends in die Küche der Grundschule und kippte zwei Gläser Ameisen, die wir gesammelt hatten, in die Baked Beans, die am nächsten Tag auf der Schulpflegschaftssitzung serviert werden sollten. Die Schule war drei Tage geschlossen und musste ausgeräuchert werden.

Jake stahl die Predigt des Pfarrers aus seiner Bibel und legte stattdessen den Text der Gettysburg Address hinein. Es war ein schwülheißer Tag, und es gab keine Klimaanlage, und weil alle schläfrig waren – auch der Pfarrer –, hatte er die Rede zur Hälfte vorgelesen, bevor er es bemerkte. Er sah Jake, Noble und mich scharf an und fügte ein: »Wie unser großer, verstorbener Präsident Abraham Lincoln sagte …«, und dann las er die Rede bis zum Ende.

Nach der Kirche nahm der Pfarrer meine rechte und Jakes linke Hand in seine und erklärte, er hoffe aufrichtig, dass wir jeden Abend darum beteten, nicht auf den Pfad des Bösen zu geraten, der uns am Ende in die Flammen der Hölle führen würde.

Und bei diesen Worten quetschte er unsere Hände so fest, dass ich winselte. Ich wollte auf die Knie fallen und um Gnade bitten, aber dann sah ich Jake: Sie hatte Tränen in den Augenwinkeln, aber er hätte ihr die Hand zermalmen können, und niemals hätte sie um Gnade gefleht. Da konnte ich es natürlich auch nicht tun.

Ich begann, die Geschichten meiner Verwandten grob zu skizzieren und hatte tausend Ideen auf einmal. Ich fing an, einen Plot zu entwickeln, einen Konflikt zwischen Gut und Böse. In meinen früheren Büchern waren meine Verwandten vielleicht nicht schlecht, aber doch verächtlich dargestellt gewesen. In meinem neuen Entwurf dagegen zeigte ich sie von ihrer heroischen Seite. Ich würde nichts davon erzählen, wie sie ihr Leben dem Leiden widmeten und eifersüchtig auf jeden waren, der den Mumm besaß, etwas zu tun. Ich sah sie allmählich als faule, aber liebenswerte Leute. Und wie jeder Autor weiß: Was er fühlt, fühlt auch der Leser.

Ich wusste, was ich konnte, und daran hielt ich mich und ließ meine Erzählung auf Wahrheit beruhen. Ich ließ ein paar Angehörige der neuen Generation zum College gehen und als gebildete, aufgeblasene Neunmalkluge zurückkehren, entschlossen, die Familie nach einem keimfreien Ideal zu formen. Und ich zeigte, wie meine fiktionale Familie um eine Lebensweise kämpfte, die zusehends verschwand.

Als ich meine Ideen umriss, kam ich darauf, Jake zu Vanessa

heranwachsen zu lassen. Wie wuchs ein verschlagenes, hinterhältiges, furchtloses Mädchen zu einer verschlagenen, hinterhältigen, furchtlosen Frau heran? Das musste ich zeigen.

Ich erfand einen Ehemann für Jake beziehungsweise Vanessa und nannte ihn Borden – wie die Eiscrememarke –, und natürlich hieß er bei den Kids nur Ice Cream. Er stammte aus einer reichen Yankee-Familie, und Jake bemühte sich, seinem Ideal von Achtbarkeit gerecht zu werden.

Jake, das Kind, sollte ein paar tiefgründige Entbehrungen erleiden, damit verständlich wurde, warum sie einen so steifen, strengen Ehemann begehrte und warum sie sich so sehr bemühte, in ihrer eigenen Familie Ordnung zu schaffen.

Ich modelte den Stammbaum ein wenig um, sodass Jake und mein Held – ich – angeheiratete und keine Blutsverwandten waren. Er war ein Witwer mit tiefen Depressionen – etwas, was ich gut beschreiben konnte –, und er war in demselben Sommer nach Hause gekommen, in dem auch Jake zurückgekehrt war. Sie beabsichtigte, die Trailer fortschaffen zu lassen und mit Geld, das sie von der Familie ihres Mannes bekommen hatte, lauter adrette kleine Häuschen zu bauen, vor denen keine Hundehäufchen zu sehen sein würden. Sie wusste nicht, dass die Familie ihres Mannes das alles nur finanzierte, damit sie in ihrem Country Club in Connecticut Dias von den armen, heruntergekommenen Rednecks zeigen konnten, denen sie Fortschritt und Aufklärung gebracht hatten – um damit zu demonstrieren, dass die Ehe ihres Sohnes mit einer dieser »Unglücklichen« in Wirklichkeit ein philanthropischer Akt war.

Natürlich prallten Jake und mein Held im Streit aufeinander, aber am Ende verliebten sie sich und ritten zusammen der untergehenden Sonne entgegen.

Aber der Plot war nicht die Hauptsache bei diesem Roman. Die Figuren, was sie waren, und was aus ihnen wurde – das war die Story.

Ich schrieb eine Geschichte aus meiner Kindheit nach der anderen auf und überlegte mir, wie ich sie in den Gesamtzusammenhang einfügen wollte.

Ich bemühte mich sehr, meinen Vater in die zentrale Story zu integrieren, aber es gelang mir nicht, und da entwarf ich etwas Eigenes über ihn. »Eine Short Story!«, sagte ich laut, und dann schrieb ich noch ein paar Sachen über andere Verwandte. Am Ende hatte ich acht Geschichten, genug für eine Story-Sammlung – etwas, was ich schon immer gern hatte schreiben wollen.

Als jemand an die Tür klopfte, blickte ich verärgert auf. Wie sollte ich arbeiten, wenn mich dauernd jemand störte? Wütend rief ich: »Herein!« und setzte ein Gesicht auf, bei dem jeder Störenfried das Fürchten lernen würde.

Mein Vater und Noble kamen herein. Beide sahen todernst aus.

Gebt mir mein Scheckbuch, wollte ich sagen. Ich unterschreibe alles, wenn ihr mich in Ruhe lasst.

Noble schien meine Gedanken zu lesen. »Es geht nicht um Geld«, sagte er, und beide setzten sich nebeneinander auf die Couch.

Als ich sah, wie dicht sie beieinander saßen – als wollten sie sich gegenseitig schützen oder trösten –, dachte ich: Das wird eine *große* Sache. Und eine zeitraubende.

»Hört mal«, sagte ich, »hat das nicht Zeit bis zum Essen?«

»Du warst seit zwei Tagen nicht mehr beim Essen.« Noble sah mich mit schmalen Augen an.

»Ach«, sagte ich. »Äh ... welchen Tag haben wir heute?«

»Mittwoch«, sagte Noble.

Ich war am Montagnachmittag gegen sechs in mein Arbeitszimmer gegangen, und jetzt war es Mittwoch – ich schaute aus dem Fenster. Mittwochnachmittag. Hatte ich in diesen zwei Tagen geschlafen? Gegessen? Neben der Tür stand ein Tablett mit schmutzigen Tellern, also hatte ich anscheinend gegessen.

Wenn heute Mittwoch war, konnte ich vielleicht wirklich eine Pause machen. Eine kurze. »Was gibt's?«

Toodles und Noble schauten einander an, und anscheinend hatte Noble den Auftrag, es mir zu sagen. »Du hast uns nicht gesagt, dass Jackie verrückt ist.«

Ich unterdrückte ein Gähnen. »Sie ist eher ungewöhnlich als verrückt. Sie ist ...«

»Verrückt!«, sagte mein Vater. »Ich habe schon Verrückte gesehen.«

Was war jetzt wieder los? Konnten diese Kinder ihre Streitereien nicht allein regeln? »Was ist passiert?«

»Du kennst den Mann, mit dem deine Frau sich trifft?«, fragte Noble.

»Jackie ist nicht ›meine Frau‹. Sie ist – egal. Ja, sie trifft sich mit Russell Dunne. Sie hat mir von ihm erzählt.«

»Der ist nicht real«, sagte Noble. »Er ist überhaupt nicht *da*.«

Mein Gähnreiz war weg. »Erzähl«, sagte ich.

»Heute Nachmittag nach dem Lunch – wo du seit drei Tagen nicht mehr gewesen bist –, sagte Jackie, sie wollte uns mit jemandem bekannt machen. Er würde sie um zwei in ihrem Atelier besuchen, und ob wir nicht hinkommen wollten.«

Ich sah Dad an, und er nickte zustimmend.

»Toodles und ich wollte Jackie nicht vergrätzen; sie ist ja so was wie der Boss hier. Also waren wir um fünf vor zwei in ihrem kleinen Häuschen.«

Wieder nickte Toodles.

»Wir sahen uns die Fotos an, die Jackie gemacht hat, und auf einmal blickte sie hoch und sagte: ›Oh! Da kommt er‹, und wir drehten uns um.«

Als Noble verstummte, sagte ich: »Und?«

»Und da war niemand.«

»Das gibt's doch nicht. Vielleicht hat sie ...« Aber mir fiel keine Erklärung ein.

»Erzähl du es ihm«, sagte Noble zu Toodles.

Und jetzt erfuhr ich, was für ein guter Pantomime mein Vater war. Er stand vom Sofa auf, stemmte eine Hand in die Hüfte, wie ich es bei Jackie schon so oft gesehen hatte, und sagte: »Ich bin *beschäftigt*. Sehr, sehr *beschäftigt*.« Er flitzte im Zimmer umher und suchte nach Staub und Spinnweben und entfernte dann alles mit einem imaginären Federwisch. Als ich lachte, schien Dad in Fahrt zu kommen, und er zog eine richtige Show ab. Er blieb vor einem imaginären Spinnennetz stehen, betrachtete es aus verschiedenen Blickwinkeln und fing dann an, es zu fotografieren.

Es war eine so perfekte pantomimische Darstellung Jackies, dass ich laut lachen musste. Das einzige Wort, das mein Vater sprach, war »beschäftigt«, und damit war Jackie umfassend beschrieben.

In meiner Heiterkeit schaute ich hinüber zu Noble, aber der saß mit versteinerter Miene auf dem Sofa und sah Toodles nicht einmal an.

Schließlich hörte mein Vater auf zu putzen und zu fotografieren und wandte sich einer imaginären Tür zu. »Oh! Da kommt er«, rief er und ahmte Jackies Stimme ziemlich gut nach.

Er öffnete die nicht vorhandene Tür und machte Russell Dunne mit Toodles und Noble bekannt. Und abwechselnd spielte er sich selbst und Noble, wie sie sich nach Jackies Gast umschauten und ihn nicht sahen.

Es dauerte ein paar Augenblicke, bis ich aufhörte zu lachen, aber dann tat ich es, und ich konnte nicht recht glauben, dass mein Vater ein so glänzender Imitator war. Aber allmählich wurde die Sache grotesk.

Jackie hatte Toodles und Noble einen Mann vorgestellt, der nicht da war. Sie hatte sich mit allen dreien unterhalten, aber als Toodles und Noble auf die Fragen des unsichtbaren Mannes nicht geantwortet hatten, war sie wütend geworden. Toodles spielte Jackies Zorn, und dann trat er zur Seite und zeigte seine eigene Bestürzung. Er zeigte, wie Noble sich seitlich mit dem Handballen an den Kopf schlug und erklärte, er habe am Morgen in der Dusche Wasser ins Ohr bekommen und könne deshalb überhaupt nichts hören. Und wie Noble den Arm um Toodles Schultern legte und sagte, Toodles sei ein bisschen schüchtern vor Fremden und rede deshalb nicht viel.

Toodles spielte vor, wie Jackie sich entspannte und wieder lächelte und dem erlaubten Noble ins Ohr schrie, Russell gefalle Toodles' Weste, und ob er auch einen Hirschkäfer habe?

Und Toodles führte mit weit aufgerissenen Augen seinen Hirschkäfer vor.

Jackie hörte dem Mann kurz zu und schrie dann, Russell müsse jetzt wieder gehen, und Noble möge bitte beiseitetreten, damit Russell zur Tür hinaus könne. Toodles spielte mir vor, wie Noble die Tür versperrte und Jackie bat, Russell doch auch mit Ford bekanntzumachen.

»Möchtest du das?«, fragte Jackie ins Leere und wartete kurz. »Sorry«, sagte sie dann zu Noble, »Russell hat keine Zeit mehr, Ford kennenzulernen. Also ...« Sie winkte Noble zur Seite.

Toodles zeigte, wie er und Noble mit angehaltenem Atem die Tür beobachtet hatten, um zu sehen, ob sie sich von allein öffnen würde. Aber das tat sie nicht, und Jackie sagte: »Manchmal klemmt sie«, und dann öffnete sie sie und ging hinaus – nachdem sie Russell den Vortritt gelassen hatte.

Toodles und Noble blieben in der Tür stecken, als sie sich beide gleichzeitig hinauszwängen wollten. Toodles kniff Noble, Noble schrie auf, und Toodles war als erster draußen.

Und als sie draußen waren, sah ich fassungslos – und mit einigem Abscheu – die pantomimische Darstellung meines Vaters, wie Jackie ihren unsichtbaren Freund umarmte und küsste. Unter Einsatz der Zunge.

Nach dem Kuss starrten mein Vater und Noble mich an, als müsste ich wissen und ihnen erklären, was da vorgegangen war. Als Kind hatte ich diesen Blick oft gesehen. Seit ich ungefähr neun Jahre alt war, sollte ich immer alles erklären, was aus der Außenwelt zu uns hereingesickert war. Man reichte mir juristische Dokumente und alles, was vom Arzt kam, und ich sollte es lesen und ins Englische übersetzen.

Natürlich war mir klar, dass dieser imaginäre Freund nicht bedeutete, dass sie vielleicht verrückt war. Hätte er das bedeutet, und wäre sie es gewesen, hätte man die Sache leicht in Ordnung bringen können. Ein paar hundert Milligramm von irgendeinem Medikament, und sie wäre wieder okay. Keine Rendezvous mit Männer im Garten mehr. Wir könnten alle weitermachen wie bisher.

Aber so viel Glück hatte ich nicht. Ich sah Toodles und Noble an, die wieder dicht nebeneinander auf der Couch saßen. Sie sahen aus wie zwei Erstklässler, die darauf warteten, dass der Lehrer ihnen erklärte, warum der Himmel eingestürzt war.

»Tja, wisst ihr ...«, begann ich. Du bist ein Wortschmied, dachte ich. Also fang jetzt an, ein paar Worte zu schmieden. »Jackie ist ... na ja, offen gesagt, ich glaube, sie ... Ich meine, *wir* glauben, Jackie ist vielleicht, äh ...«

Der Herr sei gepriesen: In diesem Augenblick flog die Tür auf und lenkte uns alle drei ab. Tessa stand mit großen Augen vor uns. »Jackie hat einen epileptischen Anfall«, sagte sie.

Wir sprangen auf.

»Hol einen Löffel«, sagte Noble.

»Willkommen im einundzwanzigsten Jahrhundert«, schrie ich ihm zu und stürmte hinter Tessa die Treppe hinunter, dicht gefolgt von Noble und Dad.

Jackie saß im Eingangsflur auf dem Stuhl. Sie hatte die Hände vor das Gesicht geschlagen und weinte. Ich wusste gleich, sie hatte wieder eine Vision gehabt, und fragte mich, wie viel Zeit wir hatten.

Ich fiel vor ihr auf die Knie, packte ihre Handgelenke und

zog ihr die Hände vom Gesicht. Sie sah furchtbar aus, und mir war klar, was sie diesmal gesehen hatte, war wirklich schlimm.

Sie schien nur zwanzig Pfund zu wiegen, als ich sie hochhob, ins Wohnzimmer trug und auf die Couch legte. Noble, Toodles und Tessa folgten so dicht hinter mir, dass sie mir in die Hacken traten. Als ich Jackie hingelegt hatte, setzte ich mich vor ihr auf eine Ottomane, und die Drei Musketiere drängten sich hinter mir.

»Wo und was?«, fragte ich.

Wenn Jackie die drei hinter mir sah, ließ sie es sich nicht anmerken. Sie schlug wieder die Hände vors Gesicht und weinte weiter. »Es ist passiert«, sagte sie. »Genau das, was Russell vorausgesagt hat, ist passiert.« Sie sah angstvoll zu mir auf. »Ich habe etwas Böses in jemandes Kopf gesehen.«

Ich nahm ihre beiden Hände. »Beruhigen Sie sich, und sagen Sie mir, was es war.«

Sie atmete zwei Mal tief durch und schaute an mir vorbei. Inzwischen lag Toodles' Kopf auf meiner linken Schulter, Tessas Kopf lag auf seiner Schulter, und Noble hatte das Kinn auf meine rechte Schulter gelegt. Ich muss ausgesehen haben wie ein vierköpfiges Monster.

Ich zuckte zweimal die Achseln, und für eine Sekunde wichen sie zurück, aber dann waren sie gleich wieder da – wie Obstfliegen auf einer Wassermelone. Ich konnte Jackie nur wortlos vermitteln, dass sie ruhig sprechen konnte.

»Rebecca Cutshaw will die Stadt niederbrennen.« Die Tränen liefen ihr über die Wangen. »Ich war in ihrem Kopf, und was ich da gesehen habe, ist entsetzlich. Sie ist voller Zorn. Eine Wut, wie ich sie noch nie gesehen habe. Sie will hier weg, will Cole Creek verlassen, aber sie kann nicht. Finden Sie, dass das irgendeinen Sinn ergibt?«

»Nein«, sagte ich. »Aber vieles in dieser Stadt ergibt keinen Sinn für mich.«

Tessa nahm den Kopf von Toodles' Schulter und seufzte vernehmlich. Es war das Geräusch kindlicher Langeweile. Als sie gesehen hatte, dass Jackie gar keinen besonders aufregenden Anfall hatte, war sie vermutlich nicht mehr interessiert. »Der Teufel lässt uns nicht gehen«, sagte sie.

Wir alle sahen das Kind an. »Wie meinst du das?«, fragte ich so gelassen wie möglich.

Tessa zuckte die Achseln. Ihre Langeweile nahm zu. »Mein Dad muss herkommen und uns besuchen, weil meine Mom zu den Leuten gehört, die nicht weiter als fünfzig Meilen von Cole Creek weggehen können. Wenn sie stirbt, bin ich es, und deshalb muss ich weg, bevor sie stirbt, und kann nie wieder herkommen.«

Wir vier Erwachsenen saßen da, klapperten mit den Lidern und machten den Mund auf und zu wie der sprichwörtliche Fisch auf dem Trockenen. Ich glaube, jeder von uns hatte eine Million Fragen, ohne ein Wort hervorbringen zu können. Aber nach einigen Augenblicken des Schweigens dämmerte mir, dass Jackies Vision jetzt vordringlich war. Ich sah sie wieder an. Ihre Tränen waren versiegt, und sie starrte Tessa an.

»Wie viel Zeit haben wir?«, fragte ich.

Jackie brauchte einen Moment, um sich zu erinnern, wovon wir gesprochen hatten. »Ich weiß es nicht«, sagte sie. »Es war Nacht.«

»Zeit wofür?«, fragte Noble und wandte sich von Tessa ab. Sein Kinn lag nicht mehr auf meiner Schulter. Wie ich meinen Cousin kannte, dachte er an einen Ölwechsel bei seinem Truck. Newcombes hatten nichts übrig für »Geisterkram«, wie sie es nannten. Ihr Aberglaube hatte mittelalterliche Ausmaße.

»Bevor eine Frau diese Stadt anzündet«, sagte ich ungeduldig. Ich dachte lieber an Feuer als an den Teufel.

Wieder legte Jackie die Hände vors Gesicht. »Was ich gesehen habe, war eine Katastrophe. Die Leute starben, weil sie nicht weg konnten. Sie konnten die Stadt nicht verlassen. Und, Ford« – sie nahm meine Hände – »die Feuerwehr konnte nicht herkommen. Sie kam nicht nach Cole Creek herein. Irgendetwas ließ sie nicht in die Stadt.«

Tessa war zu der kleinen Vitrine neben der Tür spaziert und schaute sich Porzellanvögel an. »Das ist, weil der Teufel diese Stadt hasst und will, dass sie stirbt«, sagte sie.

Mein erster Gedanke war, meine Patsy-Cline-CD herauszusuchen und mir den Song »Crazy« anzuhören. Mein zweiter war, den Kühlschrank zu plündern, mit Proviant für sechs Tage in meinem Arbeitszimmer zu verschwinden und die Tür zu verriegeln. Was war nur in mich gefahren, dass ich jemals auf die Idee gekommen war, über etwas Okkultes zu schreiben? Wenn ich nicht nach einer Möglichkeit gesucht hätte, Kontakt zu Pat aufzunehmen, hätte mich Jackies Teufelsgeschichte nicht interessiert, und dann hätte ich auch nicht …

Jackie sah mich an, als wollte sie sagen, alle außer uns beiden seien wahnsinnig. Es fiel mir schwer, ihr in die Augen zu schauen, denn mir war klar, früher oder später würde ihr jemand – also ich – sagen müssen, dass Russell Dunne nicht existierte. Und ich hoffte aufrichtig und von ganzem Herzen, das Problem möge darin bestehen, dass Jackie an paranoider Schizophrenie oder multipler Persönlichkeit litt.

Vielleicht weil mein Vater das hatte, was Noble als »Delle im Hirn« bezeichnete, hatte er keinen Sinn für die Nuancen eines Problems. Er stand von der Ottomane auf, setzte sich neben Jackie, legte ihr den Arm um die Schultern und sagte: »Wenn du ihn das nächste Mal siehst, bitte ihn einfach, sie gehen zu lassen.«

Jackie wich zurück und starrte meinen Vater verwirrt an. »Wen soll ich um was bitten?«

»Na, den Teufel«, sagte mein Vater. »Wenn du ihn das nächste Mal siehst, bittest du ihn, die Leute in dieser Stadt gehen zu lassen.«

Jackie schaute in die Runde, und erst jetzt schien sie zu merken, wie wir sie ansahen. »Und wie kommst du auf die Idee, dass ich den Teufel sehe?«, fragte sie. Sie klang ruhig, aber ihre Augen blitzten.

Wir Erwachsenen, sogar mein Vater, hörten den scharfen Unterton und hielten den Mund.

»Der Mann, mit dem du immer redest«, sagte Tessa. »Der Mann in deinem Atelier. Der nicht da ist. Der Mann, den du sehen kannst, aber niemand sonst. Das ist der Teufel.«

»Russell?« Jackie war fassungslos. »Ihr glaubt, Russell Dunne ist ... er ist der *Teufel*?«

Wir alle starrten Tessa staunend an. Anscheinend hatte auch sie Jackies nicht vorhandenen Freund gesehen – oder, besser gesagt, nicht gesehen.

Als ich mich wieder zu Jackie umdrehte, war sie rot vor Zorn. Ich hatte ihren Zorn schon einmal erlebt – an dem Tag, als sie hatte heiraten sollen –, und ich wollte ihn nicht hervorlocken.

Ich lächelte zaghaft und zuckte die Schultern. »Ist bloß eine Theorie«, sagte ich und hoffte, sie werde lachen.

Aber sie lachte nicht. Sie warf die Hände hoch und sagte: »Mir reicht's. Ich bin weg.«

Und damit marschierte sie aus dem Zimmer. Ich hörte Schlüssel klirren, als sie sie vom Dielentisch nahm, und ein paar Sekunden später sprang draußen mein Wagen an.

Ich versuchte nicht, sie aufzuhalten, denn sie handelte so, wie ich es gern getan hätte. Aber ich war nicht so frei wie sie. Ich hatte Verwandte zu versorgen und ein Haus, das ich loswerden müsste. Ich konnte nicht einfach davonspazieren.

Die Wahrheit war: Ich *wollte*, dass sie fortging.

Ich glaubte nicht, dass ich oder meine Familie bedroht waren, aber seit längerem hatte ich das Gefühl, Jackie sei hier in Gefahr. Ob diese Gefahr von jemandem drohte, der schon andere umgebracht hatte, oder von einem Mann, der in physischer Gestalt nicht existierte, oder ob die Bedrohung sich gegen Jackies geistige Gesundheit richtete, wusste ich nicht.

Nur eins war sicher: Es war gut, wenn sie fortging.

Jetzt.

Sofort.

Wir sagten nicht mehr viel, als Jackie aus dem Haus gerannt war, aber ich hatte auch keine Lust mehr, in mein Arbeitszimmer zurückzukehren.

Ich verzog mich in die Bibliothek und starrte auf die Seiten eines Buches, ohne etwas zu sehen, und Noble ging hinaus, klappte die Motorhaube meines Pickups auf und tauchte darunter ab.

Toodles wanderte mit Tessa in den Garten, aber immer wenn ich ihn draußen sah, sprach er nicht, und in seinem Blick lag Furcht.

Nur Tessa war anscheinend wie immer. Aber sie lebte – vielleicht? Möglicherweise? – mit dem Teufel, seit sie auf der Welt war.

Jackie war noch keine Stunde weg, als mein Handy klingelte. Es war Jackie, und sie hatte kein Benzin mehr. Genau fünfzig Meilen südlich von Cole Creek war ihr der Sprit ausgegangen.

Ich hatte den Wagen am Abend zuvor vollgetankt.

18 – Jackie

Schweigend fuhr ich mit Ford im Pickup nach Cole Creek zurück. Schweigen war das Beste, was ich unter diesen Umständen tun konnte, denn ich wusste, dass Ford und Noble mir etwas vorgemacht hatten. O ja, die beiden waren mit einem Benzinkanister auf der Ladefläche aufgekreuzt, aber ich war nicht »dummes Weibchen« genug, um nicht zu sehen, dass der Kanister leer war. Sie hatten ihn nur zum Schein mitgebracht, damit mir wohler wäre, denn sie wussten, dass sie kein Benzin in einen fast vollen Tank zu schütten brauchten.

Als ich mit Ford in den Truck stieg, schaltete er das Radio ein. Das tat er sonst nie, denn sein Schriftstellerkopf war so voll von anderen Sachen, dass er es gar nicht hörte, und deshalb war mir klar, dass er mich ablenken wollte. Und richtig, als ich das Radio wieder abschaltete, hörte ich, wie der Motor des BMW ansprang.

Ich drehte mich nicht um, aber ich wusste, dass dieses Auto vor knapp einer Stunde tot gewesen war. Schön, vielleicht hatte Noble unter der Motorhaube irgendwelchen Jungskram veranstaltet, damit er wieder ansprang. Auf eine Zündkerze geklopft. Gin in die Lichtmaschine gekippt.

Aber das hatte er nicht getan. Der Wagen war tot für mich und lebendig für Noble. Wie Tessa gesagt hatte: Es gab Leute, die »konnten« nicht weiter als fünfzig Meilen von Cole Creek weggehen.

Ich lehnte den Kopf zurück und schloss die Augen. Ich *wollte* das alles nicht.

Aber die Neugier überwältigte mich. Ich öffnete die Augen wieder und fing an, Tasten an meinem Handy zu drücken. Eine beliebige Nummer mit New Yorker Vorwahl. Als sich ein Anrufbeantworter meldete, trennte ich die Verbindung. Noch vor wenigen Minuten hatte ich nur eine einzige Nummer anrufen können, nämlich Fords. Nicht mal die Notrufnummern hatten funktioniert.

Ford schwieg; offenbar wollte er mir Zeit geben, meinen Kopf zu sortieren. Aber wie kann man so etwas sortieren? Hatte ich wirklich den Teufel gesehen und mit ihm gesprochen? Und ihn begehrt? Oder war ich nur wahnsinnig? Ich hoffte es.

Ich konnte mir vorstellen, dass Noble und Toodles sich »geirrt« hatten, als sie behaupteten, sie hätten Russell nicht gesehen. Vielleicht hatten sie sogar gelogen. Vielleicht ärgerte es Noble, dass ich seinen Cousin »ausrangierte«. Toodles würde er alles Mögliche einreden können, und er würde es glauben. Aber Tessa? Sie war das Kind, das dem Kaiser sagte, er habe nichts an.

Ich dachte daran, wie unhöflich Noble und Toodles sich aufgeführt hatten, als sie Russell kennenlernten. In dem Augenblick hatte ich angenommen, es passe Noble nicht, dass ich mich mit einem anderen Mann traf, und deshalb zeige er Russel die kalte Schulter. Als er so tat, als könne er Russell nicht hören, spielte ich mit und schrie ihm jedes Wort ins Ohr. Ich konnte ihm nicht gut sagen, was ich von ihm dachte, aber wenigstens hatte ich Gelegenheit, meine bevorzugte Lautstärke einzusetzen.

Russell hatte sich wundervoll benommen. Er hatte Noble und Toodles angelächelt und war freundlich geblieben, als sie seine Fragen nicht beantworteten. Er hatte sogar noch gelächelt, als sie seine ausgestreckte Hand ignorierten.

Ich war so wütend auf die beiden gewesen, dass ich Russell draußen einen Superkuss gab. Die beiden sollten zu Ford laufen und ihm erzählen, dass Jackie Maxwell ihm nicht »gehörte«, wie alle Welt anscheinend annahm.

Außerdem hatte ich es satt, dass Ford nicht mehr da war. Es war ziemlich langweilig, wenn er nicht da war. Während Fords dreitägiger Abwesenheit waren Noble und Allie ziemlich oft in dem heruntergekommenen Haus auf der anderen Straßenseite gewesen, und manchmal war ihr Lachen bis zu mir herübergedrungen.

Am Dienstagabend trödelte Allie so lange bei uns herum, dass wir sie bitten mussten, zum Essen zu bleiben. Danach erwischte sie mich draußen allein und fragte mich, ob Noble impotent sei. Als ich wissen wollte, wie sie auf die Idee komme, dass *ich* darüber Bescheid wüsste, fiel mein Ton sehr viel schärfer aus, als ich es wollte. Nicht, dass ich eifersüchtig war, aber verdammt ...! Ich hatte *zwei* Männer in meinem Leben, aber beide waren so schräg, dass man sie für Außerirdische hätte halten können. Der hinreißende Russell kam und ging wie ein Zugvogel, und Ford hatte sich in den Winterschlaf zurückgezogen wie ein Bär – und so sah er ja auch aus. Resultat? Ich war männerlos.

»Ich frage ja nur«, sagte Allie, ohne meine miese Laune zu bemerken. »Ich dachte, vielleicht hat Ford mal etwas über Nobles Fähigkeit zum ... Sie wissen schon ... geäußert.«

»Das ist das einzige Thema, über das wir noch nicht gesprochen haben«, erwiderte ich, aber mein Sarkasmus entging ihr. Es war komisch, aber ich hatte Allie wirklich gemocht, bis sie und Noble sich zusammengetan hatten. Jetzt kam sie mir ein bisschen frivol vor. Es ging nicht darum, dass sie die Aufmerksamkeiten eines Mannes genoss und ich nicht. Es war mehr als das. Ich sah jetzt alles mit aufmerksameren Augen.

Jedenfalls machte Allie sich anscheinend Gedanken über Nobles Männlichkeit, weil er noch keinen Annäherungsversuch unternommen hatte. Er hatte nicht mal versucht, sie zu küssen. Sie waren jeden Tag stundenlang zusammen gewesen, und Allie hatte aus ihren Gelüsten kein Hehl gemacht – tatsächlich hatte sie sich beinahe lächerlich aufgeführt –, aber Noble hatte noch nicht mal mit ihr Händchen gehalten.

Ich war empört über Allies Gekicher, aber um ihr zu zeigen, was für ein netter Mensch ich war, beschloss ich, ihr behilflich zu sein. Kurz zuvor, als sie sich einmal auf die Zehenspitzen streckte, um ein paar Trauben zu pflücken, hatte ich gesehen, wie Noble sie vom Grill her mit rot glühender Wollust im Blick angestarrt hatte. Offensichtlich spielte er also irgendein Männerspiel mit ihr, wenn er sie in dem Glauben ließ, er sei nicht scharf auf sie.

Ich sagte ihr, sie solle um neun Uhr allen sagen, sie erwarte jetzt einen Anruf von ihrem Ex-Mann, den sie nicht verpassen wolle. Widerstrebend willigte sie ein. Tessa durfte wieder bei uns übernachten, Noble bot an, Allie nach Hause zu fahren, und um halb zehn rief ich bei ihr an und wollte mich als die Sekretärin ihres Ex ausgeben – aber niemand meldete sich.

Als ich am nächsten Morgen aufstand, war Noble schon in der Küche; er lächelte und pfiff, und als er mich sah, gab er mir einen Kuss auf die Wange. Kurz darauf klingelte mein Handy, und es war Allie. Sie wollte mich beruhigen und mir mitteilen, Noble sei *nicht* impotent. »Nicht, nicht, nicht, nicht, nicht!«, sagte sie. Ungefähr beim zwölften »Nicht« trennte ich die Verbindung.

Als ich wieder in die Küche kam, musste ich ertragen, dass Toodles, Tessa und Noble zu irgendeinem Countryand-Western-Stück herumtanzten. Ich hielt mich abseits und machte ein Frühstückstablett für Ford zurecht. Ich hatte seine fortgesetzte, selbst auferlegte Isolation genutzt, um ihn mit gesundem Essen zu füttern. Ich gab ihm Müsli mit hohem Faserstoffanteil (Eichenholzsägemehl wäre leichter gewesen) und mit Sojamilch, und dazu Saft aus der Presse mit Unmengen von Fruchtfleisch und trockenen braunen Toast, aus dem ganze Körner ragten.

Okay, vielleicht versuchte ich auch nur, ihn wütend zu machen, damit er aus seinem Loch käme und ein bisschen Leben in die Bude brächte, aber das klappte nicht. Am Mittag lieferte ich ihm ein vegetarisches Sandwich (und vegetarische Chips mit einem Artischocken-Dip) und holte sein leeres Frühstückstablett ab. Jawohl. Es war *leer*.

Ich sagte kein Wort, wenn ich ihm das Essen brachte, und manchmal hatte ich das Gefühl, er sah mich nicht. Zwei Mal war ich sogar sicher, dass er meine Anwesenheit überhaupt nicht bemerkte. Ich hätte mich bemerkbar gemacht, aber einmal ging er gerade auf und ab und las etwas laut vor; also blieb ich da und hörte zu. Es handelte von Toodles und Tessa, und es war komisch und so herzerwärmend, dass ich mich am liebsten hingesetzt und mir jedes Wort angehört hätte, das er schrieb. Aber das tat ich nicht. Was immer er brauchte, um eine solche Story zu schreiben – er sollte es von mir bekommen.

Ich schloss die Tür und schlich mich auf Zehenspitzen davon. Bei seiner Brummigkeit und der Tatsache, dass ich ihn alle zwei Stunden füttern musste, hatte ich manchmal vergessen, dass er Ford Newcombe war, der Autor, der die Herzen Amerikas erobert hatte.

Wenn ich ehrlich war, steckte auch eine Portion Egoismus dahinter, dass ich ihm Essen brachte und für Ruhe sorgte, damit er schreiben konnte. Er hatte seit dem Tod seiner Frau nichts mehr geschrieben, und wenn er es jetzt tat, hatte ich vielleicht etwas mit dem Verschwinden seiner Blockade zu tun. Vielleicht hatte die schlichte alte Jackie Maxwell etwas getan, das diesen Mann befähigte, diesen Millionen von Leuten, die seine wunderbaren Bücher gelesen hatten, noch mehr Glück zu schenken.

Als der Mittwoch kam, an dem ich Russell treffen sollte, ging es mir ziemlich gut. Ich gab Ford gute Sachen zu essen, und ich tat, wozu er mich engagiert hatte: Ich half ihm beim Schreiben.

Andererseits dachte ich mir, es könnte nichts schaden, wenn Ford, falls er irgendwann doch wieder aus seinem Bau käme, erzählt bekam, dass mir ein göttlich schöner Mann den Hof machte. Deshalb lud ich Toodles und Noble ein, Russell kennenzulernen.

Aber das Treffen wurde zu einer Katastrophe. Zu einer halben Katastrophe, besser gesagt.

Halb war ich wütend über die Haltung, die Toodles und Noble gegen Russell eingenommen hatten, aber halb hatte ich mich auch darüber gefreut. Sahen sie Ford und mich so sehr als

Paar, dass sie es nicht ertrugen, einen anderen Mann in meiner Nähe zu wissen? Waren sie deshalb so unhöflich gewesen?

Vielleicht hatte ich übertrieben, als ich Russell vor ihren Augen um den Hals gefallen war und ihn mit so viel Enthusiasmus geküsst hatte, aber ich hatte ihnen wirklich zeigen wollen, dass ich niemandem gehörte.

Und wie ich es vorausgesehen hatte – okay, ich hatte es *gehofft* –, waren sie sofort, nachdem Russell gegangen war, zu Ford in sein Arbeitszimmer hinaufgaloppiert. Ich ging in die Küche und fing an, Gemüse für das Abendessen zu schneiden. Wenn Ford herunterkäme, wollte ich beschäftigt und unbekümmert aussehen. Ich unterhielt mich damit, das überraschte Gesicht zu probieren, das ich aufsetzen wollte, wenn er sich darüber aufregte, dass ich mich mit einem anderen Mann traf.

Aber die Uhr tickte, und Ford kam nicht herunter. Im Gegenteil – alle drei blieben oben. Was jetzt?, dachte ich. Sollte ich jetzt drei Tabletts die Treppe hinaufschleppen?

Ich schnitt genug Gemüse für vierzehn Personen (Noble war dabei, seine Mengen zu halbieren – nächste Woche wollte er versuchen, für sieben Personen zu kochen) und legte es in den Kühlschrank. Dann ging ich zum Fuße der Treppe und spähte hinauf. Von oben kam kein Laut.

Ich spielte ein paar Minuten mit dem Drachen herum; ich sah zu, wie die Flamme aus seinem Maul schoss, und fragte mich, ob irgendjemand das kleine Ungeheuer schon Toodles gezeigt hatte. Wahrscheinlich würde es ihm gut gefallen. Vielleicht sollte ich ihn rufen. Vielleicht sollte ich auch zu Fords Arbeitszimmer hinaufgehen und fragen, ob jemand Hunger hatte.

Aber im nächsten Augenblick schoss ein Schmerz durch meinen Kopf, und ich brach auf dem Teppich vor der Treppe zusammen. Unversehens war ich in Rebecca Cutshaws Kopf. Ich weiß nicht, woher ich wusste, in wessen Kopf ich war – ich wusste es einfach. Ich sah das Innere eines Hauses, das ihr gehörte, und ich fühlte ihre alkoholdunstigen, unklaren Gedanken.

Aber vor allem fühlte ich ihre Wut. Sie trank, um die Wut in sich abzutöten. Ich wusste nicht genau, worüber sie so wütend war, aber ich hatte das Gefühl, auf einen Scheiterhaufen gebunden zu sein und von den Flammen verzehrt zu werden.

Alkoholismus habe ich nie begriffen – bis zu diesem Augenblick. Wenn ich wie Rebecca bei lebendigem Leibe verbrennen müsste und wenn Alkohol die Glut der Flammen lindern könnte, dann würde ich trinken, so viel ich könnte.

Ich war nur ein paar Sekunden in ihrem Kopf, und das war beinahe mehr, als ich ertragen konnte. Aber ich sah, was sie tun wollte. Aus irgendeinem Grund schien die Stadt Cole Creek der Gegenstand ihres Zorns zu sein, und sie war fest davon überzeugt, dass es nur eine Möglichkeit gab, diesen Zorn für immer loszuwerden: Sie musste Cole Creek niederbrennen. Die Vision in ihrem Kopf war so realistisch, dass sie sie offenbar schon seit langem geplant hatte. Und was noch schlimmer war: Es kümmerte sie nicht, ob sie selbst in den Flammen umkam oder nicht. Sie hatte nur noch das Gefühl, sie müsse Cole Creek vom Antlitz der Erde tilgen. Und da war noch etwas, das ich nicht verstand: Sie glaubte, dass es Leute gab, die den Flammen nicht entkommen könnten – und Leute wie die Feuerwehr, die nicht herkommen könnten, um das Feuer zu löschen.

Als ich aus dieser Vision erwachte, taumelte ich zum Stuhl,

und ein paar Augenblicke später war Ford da – wie immer, wenn ich ihn verzweifelt brauchte.

Er trug mich ins Wohnzimmer und forderte mich auf, ihm meine Vision zu erzählen. Ich war so verstört, dass ich die anderen Leute kaum bemerkte. Es war, als seien Ford und ich allein.

Während ich berichtete, schaltete Noble sich irgendwann ein, dann Toodles und schließlich auch Tessa, und sie wollten mir erzählen, Russell Dunne existiere gar nicht, und ich hätte mit einem Geist gesprochen. Nur sagten sie nicht, er sei ein Geist. Sie sagten, er sei ein Teufel. Nein, sorry. *Der Teufel.* Der, der fast so mächtig ist wie Gott. *Der Teufel.*

Es war alles so lächerlich.

Ich meine, wenn sie einen Keil zwischen mich und Russell treiben wollten, hätten sie sich doch etwas weniger Dramatisches einfallen lassen können, oder? Sie hätten sagen können, er sei schwul. Oder vorbestraft – über so etwas musste Fords Familie doch wohl Bescheid wissen. Aber nein, sie gingen aufs Ganze und erzählten mir, ich sähe den Teufel.

Na klar. Genau.

Wieso um alles in der Welt sollte jemand, der so wichtig war, seine Zeit mit einer Sekretärin-Strich-Köchin-Strich-Amateurfotografin verplempern? Was war dabei für den Teufel drin? Hatte er nicht alle Hände voll mit dem zu tun, was draußen in der Welt vorging?

Das alles war mir zu absurd, und deshalb ging ich. Ich glaube nicht, dass ich für immer weggehen wollte, aber ich brauchte ein bisschen Zeit und Abstand von allen, die Newcombe hießen – und dazu gehörte auch Tessa mit ihrer Story vom Teufel, der Cole Creek hasste.

Andererseits war da in meinem Hinterkopf ganz sicher auch das tiefe Verlangen, endlich alles zu *wissen*. Seit Wochen tänzelten Ford und ich jetzt um die Möglichkeit herum, dass ich mit dem, was Jahre zuvor mit dieser Frau passiert war, etwas zu tun hatte. Aber dafür hatten wir keinen handfesten Beweis.

In unausgesprochener Übereinkunft hatten Ford und ich den ursprünglichen Grund für unsere Anwesenheit in Cole Creek zu den Akten gelegt. Warum auch nicht? Er schrieb wieder, und der Himmel wusste, ich war glücklich, denn ich hatte jetzt mein eigenes Fotoatelier. Warum also sollten wir eine Sache weiterverfolgen, bei der wir es uns mit den Einheimischen verdarben?

Das Einzige war anscheinend diese Geschichte mit Russell Dunne.

Und natürlich das Fünfzig-Meilen-Limit. Ging es noch absurder?

Als ich mir die Wagenschlüssel schnappte, dachte ich nicht bewusst daran, aber ich glaube, ich war entschlossen, allen zu zeigen, dass Tessa sich ihre Geschichte nur ausgedacht hatte.

Als ich im Wagen saß, drückte ich auf den Knopf, der den Meilenzähler zurücksetzte, und dann fuhr ich mit Fords schnellem BMW nach Süden. Vor lauter Aufregung schnitt ich ein paar Kurven, und zwei Mal musste ich in die Bremse steigen, um nicht mit einem entgegenkommenden Wagen zusammenzustoßen. Wenn ich mich jetzt umbrächte, würden sie bestimmt behaupten, das habe der Teufel getan.

Ich beobachtete, wie der Meilenzähler auf achtundvierzig sprang, dann auf neunundvierzig.

Als die Fünfzig hereinrollte, fing ich an zu lächeln. Idioten! Wie konnten sie sich nur ein solches Märchen ausdenken? Wie konnten ...?

Als die Fünfzig auf dem Zähler stand, ging der Motor aus. Kein rotes Licht an der Tankanzeige. Überhaupt keine Warnung irgendwo auf dem Armaturenbrett dieses teuren Autos. Der Motor war einfach tot. Und er sprang nicht wieder an, so oft ich auch den Schlüssel im Zündschloss drehte.

Zufall, dachte ich und stieg aus. Zum Glück hatte ich genug Verstand gehabt, auch mein Handy mitzunehmen, als ich nach dem Autoschlüssel gegriffen hatte. Aber das Telefon funktionierte nicht. Auf dem Display stand, dass ich Netzverbindung hatte, aber wenn ich eine Nummer anrief, hörte ich nichts.

Ich konnte weder die Polizei noch einen Abschleppdienst anrufen.

Ich wählte jede Nummer in meinem Verzeichnis, aber aus dem Hörer kam kein Laut.

Schließlich rief ich Fords Handynummer an, und er meldete sich.

Er und Noble waren schneller da als ich, und das bedeutete, dass sie *alle* Kurven geschnitten hatten.

Als ich Ford sah, verkniff ich es mir, ihm entgegenzulaufen und mich an ihn zu klammern.

Ja, natürlich war es purer Zufall, dass der Wagen nach exakt fünfzig Meilen krepiert war. Aber ich fühlte mich doch entschieden unsicher.

Ford schien zu wissen, wie ich mich fühlte, denn er hielt den Mund, sodass ich auf dem Heimweg nachdenken konnte. Aber vielleicht wollte er auch nur selbst nachdenken.

Als wir ankamen, bog Ford in die Zufahrt ein und stellte den Motor ab, und wir blieben in der Kabine des Pickups sitzen.

Und plötzlich legte Ford seine große Hand an meinen Hinterkopf und küsste mich heftig.

»Was auch passiert, Jackie Maxwell«, sagte er, »vergiss nicht, dass ich auf deiner Seite bin.«

Damit stieg er aus und ging ins Haus.

Ich blieb im Wagen sitzen und hörte mich seufzen – und dann sah ich mich um und vergewisserte mich, dass niemand es mitbekommen hatte.

Was ist denn bloß los mit uns Frauen, dass wir immer wieder auf diesen Quatsch von Stärke und Männlichkeit hereinfallen?

Ich stieg aus, schloss die Wagentür und betrachtete einen Moment lag dieses schöne Haus. Wenn ich eingesperrt wäre – und das war ich natürlich nicht –, konnte ich mir schlimmere Gefängnisse vorstellen als diese Stadt mit diesem Haus und diesem Mann.

Als ich die Vordertreppe hinaufstieg, fühlte ich mich sehr viel besser als beim Wegfahren.

19 – Ford

Ich glaube, das Leben bereitet einen Menschen nicht darauf vor, dem Teufel zu begegnen. Oder wenigstens darauf, nur eine Person zwischen sich und dem Gottseibeiuns zu wissen.

Als ich mit Jackie nach Cole Creek zurückfuhr, wusste ich, dass ich mich am liebsten in mein Zimmer verkriechen und mit all dem nichts mehr zu tun haben wollte. Niemand kann beschreiben, was ein Schriftsteller empfindet, wenn er eine großartige Idee für ein Buch hat – und dann kommt die Welt und lässt ihn nicht schreiben. Ich glaube, es war Eudora Welty, die gesagt hat: »Wenn du aus dem Fenster schaust und denkst: ›O verdammt! Heute ist ein schöner Tag – bestimmt kommt jemand zu Besuch‹, dann bist du *wirklich* ein Schriftsteller.«

Aber wissen Sie, was merkwürdig war? Zum ersten Mal seit Jahren dachte ich nicht an Pat. Ich dachte nicht, dass all das nicht passiert wäre, wenn sie noch lebte.

Ja, ja, ich wünschte, ich hätte die ganze Sache mit dieser Teufelsstory niemals angefangen, aber ich wünschte *nicht*, ich hätte Jackie niemals kennengelernt. Und ich wünschte *nicht*, ich wäre niemals nach Cole Creek gezogen. Schön, das Haus ächzte vor Altersschwäche und machte immer wieder Arbeit, aber das störte mich nicht mehr. Jackie hatte fast alle Tapeten erneuert, und jetzt ragten keine Dornen mehr über mir empor. Sogar die eine oder andere kleine Veranda gefiel mir inzwischen. Was sie mit dem Garten gemacht hatte, war wunderbar, und ...

Und dazu kam das, was sie mit meiner Familie gemacht hatte. Vielleicht würde ich niemals das für sie empfinden, was ich für Pats Familie empfunden hatte, aber durch Jackie hatte ich wieder Verbindung zu meinen Verwandten gefunden.

Alles in allem war ich zum ersten Mal seit Jahren glücklich mit meinem Leben. Und ich dachte mir, dass Jackie und ich – vielleicht, irgendwann – sogar dazu kommen könnten, meine kleine Fantasie mit den Oliven zu verwirklichen. Ich wusste, sie wähnte sich hin und her gerissen zwischen mir und einem anderen Mann, aber ich sah das anders. Ich hatte sie nie neben dem Telefon sitzen und auf einen Anruf von diesem Russell Dunne warten sehen, und seit jener ersten Begegnung hatte sie nicht über ihn geredet, als verzehre sie sich nach ihm. Im Gegenteil, als sie sich auf der Party vor das Gartentor geschlichen hatte, um ihn zu treffen, hatte sie bei ihrer Rückkehr eher wütend ausgesehen – jedenfalls nicht wie eine Frau, die soeben mit der Liebe ihres Lebens gesprochen hatte. Vielleicht lag es an meinem Ego, aber allmählich kam ich zu der Überzeugung, dass ihr eigentliches Interesse an Russell Dunne darin bestand, mich eifersüchtig zu machen.

Natürlich hatte ich alle diese Schlussfolgerungen gezogen, bevor ich herausfand, dass dieser Mann unsichtbar und der Teufel war.

Wie gern hätte ich Jackie ausgefragt! Ich wollte sein Aussehen in allen Einzelheiten beschrieben haben. Ich wollte jedes Wort hören, das er gesagt hatte. Ich zermarterte mir das Hirn, um mich zu erinnern, was sie mir über ihn erzählt hatte. Er hatte so viel Zeug in seiner Tasche gehabt, dass es wie »Zauberei« gewesen sei, hatte sie gesagt. Er hatte einen Drucker, der keinen Akku hatte, im Wald drucken lassen. Hatte er den Drucker gekauft? Welche Kreditkarte benutzte der Teufel? Oder zahlte er bar? Vielleicht mit Gold. Oder mit Dublonen.

Ich befahl mir, nicht weiter wie ein Schriftsteller zu denken, sondern wie ein ... Ja, wie? Wie ein Ghostbuster? Ein parapsychologischer Forscher? Ein Exorzist?

Ich sah Jackie an, dass sie ziemlich erschüttert war, und ich wusste, es gab nur eine Möglichkeit, das alles zu beenden: Wir mussten die Wahrheit herausfinden. Wir mussten wissen, was 1979 passiert war, damit wir herausbekommen könnten, wie der Bann zu brechen war. Konnten wir das? *Konnte* man den Bann brechen?

Und dann war da noch Jackies letzte Vision: Rebecca, die diese Stadt in Schutt und Asche legte. Wann würde sie ihr erstes Streichholz anreißen? Und wo?

Als wir zu Hause ankamen, hatte ich den ersten Ansatz zu einem Plan im Kopf. Ich versuchte, Jackie ein bisschen aufzumuntern, weil sie so verloren aussah wie ein ausgesetztes Hündchen, und dann lief ich ins Haus, um Nobles Hilfe einzufordern. Wir hatten eine kurze und ziemlich lautstarke Auseinandersetzung, weil er nach all dem eine Heidenangst bekommen hatte. In jeder Kneipenschlägerei hätte Noble es allein mit zwölf Holzfällern aufgenommen, aber bei der bloßen Erwähnung des Übernatürlichen wurde er zur Memme.

Ich führte ihm eine Hand voll Fakten vor Augen: Er wolle sich in Cole Creek niederlassen, aber das könne er nicht, solange hier der Teufel herumlaufe und die Leute dazu bringe, die Stadt anzuzünden. Als das ohne Wirkung blieb, fragte ich mich laut, ob der Teufel vielleicht als Nächstes auch Allie küssen werde. Die Vorstellung, irgendein Mann – und wenn es der Teufel wäre – könnte »seine« Frau anrühren, verlieh Noble ein Rückgrat aus Stahl.

Ich rief Dessie an und fragte sie, wo Rebecca sei. Sie sagte, Rebecca sei seit zwei Tagen nicht zur Arbeit erschienen. Das sei nichts Ungewöhnliches, denn Rebecca bleibe oft zu Hause, um zu saufen. Aber Dessie hatte zwei Mal vor ihrer Haustür gestanden, und Rebecca war nicht da gewesen, und auch sonst hatte sie sie nirgends gefunden. »Diesmal mache ich mir doch Sorgen um sie«, sagte Dessie.

Ich erinnerte mich an das Foto mit den beiden High-School-Mädchen, das ich bei Dessie gesehen hatte. Sie waren seit langem befreundet, und ich hoffte nur, sie würden noch lange genug leben, um weiter Freundinnen zu bleiben.

Ich fragte Dessie, wer in dieser Stadt am meisten über den Teufelsbann wisse, der auf dieser Stadt lag.

Sie schwieg lange, und ich sagte, ich hätte keine Zeit für Spielchen. Ich müsse es *sofort* wissen!

»Miss Essie Lee«, sagte sie. Ich hätte es mir eigentlich denken können.

Als ich aufgelegt hatte, sagte ich Noble, er solle Tessa holen und sich dann mit Jackie zusammensetzen und jede Sekunde ihrer Vision durchsprechen, um Details über Orte und Zeiten herauszufinden.

Und dann fuhren Dad und ich zu Miss Essie Lee.

Ihr Haus war ein perfektes kleines englisches Pralinen-schachtel-Cottage. Ich glaube nicht, dass es von Anfang an so gewesen war, aber sie hatte es dazu gemacht. Anstelle eines

Strohdachs – wer konnte in den USA einen Strohdachdecker auftreiben? – hatte sie das ganze Dach mit Weinranken überwuchern lassen. Die Mauern waren weiß verputzt, und die Fenster hatten steinerne Mittelpfeiler. Das Haus war umgeben von einem malerischen Cottage-Garten, in dem Gemüse und Blumen bunt durcheinander wuchsen.

Als wir auf dem altmodisch gepflasterten, dick bemoosten Gartenweg zur Haustür gingen, wehten rosarote Blütenblätter um uns herum zu Boden. Wir betätigten den Türklopfer (eine Damenhand aus Messing), und während wir warteten, betrachtete ich meinen Vater vor dem Hintergrund dieses Hauses und des Gartens. Sie passten wunderbar zusammen.

Impulsiv drückte ich meinem Dad einen Kuss auf die Stirn. Ich wusste instinktiv, er würde bald bei mir ausziehen, um hier zu wohnen.

Miss Essie Lee öffnete die Tür, und während Dad und sie einander ein paar Sekunden lang verzückt anstarrten, betrachtete ich sie. Ihre häusliche Kleidung war ebenso perfekt wie das ganze Anwesen. Sie trug ein Baumwollkleid, das aus den vierziger Jahren stammen musste, und ihre Füße steckten in pinkfarbenen, hochhackigen Pantoffeln mit Marabufedern über den offenen Spitzen, wie sie eine Sexbombe aus den Fünfzigern getragen hätte.

Ohne eine Frage zu stellen, öffnete Miss Essie Lee die Tür noch weiter, und wir traten ein.

Wenn ich genau hinschaute, konnte ich sehen, dass dieses Haus einmal ein ganz gewöhnliches Siedlungshaus gewesen war, aber Miss Essie Lee hatte daraus die Filmkulisse eines englischen Cottages gemacht. Die Wände waren verputzt, an der Decke waren Balken, die so geschickt angemalt waren, dass sie antik aussahen, und die Polstermöbel sahen bequem aus und waren mit jener englischen Mischung aus einem Dutzend verschiedener Muster bezogen, die irgendwie trotzdem gut zusammenpassten.

O ja, dachte ich, hier würde mein Vater wohnen – ja, er war ein perfektes Accessoire für dieses Haus, fast als habe Miss Essie Lee sich gesagt: »Jetzt brauche ich nur noch einen komisch aussehenden kleinen Mann, und die Einrichtung ist vollkommen«, und habe ihn dann im Internet bestellt.

Oder herbeigezaubert. Und dieser Gedanke erinnerte mich an den Grund unseres Besuchs.

Aber bevor ich etwas sagen konnte, sprach mein Vater.

»Jackie spricht mit dem Teufel.«

Miss Essie Lee sah mich fragend an, und ich nickte.

»Ich ziehe mich um«, sagte sie. »Wir dürfen keine Zeit verlieren.«

Nach wenigen Minuten war sie wieder da. Jetzt trug sie ein Kostüm aus den dreißiger Jahren und schwarze, feste Schuhe. Ich wollte sie fragen, ob auch sie sich nicht weiter als fünfzig Meilen von Cole Creek entfernen könne.

Ich wollte sie auch nach all den Leuten fragen, die nach dem Pressen auf unterschiedliche Weise zu Tode gequetscht worden waren.

Aber dazu war keine Zeit. In diesem Augenblick konnte Rebecca ein brennendes Streichholz in der Hand halten.

Als ich in meine Einfahrt bog, sagte ich zu Miss Essie Lee: »Jackies voller Name lautet Jacque*lane*.«

Sie starrte mich entsetzt an, und im nächsten Augenblick

weinte sie. Ich war so überrascht, dass ich mich nicht rühren konnte.

Mein Dad sprang hinten aus dem Wagen, riss die vordere Beifahrertür auf und zog Miss Essie Lee in seine Arme – und dann fing er an, mich zu beschimpfen: Ich hätte ein echtes Talent dazu, Frauen zum Weinen zu bringen, und wenn jemand, der so gescheit sei wie ich, Frauen immer nur traurig mache, dann wolle er doch viel lieber dumm sein.

Mein Dad sagte noch mehr, aber ich hatte keine Zeit zum Zuhören. Ich stürzte ins Haus, um Jackie zu suchen, und die Stimme meines Vaters folgte mir. Ich blieb nicht stehen, um mich zu fragen, weshalb ich oder sonst jemand eigentlich so erpicht auf eine Familie war.

Jackie saß in der Küche und aß Schokoladencremetorte. Aus der Form. Mit den Fingern. Und der Tisch war übersät von leeren Kartons, Flaschen und Schachteln: Eiscreme, Kekse, Maraschino-Kirschen. Überall stand das Wort »Schokolade«.

»Hi«, rief sie fröhlich und mit sehr viel Energie.

Wenn ich eine Beruhigungsspritze gehabt hätte, hätte ich sie ihr verpasst.

Langsam und vorsichtig zog ich ihr die fast leere Tortenform weg.

»Mmmmmm.« Sie leckte sich die Schokolade von den Fingern und wollte nach der Torte greifen.

Ich fasste sie bei den Ellenbogen und steuerte sie in Richtung Wohnzimmer, wo Miss Essie Lee sich hoffentlich inzwischen wieder beruhigt hatte. Im Vorbeigehen grabschte sie eine Schachtel Doughnuts mit Schokoladenüberzug, die ich nicht gesehen hatte.

Miss Essie Lee hatte den Kopf auf die Schulter meines Vaters gelegt. In Anbetracht dessen, dass sie einen Kopf größer war und nur die Hälfte seines Gewichts hatte, war das ein sonderbarer Anblick.

Jackie ließ sich auf die Couch plumpsen und machte sich über ihre Doughnuts her.

Als Miss Essie Lee den Kopf hob und Jackie sah, schob sie einen Stuhl heran und setzte sich vor sie. »Ich hätte es sehen sollen«, sagte sie. »Ich hätte die Ähnlichkeit sehen müssen. Du hast große Ähnlichkeit mit deinem Vater, weißt du.«

»Danke.« Jackie grinste strahlend und mit vollem Mund.

Ich nahm ihr die Doughnut-Schachtel weg und griff hinein, aber sie hatte sie alle aufgegessen.

Ich will verdammt sein, dachte ich unversehens, wenn ich mit einer Frau zusammenlebe, mit der ich mich um die Doughnuts streiten muss! Wir müssen diese Geschichte erledigen – und wenn es nur aus diesem Grund wäre.

»Orchideen«, sagte Miss Essie Lee. »Wo du ihn getroffen hast – wuchsen da wilde Orchideen?«

»Ja.« Jackie strahlte mich an. »Du hast die Fotos mit den Rosen gesehen. Da waren auch Orchideen.«

»Ja«, sagte ich, »die habe ich gesehen.« Jackies Munterkeit gefiel mir nicht. Mir wäre wohler gewesen, wenn sie geweint hätte. Wobei mir einfiel: Warum war Miss Essie Lee in Tränen ausgebrochen, als ich ihr Jackies Namen gesagt hatte?

»Können Sie gehen?«, fragte Miss Essie Lee und musterte mich von Kopf bis Fuß.

Ich war vielleicht nicht gerade höllisch dünn – und ich meine, was ich sage –, aber zu dick zum *Gehen* war ich noch nicht.

Eine Stunde später wünschte ich, wir hätten Zeit gehabt, unterwegs einen Jeep zu kaufen. Miss Essie Lee und Jackie, mein Vater dicht hinter ihnen, liefen im Sturmschritt auf einem Pfad voller Steine und Pflanzen, die ganz sicher giftig waren.

Jackie führte die Meute an und schwatzte dabei mit neunzig Meilen pro Stunde; sie erzählte, wie sie und ich einmal zusammen gewandert waren, wobei ich – wie sie behauptete – »unaufhörlich« über die Spinnweben geklagt hätte, die sich über den Weg spannten. Ich hätte meine Ehre verteidigt, aber ich hatte zu viel damit zu tun, mein Leben zu verteidigen – gegen Äste, lose Steine und zwei Kamikaze-Insekten, die tödlich aussahen.

Ab und zu stellte Miss Essie Lee Jackie eine leise Frage nach ihrem Vater und nach den Erinnerungen an ihre Mutter. Jackie beantwortete sie mit solcher Unbekümmertheit, dass ich ihr am liebsten eine Tablette gegeben hätte, um sie ruhigzustellen. Ihr Benehmen war der Beweis dafür, dass niemand sich das Zuckeressen abgewöhnen sollte. Man musste eine Toleranzschwelle aufbauen, damit man, wenn man welchen bekam, nicht gleich in einen Insulinschock fiel und sich aufführte wie ein Aufziehspielzeug mit einer kaputten Feder.

Nach langer Zeit kamen wir auf eine Waldlichtung. Es war ein gespenstischer Ort. Eine verrottete Bank stand vor einer dichten Wand aus Bäumen, und dicht daneben stand ein halb verfallener Zaun. Nur wenige Pflanzen wuchsen hier, als sei mit der Erde etwas nicht in Ordnung. Verstrahlt vielleicht. Es war düster im Kreis der hohen, dunklen Bäume, aber als ich zum Himmel schaute, sah ich keine Wolke. Hinter mir schien die Sonne, aber hier auf dieser Lichtung, obwohl sie offen war, schien sie nicht.

Das Schlimmste war: Es war unheimlich hier. Es war wie der Wald, in dem Hänsel und Gretel sich verirrt hatten. Es war wie der Wald in einem Gruselfilm. Ich sah mich um und rechnete jeden Augenblick damit, dass große graue Vögel mit langen Klauen von den Bäumen auf uns herabstießen.

Miss Essie Lee, mein tapferer Vater und Jackie gingen bis in die Mitte dieser trostlosen Lichtung. Ich blieb auf dem Pfad. Dort gab es Licht und Luft.

»Was siehst du, Kind?«, fragte Miss Essie Lee leise. Hinter ihrem Rücken hielt sie die Hand meines Vaters.

Jackie wirbelte im Kreis herum wie Aschenputtel im Ballkleid. »Es ist wunderschön«, rief sie. »Es ist der schönste Ort, den ich je gesehen habe. Die Rosen ...« Sie schloss die Augen und atmete tief ein. »Könnt ihr sie riechen?«

»Warum pflückst du nicht welche?«, fragte Miss Essie Lee im Ton einer Psychiaterin, die mit einer verrückten und womöglich gewalttätigen Patientin redete.

»O ja!«, rief Jackie, und sie lief zu dem morschen alten Zaun und fing an, verdorrte Ranken abzubrechen. Als sie den Arm voll davon hatte, vergrub sie das Gesicht in dem hässlichen Gestrüpp. »Sind sie nicht himmlisch?«, fragte sie. »Ich habe noch nie solchen Rosenduft gerochen.«

Als Kinder sperrten wir Käfer in Marmeladengläser, schraubten den Deckel fest zu und ließen sie tagelang stehen, bis sie sich in schwarzen Schleim verwandelt hatten. Auf dieser Lichtung roch es nach diesem Käferschleim.

»Was wächst da auf dem Boden?«, fragte Miss Essie Lee,

und ich sah, wie mein Vater dichter an sie herantrat. Ihm war dieser Ort genauso unheimlich wie mir.

»Orchideen«, sagte Jackie. »Frauenschuh. Sie sind überall. Oh! Ich wünschte, ich hätte meine Kamera dabei.«

»Wann blüht der Frauenschuh?«

»Im Juni.« Jackie sah sich lächelnd um und drückte ihren »Rosenstrauß« an sich.

»Und welchen Monat haben wir jetzt?«

»August.« Jackie hob den Kopf von den Ranken. »Wir haben August«, wiederholte sie leise.

Ich wünschte, ich könnte sagen, die logische Schlussfolgerung hätte Jackie geholfen, die Lichtung als das zu sehen, was sie war, aber das geschah nicht. Langsam ging sie zu der alten Bank und legte das Rankenbüschel hin, als wäre es eine Kostbarkeit.

Miss Essie Lee ging mit meinem Vater im Schlepptau zu der Bank und legte Jackie eine Hand auf den Arm. Sie deutete mit dem Kopf zu den Bäumen hinter der Bank, die dort dicht und undurchdringlich wie eine steinerne Mauer aufragten. »Deine Großmutter wohnt in dem Haus dort oben. Sie wartet schon sehr lange auf dich.« Sie lächelte Jackie an. »Als Kind hast du in diesem Garten gespielt, und da sah er so aus, wie du ihn jetzt siehst.«

Ich sah, wie Miss Essie Lees Hand Jackies Arm fester umklammerte. »Ich hoffe, du kannst uns verzeihen.«

Der letzte Satz schien ihr im Halse stecken zu bleiben. Sie wandte sich ab und rettete sich in die tröstenden Arme meines Vaters.

Jackie schaute zu der Anhöhe hinauf, und einen Moment lang schien sie zu überlegen, ob sie diese neugefundene Großmutter besuchen sollte oder nicht.

Ich persönlich wäre am liebsten schleunigst von hier verschwunden. Wenn Jackie verdorrte Ranken als duftende Rosen sah, was würde sie dann als ihre Großmutter sehen? War diese Frau die Hexe aus dem Märchen? Des Teufels Dienstmagd? War sie überhaupt *lebendig*?

Fragend sah ich Miss Essie Lee an. »Ich kann nicht gehen«, sagte sie leise. »Jacquelane muss allein gehen.«

Allein, dachte ich und sah Jackie an. Offenbar hatte sie sich entschieden, denn sie machte zwei Schritte auf die Wand aus Bäumen zu.

Allein – zum Teufel!, dachte ich.

Bei ihrem dritten Schritt war ich an ihrer Seite. Ich schob ihren Arm in meine Ellenbeuge, und obwohl ich nicht katholisch war, bekreuzigte ich mich. Dann gingen wir zusammen den Hang hinauf.

20 – Jackie

Ich weiß, sie dachten alle, ich sei am Rande des Wahnsinns. Ich hatte nie darüber nachgedacht, aber ich glaube, der Mensch ist das, was die andern in ihm sehen. In den letzten vierundzwanzig Stunden hatten die Leute angefangen, mich als eine zu sehen, die vielleicht nicht mehr alle Tassen im Schrank hatte, und daher sah ich mich allmählich auch so.

Ford hatte mich verwöhnt. Von Anfang an hatte er so getan, als wären meine Visionen etwas »Normales«. Keine große Sache. Er hatte sich meinen ersten »Traum« angehört, und als er ihn in der Realität sah, hatte er entsprechend gehandelt. Danach hatte er mich nicht ausgefragt oder mich auch nur angesehen, als wäre ich ein Freak. Und bei meiner zweiten Vision hatten wir sogar Spaß gehabt.

Während Ford bei Miss Essie Lee war, hatte Noble mich verhört, als wäre ich eine Kreuzung zwischen Hexe und Spionin. Anscheinend war er der Ansicht, das Verbrennen auf dem Scheiterhaufen gehöre wieder eingeführt. Er deutete an, ich sei vielleicht nur nach Cole Creek zurückgekehrt, um die schmutzigen kleinen Geheimnisse der Leute auszugraben und sie zu benutzen, um ... ja, zu welchen hinterhältigen Zwecken ich meine Erkenntnisse benutzen sollte, war nicht recht klar.

Ich weiß nicht, warum *ich* plötzlich die Böse in dieser Geschichte war. Wenn es überhaupt jemanden gab, dem ein Vorwurf zu machen war, wäre es dann nicht Ford? Für mich hatte die ganze Sache damit begonnen, dass mein Verlobter mir meine Lebensersparnisse geklaut hatte. Ich hatte verzweifelt einen Job gesucht, vorzugsweise einen in einem anderen Land. Ich hatte nichts weiter getan, als Fords Angebot anzunehmen und mit ihm nach Cole Creek zu gehen. Okay, vielleicht war meine Geschichte für Ford der Auslöser gewesen, aber wenn er nicht so neugierig gewesen wäre, hätte ich diese Geschichte mit ins Grab genommen. Wieso also gab man mir die Schuld? Weil ich die eine oder andere Vision gehabt hatte? Ich und die Hälfte der Menschheit? Sahen diese Leute kein Kabelfernsehen?

Und Tessa war genauso schlimm wie Noble. Laut sagte sie nicht viel, aber sie flüsterte Noble etwas zu, und dann stellte er die übelsten Fragen. Nach einer Weile sah ich sie nicht länger als unschuldiges Kind und fing an, ihr meinerseits Fragen zu stellen. Ich brauchte nicht lange, um zu erkennen, dass sie nicht viel wusste. Ich konnte mir lediglich zusammenreimen, dass ein Mitglied jeder Gründerfamilie von Cole Creek mitgeholfen hatte, die Frau umzubringen, und die Folge davon war, dass der älteste Abkömmling jeder dieser Familien die Stadt nicht verlassen konnte.

»Und wie kann man den Bann brechen und von hier verschwinden?«, wollte ich wissen.

Tessa zuckte die Achseln. »Ich weiß nicht. Meine Mom sagt's mir nicht. Sie sagt nur, ich muss hier weg, bevor sie stirbt.«

»Und dann wirst du sie nie wiedersehen?«, fragte ich. »Oder wenn du doch zurückkommst und sie besuchst, und wenn sie stirbt, während du hier bist – sitzt du dann hier fest? Für immer?«

Tessa klappte den Mund zu und schob den Kiefer vor, um

mir zu verstehen zu geben, dass sie nichts mehr sagen würde. Vielleicht wusste sie auch nichts weiter.

Zwischen den Fragen bot Noble mir Whiskey in einem Eisteeglas an – wie er ihn auch trank – und schaute immer wieder zur Tür, als hätte er am liebsten das Weite gesucht. Aus Fords Büchern wusste ich, wie groß die Angst dieser Familie vor dem Übernatürlichen war, und deshalb konnte ich mir denken, was ihm durch den Kopf ging.

Aber ob er nun Angst hatte oder nicht, Noble ließ nicht locker und befragte mich nach meiner Vision über Rebecca. Immer wieder schilderte ich sie in allen Einzelheiten, um herauszufinden, wo Rebecca den Brand legen würde. Aber wir bekamen es nicht heraus. Ich hatte hohes, trockenes Gras und die Ecke eines hölzernen Gebäudes gesehen. Aber nichts, was wir identifizieren konnten.

Schließlich beschloss Noble, Allie anzurufen, um sich von ihr in der Stadt herumfahren zu lassen und Rebecca zu suchen. Ich konnte mir eine Bemerkung über die fast leere Whiskeyflasche nicht verkneifen: Er sei jetzt ein menschlicher Kompass und könne vermutlich jeden Alkoholiker finden.

Ich fand mich ziemlich witzig, aber Tessa übte Verrat. Sie sah mich sehr erwachsen an und sagte: »Du weißt, was die Stadt mit der letzten Frau gemacht hat, die den Teufel liebte.« Und mit hoch erhobener Nase nahm sie Nobles Hand und zog ihn aus dem Zimmer.

Das Bild, das dieses »Kind« in meinem Kopf heraufbeschworen hatte, brachte mich zu dem Entschluss, einmal zu sehen, ob ich meine Probleme mit Alkohol nicht vergessen könnte. Aber als ich Nobles Glas in die Hand nahm, war schon der Geruch unüberwindlich; also stellte ich es wieder hin und ging in die Küche. Vielleicht hatten wir noch Koch-Sherry.

Aber da war kein Sherry. Ich schaute in den Kühlschrank. Bevor Noble gekommen war, hatte ich die absolute Kontrolle über die Lebensmittel gehabt, die ins Haus gekommen waren. Von Fords Speck abgesehen war das Ungesundeste, was ich gekauft hatte, Jogurt mit einer Schicht stark gezuckerter Marmelade gewesen.

Aber mit Nobles und Toodles' Ankunft hatte ich die Herrschaft über den Inhalt des Kühlschranks verloren. Jetzt war dieser weiße Kasten voll von Zucker und Fett und Fett und Zucker. Marmelade wäre mir wie Vollwertkost erschienen. Verachtungsvoll wollte ich die Kühlschranktür schließen, als etwas in mir ausrastete. Ich sah mich als eine Person, die bei Sinnen war, fleißig und vernünftig, aber die Welt sah mich ganz anders – nämlich als Spinnerin, halb psychopathisch, Furcht erregend. Und Frauen, die Visionen hatten, aßen nicht gesund. Frauen, die Visionen hatten, trugen lila Halstücher und große Ohrringe, und sie aßen in Fett gebratene Sachen.

Als Ford zurückkam, hatte ich so ziemlich alles im Haus, was Zucker enthielt, aufgegessen.

Ich fühlte mich so wohl, dass ich überhaupt nichts dagegen hatte, mit Miss Essie Lee, Toodles und Ford eine kleine Wanderung zu unternehmen. Wir wanderten durch den grünen Wald von North Carolina zu der Stelle, wo ich Russell begegnet war, und dort war es so schön wie an jenem ersten Tag. Aber die andern taxierten mich ständig, als wäre ich eine Verrückte. Ich dachte mir, wenn sie ihre düstere Stimmung nicht ablegen und diese Schönheit genießen konnten, hatten sie eben Pech. Ford wollte nicht mal aus dem Wald herauskommen. Alles nur, weil ich hier einen anderen Mann kennengelernt hatte. Sein Benehmen verlieh dem Wort »Eifersucht« eine ganz neue Dimension.

Miss Essie Lee brachte mich zwei Mal aus dem Gleichgewicht. Sie wies mich darauf hin, dass die spezielle Orchideensorte, die ich so deutlich sah, im Juni und nicht im August blühte. Ich war ein bisschen verunsichert, aber dann dachte ich mir, dass schon verrücktere Dinge passiert waren, als dass eine Blume außerplanmäßig blühte. Die Umweltbedingungen waren unterschiedlich. Wenn es im Juni Schneestürme gab, konnten dann nicht auch im August wilde Orchideen blühen?

Das zweite Mal brachte Miss Essie Lee mich aus dem Gleichgewicht, als sie sagte, meine Großmutter sei am Leben – und alle schienen zu erwarten, dass ich in den dunklen Wald hineinging, um sie zu besuchen.

Okay, sie »brachte mich aus dem Gleichgewicht« ist vielleicht ein bisschen zu mild ausgedrückt. Zutreffender wäre es, wenn ich sage, sie überfuhr mich mit einem Kipplaster, setzte zurück und tat es gleich noch einmal.

Ich hätte gern gesagt: Können wir vielleicht noch mal ein kleines Stück zurückgehen? Brauchte ich nicht erst mal ein paar weitere Informationen, bevor ich zur »Großmutter« hüpfte? Vielleicht sollten wir damit warten, bis wir genau wussten, »wer« ich war. Ich hatte da ein paar Vermutungen, aber sicher war ich nicht. Miss Essie Lee dagegen schien es zu wissen, und als ich Ford ansah, hatte ich den Eindruck, er wisse es auch. Nur Toodles und ich waren ratlos.

Als es hieß, ich solle in diesen Wald hineinmarschieren, war mein erster Gedanke, Ford vorzuschlagen, die Sache bei einem Lunch aus Doughnuts zu besprechen. Es sollte doch Doughnuts mit Kirschgelee-Füllung geben, oder? Für Kirschen hatte ich schon immer eine Schwäche gehabt.

Ich schaute zu den dunklen, dichten, abweisenden Schatten der Bäume hinüber und wusste, sie erwarteten alle, dass ich jetzt da hineinging und meine Großmutter besuchte. Aber meine Füße wollten sich nicht bewegen. Mein Zucker-Kick war vorbei, und wie eine Süchtige wollte ich einen neuen.

Ich drehte mich zu Ford um. Er würde doch sicher verstehen, dass ich das nicht tun wollte.

Aber Ford sah mich mit seinem Heldengesicht an. Es war das Gesicht, das ich gesehen hatte, als er eine Sekunde später aus dem Wagen gesprungen war und ein paar Teenager davor bewahrt hatte, in die Luft gesprengt zu werden. Ich hatte es gesehen, als er nach meiner zweiten Vision verhindert hatte, dass ich eine Unterkühlung bekam. Und ich hatte es gesehen, als er mich nach der dritten Vision ins Wohnzimmer trug.

Warum nur, warum musste ich an den einzigen Schriftsteller auf der ganzen Welt geraten, der ein waschechter, in der Wolle gefärbter Held war? Hieß es nicht, moderne Autoren beobachteten, sie nähmen nicht teil? Die Hemingways waren längst ausgestorben. Heutzutage trainierten Bestseller-Autoren Kinderbaseballmannschaften. Sie rannten nicht mit Stieren um die Wette. Sie schrieben eBooks.

Ich wandte mich von Ford ab und schaute in die schwarze Finsternis unter den Bäumen. Wenn ich diese Sache überleben sollte und wenn Ford über unsere Erlebnisse schriebe, würde er das Buch *Die widerstrebende Heldin* nennen müssen. Ich wollte keine sein, und ich wollte jetzt nicht gehen.

Ich atmete tief durch, widerstand dem Drang, Ford zu fragen, ob er einen Schokoriegel dabei habe, und tat einen Schritt nach vorn.

Ich war nicht überrascht, als Ford plötzlich an meiner Seite war, meinen Arm fest unter seinen schob und mitging.

Mir gingen mehrere Dinge gleichzeitig durch den Kopf, die ich gern gesagt hätte. Zum Beispiel hätte ich ihn gern angefleht, mich das alles nicht tun zu lassen. Aber stattdessen sagte ich nur: »Wenn du über das hier schreibst, will ich fünfzig Prozent.«

Ford lachte leise, aber ich sah ihn nicht an. Der Wald schien immer dunkler zu werden, und die Stille war nervenaufreibend. Kein Insekt, kein Vogel war zu hören.

Ich hielt Fords Arm fest und blickte starr geradeaus. »Vielleicht könntest du eine Story schreiben, und ich könnte sie mit meinen Fotos illustrieren«, sagte ich. »Oder du schreibst etwas über deinen Dad und Tessa.« Das Reden würde vielleicht helfen, meine Angst zu vertreiben.

»Ja, gute Idee«, sagte er, und ohne meine Andeutung aufzunehmen, erzählte er mir, dass er über die beiden schon etwas geschrieben hatte.

Vor uns war es stockfinster – eine Wand aus Dunkelheit, so tief, dass sie massiv aussah. In der Abteilung Tapferkeit hatte ich mich bisher wacker geschlagen, aber diese samtene Schwärze drohte mich umzuhauen. Vielleicht sollte ich meine Ziele im Leben neu überdenken. War es denn so schlimm, in Zukunft im Umkreis von fünfzig Meilen um Cole Creek herum zu bleiben? Mir gefiel es hier. Ich …

»Ich wünschte, ich hätte den Truck genommen«, sagte Ford, und zum ersten Mal, seit wir in den Wald eingedrungen waren, sah ich ihn an.

»Hals- und Beinbruch, Kid«, sagte er. Er drückte mir einen Kuss auf die Stirn, und wir wandten uns der Wand aus Dunkelheit zu.

Und dann stürmten wir unter lautem Geschrei geradewegs in das schwarze Nichts.

21 – Ford

Es war vorbei.

Vielleicht nicht vorbei, aber so weit erledigt, dass wir alle wieder unser Leben leben und die Teufelsgeschichte hinter uns lassen konnten. Ich hatte noch nicht entschieden, ob ich über das, was geschehen war, schreiben wollte. Darüber würde ich wohl mit Jackie sprechen müssen.

Wir waren jetzt wieder zu Hause. Ich hatte Jackie nach oben getragen und in ihr Bett gelegt. Gern hätte ich sie ausgezogen und mich an sie gekuschelt, während sie schlief, und wenn sie dann aufwachte, würde man sehen, was geschah.

Aber das tat ich nicht. Ich zog ihr Schuhe und Jeans aus, aber sonst nichts, und dann setzte ich mich auf den Stuhl an ihrem Bett und betrachtete sie. Es war ein anstrengender Tag gewesen, und sie schlief wie ein Baby.

Bei diesem Gedanken verspürte ich ein leises Kribbeln. Kinder. Als ich mit Pat zusammen gewesen war, hatte ich so oder so nicht viel über Kinder nachgedacht. Aber seit ich Tessa kannte, fragte ich mich: Was wäre, wenn ...? Was wäre, wenn Pat und ich Kinder gehabt hätten? Wie würden sie aussehen? Wessen Talente hätten sie geerbt? Wessen technische Fertigkeiten? Würden diese Kinder richtig buchstabieren können?

Alle möglichen Dinge gingen mir durch den Kopf, und ich wusste, dass ich mit dem Gedanken spielte, Jackie könnte mich nehmen, und wir würden ...

Ach was, dachte ich. Später.

Am Abend zuvor waren wir aus dem Wald auf einen Weg hinausgekommen, und auf der anderen Seite hatte ein kleines, heruntergekommenes Haus gestanden. Einen Moment lang hatten Jackie und ich dagestanden und uns stumm angestarrt. Der Weg und das Haus hatten ganz alltäglich ausgesehen, erreichbar mit dem Auto.

Ich sah mich nach dem Wald um, der düster, dunkel und still hinter uns lag. »Was zum Teufel war denn *das*?«, fragte ich.

Jackie war genauso ratlos wie ich. »Eine Abkürzung durch die Hölle?«, erwog sie, und ich musste lächeln.

Ohne ihren Arm loszulassen, wollte ich den Weg überqueren, aber Jackie blieb stehen. Fragend sah ich sie an.

»Was hast du da hinten gesehen?«, fragte sie. »Du weißt schon – da, wo ich ... ihm begegnet bin.«

Langsam überquerten wir den Weg, und ich beschrieb ihr die Lichtung in allen Einzelheiten.

Jackie sagte kein Wort. Sie nickte nur. Ich glaube, sie dachte das Gleiche wie ich: Warum? Immer wieder hatte ich mich das gefragt.

Warum? Warum hatte der Teufel Cole Creek auserwählt? Warum die Frau Amarisa? Warum Jackie?

Als wir vor der Tür des kleinen Hauses standen, merkte ich, dass Jackie zitterte. Ich drückte ihre Hand und klopfte an. Eine große Frau in einer weißen Schwesterntracht öffnete und ließ uns herein. Und drinnen, in einem Bett, saß Jackies Großmutter.

Mary Hattalene Cole war über achtzig, und ich fand, sie sah aus, als wollte sie schon seit langem sterben. In den wässrigen blauen, alten Augen sah ich Einsamkeit, Schmerz und

Sehnsucht. Offenbar erkannte sie Jackie sofort, denn sie streckte ihr die Hände entgegen, und Tränen rannen über das runzlige alte Gesicht.

Ich sah, wie die beiden sich umarmten – Jackie zeigte kein Widerstreben, keine Schüchternheit –, und ich konnte mir nicht vorstellen, wie es wäre, keine Verwandten zu haben. Ich hatte so viele, dass ich Flugzeuge benutzt hatte, um ihnen zu entkommen. Aber Jackie hatte ihren Vater gehabt und sonst niemanden.

Weder Mrs Cole noch Jackie schien über den Teufel oder über die Frau sprechen zu wollen, die von den Leuten aus der Stadt erdrückt worden war. Ich wusste, dass diese Frau dabei nicht mitgemacht hatte, denn sonst wäre sie jetzt tot gewesen. Und da sie eine angeheiratete Cole war, galt für sie auch der Bann nicht.

Jackie und Mrs Cole wollten nichts weiter tun, als dicht beieinander zu sitzen und über ihre gemeinsamen Vorfahren zu reden. Mrs Cole hatte einen halbmeterhohen Stapel Fotoalben, und Jackie wollte jedes einzelne Bild sehen und über jeden einzelnen Verwandten sprechen.

Ich warf einen Blick auf die Daten auf den Rücken der Alben, zog eines heraus und blätterte darin, bis ich ein Foto der Frau gefunden hatte, deren Gesicht von der Gerichtsmedizin in Charlotte rekonstruiert worden war. »Wer ist das?«, fragte ich.

Mrs Cole sah mich so durchdringend an, dass ich rot wurde. Sie mochte alt sein, aber mit ihrem Kopf war noch alles in Ordnung. Offensichtlich wusste sie, dass ich wusste …

Jackie betrachtete das Foto. Ich war sicher, dass auch sie wusste, wer die Frau auf dem Foto war, und unglücklicherweise sah ich auch, wie sehr sie sich bemühte, sich nicht an das zu erinnern, was sie da anscheinend sah.

Ich hatte tausend Fragen, aber ich brachte es nicht über mich, sie auszusprechen. Jackie schien zu glauben, sie habe alle Zeit der Welt, aber wenn ich ihre Großmutter und die Apparate neben ihrem Bett anschaute, glaubte ich nicht, dass ihr noch viel Zeit blieb.

War es wahr?, wollte ich fragen. Hatte Amarisa den Teufel gesehen? Hatte Jackie ihn gesehen? Warum hatte der Teufel sich diese Frau auserwählt? Wer hatte die Leute umgebracht, die bei dem Pressen dabei gewesen waren?

Als ich aus dem Fenster schaute, sah ich, dass es nicht nur im Wald, sondern auch um das Haus herum stockfinster war.

Meine Fantasie schaltete in den Overdrive. Hatte der Teufel ein schützendes Kraftfeld um das Haus herum errichtet? War dieses Haus wie Brigadoon? Existierte es nur zu bestimmten Zeiten für eine gewisse Dauer?

Um meine Gedanken zu beruhigen, ging ich ins Wohnzimmer, zog mein Handy aus der Tasche und rief Noble an. Als er mir berichtete, er und Allie hätten Rebecca in einer Bar gefunden, bevor sie irgendein Feuer gelegt habe, sprach ich ein kurzes Dankgebet. Und anscheinend hatte Allie schon öfter nach Rebecca gesucht, sodass sie jetzt keine Fragen gestellt hatte.

Ich kehrte ins Schlafzimmer zurück und brachte Jackie die gute Nachricht. Sie und ihre Großmutter hörten höflich zu, aber sie waren beide nicht sonderlich interessiert. Sie sprachen über das Geschäft, das Jackies Vater nach der Heirat mit ihrer Mutter geführt hatte.

»Wie können wir den Fluch brechen?«, platzte ich heraus, und die beiden Frauen verstummten und starrten mich an.

»Ich denke doch, Essie dürfte Ihnen das gesagt haben«, antwortete Mrs Cole. Sie sah ihre Enkelin an und lächelte, und in ihrem Blick lag eine Welt von Schmerz. Aus einem Wandschrank in dem alten Haus ragte ein Rollstuhl hervor, und ich erinnerte mich, dass in der Zeitung gestanden hatte, sie habe mit im Wagen gesessen, als ihre Tochter den Unfall hatte. Und ich erinnerte mich, dass es zwei Tage gedauert hatte, bis ihre Tochter gestorben war. Sie musste eingeklemmt daneben gelegen und zugesehen haben, wie ihre Tochter starb.

»Niemand in der Stadt hat uns irgendetwas gesagt«, brachte ich hervor; die Bilder in meinem Kopf schnürten mir die Kehle zu, und ich dachte plötzlich, dass meine Bücher so vielen Leuten gefielen, weil sie genauso viel Schmerz erlebt hatten wie ich. Jemanden so sehr zu lieben und ihn dann zu verlieren ... was konnte es auf Erden Schlimmeres geben?

»Es wird Zeit, dass Sie alles erfahren«, sagte Mrs Cole und winkte ab, als die Schwester einwenden wollte, die Patientin sei zu müde. Mary Hattalene erzählte uns die Geschichte, die ihre Tochter ihr erzählt hatte, als sie zwei Tage unter dem verunglückten Wagen gelegen hatten. Ein paar Minuten nach Harriets Tod waren die Retter gekommen.

Einen großen Teil der Geschichte hatten wir uns selbst zusammengereimt, seit wir in Cole Creek waren. Harriet Cole, die, wie Jackies Großmutter eingestand, ihr Leben lang verwöhnt und verhätschelt worden war, hatte sich den hübschen jungen Mann – Jackies Vater – geangelt, der nach Cole

Creek gekommen war, um die Töpfereifabrik zu eröffnen. Aber nach der Hochzeit war die Fabrik geschlossen worden, und Reece Landreth – so hatte Jackies Vater in Wirklichkeit geheißen – hatte die Stadt verlassen wollen. Doch Harriet hatte sich geweigert. Im Laufe der nächsten Jahre hatten die beiden einander mehr und mehr verabscheut, und nur die Liebe zu ihrer gemeinsamen Tochter hatte sie zusammengehalten. Reece führte einen kleinen Lebensmittelladen, und Harriet, die Tochter im Schlepptau, verbrachte ihre Zeit mit Edward Belcher – was erklärte, warum Jackie mein Haus so gut kannte. Sie hatte als Kind endlose Stunden lang dort gespielt.

Als Jackie zweieinhalb Jahre alt war, war die ältere Schwester ihres Vaters – Amarisa – verwitwet, und Reece hatte sie eingeladen, bei ihnen zu wohnen. Es sei wahr, sagte Mary Hattalene: Reece habe seine Schwester sehr geliebt, aber er habe auch ihre finanzielle Unterstützung dringend nötig gehabt, denn was er in dem Laden verdient habe, sei sehr wenig gewesen.

Amarisa kam gern nach Cole Creek. Sie war eine ruhige Frau, so sanft und freundlich, wie Harriet turbulent war. Die Probleme begannen, weil Jackie ihre Tante anbetete. Es war verständlich, dass Jackie lieber mit ihrer Tante zusammen war, die mit ihr spazieren ging und sie mit ihrer Kamera Blumen fotografieren ließ, als mit ihrer Mutter, die ihre Zeit immer nur mit dem aufgeblasenen alten Edward Belcher verbrachte. Nicht lange, und Harriet begann, Amarisa zu hassen, und sie gab ihr die Schuld an allen ihren Problemen.

Die Monate vergingen, erzählte Mary Hattalene, und Amarisas Leben wurde immer unerträglicher. Harriets Zorn und ihre Eifersucht auf die Liebe, die ihr Mann und ihre Tochter und auch die Bewohner der Stadt dieser sanftmütigen Frau entgegenbrachten, wuchsen mit jedem Tag. Als Jackie, die gerade sprechen lernte, eines Tages von einem Spaziergang mit ihrer Tante nach Hause kam und mit vielen Worten von dem Mann erzählte, dem sie begegnet waren, lief das Fass für Harriet über. Auf ihre Fragen errötete Amarisa schüchtern und berichtete, sie habe einen Mann kennengelernt, der ein hübsches Sommerhaus im Wald habe. Nein, sagte sie, der Mann sei nicht verheiratet.

Harriet befürchtete, wenn Amarisa heiratete und Cole Creek verließe, würde Reece ebenfalls fortgehen und Jackie mitnehmen. Harriet begann einen Feldzug, um zu verhindern, dass Amarisa heiratete, aber als sie dem Mann eine Einladung übermitteln ließ, erfuhr sie verwundert, dass er sie nicht annehmen wollte.

Neugierig geworden, beschloss Harriet, Amarisa und Jackie heimlich zu folgen und sich den Mann mit eigenen Augen anzusehen.

Was sie zu sehen bekam, war nicht das hübsche Sommerhaus, das Amarisa beschrieben hatte, sondern einen Haufen Schutt und eingestürzte Steinmauern. Aber aus ihrem Versteck beobachtete sie, wie ihre Tochter und Amarisa lachten und plauderten, als sei da noch jemand. Sie machten sogar die Bewegungen des Essens und Trinkens. Nachher erzählte Harriet ihrer Mutter, wenn es nur Amarisa gewesen wäre, hätte sie die Frau für wahnsinnig gehalten, aber dass ihre Tochter den Mann auch »gesehen« habe, mache ihr große Angst.

Harriet lief zum Pfarrhaus und berichtete dort, was sie gesehen hatte. Es war der Pfarrer, der sagte, Amarisa habe mit dem Teufel gesprochen. Noch am selben Abend berief er eine Sitzung des Stadtrates ein, der aus einem Mitglied jeder der Gründerfamilien und zwei Angehörigen der Familie Cole, nämlich Harriet und ihrem Vater, bestand. Sie schmiedeten einen Plan.

Am nächsten Tag ging Harriet zu Amarisa und sagte, Jackie gehe es nicht gut, und sie könne heute keinen Spaziergang mit ihrer Tante machen. Amarisa lächelte freundlich und ging allein los, und Harriet ließ Jackie bei einer Nachbarin. Dann ging sie Amarisa nach. Sie wusste nicht, dass Jackie wenige Minuten später durch eine Lücke im Zaun der Nachbarin schlüpfte und ihrer Mutter und ihrer Tante folgte.

Acht Erwachsene und ein Kind versteckten sich an diesem Tag im Gebüsch vor der verfallenen Hütte. Als Amarisa anfing, lachend mit jemandem zu plaudern, den sie nicht sehen konnten, traten die Erwachsenen hervor, aber die kleine Jackie kauerte in ihrem Versteck und rührte sich nicht.

Als die Leute Amarisa zur Rede stellten und sie bezichtigten, mit dem Teufel Umgang zu haben, erzürnten sie ihn.

»Einen Augenblick lang«, erzählte Mary Hattalene, »erschien er ihnen. Gerade noch standen sie in den Ruinen einer Hütte, und im nächsten Moment war da ein schönes Haus, und sie sahen einen Mann, einen sehr gut aussehenden Mann. Er lächelte sie an, und meine Tochter sagte, sie hätte am liebsten zurückgelächelt. Nur der eifersüchtige Edward Belcher hob einen Stein auf und warf damit nach dem Mann – und da sahen sie den Teufel eine Sekunde lang so, wie er nach der Vorstellung der Menschen aussah: rot glühend, mit Hörnern und gespaltenen Hufen. Im nächsten

Augenblick hatte er sich in Rauch aufgelöst, und das Haus war wieder Schutt und verkohltes Holz.

Meine Tochter wusste nicht mehr genau, in welcher Reihenfolge die Ereignisse danach weitergegangen seien. Amarisa sei vor den Leuten zurückgewichen und gefallen, dann habe jemand einen Stein auf sie geworfen, dann noch jemand. Sekunden später seien alle in Raserei verfallen, und nach fünf Minuten sei Amarisa unter Hunderten von Steinen begraben gewesen. Die Leute seien mit dem Pfarrer in die Stadt zurückgekehrt und hätten den Nachmittag auf den Knien in der Kirche verbracht und gebetet.«

Erst spät am Abend kam Harriet erschöpft nach Hause zurück. Reece wollte wissen, wo seine Tochter und seine Schwester geblieben seien. Harriet tischte ihm die Lüge auf, die sie und die andern ausgeheckt hatten: Amarisa sei zu einem Notfall in der Familie ihres verstorbenen Ehemannes gerufen worden. Einer der Mörder hatte sich ins Haus geschlichen, Amarisas Sachen gepackt und den Koffer bei Harriets Vater auf dem Dachboden versteckt. Jackie, sagte Harriet, sei bei einer Nachbarin. Aber als sie hingingen, um Jackie abzuholen, erfuhren sie von der Nachbarin, sie habe gesehen, wie Jackie dicht hinter ihrer Mutter in den Wald gegangen sei; deshalb habe sie gedacht, Harriet habe es sich anders überlegt und ihre Tochter mitgenommen. Zitternd vor Entsetzen begriff Harriet, was passiert war, aber sie bewahrte lange genug Ruhe, um ihrem Mann zu erzählen, Jackie sei wahrscheinlich in den Wald gelaufen, um ihre Tante zu suchen. Reece entdeckte seine kleine Tochter mitten im dunklen Wand neben einem Steinhaufen. Sie war nicht ansprechbar. Zwei Tage später, als Jackie noch immer kein Wort gesprochen hatte und Amarisa nicht bei der Familie ihres verstorbenen Mannes angekommen war, brachte Reece seine Frau dazu, ihm zu sagen, was wirklich passiert war.

Reece war außer sich vor Wut. Zuerst wollte er die Polizei rufen, aber dann begriff er, dass er seine Tochter damit nur weiter traumatisieren würde, denn dann würde sie nicht nur ihre Tante verlieren, sondern auch ihre Mutter und ihren Großvater. Außerdem – wer würde ihm glauben? Sein Wort stand gegen das der andern, nicht zuletzt gegen das des Pfarrers. Letzten Endes war die Genesung seiner Tochter das Wichtigste.

Aber nicht lange nach dem Mord an Amarisa kam der Pfarrer zu Tode, als der Marmoraltar seiner Kirche auf ihn stürzte. Bevor er starb – langsam und unter Qualen, während die Männer vergebens versuchten, den schweren Altar von ihm herunterzuwuchten –, vertraute er Edward Belcher an, der Teufel sei ihm erschienen. Zwei Tage zuvor, mitten im Schnee, habe er einen wunderbaren Garten gesehen, in dem überall wilde Orchideen gewachsen seien. Dort sei der Teufel in seiner schönen Gestalt erschienen und habe erklärt, die sieben Familien müssten in Cole Creek bleiben, bis »die Unschuldige« ihnen vergeben hätte.

Sie wussten nicht, wer »die Unschuldige« war, bis Harriet ihnen eröffnete, dass ihre Tochter alles gesehen hatte. Aber Jackie war in den Zustand eines Säuglings zurückgefallen; sie trug wieder Windeln und versuchte nicht mehr, zu sprechen. Dieses Kind konnte nicht sagen, dass es ihnen vergab.

In der Nacht nach dem Tod des Pfarrers versuchten die Leute, die Amarisa umgebracht hatten – unter ihnen auch Harriet –, die Stadt zu verlassen, aber sie konnten es nicht.

Ganz gleich, welches Transportmittel sie benutzten, sie kamen nie mehr als fünfzig Meilen weit.

Als Mary Hattalenes Mann, Harriets Vater, seiner Frau berichtete, er habe zur falschen Jahreszeit wilde Orchideen blühen sehen, und zwei Tage später unter einer Ladung Kies begraben wurde, wussten die Beteiligten, wie jeder von ihnen sterben würde.

Reece blieb noch mehrere Monate in Cole Creek und bemühte sich, so zu tun, als sei alles normal. Er verbrachte so viel Zeit wie möglich mit seiner Tochter. Aber als Jackie endlich wieder anfing zu sprechen und das Haus verlassen konnte, ohne vor Angst in Tränen auszubrechen, erzählte Harriet ihrer Tochter, dass »Leute, die den Teufel liebten, sterben müssten«.

Als Reece das erfuhr, begriff er, dass seine Frau keine Reue für ihre Tat empfand. In derselben Nacht setzte er seine Tochter ins Auto und fuhr mit ihr weg. Er hatte Angst vor den Leuten, die seine Schwester ermordet hatten; er befürchtete, sie könnten mit Belchers Geld dafür sorgen, dass ihm seine Tochter weggenommen wurde, und deshalb änderte er seinen Namen und wechselte bis zu seinem Tod immer wieder den Wohnort. Von da an war er ein Mann auf der Flucht. Alle sechs Monate beauftragte er einen Privatdetektiv, nach Cole Creek zu fahren und herumzuschnüffeln. Wenn der Mann etwas in Erfahrung brachte, rief er Reece an, und oft veranlassten ihn diese Informationen, mit seiner Tochter wieder in eine andere Stadt zu ziehen.

Als 1992 Amarisas Leichnam entdeckt wurde, ließ der alte Belcher, bei dem die meisten Bewohner der Stadt in Lohn und Brot standen, die wenigen Leute, die zur Zeit des Mordes in Cole Creek gelebt hatten, wissen, dass jeder, der das von der Polizei herumgereichte Bild identifizierte, seinen Job verlieren werde. In jenen Tagen war Belchers Wort das Gesetz.

Was Reece nicht wusste und auch nicht geglaubt hätte, war dies: Die Leute von Cole Creek suchten ihn und Jackie, damit das Kind ihnen vergeben und den Fluch aufheben könnte, den der Teufel über sie gesprochen hatte.

Obwohl alle, die Amarisa unter den Steinen begraben hatten, zwei Jahre nach der Mordtat ums Leben gekommen waren, hatte dieser Fluch weiter Bestand. Die ältesten Nachkommen der Mörder konnten Cole Creek nicht verlassen. Allie hatte dableiben müssen, als ihr Mann den Job in einem anderen Staat angenommen hatte. Dessie, die zur Hochzeit ihrer Freundin nach Cole Creek gekommen war, hatte in der Falle gesessen, als ihre Tante am Tag vor der Hochzeit unerwartet gestorben war. Rebecca hatte angefangen zu trinken, als ihr Mann, der ihr die Geschichte mit dem Teufel nicht hatte glauben wollen, sie verlassen und sich auf eine Weltreise begeben hatte. Nate war gefangen gewesen, als seine junge Mutter bei einem Autounfall gestorben war.

Als Mrs Cole fertig war, sah sie Jackie an. »Das alles kann nur beendet werden, wenn du, die du alles gesehen hast, ihnen verzeihst, was sie deiner Tante angetan haben. Kannst du das?«

»Ja«, sagte Jackie, und ich wusste, sie meinte es ernst. Viele andere hätten Rache nehmen wollen, aber nicht meine Jackie. Bei diesem Gedanken musste ich lächeln. »Meine« Jackie.

Mrs Cole nahm Jackies junge Hand in ihre alte, und in ihren Augen funkelten Tränen. Sie musste unvorstellbare Erleichterung empfinden, als sie jetzt sah, dass dieses Grauen bald zu Ende sein würde.

Es war schon spät, als die Krankenschwester, die jedes Wort mitangehört hatte, uns sagte, wir müssten jetzt gehen. Ich war frustriert, denn ich hatte immer noch zahllose Fragen, aber unsere Zeit war abgelaufen. Ich sagte mir, es sei albern, aber trotzdem schwante mir, dass wir diese Frau nie wiedersehen würden.

Als ich Noble angerufen hatte, hatte ich ihm auch gesagt, wo wir waren, und er hatte Allie gefragt, wie man dort hinkam. Ich hatte gehört, wie Allie aus dem Hintergrund fragte, warum wir bei Mary Hattalene seien – alle schienen sie so zu nennen –, und als Noble ihr sagte, Jackie sei ihre Enkelin, hatte Allie einen so hysterischen Weinkrampf bekommen, dass er das Gespräch einfach abgebrochen hatte.

Dann rief er wieder an und sagte, er könne sich keinen Reim auf das machen, was Allie da stammelte. Er verstehe nur einen einzigen Satz: »Wir haben sie jahrelang gesucht.«

Mir war klar, dass ich meinem Cousin und meinem Vater später alles würde erklären müssen – und dieser Gedanke überraschte mich. Wann waren meine Verwandten von Feinden zu Vertrauten geworden?

Als die Schwester uns schließlich hinauswarf, war ich keineswegs überrascht, dass draußen im mondbeschienen Garten die sieben Nachkommen der Gründerfamilien von Cole Creek auf uns warteten. Allie hatte sie zusammengetrommelt. Ein paar kannten wir, andere nicht.

Trotz ihrer Erschöpfung bestand Mary Hattalene darauf, dass ich ihr in den Rollstuhl half, und so begaben wir uns alle zu einer improvisierten Zeremonie nach draußen. Einem nach dem andern verzieh Jackie, was sie ihrer Tante angetan hatten. Es war eine stille Versammlung, aber wenn die Emotionen hörbar gewesen wären, hätten sie wie ein himmlischer Posaunenchor geklungen.

Es war spät, als die Leute nach Hause gingen. Sie alle waren zu ausgelaugt, um glücklich zu sein – oder sie konnten noch nicht glauben, dass ihre Gefangenschaft wirklich zu Ende war.

Noble hatte den Pickup dagelassen, und so konnte ich Jackie jetzt nach Hause fahren. Ich war nicht überrascht, als sie neben mir einschlief. Nach allem, was sie an einem einzigen Tag durchgemacht hatte, musste sie erschöpft sein.

Aber ich täuschte mich. Als wir fast zu Hause waren, öffnete sie die Augen und sagte: »Ich will die Stelle sehen.«

Sie brauchte mir nichts weiter zu erklären. Sie meinte die Stelle, wo sie Russell Dunne begegnet war.

Gern hätte ich gesagt, es sei spät, wir seien beide müde, und wir könnten morgen immer noch hingehen, aber im Grunde meines Herzens wusste ich, dass ich ein Feigling war. Ich hatte Angst vor diesem abscheulichen Ort.

Aber Jackies Mut feuerte mich an. Wenn sie es konnte, konnte ich es auch. Ich riss den Truck herum, und wir fuhren bis zum Anfang des Waldpfades, aber als ich den Motor abstellen wollte, sah Jackie mich boshaft an. »Kannst du uns nicht hinfahren?«

Unwillkürlich musste ich lächeln. Die Jahre fielen von mir ab – schließlich war ich ein Newcombe, und ich hatte ein Stadtmädchen an meiner Seite. Ich war sicher, dass der Pfad an manchen Stellen zu schmal für den Offroader sein würde, aber ich wollte mein Bestes tun.

Es war eine Höllenfahrt! Ich war mit Noble und ein paar anderen Cousins schon über ein Terrain gerast, das mir ziemlich rau vorgekommen war, aber das war nichts im Vergleich zu dem, was ich in dieser Nacht mit Jackie erlebte. Wenn es taghell gewesen wäre und ich gesehen hätte, was ich alles um Haaresbreite verfehlte, wäre ich ganz sicher nicht weitergefahren. So aber hörte ich nur hin und wieder ein Kichern von Jackie, und dazu kam der prickelnde Anblick, wie sie manchmal bis unters Wagendach flog – also fuhr ich weiter.

Auf der Lichtung angekommen, stellte ich den Motor ab. Wir blieben sitzen und betrachteten den grausigen Ort. Ich hätte es nicht für möglich gehalten, aber im Licht der Scheinwerfer sah er noch gespenstischer aus.

Ich schaute Jackie nicht an. Sah sie Rosen? Wilde Orchideen?

»Das ist ja entsetzlich«, sagte sie schließlich, und ich war so erleichtert, dass ich am liebsten laut geschrien und gesungen hätte.

Stattdessen schaltete ich das Radio ein, und aus den Lautsprechern dröhnte Acid Rock. Altmodisch und schmutzig. Ich sah Jackie fragend an und zog die Brauen hoch.

Sie lächelte kurz, umklammerte den Haltegriff über der Tür, stemmte die Füße gegen das Armaturenbrett und nickte. Sie hatte meine Gedanken gelesen, und sie war bereit.

Und mit meinem Truck planierte ich die Lichtung im Wald. Jackie jauchzte entzückt, als ich den Zaun und die abscheuliche Bank niederwalzte. Ich merkte, dass ein Reifen platzte, und ich richtete sicher auch beträchtliche Schäden am Unterboden an, aber solange der Pickup mitspielte, würde ich meine Zerstörungsfahrt fortsetzen.

Als die ganze Lichtung eingeebnet war, fuhr ich rückwärts ein Stück weit bergab und richtete die Scheinwerfer auf die schwarze Wand des Waldes, durch den Jackie und ich am Nachmittag gelaufen waren. Wieder sah ich sie fragend an, und sie nickte ein donnerndes »JA!«

Ich fuhr bergauf und wich Bäumen und Felsen und namenlosen Schatten aus. Als wir oben ankamen und Mary Hattalenes Haus sahen, das im Dunkeln lag, friedlich und still, brachen Jackie und ich in Triumphgeheul aus.

Der arme Pickup schleppte sich stotternd und mit einem platten Reifen nach Hause. Unter der Haube quoll schwarzer Rauch hervor. Von Noble würde ich einiges zu hören bekommen. Ein Newcombe verlor kein überflüssiges Wort, wenn eine Frau oder ein Kind mit blauen Flecken nach Hause kam, aber mit einem Pickup machte man nicht, was ich gemacht hatte.

Als wir zu Hause waren, fühlte ich mich so pudelwohl, dass ich mich fragte, ob noch Oliven da waren. Ich hatte meine kleine Fantasie mit Jackie noch nicht vergessen, und vielleicht wäre dies der richtige Augenblick, sie zu verwirklichen.

Aber als ich den Motor abstellte, schlief Jackie tief und fest, und ich konnte sie nicht wecken.

Ich würde noch ein Weilchen warten müssen, bis ich meine Hände und meinen Mund über ihren süßen kleinen Körper wandern lassen könnte.

Ich öffnete die Beifahrertür und fing sie auf, ehe sie herauskippen konnte, und dann trug ich sie in das leere Haus und die Treppe hinauf. Von der Anstrengung bekam ich heftiges

Herzklopfen. Um mich davon abzulenken, sang ich die ganze Zeit lauthals: »Ich bin Rhett Butler, und du bist Scarlett.« Natürlich hoffte ich, Jackie werde davon aufwachen und lachen, und wir würden doch noch zusammen im Bett landen.

Aber daraus wurde nichts. Stattdessen zog ich ihr Schuhe und Jeans aus, seufzte zweimal inbrünstig und voller Selbstmitleid und ging schließlich hinunter.

Niemand war zu Hause. Noble und Allie waren sicher irgendwo zusammen, Toodles war zweifellos bei Miss Essie Lee, und beides machte meine Einsamkeit noch größer.

Ich ging in die Küche, goss mir einen Bourbon ein und ging damit ins Wohnzimmer.

Dort saß ein Mann. Ein hoch gewachsener, schlanker Mann, der überwältigend gut aussah.

Russell Dunne.

Vielleicht schmeichle ich mir, aber sofort bemerkte ich ein paar Dinge, die nicht stimmten. Es war wie ein Bild in einer Kinderzeitschrift: Finde die sechs Fehler, die hier versteckt sind.

Zum einen war alles zu vollkommen. Die Blumen, die Jackie drei Tage zuvor ins Zimmer gestellt hatte und die inzwischen verwelkt waren, standen wieder in frischer Blüte – und sie waren makellos. Keine von Insekten angefressenen Blätter, keine braunen Flecken auf den Blüten. Und der verschlissene Chintzbezug auf dem gebrauchten Sofa, das Jackie gekauft hatte, leuchtete farbenfroh wie neu.

Ach ja, und obwohl es drei Uhr nachts war, strahlte das Zimmer in hellem Sonnenlicht. Und das Sonnenlicht kam nicht durch die Fenster herein.

Ich wollte weglaufen und mich verstecken, aber ich konnte nicht. Ich weiß nicht, ob er es war, der mich zu sich zog, oder ob es meine eigene neugierige Natur war – jedenfalls konnte ich nicht anders: Ich musste das Zimmer betreten.

Er zündete sich eine Zigarette an, eine von diesen schwarzen mit goldenem Mundstück, die aussehen wie elegante Zigarillos, und sah mich durch eine Rauchwolke an.

»Ich glaube, Sie haben ein paar Fragen an mich«, sagte er mit wohlklingender Stimme.

Der Himmel sei mir gnädig, aber ich sah, warum Jackie geglaubt hatte, sie sei in ihn verliebt. Ich verstand jetzt sogar, warum sie drei Tage wie benommen herumgelaufen war, nachdem sie ihn getroffen hatte.

»Ein paar.« Ich räusperte mich, denn meine Stimme war brüchig. Er war doch sicher nicht nur erschienen, um mir ein paar Fragen zu einem Mord zu beantworten?

»Warum«, sagte er. »Sie wollen immer wissen, warum.« Sein Lächeln gab mir zu verstehen, dass er alles über mich wusste, was es zu wissen gab. »Ich mochte diese Frau, diese Amarisa«, sagte er nach einer Weile. »Hat man Ihnen erzählt, dass sie Visionen hatte? Nur ab und zu, nichts Bedeutendes, aber es gelang ihr doch, ein paar meiner Projekte zu stoppen. Was Jackies Mutter wirklich wütend machte, war der Umstand, dass Jackies Vater Amarisa half, wenn sie ihre Visionen hatte.«

»Wie bei Jackie und mir«, sagte ich.

Ich hatte Angst, ja, aber zugleich hüpfte ich innerlich auf und ab. Ich sprach mit dem Teufel. Mit dem leibhaftigen Gottseibeiuns. Ich tastete umher wie ein Blinder, zog mir einen Stuhl heran und setzte mich ihm gegenüber. Ich wollte nicht einmal mit der Wimper zucken. Vielleicht würde ich diese Nacht nicht überleben, aber wenn doch, wollte ich jedes Wort aufzeichnen können, jeden Blick, jede Nuance dessen, was ich sah, hörte und fühlte.

Statt mir zu antworten, lächelte er. »Amarisa konnte mich sehen, und sie sah einen schönen Mann. Die kleine Jackie hat den Weihnachtsmann gesehen. Sie können sich nicht vorstellen, wie sehr ich es satt habe, immer nur als rot glühend und mit einem Schwanz dargestellt zu werden. So banal.«

Eine Kapitelüberschrift durchzuckte meine Gedanken. »Die Ängste des Teufels«. Oder vielleicht besser: »Das Leben aus der Sicht des Satans«?

»Amarisa sprach mit mir. Haben sie Ihnen erzählt, dass der Pfarrer den ersten Stein auf sie geworfen hat? Er ist jetzt in meinem Haus.« Er lächelte bezaubernd. »Ich habe viele sogenannte fromme Männer bei mir.«

Die flapsigen Gedanken vergingen mir, denn was er sagte, ließ mir einen Schauer über den Rücken laufen.

»Aber Amarisa war anders. Sie hatte keine Angst vor mir. Sie ...«

»Sie haben sie geliebt«, hörte ich mich sagen, und ich war verblüfft von meinem eigenen Mut – oder meiner Dummheit.

Wieder dieses Lächeln. »Geliebt? Vielleicht, denn sogar ich habe Gefühle. Sagen wir einfach, es gibt Menschen, die begehre ich mehr als andere.«

Mich schauderte wieder, und ich hätte gern gefragt, wo mein Platz auf seiner Wunschliste war. Oben? Oder unten?

»Ihre Mutter« – er deutete mit dem Kopf hinauf zu Jackies Zimmer – »war eifersüchtig auf Amarisa, weil sie gut war. Sie war ... innerlich gut. Das sehe ich nicht oft.«

Während er sprach, schwebte hinter ihm wunderschön bunter Rauch vom Boden zur Decke. Ich konnte den Blick nicht davon abwenden, als er hin und her und auf und ab waberte. Erst nach und nach erkannte ich, dass der Rauch sich zu Bildern formte.

Ich sah Szenen aus meinem Leben mit Pat. Ich sah Pat mit ihren Eltern. Die drei lachten miteinander und wechselten Blicke. Dann sah ich Pats Vater beim Angeln. Die Szene wechselte, und ich sah ihn auf der Veranda mit seinem Werkzeug, während Pats Mutter in der Küche arbeitete. Sie buk ihre speziellen Kekse aus einer Kombination aus Gewürzen und Rosinen, die das Haus mit ihrem Duft erfüllten. In diesem Augenblick konnte ich den Duft wieder riechen. Ich schloss die Augen und atmete tief ein. Als ich sie wieder öffnete, stand Pats Mutter vor mir und hielt mit einen Teller voller Kekse entgegen.

Impulsiv wollte ich einen nehmen. Aber es war nur eine Vision, und meine Hand griff durch den Teller.

»Darf ich?«, fragte er, und er nahm einen Keks von dem Teller und knabberte daran. »Sehr gut. Wo war ich stehen geblieben?«

Vermutlich war er es gewohnt, dass die Leute zu verdattert waren, um ihm zu antworten; jedenfalls fuhr er fort, ohne dass ich etwas sagte. Aber ich dachte nicht an ihn. Ich erinnerte mich an Pat. Der Duft des Gebäcks hing in der Luft, und während er sprach, schwenkte er einen dieser kostbaren Kekse hin und her. Einen Bissen, dachte ich. Lass mich nur einen Bissen nehmen, damit ich mich noch besser erinnern kann. Damit ich mich *wirklich* erinnern kann.

»Ach ja«, sagte er. »Sie wollen mehr Informationen. Mal

sehen. Wo soll ich anfangen?« Er stand aus dem Sessel auf und ging auf und ab. Ein sehr eleganter Mann, wunderschön gekleidet. »Es hat mich überrascht, aber Sie haben nie erraten, dass ich derjenige war, der den Stein über die Mauer geworfen hat. Sie waren allmählich zu sehr zufrieden für meinen Geschmack, und ich hatte ein wenig Sorge, Sie könnten aufhören zu forschen. Und wenn das geschehen wäre, tja ...« Er zuckte die Achseln, um mir zu verstehen zu geben, dass er und ich jetzt hier waren, weil er es so geplant hatte.

Er zeigte mit dem Keks auf mich und warf dann einen überraschten Blick darauf. »Stört Sie das?« Im nächsten Augenblick war der Keks verschwunden, und er sah mich mit seinem gewinnenden Lächeln an. »Sie müssen wissen, dass ich einen sehr, sehr leichten Job habe. Die Menschen glauben, ich laufe herum und flüstere ihnen ins Ohr, und ich verführe sie, Böses zu tun. Aber das tue ich nicht. Ich überlasse sie einfach sich selbst, und sie tun mehr Böses, als ich mir ausdenken könnte. Die Menschen haben viel mehr Fantasie als ich. Sie haben schon von Leuten gehört, die die Ideen zu ihren Verbrechen aus Romanen beziehen, nicht wahr?«

Ich nickte, aber da ich keine Horrorromane geschrieben hatte, nahm ich nicht an, er meine mich.

Er las meine Gedanken.

»Sie glauben, Ihre Bücher haben nichts Böses hervorgebracht, weil sie so freundlich sind? Damals im Jahr ... herrje, ich bin nicht gut mit Jahreszahlen. 1283, 1501 – für mich ist das alles eins. Aber Sie erinnern sich, dass Sie darüber geschrieben haben, wie Ihr Cousin Ronny ertrank und Sie sich alle freuten?«

Er wartete meine Antwort nicht ab.

»Ein Junge in Kalifornien brachte seinen Cousin um. Er ertränkte ihn, weil er den Jungen nicht leiden konnte. Die Idee hatte er aus Ihrem Buch.«

Ich sackte nach hinten, als ich das hörte.

»Also, wo war ich gleich? Ach ja, Amarisa. Sie hatte keine Affäre mit mir, wie später behauptet wurde. Ich finde es interessant, was die Leute sich ausdenken, um ihre Taten zu rechtfertigen – Sie nicht auch? Wissen Sie, nur zwei Menschen auf der ganzen Welt wussten, dass Amarisa ein Kind erwartete. Erinnern Sie sich an den Pfarrer?«

Mit großen Augen starrte ich ihn an. »Sie erwartete ein Kind von ihm?«

»Ja. Aber es war keine so genannte Liebesfrucht. Der Mann begegnete ihr eines Nachmittags auf einem Waldweg und vergewaltigte sie. Amarisa erzählte nie jemandem etwas davon, weil sie wusste, dass es anderen wehtun würde – zum Beispiel der Frau des Pfarrers. Als sie merkte, dass sie schwanger war, wissen Sie, was sie da tat? Es ist kaum zu glauben: Sie dankte ...«

Er sprach das Wort nicht aus, sondern deutete nur nach oben und lächelte verschwörerisch, ehe er fortfuhr. »Natürlich hatte der nichts damit zu tun, aber ich stelle fest, dass die Menschen es Ihm oft zuschreiben, wenn ihnen etwas Gutes widerfährt. Wissen Sie, Amarisa dachte, sie sei unfruchtbar. Die dumme Frau – sie war ihrem verstorbenen Mann absolut treu gewesen, und er hatte ihr weisgemacht, es sei ihre Schuld, dass sie keine Kinder hatten.« Bei seinem Lächeln sträubten sich mir die Nackenhaare. »Ihr Mann kam vom Sterbebett geradewegs zu mir.«

Hinter ihm setzte das Rauchvideo wieder ein. Diesmal

war es nur Pat; sie saß an unserem Esstisch und schrieb mit Bleistift in einem meiner Mauskripte. Ich stand dann immer in der Tür und sah ihr zu, teils aus Eitelkeit, teils weil ich sie einfach so gern ansah.

Bei ihrem Anblick erinnerte ich mich so lebhaft an sie, dass ich an nichts anderes mehr denken konnte. Ich musste mich ablenken. Schau nicht hin, befal ich mir. »Der Pfarrer hatte Angst, seine Tat könnte ans Licht kommen, und deshalb warf er den ersten Stein. Die andern taten es ihm nach.«

Russell Dunne – einen besseren Namen hatte ich nicht für ihn – stand wieder auf, und einen Moment lang betrachtete er Pat. Sie war jetzt in der Küche und goss eine Dosensuppe in einen Topf. So alltägliche Szenen, aber sie zerrissen mir das Herz, bis es zu bluten schien.

Er drehte sich um und lächelte mich an, und die Szene hinter ihm wechselte. Jetzt sah ich einen jungen Mann auf einer Party. Ich war verwirrt. Wer war das?

»Als Harriet sah, dass da niemand war, mit dem Amarisa sprach, war sie entzückt, denn jetzt sah sie eine Möglichkeit, die Frau loszuwerden. An Mord dachte sie noch nicht – das kam erst später. Natürlich wusste ich, dass sie alle im Gebüsch versteckt waren, als Amarisa an diesem Tag kam, aber ich ließ mir nichts anmerken. Ich wollte sehen, was sie tun würden. Ich weiß, ich gelte als humorlos, aber ich habe durchaus Humor. Er ist nur …«

»Schwarz?«

»Ja, genau. Dinge, über die andere nicht lachen können, amüsieren mich köstlich.«

»Sie haben Sie gesehen!« Als ich erkannte, wer der Junge in der Vision hinter ihm war, wurde mir fast schlecht. Es war der Junge, der Pats Mutter getötet hatte. In der rauchumwölkten Szene war er auf der Party, trank und unterhielt sich, aber ich wusste, in ein paar Minuten würde er das Leben mehrerer Leute zerstören. Eins würde er mit seinem Auto beenden, und das der andern würde er am Schmerz zugrundegehen lassen.

»Ja«, fuhr Russell Dunne fort. »Sie stürzten aus ihren Verstecken und behaupteten, Amarisa rede mit niemandem. Und wissen Sie was? Ihr war es gleichgültig. Sie war nicht bigott. Meistens geraten die Menschen in Panik, wenn sie herausfinden, dass sie mit mir gesprochen haben. Oder« – er lächelte – »sie fangen an, sich zu überlegen, wie sie mich benutzen können. Können Sie sich das vorstellen? Sie glauben, sie können mich benutzen, um zu bekommen, was sie haben wollen – und das ist immer eine der Sieben Tödlichen.« Er verdrehte die Augen, um zu zeigen, wie sehr ihn die Fantasielosigkeit mancher Leute langweilte.

Die Sieben Todsünden, dachte ich. Ich hörte ihm zu, aber ich konnte den Blick nicht von der Szene hinter ihm wenden. Der Junge war dabei, in sein Auto zu steigen. Es war ein teurer Wagen, bezahlt von seinem Vater.

»Aber Amarisa tat nicht, was andere getan haben«, sagte ich. Die Szene wechselte, und ich sah, wie Pats Mutter in ihren Wagen stieg. Ich wollte in die Vision hineinspringen und sie aufhalten. Bitte nicht, wollte ich schreien. Bitte, bitte, fahr nicht.

»Nein«, sagte er, als ginge in diesem Zimmer nichts weiter vor sich als unsere zivilisierte Unterhaltung. »Amarisa war davon überzeugt, dass jedermann Freundlichkeit verdiente.«

»Sogar der Teufel.« Ich versuchte, den Blick von Pats Mutter abzuwenden. Sie ließ den Motor an. Das letzte Mal, dachte ich. Das letzte Mal, dass sie irgendwo hinfahren würde. Hatte ich ihr auf Wiedersehen gesagt? Wann hatte ich ihr zum letzten Mal gesagt, dass ich sie liebte?

»Ja. Sie war sogar zu mir freundlich. Aber sie wollten nicht auf sie hören. Stattdessen benahmen sie sich wie die Leute in ... wie hieß dieser Ort in Ihrem Land? Die Sache mit den kleinen Mädchen? Aus der man Theaterstücke und Filme gemacht hat?«

»Salem.«

»Richtig. Salem. Sie behaupteten, sie sei eine Hexe. Jackies Mutter und der Pfarrer hatten natürlich noch andere Motive.«

Pats Mutter stand vor einer Ampel. Als Grün kam, wusste ich, dass sie jetzt sterben würde. Die Szene wechselte; ich sah den Jungen in seinem Wagen, wie er aus einer Bierdose trank und einen tiefen Zug an einem Joint nahm. Von Marihuana hatte nichts im Polizeibericht gestanden. Wie viel hatte es wohl gekostet, das zu vertuschen?

»Also zeigte ich mich ihnen. Nicht so, wie man mich gern in Büchern abbildet, sondern so, wie ich bin. Wie Sie mich jetzt sehen. Als das nicht half, ließ ich sie einen Augenblick lang sehen, was sie erwarteten.«

Ich sah zu, wie Pats Mutter den Fuß von der Bremse nahm und der Wagen sich in Bewegung setzte. Der Junge warf nicht einmal einen Blick auf die Verkehrsampel. Er suchte auf dem Rücksitz nach einer neuen Dose Bier.

Pats Mutter näherte sich der Kreuzungsmitte, und mir blieb fast das Herz stehen. Ich streckte die Hand aus, als könnte ich sie aufhalten.

In der nächsten Sekunde sah ich ihr Gesicht unmittelbar vor dem Zusammenstoß. Sie wusste, dass sie gerammt werden würde, wusste, dass sie sterben würde.

Er hielt die Vision an. Das Gesicht erstarrte, und er vergrößerte es. Der Ausdruck des Grauens im Gesicht einer Frau, die ich so sehr geliebt hatte, stand bewegungslos vor mir.

Mit meiner ganzen Willenskraft riss ich mich von dem Anblick los und konzentrierte mich, damit ich ihr Gesicht nicht mehr zu sehen brauchte. »Und was erwarteten sie?«, fragte ich.

»Ach, das Übliche. Viel glühendes Rot. Einen gegabelten Schwanz. Soll ich's Ihnen zeigen?«

»Nein danke.«

Lachend wedelte er mit der Hand, und Pats Mutter war verschwunden.

Ich musste blinzeln, um die Tränen der Erleichterung niederzukämpfen. »Und da wussten sie, Amarisa sprach mit dem ...«

»Sie können es ruhig sagen. Mit dem Teufel. Auch wenn ich noch ein paar andere Namen habe. Sie hatten Angst und wären weggelaufen, aber zwei von ihnen glaubten, Amarisa sei der Grund für ihre Probleme, und sie flohen nicht. Als Amarisa ihre mörderische Absicht sah, wich sie zurück. Aber sie stolperte über einen der Steine, die für den Kamin der alten Hütte benutzt worden waren.« Sein Schulterzucken verriet mir, dass er sie hatte stürzen lassen – und er hatte ihren Fuß so eingeklemmt, dass sie nicht mehr aufstehen konnte. »Ich war noch da, und ich hätte sie aufhalten können, aber das tat ich nicht. Wissen Sie, warum nicht?«

»Nein.« Das Herz schlug mir bis zum Hals. Ich schaute in das schöne Antlitz des reinen Bösen.

»Kommen Sie – Sie sind doch Schriftsteller. Was vermuten Sie?«

»Ich habe keine Ahnung.«

Der Humor verschwand spurlos aus dem schönen Gesicht. »Wenn Sie je wieder etwas schreiben wollen, schlage ich vor, dass Sie sich ein bisschen anstrengen.«

Ich schluckte. »Sie wollten sie haben?«

Das Lächeln kehrte zurück. Aufmunternd sah er mich an.

Vielleicht gab er mir die Gedanken ein, denn plötzlich kannte ich die Antwort. »Wenn Amarisa im Hass gestorben wäre, hätte sie Ihnen gehört.«

»Sie sind gut. Sehr gut. Ja, so war es. Ich hoffte, sie werde sie verfluchen, sie hassen – und dann hätte ich sie haben können. Sie hätte bei mir gelebt.«

Die Raucherscheinungen hinter ihm waren zurückgekehrt, und jetzt sah ich wieder alltägliche Dinge. Pat und ihre Eltern am Esstisch, wie sie lachten. Sie warten auf mich, dachte ich. Ich sah, dass Pats Mutter einen Kuchen gebacken hatte, auf dem mein Name stand. Welcher kostbare Geburtstag war das gewesen?

»Haben Sie denn nicht schon genug Leute bei sich?«, fragte ich, und es sollte klingen, als fürchtete ich – wage ich, es zu sagen? – weder Tod noch Teufel.

»Nein. Ich verrate Ihnen ein kleines Geheimnis. Ich möchte alle haben. Ich möchte, dass jeder Mensch auf Erden zu mir kommt.«

»Wenn man die Nachrichten so hört, machen Sie in letzter Zeit aber gute Fortschritte.«

»O ja, das stimmt«, sagte er stolz. »Im großen und im kleinen Maßstab. Das Internet hilft mir sehr. Die Leute können jetzt Böses tun, ohne aufzufallen. Das Böse bleibt gern unauffällig.«

Pat und ihre Mutter packten ein Geschenk für mich ein. Es war eine teure Software, die mir helfen sollte, einen großen amerikanischen Roman zu schreiben. Aber das würde ich nicht können, solange sie alle noch da waren. Der Tod musste kommen, damit ich schreiben konnte. Ich räusperte mich. »Und haben Sie Amarisa bekommen?«

»Nein.« Er seufzte. »Sie hat sie nicht verflucht. Nicht einmal am Schluss, als sie furchtbare Schmerzen litt, hat sie sie verflucht. Ihr stärkstes Gefühl war die Trauer um ihr Kind. Sie wollte dieses Kind, ganz gleich, wer der Vater war.« Staunen klang in seiner Stimme.

»Aber Sie haben sich an ihnen gerächt.«

»O ja. Das habe ich getan. Einen nach dem andern habe ich ihre Mörder von der Erde geholt. Sie sind jetzt alle bei mir. Ich kann sie in Ewigkeit behalten.«

Ich atmete tief ein und versuchte, mich zu beruhigen. »Und was ist mit Jackie?«

»Oh, sie war dabei, im Gebüsch versteckt, und sie sah alles mit an. Am Ende versuchte sie sogar noch, ihre Tante zu retten. Wissen Sie, ich habe Amarisa eine Menge Zeit gelassen, die Leute zu hassen, die sie umgebracht hatten. Jackie liebte ihre Tante; sie liebte sie wirklich. Das war die Ursache des Ganzen. Harriet ertrug es nicht, dass ihre Tochter ihre Tante viel mehr liebte als sie. Sie suchte eine Möglichkeit, Amarisa loszuwerden, und sie fand eine.«

»Sie haben Amarisa nicht bekommen, und da haben Sie ihre Mörder umgebracht und deren Nachkommen verboten, Cole Creek zu verlassen. Sie ...« Ich sprach nicht weiter, denn wieder hatte die Szene gewechselt. Jetzt sah ich mich selbst – jünger, schlanker, aber ich war es. Ich war mit Pat im Bett, und sie strich mit der Hand über meinen nackten Schenkel. O Gott, ich konnte es fühlen. Ich fühlte ihre Berührung. Wenn ich die Augen schloss, konnte ich ihren Atem riechen, ihr Haar. Ich hatte so viel vergessen.

»... es zurückbekommen ...«

Ich hörte weder den ersten noch den letzten Teil seines Satzes. Pat glitt jetzt unter die Decke. In all den Jahren seit Pats Tod hatte ich mir nicht gestattet, an den fabelhaften Sex mit ihr zu denken. Es war »vollständiger« Sex gewesen. Nicht nur in körperlicher, sondern auch in geistiger und emotionaler Hinsicht. »Was?«, krächzte ich.

»Sie können sie alle sofort wieder zurückbekommen«, sagte er leise.

Ich brauchte meine ganze Willenskraft, um meine Gefühle und das, was ich sah, beiseite zu schieben und ihm zuzuhören. Blinzelnd sah ich ihn an. Selbst wenn ich Pat und mich nicht anschaute, konnte ich sie spüren. Ihre Lippen waren jetzt an meinem Ohr. Ich konzentrierte mich angestrengt und richtete meine ganze Aufmerksamkeit auf ihn.

Er warf einen Blick hinter sich, und das Bild begann zu verblassen. Und mein Gefühl ebenfalls. Jackie, Jackie, Jackie, dachte ich und versuchte, mich zu konzentrieren. Und je mehr es mir gelang, desto blasser wurde Pat.

»Ich bin beeindruckt«, sagte er. »Aber ihr Schriftsteller habt eine ausgezeichnete Konzentrationsgabe.« Als er mich jetzt anlächelte, wurde mir am ganzen Körper warm und wohlig. Was für ein netter Mann, ging es mir durch den Kopf.

»Ich kann Ihnen das alles zurückgeben«, sagte er. »Ich kann Pats Seele in Jackies Körper schicken – oder in Dessies, oder in irgendeinen Filmstar, wenn Sie wollen. Aber es wird Pat sein. Ich kann sie Ihnen alle geben, die ganze Familie. Sie werden ein langes Leben mit ihnen haben können. Zusammen alt werden.«

»Ich ...«, fing ich an und rang nach Atem. »Es geht hier nicht um mich. Es geht um Jackie und um eine Frau, die Sie gern hatte.« Konnte man dem Teufel ein schlechtes Gewissen einreden?

»Ah, aber da irren Sie sich. Diesmal hat mein Besuch nichts mit Jackie zu tun. Diesmal geht es mir hier in Cole Creek um Sie. Was interessiert es mich, ob diese Leute hier im Ort einkaufen gehen oder in irgendeiner Shopping Mall hundert Meilen weiter? Nicht Jackie hat mir eine Einladung geschickt.«

Offenbar war mein Blick so leer, wie mein Gehirn sich anfühlte.

»Sie tun so, als ob Sie sich nicht erinnern könnten. Warten Sie, ich habe es hier.« Er griff nach einem Blatt Papier, das in der Luft schwebte, und sah es an. »Ich will es exakt haben. Man wirft mir sehr zu Unrecht Dinge vor, mit denen ich nichts zu tun habe, und deshalb will ich sicher sein, dass ich es genau richtig mache. Ah ja. ›Haben Sie je einen Menschen verloren, der Ihnen mehr bedeutete als Ihre eigene Seele?‹« Er legte das Blatt auf den Tisch und sah mich an. »Haben Sie das geschrieben?«

»Ja«, sagte ich.

Er stand auf und ging ans andere Ende des Zimmers. Ihm gegenüber erschien eine Vision von Pat im Sommerkleid. Sie saß auf einer Schaukel, und ich stieß sie an. Sie sah schön aus, aber ich zwang mich, wegzuschauen. »Es hat nichts mit Jackie zu tun.« Das hatte er gesagt. »Es geht um Sie.« Um mich.

Er sah mich an. »Sie haben Jackie zu sich geholt, weil Sie Ihre Frau so verzweifelt wiederhaben wollten. Sie wollten sie so sehr, dass Sie bereit waren, Ihre Seele zu verkaufen, um sie zu bekommen. Sage ich das richtig?«

Ja, das sagte er richtig.

»Ihnen war sehr früh klar, dass Jackie eine Beziehung zu mir hatte, und Sie suchten eine Möglichkeit, Kontakt mit mir aufzunehmen, um einen Handel zu schließen. Ihre Seele sagte mir, Sie würden alles tun, um Ihre Frau zurückzubekommen. Sie sehnten sich nach ihnen allen so sehr, dass Sie mich zu sich gerufen haben.«

Ich brachte kein Wort hervor. Dass ich der Grund für sein Erscheinen war – bei dieser Vorstellung wurde mir schwindlig.

»Ich sage Ihnen etwas«, fuhr er fort. »Normalerweise tue ich das nicht, aber ich mache Ihnen ein noch besseres Angebot. Statt ihre Seelen in neue Körper zu schicken, werde ich die Geschichte umschreiben.«

Sein Blick ging zur Wand gegenüber, und wieder sah ich das Gesicht von Pats Mutter, kurz bevor sie von einem betrunkenen, bekifften Jungen gerammt und getötet wurde. Aber diesmal sah ich, wie der Junge seinen Wagen gerade noch rechtzeitig herumriss und ihr auswich. Im nächsten Augenblick hielt Pats Mutter am Straßenrand, erschrocken, aber unversehrt.

Ich war machtlos gegen meine Tränen, und ich sah immer neue Szenen. Ich sah, wie Pats Mutter an der Seite ihres Mannes alt wurde. Er starb nicht jung, denn es gab den Schmerz nicht, der ihn tötete. Und er erblindete nicht.

In der nächsten Sekunde sah ich ein kleines Mädchen auf dem Fahrrad, und ich wusste nicht gleich, worum es ging. Aber dann fiel es mir ein. Es war Pat als Kind, und es war der Tag, an dem sie auf den Armierungsstahl gestürzt war, der sie unfruchtbar gemacht hatte. Aber jetzt drehte sich ihr junger Körper zur Seite, bevor sie auf das spitze Metall fallen konnte.

Dann sah ich mich mit einem kleinen Mädchen auf dem Schoß. Unsere Tochter – und sie sah aus wie Pat.

»Das alles kann ich Ihnen geben«, sagte Russell Dunne.

Die Tränen liefen mir über die Wangen, und ich hatte nicht die Kraft, sie wegzuwischen. Nicht nur ich wäre davon betroffen, sondern auch sie. Hatten sie nicht auch ein glückliches Leben verdient? Ein ganzes Leben?

»Es gehört Ihnen, wenn Sie wollen«, sagte er. »Und übrigens, die Antwort werde ich in Ihrem Herzen lesen, nicht in Ihren Worten. Wenn ein Mensch nein, sein Herz aber ja zu mir sagt, nehme ich das Ja.«

»Nein«, sagte ich, als Pat wieder erschien. Sie war älter als zur Zeit ihres Todes, und sie nahm ein Kind auf den Arm. Es war unser Enkelkind. »Nein«, sagte ich noch einmal. Ich sah mich selbst, ebenfalls älter, und ich rollte mich im Gras mit den drei schönsten Enkelkindern, die die Welt je gesehen hatte. Ich sagte zum dritten Mal »nein«, aber sogar ich hörte, dass mein Herz ja sagte. Ja. Was ich da sah, wünschte ich mir so sehr, dass ich meine Seele dafür geben würde.

Pat sah mich an und lächelte. »Ich liebe dich, Ford. Ich will bei dir sein. Lass mich nicht noch einmal sterben.«

Und in diesem Augenblick ließ ich sie gehen. So etwas hätte Pat nie gesagt. Sie gab mir nicht die Schuld an ihrem Tod. Sie hätte niemals angedeutet, dass ich sie hätte sterben lassen. Wen immer ich in dieser Vision sehen mochte, es war nicht Pat, nicht meine Pat, nicht die Frau, die ich so sehr geliebt hatte. Ich sah Russell Dunne an. »Nein«, sagte ich leise, aber diesmal entschlossen. »Nein.«

Das Bild verschwand, und ich wusste nicht, ob es Erleichterung war, was ich empfand, oder eine tiefe Leere.

»Ich hab's versucht.« Russell Dunne lächelte sein bezauberndes Lächeln. »Dass ich es versuche, kann man mir nicht vorwerfen.« Er deutete mit dem Kopf nach oben, wo Jackies Zimmer war. »Sie liebt Sie nicht, wissen Sie. Niemand wird Sie so ganz und gar lieben, wie Ihre Frau es getan hat.«

»Vielleicht nicht«, sagte ich mit dem kühnsten Blick, den ich zuwegebrachte. Ich hatte – buchstäblich – eine Höllenangst vor ihm, und das wusste er. Trotzdem sollte er nicht sehen, wie weh seine Worte mir taten. Ich wusste, dass ich Jackie liebte, und ich hoffte, dass auch sie etwas für mich empfand. Aber wenn nicht ... Ich zuckte die Achseln: Ich würde nehmen, was das Leben mir brachte. »Ich werde Pat sagen, wie viel sie mir bedeutete, wenn ich sie wiedersehe.«

Er verzog einen Mundwinkel zu einem leisen Lächeln. »Ah. Dort, meinen Sie. Da war ich auch einmal. Wussten Sie das?« Er wartete nicht auf meine Antwort. »Vielleicht versuche ich es später noch einmal bei Ihnen.«

»Ja. Tun Sie das«, sagte ich.

Und im nächsten Augenblick war er verschwunden. Ich weiß nicht, wie lange ich dort im Dunkeln saß. Als er verschwand, war auch der Sonnenschein weg. Ich setzte mich in einen der großen Ledersessel und versuchte, über das, was ich gehört und gesehen hatte, nachzudenken. Wie lange würde es wohl dauern, bis ich wieder aufhörte, innerlich zu zittern. Jahre?

Die Sonne ging auf, aber ich bemerkte es nicht. Ich erwachte erst wieder zum Leben, als Jackie gähnend hereinkam.

»Hast du mir letzte Nacht die Jeans ausgezogen?«, fragte sie.

»Ja«, sagte ich abwesend.

Zu meiner Überraschung setzte sie sich auf meinen Schoß und fing an, mich zu küssen. »Warum tust du das nie, wenn ich wach bin, du alter Mann?«

Ich brauchte ein paar Augenblicke, um aus den dunklen Regionen meiner Seele zurückzukommen, aber ich schaffte es.

Ich brauchte Jackie in diesem Moment, ich brauchte ihre Wärme, ihre Kraft, ihr Lachen. Ich küsste sie wieder, und kurz darauf liebten wir uns auf dem Wohnzimmerteppich. Nach ungefähr einer Stunde hielten wir es für besser, nach oben zu gehen, falls jemand nach Hause kommen sollte, aber wir schafften es nur bis zur Treppe. Ich legte ihre geschmeidige Gestalt auf die Stufen und zeigte ihr, wie »alt« ich war.

Es dauerte Stunden, bis wir endlich in ihrem Zimmer waren.

Irgendwann gegen Mittag ließen wir voneinander ab, und ich lief nach unten, um etwas zu essen zu holen. Ich lächelte. Genauer gesagt, ich grinste, denn die junge Jackie war erschöpft. Ha ha! Endlich hatte sie gesehen, wofür ich meine Kräfte schonte.

Ich machte uns Sandwiches und aß ein Stück von der Pfirsichtorte, die Noble gebacken hatte – und ich dankte dem Himmel dafür, dass Jackie geschworen hatte, nie wieder Zucker anzurühren –, und dann holte ich eine Dose schwarze Oliven und einen Büchsenöffner aus dem Schrank.

Auf dem Weg zur Treppe sah ich ein Blatt Papier auf dem Boden. Ich stellte das Tablett ab und hob es auf. *Haben Sie je einen Menschen verloren, der Ihnen mehr bedeutete als Ihre eigene Seele?*, las ich.

Mich schauderte. Langsam drehte ich die Schwanzspitze des kleinen Drachen und verbrannte das Blatt an der Flamme, die aus seinem Maul schoss. Irgendwie fand ich es angemessen, das Papier mit Feuer zu vernichten.

Eine Stunde später, als ich jede Olive aus der Dose auf sehr interessante Weise verspeist hatte, sagte Jackie mir, dass sie mich liebte. Sie war ein bisschen gekränkt, als ich lachte, und es half nichts, dass ich ihr erklärte, warum: Sie hatte soeben bewiesen, dass der Teufel ein Lügner war.

Sie sah mich an, als sei ich verrückt. »Hast du was anderes gedacht?«, fragte sie. »Hast du gedacht, der Teufel ist gütig, liebevoll und ehrlich?«

»Du hast es gedacht.« Ich zog sie auf meine nackte Brust. »Als du ihn kennengelernt hast, mochtest du ihn sehr.«

»Nein. Ich wollte bloß seine Fotoausrüstung.«

»Ach ja?«, sagte ich. »Zufällig habe ich hier auch eine Kameraausrüstung, die du haben kannst.«

»Lass mich raten«, sagte sie. »Ein Stativ. Voll ausgefahren.«

Wir lachten beide.

Aber schließlich hatte Jackie mich ja von Anfang an zum Lachen gebracht.